赛巴斯蒂亚诺·德尔·皮翁波 《一个人的肖像》 (1519)。描绘了发现美洲大陆的知名航海家哥伦布。

约翰·埃弗里特·米莱斯《皮萨罗俘虏秘鲁印加》（1845）。反映了印加
帝国末代皇帝阿塔瓦尔帕被西班牙殖民者俘虏的场景。

佚名《科尔特斯征服墨西哥》（17世纪后期）。描绘了1521年西班牙殖民者攻陷阿兹特克帝国首都特诺奇蒂特兰的历史。

小马库斯·盖拉尔茨《弗朗西斯·德雷克爵士》（17世纪后期）。德雷克船长是伊丽莎白一世女王时代最为知名的海盗，他为英国击败西班牙"无敌舰队"做出了重大贡献，并且成为了继麦哲伦之后的环游世界第二人。

珍妮•A.布朗斯科姆《普利茅斯的第一个感恩节》(1914)。反映了"五月花号"移民抵达美洲后的早期生活。

t' Fort nieuw Amsterdam op de Manhatans

The Granger Collection 的海报印刷品《新阿姆斯特丹》（1651）。描绘了 17 世纪 20、30 年代作为荷兰殖民地的纽约曼哈顿。

《〈废奴法案〉被否决后的精神安慰》（1796）。承蒙阿拉米图片库（Alamy）惠允使用。【1796 年的一幅讽刺漫画，图中丑化的是英国废奴主义者威廉·威尔伯福斯（William Wilberforce, 1759—1833）和罗切斯特主教萨缪尔·霍斯利（Bishop Samuel Horsley, 1733—1806），他们两人在其支持的《废奴法案》1796 年 3 月 15 日在议会被否决后，和两位黑人妇女在放荡地玩乐。右侧椅子上抱着一个黑人妇女的是威尔伯福斯，左侧沙发上的为萨缪尔·霍斯利。——译者注】

塞缪尔·詹宁斯《自由展示艺术和科学》（1792）。承蒙阿拉米图片库惠允使用。

多米尼克·塞里斯《占领哈瓦那》（1762）。承蒙阿拉米图片库惠允使用。

约翰·辛格顿·科普利《科普利家族》（1771）。承蒙阿拉米图片库惠允使用。

【约翰·辛格顿·科普利 John Singleton Copley（1737—1815），美国著名画家，出生于波士顿，父亲理查德和母亲玛丽都是爱尔兰移民。约翰·辛格顿·科普利以为新英格兰殖民地的重要人物作肖像画而闻名，特别擅长描绘中产阶级的头面人物。他的画作创新之处在于，倾向描绘与个人生活相关的图景。——译者注】

扬·范·凯塞尔《巴西（印第安人）食人的场景》（1644）。承蒙阿拉米图片库惠允使用。

路易斯·弗雷烈《欧洲人到达非洲》（1795）。承蒙布朗大学约翰·卡特·布朗图书馆惠允使用。

威廉·布雷克《非洲和美洲支持下的欧洲》，载于约翰·加布里埃尔·斯特
曼的《镇压苏里南黑人叛乱的五年冒险故事》（伦敦，1792）。承蒙布朗大
学约翰·卡特·布朗图书馆惠允使用。

让－巴蒂斯特·杜特《糖》（1667），载于《法属安的列斯群岛简史》（巴黎，1667）。
承蒙布朗大学约翰·卡特·布朗图书馆惠允使用。

奥古斯丁·布鲁尼亚斯《多米尼加岛上的一场黑人舞蹈》（1779）。承蒙布朗大学约翰·卡特·布朗图书馆惠允使用。

亨利·托马斯·德·勒·贝克《身穿工作服的牙买加黑人在砍着（甘蔗的）茎秆》（1825），载于《关于牙买加黑人现状的日记》（伦敦，1825）。承蒙布朗大学约翰·卡特·布朗图书馆惠允使用。

【亨利·托马斯·德·勒·贝克（Henry T. De La Beche，1796—1855）被认为是加勒比地区第一位地质学家，在1823—1824 年进行了一次 12 个月的探索旅行，制作了一份牙买加东部的地质图。——译者注】

约翰·玛维《黑人在淘洗钻石和黄金》 (1823) ，载于约翰·玛维《在巴西内陆的旅行》（伦敦，1823）。承蒙布朗大学约翰·卡特·布朗图书馆惠允使用。

西奥多·德·布里《美洲原住民被绑在火刑柱上焚烧》（1590；1707）。承蒙布朗大学约翰·卡特·布朗图书馆惠允使用。

《格林纳达岛马兰庄园里的建筑，属于托马斯·邓肯的财产》（1822）。承蒙布朗大学约翰·卡特·布朗图书馆惠允使用。

《伊斯帕尼奥拉岛上的海盗暴行》，载于亚历山大·艾斯克默林的《美洲海盗》（阿姆斯特丹，1678）。承蒙布朗大学约翰·卡特·布朗图书馆惠允使用。

亨利·科斯特《制糖厂（巴西）》，载于亨利·科斯特的《巴西旅行纪事》（1816）。承蒙布朗大学约翰·卡特·布朗图书馆惠允使用。

《苏里南的种植园奴隶营地》（1860—1862）。承蒙布朗大学约翰·卡特·布朗图书馆惠允使用。

理查德·菲利普斯《利马城两位穿着西班牙服饰的原住民女仆》（1805）。
承蒙布朗大学约翰·卡特·布朗图书馆惠允使用。

《墨西哥的绅士们》（1826）。承蒙布朗大学约翰·卡特·布朗图书馆惠允使用。

《在美洲墨西哥王国瓜哈卡主教区内，胭脂虫的繁养、采集和加工的方法》，载于汉斯·斯隆的《到马德拉、巴巴多斯、涅韦斯等岛屿的航行》（伦敦，1707）。承蒙布朗大学约翰·卡特·布朗图书馆惠允使用。

大西洋史

[英] 特雷弗·伯纳德（Trevor Burnard）◎著

张恒杰 桂芳芳◎译

The
ATLANTIC
In
WORLD
HISTORY

中国友谊出版公司

图书在版编目（CIP）数据

大西洋史 / （英）特雷弗·伯纳德著；张恒杰，桂芳芳译 . -- 北京：中国友谊出版公司，2023.6
ISBN 978-7-5057-5581-9

Ⅰ . ①大… Ⅱ . ①特… ②张… ③桂… Ⅲ . ①大西洋－历史 Ⅳ . ① K1

中国版本图书馆 CIP 数据核字 (2022) 第 220168 号

著作权合同登记号　图字：01-2022-6646

© Trevor Burnard, 2020 together with the following acknowledgment : This translation of The Atlantic in World History, 1490-1830 is publlshed by arrangement with Bloomsbury Publlshing Plc.

书名	大西洋史
作者	[英] 特雷弗·伯纳德
译者	张恒杰　桂芳芳
出版	中国友谊出版公司
发行	中国友谊出版公司
经销	新华书店
印刷	河北鹏润印刷有限公司
规格	880×1230 毫米　32 开
	13.5 印张　331 千字
版次	2023 年 6 月第 1 版
印次	2023 年 6 月第 1 次印刷
书号	ISBN 978-7-5057-5581-9
定价	186.00 元
地址	北京市朝阳区西坝河南里 17 号楼
邮编	100028
电话	(010) 64678009

序　言

20世纪80年代以来,大西洋史逐渐取代传统的"殖民主义史""帝国主义史"等课程,成为欧美大学的课程。新世纪以来,大西洋史的发展更加迅猛,表现为以下几个方面:第一,从事大西洋史研究的学者越来越多,2002年,哈佛大学历史系教授大卫·阿米塔格(David Armitage)甚至宣称,"我们现在都是大西洋史学家(Atlanticist)了"[①];第二,有关大西洋史的学术论著不断涌现,如伯纳德·白林(Bernard Bailyn)的《大西洋史:概念和历程》,杰克·格里恩(Jack Greene)和菲利普·D. 摩根(Philip D. Morgan)的《大西洋史——一种批评性工具》,托马斯·本雅明的《大西洋世界:欧洲人、非洲人、印第安人及其共享的历史》[②];第三,2004年,一份新的跨学科杂志《大西洋研究》出版,为"大西洋世界内的历史、文化和文学问题的研究提供一个国际论坛",美国历史学会甚至资助"H-Atlantic"在线讨论[③];第四,2007年,第一部大西洋史教材出版;[④]第五,越来越

---

① David Armitage, "Three Concepts of Atlantic History", 载于 David Armitage and Michael J. Braddick, eds., *The British Atlantic World, 1500–1800*, Basingstoke : Palgrave Macmillan, 2002, p. 11.

② Bernard Bailyn, *The Idea of Atlantic History : Concepts and Contours*, Cambridge, MA: Harvard University Press, 2005; John. H. Elliott, *Empires of the Atlantic World : Britain and Spain in America*, 1492–1830, New Haven:Yale University Press, 2006; Jack P. Greene & Philip D. Morgan, *Atlantic History : A Critical Appraisa*, Oxford : Oxford University Press, 2009; Thomas Benjamin, *The Atlantic World: Europeans, Africans, Indians and Their Shared History, 1400–1900*, Cambridga: Cambridge University Press, 2009.

③ http://www.theasa.net/journals/name/atlantic_studies/

④ Douglas R. Egerton, Alison Games, Jane G. Landers, Kris Lane, and Donald R. Wright., *The Atlantic World : A History, 1400–1888*, Wheeling: Harlan Davidson, 2007.

I

多的大西洋史拥趸认为，大西洋史是一个完全成熟的研究领域，能够囊括欧洲史、美洲史、非洲史、拉美史，以大陆分类的帝国主义史和民族国家史。

国内史学界也日益关注大西洋史。法国学者保罗·布特尔（Paul Butel）所著《大西洋史》已经被译成中文（东方出版中心，2011），还有一些与大西洋史相关的学术论文。[①]总体看来，目前国内学术界对大西洋史的研究处于起步阶段，与国外蔚然成风的状况还有差距。由张恒杰、桂芳芳翻译的新西兰史学家特雷弗·伯纳德（Trevor Burnard）教授的《大西洋史（1490—1830）》适逢其时，可以为国内读者了解大西洋史提供一个好窗口。

本书就是对蓬勃发展中的历史学分支——15世纪中期到19世纪中期大西洋史——的简要介绍。虽然作者强调"本书是一部研究论著而非教科书"，但是它的第一部分"历史与历史书写"介绍了大西洋史的概念、兴起的背景、研究方法和意义，非常有助于读者了解大西洋史的基本知识。作者在第二部分依照时间顺序，论述了15—19世纪欧洲与美洲相遇及其产生的影响：生物交流、移民、大西洋两岸欧洲的革命和美洲的独立运动。在第三部分"大西洋的空间单元"中，作者从空间方面论述大西洋沿岸各地之间的商业贸易、奴隶贸易等，强调把非洲历史融入大西洋史的重要性和必要性。本

---

① 施诚：《方兴未艾的大西洋史》，《史学理论研究》，2015年第4期；艾仁贵：《港口犹太人对近代早期跨大西洋贸易的参与》，《世界历史》，2017年第4期，庞乃明：《明清中国"大西洋"概念的生成与演变》，《学术研究》，2019年第11期，金海：《十七至十八世纪英属大西洋世界的奴隶制度与废奴运动》，《北京社会科学》，2018年第9期；金海：《萨默塞特案件与英属大西洋世界司法废奴的发展》，《安徽史学》，2020年第3期；薛冰清：《威尔克斯事件与跨大西洋视野下的北美独立运动》，《历史研究》，2017年第5期；王伟宏：《大西洋贸易背景下英属新英格兰地区经济分工的发展初探》，《西南大学学报：社会科学版》，2019年第3期；李鹏涛：《"黑色大西洋"：近年来国外学术界有关非洲在大西洋史中的地位与作用的研究》，《史学理论研究》，2020年第1期。

书第四部分"大西洋史的主题"主要论述大西洋沿岸各地商品及物质文化交流的重要意义。

在我看来，本书具有以下几个特色：

第一，强调"流动"。"大西洋史的核心概念是流动性。""大西洋研究范式认为，如果不重视大西洋的联结与动态的影响，就难以理解大西洋两侧各个社会随时代变迁而不断演进和变革的路径，这意味着不仅要研究跨大西洋的联系，还要考察半球、区域和地方的相互联系。"

第二，受全球史的影响，本书强调交流、互动等主题。"大西洋史最重要的主题是：从15世纪至今，大西洋不仅仅是一个海洋或者真实的存在，更是一个交换、交流、流通和传播的特殊区域。"

第三，强调把非洲人、美洲印第安人融入大西洋史。大西洋史提供了一个新的全球解释框架，以及考察美洲、非洲和欧洲早期近代世界形成的连贯叙事。对于欧洲海外扩张，大西洋视角可以让历史学家抛弃原先的欧洲中心论叙事，而采用欧洲人、美洲原住民和非洲人三者相遇的多中心历史，自觉地远离那种"一开始就支配着现代历史研究的权力范式"。"换言之，大西洋史回避了单一的欧洲人视角，或者更准确地说是白人男性精英的视角。对于殖民地向国家的转变过程，大西洋史学者宣称要避免任何形式的目的论叙事。"

第四，本书提出了一些令人耳目一新的观点。如"一部大西洋史在一定程度上取决于身份认同的形成——彼此联系的众多人群是如何逐渐把自身视为大西洋民族的，乃至更重要的是，大西洋互动创造了一种被历史学家称为克里奥尔化或者种族形成的文化变迁"。

本书也存在日前国外大西洋史研究中的一些通病，比如，它虽然非常关注大西洋沿岸各地、大西洋内部之间的联系和互动，但忽略了大西洋与其他海洋和陆地之间的联系，且对南大西洋世界的论述显然不足。不过总体而言,本书中译本是国内不多见的阐释大西洋史观的优秀译作,它的出版将有助于我们深化对大西洋史、海洋史和全球史的理解,也有益于中文学界对这些领域的进一步研究。

施诚

2021 年 10 月 18 日

于首都师范大学

序言与致谢

　　20 世纪 80 年代中期，作为历史学新的分支学科，大西洋史首次显露头角，而我当时有幸在约翰斯·霍普金斯大学的杰克·格林①（Jack Greene）和宾夕法尼亚大学的理查德·邓恩②（Richard Dunn）指导下攻读博士学位。大西洋史研究通常具有一定的代际关系。像我一样，该领域很多早期的研究者在 20 世纪八九十年代接受的学术训练是"早期近代英属美洲殖民地史"。在与西半球其他地区学者们日益频繁的对话中，他们的视野发生了改变。这些学者似乎在做着非常吸引人的研究工作，而英属美洲殖民地史的历史学家也应当如此。从某个方面来说，大西洋史是他们相互学习而结出的硕果，是在他们以著作和论文进行对话和研究中形成的。

　　大西洋史也是研究 20 世纪 90 年代和 21 世纪头 10 年的"时代精神"（Zeitgeist）历史的一种路径，就如我在本书第一章所指出的，正是在东欧剧变和苏联解体之后，入侵伊朗、阿富汗、利比亚、叙

---

① 杰克·格林，约翰斯·霍普金斯大学历史系教授，长期从事北美殖民地史、美国革命史和大西洋史的研究，著有《外围与中心：帝国宪制的延伸——大英帝国与美利坚合众国（1607—1788）》《美国革命的宪政起源》。除特别说明，本书脚注为译者所加，原注释和参考书目沿用本书作者的安排，均置于每章结尾处。

② 理查德·邓恩，从事美国早期史研究，创建宾夕法尼亚大学麦克尼尔早期美国研究中心，2017 年获得美国历史学会历史学家终生成就奖。著有《糖和奴隶》《两个种植园的故事》和《现代欧洲史：宗教战争的年代（1559—1715）》等。

利亚造成灾难后果之前的这一令人眩晕的年代，地缘政治从2005年前后开始恶化。大西洋史是一种真正的研究对象，拥有很多具有重大历史意义的主题，同时它也是一个分支学科，在对当代事务的回应中不断发展起来，尤其是西方世界多数人期盼成为现实的一种共同责任，他们希望全球化作为一种不可抗拒的力量来塑造人类的命运。这种共同责任或者世界联系变得日益全球化成为不可避免的历史进程，但现在变得不具有确定性了，因为从2015年前后开始，世界很多地区的民粹主义和种族民族主义日益高涨。令人警醒的是，所谓世界上最大的三个民主国家——印度、美国和巴西——的领导人对一个全球联系的世界持怀疑态度，他们都助长了不同形式的种族民族主义，这几乎背离了大西洋史学者所发现的非常重要和很有意思的一切事情。我觉得，21世纪20年代后期所撰写的大西洋史或许将反映现今变化巨大的环境，就像目前的论著通常以一个几年前就存在、迥异于过去世界的环境为创作基础，而我们中的某些人急切地想恢复原来的状况。大西洋史之所以在历史意识上取得如今这个成果，主要是因为它与全球史或世界史的联系如此紧密，并且具备了这个学科的一些理论假设和研究方法的基础。另外，它的现代形式是在20世纪90年代和21世纪头10年激烈的史学辩论中发展形成的。

本书是对蓬勃发展中的历史学分支学科——15世纪中期到19世纪中期大西洋世界的历史——的简要介绍。现代世界的诞生也是本书关注的重要议题，这一历史发展进程很大程度上归功于自哥伦布以来在大西洋世界所发生的很多事情，不过尤其突出的应是大西洋世界在18世纪启蒙运动和革命时代所发生的变化。这个历史学分支学科在教学和研究上都非常具有挑战性，因为它需要掌握海量的信息，设法超越过去的史学传统而扩大历史考察的规模和范围，精通很多门语言（不是我的强项），吸收很多不同的历史书写传统，比如非洲史、欧洲史、拉丁美洲史、加勒比海地区史和北美史。它需要想象力和应用能力来弄清楚把 4 个大陆在很长一段时期（历史学家称之为"长时段"）联系在一起的那些关联性。我希望本书能对读者们了解大西洋史这个学科有所助益，并帮助他们认识到大西洋史的时空界限，以及它最重要的主题，即大西洋海域及其陆地上人员、物品、观念的流动等此类复杂却令人着迷的互动，是如何让新世界逐步和旧世界整合在一起的。

需要强调的是，本书是一部研究论著而非教科书。研究论著并不试图详尽而全面地囊括一个历史研究领域或分支学科的所有事件。简言之，本书在形式或功能上都不是百科全书式的无所不包：它涵盖了大西洋史历史诠释的主题和主线，并不是全面、冗长和摘要式地对这一地域空间很长时间内所有事情进行详述。在本书中，我记述了自己所确信的那些表现了大西洋史本质的事情，强调了我认为特别重要或者值得讨论的某些情况，同时淡化或忽略了其他学者可能认为需要关注的其他问题。比如，我所感到遗憾的是，没有关注到丹麦大西洋的历史，也没有涉及典型的大西洋空间单元——百慕大群岛，尽管它们在这个历史学分支学科中的重要性得到了学者们的普遍承认。因此，本书是我个人对大西洋史各方面所进行的诠释，是我多年来教授这一学科的心得，也是对学生们所发现的有趣的、重要的和有争议的问题的反思性成果。

如果我没有在牙买加、英国和新西兰的很多大学教授过大西洋史，那么本书是不可能成文写就的。出版这部著作时，我已入职英国赫尔大学（University of Hull），担任威尔伯福斯奴隶制和奴隶解放研究所的所长、教授。威尔伯福斯研究所的工作提醒我们，哥伦布与新大陆的相遇和大西洋世界的形成所产生的影响一直延续至今。我的第一份教职是在牙买加莫纳的西印度群岛大学①（University of the West Indies），这意味着我必须教授一门自己以前从未研究过的学科，即从哥伦布到奴隶解放的美洲历史。在莫纳，我杰出的同事们——巴里·希格曼（Barry Higman）、韦雷娜·谢泼德（Verene Shepherd）、乔纳森·达尔比（Jonathan Dalby）、卡尔·坎贝尔（Carl Campbell）、韦伦·萨切尔（Veront Satchell）、希拉里·贝克尔斯（Hilary Beckles，尽管那时他在巴巴多斯的校区）、卡尔·沃森（Karl Watson）、凯瑟琳·蒙蒂思（Kathleen Monteith）、斯威辛·威尔莫特（Swithin Wilmot）、米歇尔·约翰逊（Michele Johnson）和布莱恩·摩尔（Brian Moore）——帮助我认识到，加勒比海地区对大西洋史和世界历史都至关重要，并引领我掌握了很多研究路径，至今让我受益匪浅。我第一次真正地教授大西洋史，是在新西兰坎特伯雷大学（University at Canterbury），与玛丽·彼得斯（Marie Peters）、格伦·伯吉斯（Glenn Burgess）一起工作。格伦是 17 世纪英国思想史研究领域著名的历史学家，现在是赫尔大学常务副校长。格伦的妻子曼迪·卡普恩（Mandy Capern）也是一位极其优秀的历史学家。自从 1990 年克莱斯特彻奇（Christchurch）地震之前我们第一次会面，他们夫妇就成为我最亲爱的朋友，一直是我工作（和其他方面）的重要支持者。我先后还在布鲁内尔大学（Brunel University）、苏塞克斯大学（University of Sussex）和华威大学（University of Warwick）教过大西洋史，在教学和研究中对大西洋研究主题的思

①西印度群岛大学，又称西印度大学，是由加勒比海地区 16 个使用英语的国家和地区共同支持组建的自治性区域大学。这些国家和地区包括：安圭拉、安提瓜和巴布达、巴哈马、巴巴多斯、英属维京群岛、开曼群岛、多米尼加、格林纳达、牙买加、蒙特塞拉特、圣基茨和尼维斯、圣卢西亚、圣文森特和格林纳丁斯、特立尼达和多巴哥等。

考不断深入，也在和其他同事的合作中收获了很多，他们是：肯·摩根（Ken Morgan）、英吉·多南（Inge Dornan）、大卫·莱登（David Ryden）、理查德·福利特（Richard Follett）、理查德·沃特莫尔（Richard Whatmore）、克莱夫·韦伯（Clive Webb）、理查德·戈登（Richard Godden）、索罗·杜博（Saul Dubow）、保罗·贝茨（Paul Betts）、娜奥米·塔德摩尔（Naomi Tadmor）、丽贝卡·厄尔（Rebecca Earle）、大卫·兰伯特（David Lambert）、加德·休曼（Gad Heuman）、蒂姆·洛克利（Tim Lockley）、塞西莉·琼斯（Cecily Jones）、乔吉奥·列略（Giorgio Riello）、托尼·麦克法兰（Tony Macfarlane）、罗杰·法格（Roger Fagge）、马克·奈特斯（Mark Knights）。

在本书中，我特别强调了大西洋世界的历史书写，并解释了大西洋史的吸引力所在，以及为什么它是一个适合我们这个时代的学科，用它来描述过去将有助于扩展我们的知识。全书频繁地引用了很多杰出的大西洋史学者的作品，部分是为了让读者认识到这一研究领域有着丰富和重要的研究成果。本书的一个显著特点是，在每章结尾，我从一个极佳的参考书目资源库中列出了具体的相关论著。我也有幸成为这个牛津在线参考书目数据库（www.oxfordbibliogaphies.com）大西洋史主题版块的主编。这个令人兴奋的大型项目得到牛津大学出版社的鼎力支持，精选和注释了从"奴隶制的废除"到"女先知"等大西洋史各个方面的书目，汇成了一个简明扼要的资料合集，现在已有近250条目，而且每个月都在增添。它是由专家们创作的一个绝妙的研究指南，包括了在线的、第一手和第二手的文献资源，涉及各种各样的主题，是专门为需要权威在线资源指引的学生、学者、感兴趣的读者们所设计的。它要比维基百科（Wikipedia）等随机偶然推荐和建议的其他在线资源要实用得多。

最后，我并非在大西洋世界出生长大。我出生和成长于浩瀚无垠的太平洋。它是世界上最广阔的海洋，一道道波浪拍打着我家乡——新西兰南部的达尼丁（Dunedin）和因弗卡吉尔（Invercargill）的海岸。太平洋看起来壮观美丽，可是海水太过冰凉，因此并不非常宜人。大西洋通常无法与太平洋的壮丽相媲美，但是它的历史同样吸引着我们，而且对那些横越它的人来说，更是具有重要的历史意义。作为从古至今人类历史形成的一个地理空间来说，或许只有地中海才能比得上大西洋，而且在现代世界的创造和早期近代世界的塑造上，没有一个海洋能超过大西洋所发挥的重要作用，即使印度洋也无法与它匹敌。我的职业让我到过大西洋的很多地方，从牙买加到英国，再到法国和美国。这些旅行让我明白，大西洋仍然是联结世界的一条高速航道，而不是阻挡全球互动的一道障碍。对大西洋及其人民的研究，对个人和智识都是非常有益的。

我的妻子黛博拉·摩根（Deborah Morgan）和我们了不起的孩子们——尼古拉斯·伯纳德（Nicholas Burnard）和埃莉诺·伯纳德（Eleanor Burnard），已经陪伴我去过大西洋外围的一些地区，虽然我关注的东西并不是他们所关心的事物，大西洋史也并不总能闯入他们的视野，我仍然要对他们致以深深的谢意，因为他们让我的工作变得轻松了很多。对大西洋的研究是少数人感兴趣的领域，但是它的历史和文化吸引着极具才华和极为优秀的一些爱好者和学者。我一直从最亲爱的朋友迪尔德雷·科尔曼（Deirdre Coleman）身上学习到很多知识，我要把本书献给她。她是一位热爱生活的文学学者，主要研究：澳大利亚早期殖民化的大西洋背景，革命时代非洲、欧洲和加勒比海地区之间文化和智识的相互作用，18 世纪大西洋自然科学、环境和知识的传播、接受、启蒙。不过最重要的是，她是我最要好的朋友，不论是顺境还是逆境，总是坚定地支持我。写作本书的时候，是我职业生涯最困难的一段时间。迪尔德雷一如既往地鼓励我、支持我，是我和妻子度过最难熬日子的最大助力。言语无法表达我对迪尔德雷的谢意，希望她能喜欢我献给她的这本小书。

特雷弗·伯纳德

2019 年 8 月 16 日

于维多利亚州霍索恩区

目 录

第二部分　时代变迁中的大西洋世界

第三部分　大西洋的空间单元

第八章　西非

第九章　西欧

[第一部分]

历史与历史书写

第一章
大西洋史与大西洋

大西洋史的概念

在早期近代①世界历史研究领域，大西洋史无疑是晚近兴起且令人兴奋的研究范式之一。本书即以它为视角（lens）来探究非洲、欧洲、北美洲和南美洲4个大陆的历史联系。我认为，大西洋史不仅是一种学术风尚或者为公共机构所急需的、实用的研究领域，它更是探索重要历史进程的一种具有吸引力、智识上值得尊重的研究路径。作为晚近最重要的史学发展之一，大西洋史的出现确实与某些体制机构是相伴相随的，然而更重要的是，它契合了新一代历史学家渴望在不断变化、充满活力的新时代里更新史学研究方法的想法。大西洋史具有真正的智识影响力。大西洋史最重要的主题（theme）是：从15世纪至今，大西洋不仅仅是一个海洋或者真实的存在，更是一个交换（exchange）、交流（interchange）、流通（circulation）和传播（transmission）的特殊区域。这些交换与交流在很长一段时期内深刻地塑造了4块大陆上人们生活方式的内在结构，因而从这

---

① "早期近代"（early modern）是当今西方史学界广泛使用的一个术语，最初是指西欧从中世纪到近代的过渡时期，后来逐渐用于指同一时期的欧洲，随之史学家把这个概念应用于欧洲之外的世界。不同国家和不同研究领域的史学家对早期近代的开端和结束的看法不同，但一般是指1500年前后—1800年前后的时空范围。可参见施诚先生的《全球史中的"早期近代"》（《史学理论研究》，2009年第4期）。另译为近代早期或早期现代等。

个意义上来说，大西洋史的主题是恰当和正确的。大西洋史在历史观念上也是一次大的飞跃，让历史学家能够在空间、人员和时间之间建立联系，从而丰富我们对这一重要航道复杂性的认识，而大西洋极大地促进了我们所有人生活的世界的发展。大西洋史是史学研究的一个领域，而非几种民族国家史或者区域史的简单集合，因此它仅仅在智识方面就非常具有吸引力。

如果没有人员、商品（goods）、资本（capitals）和观念（ideas）呈指数级的流动，那么大西洋世界就不可能出现并发展，也更不可能与这些联结①（connections）本身相混淆。生活在大西洋世界、欧洲、非洲和美洲的多数居民，并没有横越大西洋的经历，也没有离开故土、辞别家人朋友而进行长途旅行或者定居外乡。然而，他们的生活依然深受大西洋动态/变动（dynamics）的影响，即使他们不出村或者不出城。因此，大西洋史不仅是一种"相互联系的历史"，它还具有解释和诠释的向度。大西洋研究范式认为，如果不重视大西洋的联结与动态的影响，就难以理解大西洋两侧各个社会随时代变迁而不断演进和变革的路径，这意味着不仅要研究跨大西洋的联系，还要考察半球（hemispheric）、区域和地方的相互联系。在所有可能的分析尺度（scales to analyse）中，学者要想探明哪种才是最具影响力的，这要依赖于历史考察的空间单元、时间和主题。诚如约翰·艾略特②（John Elliott）所强调的那样，学者们必须尽量避

---

① 本书译文中的很多词语具有多个语义和译法，如"connection"为联系、联结、相互联系，"context"为语境、脉络和背景，"metropolis"为大都市、城市、殖民地母国，"civilized"为开化的、文明的，"native"为原住民和土著，等等。译者根据上下文和行文风格，可能在不同段落中采用不同的译法。
② 约翰·艾略特，英国历史学家，曾任牛津大学奥利尔学院现代史钦定教授，从事于早期近代时期的西班牙、欧洲和美洲的研究。著有《黎塞留与奥利瓦雷斯》《大西洋世界的帝国：英国与西班牙在美洲（1492—1830）》《形成中的历史》。

免"身不由己地夸大大西洋一侧对另一侧影响的重要性，也许是为了证明作者笔下那些大西洋主义者的资格"。艾略特继续论述道："但需要认识到，对于时间和空间的互动（interaction），我们没有必要找寻其连贯性，更不用说那种逐步发展的趋势了。在某些时段和某些地区，大西洋的构成要素是显而易见和强劲发展的，而在另外时段和其他地区，它仍然处于次要和附属地位。对整体与各个部分之间互动程度的波动变化进行追踪和阐释，是大西洋史写作的一个必要元素。"[1]

因此，大西洋路径的突出特点是其包容性，正如艾玛·罗斯柴尔德①（Emma Rothschild）所指出的，它能够让自由的历史学家摆脱历史学的种种藩篱。[2]大西洋主义者并没有试图把新的分析尺度——大西洋尺度——凌驾于其他空间尺度之上。相反，这一新分析尺度促使历史学家更加重视并解决空间尺度的问题，而不是因循传统或者惰性使然，继续在民族（nation）、殖民地（colonial）或者帝国（imperial）的尺度内进行写作。从这个意义上讲，大西洋史是"全球空间转向"（global spatial turn）的一部分。"全球空间转向"被历史学家用来形容几种新兴的历史研究趋势，它们更强调空间和地域/领域（territory）而非时间的作用。比如，对待不同的研究对象，大西洋史学者总是综合多种分析尺度，从地方到帝国或者大陆，再到大西洋或者全球。综合运用所有分析尺度并非为了提升全球史、帝国史或者半球史的研究水平而取代大西洋史，而是尽可能地丰富我们对过往时代的认知，揭示历史进程的复杂与多变。

塞西尔·薇达尔（Cécile Vidal）认为，采取这一路径会大大增

---

①艾玛·罗斯柴尔德，英国著名经济史学家，哈佛大学历史系教授、历史与经济学研究中心主任，著有《经济情操论：亚当·斯密、孔多塞与启蒙运动》《帝国豪门：18世纪史》。

加史学研究中的不确定性。她提出疑问：我们应该"发展一种更关注流动和互联的大西洋史，即主要考察导致大西洋世界一体化萌发和发展的流通与交换"，还是"构建一种在地化的（localised）大西洋史，即在比较视野下，聚焦于这些联结对互联的各个社会内部进化的影响，并主要强调大西洋世界的多样性与碎裂化"？[3] 选择前者的历史学家把大西洋史视为一种完全成熟的学术领域，可能把原有以民族国家或者帝国形成为基础的研究领域包括在内，书写的是具有一定连贯性和自主性的大西洋世界。而选择后者的历史学家，把大西洋史视为不同地区专家们之间的一种对话，从而可以将他们的作品置于更广阔的脉络中，以大西洋分析尺度为主，并结合全球尺度等其他分析尺度来书写相互联系的历史。大西洋史的出现与一种更大范围的史学发展密切相关，即所谓的"空间转向"，它们的历史学家既关注那些导致 20 世纪 60 年代新社会史（New Social History）产生的其他传统论题，又开始关注空间和地域。[4] 然而，如果只是直接以地理（geography）取代社会或者文化作为分析尺度，那么我们不会取得很大的成果。它还可能在欧洲史或者非洲史同行们之间构成一个障碍，这些学者既关注欧洲或非洲的内在性（interiority），也关注更大范围的空间联系。上述观点表明了本书主要采用的研究视角：虽然有证据表明，大西洋本身可被当作历史研究的对象（如果恰当界定的话，是存在一个大西洋的），但是把大西洋世界视为一种简单的参照单位和参照框架将更有成效。

我认为，大西洋史是一个惹人心动的学术取向，那些之前研究领域没有关联的历史学家可以用它进行对话。我也注意到，有学者批评大西洋史具有过度的帝国主义和欧洲中心论的倾向。在我看来，大西洋史的兴起既与半球史和陆地史的发展相伴随，也与不断增强的以世界史或者全球史（world or global history）为参照框架来取代或者补充民族国家史或帝国史等传统视角的研究兴趣相一致。所有这些参照框架试图补充、超越或者压制"民族国家"作为历史分析的一般研究单位，它们与任何形式的政治实体（political entity）都没有关联。这使得大西洋史既不同于民族国家史，也不同于帝国史，尽管新帝国史日益成为一种帝国的全球史，侧重于比较各个帝国在时间和空间上的形成，并研究众帝国的内部关系和相互关系。因此，所有这些史学趋势都与跨国史和跨帝国史的兴起密切相关。本书即是这一迅速发展中的史学趋向的一部分。他们认为自己的研究对象、历史编纂的年代顺序和比较的地理尺度等方面具有独特性。阿兰·卡洛斯（Alan Karras）简洁地总结了大西洋史的前景，而它们正是本书的重要内容。他提出，很多历史过程，比如跨大洋的迁徙移民、长途贸易、宗教传播、民主革命和开明国家的构建，都最早出现在近代时期的大西洋世界。因而，这些历史过程"表明大西洋史极为重要，它不应该被轻视。实际上，如果缺少大西洋世界的历史，那将不会有全球历史"。[5]

真实情况则是，在早期近代时期，大西洋世界就与地中海世界（Mediterranean world）保持着密切联系，而且经菲律宾（Philippines）或者好望角（Cape of Good Hope）与亚洲维系着紧密的关系；跨大洲的奴隶贸易连接着大西洋和印度洋（Indian Ocean）；大西洋欧洲贸易在18世纪具有更多全球性，融入了勾连大多数陆地的世界贸易中；欧洲国家的殖民帝国成长为世界性帝国，然而非大西洋史的学者们不应该误导我们，他们极力贬低那些把大西洋两侧各个社会整合在一起的诸多关系的独特性，并质疑大西洋范式。16—19世纪大西洋世界的独特之处是：在美洲原住民（Native American）社会的人口崩溃之后，一种复杂的劳动力市场发展起来；资本主义在欧洲兴起，并传播到整个大西洋世界；大量非洲人和欧洲人移民到新世界；通过奴隶制、强迫劳动（forced labour）和其他形式的劳动力，对众多族群进行经济剥削；原住民、欧洲人和非洲人在殖民地环境中相遇、冲突，众多定居殖民地建立，新的多民族杂居、多元文化共存的社会形成；大西洋殖民帝国形成。

几个大西洋殖民帝国由于三个因素而不同寻常：它们连接着母国（metropoles）与定居殖民地；在这些定居殖民地中，被殖民者包括原住民（印第安人）和非原住民（非洲奴隶）；白人移民既是压迫印第安人和非洲奴隶的殖民者，又是其宗主国的被统治者。在连接三块大陆的帝国、劳动力和贸易关系的背景下，所有这些现象对旧世界（欧洲和非洲）产生了一连串重要影响。由此可见，大西洋世界的特殊性在于这些相互关联的现象的结合，这种缠结效应（entangled effects）在其他地区是没有的。

一种相互关联的叙事

本书把上文言及大西洋史的种种概念作为研究对象，因此就要构建一种相互关联的叙事，来描写从 15 世纪 90 年代哥伦布远航至新世界到 1830 年或 1840 年革命时代（Age of Revolutions）结束，大西洋几块大陆和大西洋之上的众多人群之间的互动关系。虽然本书旨在阐明大西洋世界的发展增强了西欧相对于其他地区的全球影响力，但是这种叙事并非一个旧式历史撰述的现代版本，即描述启蒙运动以来西方的兴起和西方文明的胜利。相反，本书强调世界不同地区之间的相遇具有互动性，比如它充分表明了，非洲在几个世纪里被欧洲所击败和控制，同时对新世界的殖民扩张在欧洲内部也引发激烈竞争，甚至在欧洲外部引起更剧烈的争夺，而欧洲人在与原住民、非裔美洲人不断冲突中建立了新的社会，他们对于在 17—19 世纪不断演变的大西洋世界秩序中应该与原住民、非裔美洲人建立什么样的理想关系，有着自己的看法。

大西洋路径促使人们以全新视角解释重大历史事件。本书把大西洋视为一个相互联系的整体，认为它不断变化且非常复杂，并不聚焦于各种民族国家史或者个别事件（尽管本书将把地方事件和个人困境等案例研究置于更大的主题中），因此本书能够让读者更好地理解：在漫长的历史时期，跨大西洋和大西洋内部人员、物品和观念的流动是如何产生更宽广的历史模式的。本书也鼓励学生和读者对事件和历史进程进行多因果解释，因为这样既能够更准确地透视复杂的情势，也更有助于考察历史关联和当代共鸣等问题。故而，本书在处理传统主题时将采用上述大西洋史的技艺手法和研究路径。传统论题主要包括：地理大发现，哥伦布大交换（Columbian exchange）的灾难性后果；大西洋奴隶贸易和随后的废奴运动；15—19世纪美洲的人口变动；战争日益成为一种全球现象，欧洲几个殖民帝国为了世界主导地位不断爆发战争，移民、奴隶、原住民在18世纪和19世纪早期的革命时代掀起独立运动的浪潮；宗教的归信，以及大西洋世界各区域新型混合形式宗教的发展；在极度不平等的社会中，管理方式、个体与个体的关系、个体与政府的关系等观念处于不断变化中，追求自由的社会运动具有复杂性；帝国和殖民时代的国族构建（nation-building）和民族意识；在多种族和多民族社会中，移民社会的发展；作为国际贸易组成部分的大西洋贸易和商业资本主义的发展；启蒙运动和浪漫主义等思潮的发展。最后，本书对大西洋在漫长时间里人与人的交集、世界与世界的碰撞进行分析，以期探寻现代世界是如何诞生的。本书架起一座重要的桥梁，把描述我们失去的世界的那些历史作品，与描写我们生活的世界是如何被长期存在的事件、主题、进程所塑造的那些作品勾连起来。

大西洋

另外需要提前给读者言明，大西洋史是当代人"后见之明"的一个概念，对我们来说具有重要的意义，但对过去多数人来说没有任何意义。在 1492 年之前或者大西洋史通常采用的历史分期（15 世纪早期到 19 世纪中期）中的非洲、欧洲和美洲，没有人把自己视为"大西洋民族"（Atlantic peoples），并生活在所界定的大西洋地域中。对该区域的早期近代居民而言，大西洋世界的观念也是难以想象的，他们把自己视作更小共同体（家族、部族、民族、帝国）的一分子，而不是具有互动关系和利益的半球共同体的一员。只有我们当代人才具有这种全球意识。

一部大西洋史在一定程度上取决于身份认同的形成（identity formation）——彼此联系的众多人群是如何逐渐把自身视为大西洋民族的，乃至更重要的是，大西洋互动创造了一种被历史学家称为克里奥尔化（creolization）或者种族形成（ethnogenesis）的文化变迁（cultural change）。自 16 世纪以来，大西洋世界的形成促进了多族群和多种族混居社群的发展，但是大西洋各民族又试图努力坚持他们的文化自主性（cultural autonomy）和文化特异性（cultural distinctiveness）。这一悖论，突出反映了大西洋世界的个体与机构的"脱嵌"[①]（disembedding）特性。诚如乔治·卡尼扎尔－埃

[①]"脱嵌"，也译为"抽离化""脱出""脱域"，是英国社会学家安东尼·吉登斯在《现代性的后果》一书中提出的理论，与它相对的一个概念是"再嵌入"（reembedding）。德国社会学家乌尔里希·贝克也认为，现代化会导致一种三重的"个体化"，即"脱嵌——去传统化——再嵌入"三个维度过程。脱嵌（解放的维度），即个体从原本约束自己的社会关系或社会形式中脱离出来，比如家庭、阶级地位、社会文化传统等；去传统化（祛魅的维度），是指摆脱传统社会观念、宗教信仰、风俗习惯等的约束；再嵌入（重新整合的维度），即个体受到新的社会制度和社会规范的制约，重新嵌入新的社会关系或社会结构。

斯格拉（Jorge Canizares-Esguerra）和詹姆斯·希德保利（James Sidbury）所指出的，大西洋认同的关键是，"无论是在（流行病所造成的）市场脱嵌影响中苦苦挣扎的美洲原住民，或者面临战争、旱灾和奴隶制所引发大动荡的非洲人，还是寻找机会移民的欧洲人，所有这些群体的成员都是如何应对的，他们寻求让自己再嵌入社群中，创建了新的身份认同，而这些新身份根植于那些促动早期近代大西洋世界形成的变化"。[6]

大西洋史的核心概念是流动性（fluidity）。这在前接触时代（pre-contact）的非洲最为典型。在殖民时代之前，统治非洲多数人的是"相对较小的政治体。虽然他们经常发动侵略，但是一般并不热衷领土扩张，而更喜欢掠夺人口，因为控制劳动力而非土地，才能为他们带来财富和威望"。这使得前殖民时代的非洲在身份的社会建构上具有可塑性和多样性的特点，或许正是因为这一点，非洲人才能承受跨大西洋奴隶贸易的残酷压迫。事实证明，非洲人很好地适应了在美洲的家庭网络重构，就像赫尔曼·班尼特（Herman Bennett）所指出的，他们在拉丁美洲成立了城市互助团体，或者在圭亚那建立了非洲人与美洲原住民混居的社群。对于身处新世界的非洲人，他们的身份认同，最重要的不是回到前接触时代非洲人的集体身份，而是要真正共享非洲人应对新环境的成功策略，他们被迫采用那些不是自己创造的文化习俗，但是最终适应了新环境并重塑了自身。接受流动性和适应性作为非洲人大西洋认同的关键原则无疑强化了一个认知，即试图以疆界来分隔旧世界文化和新世界文化是徒劳无功的。[7]

在美洲的殖民地边疆（colonial borderlands），非洲人和原住民面临的各种挑战有很多类似之处。这些边疆地区见证了很多新族群在人口崩溃、种族战争和欧洲人到来等共同冲击下的诞生。例如在墨西哥（Mexico）和秘鲁（Peru），灾难性的人口崩溃引发了大规模的内部移民，脱离了原有族群、到处流浪的人，最后形成了新的、多族群的共同体。西班牙殖民者把人口崩溃中星散分布的幸存者带至新建立的文明空间——城市，从而进一步重构了这些社会共同体。其结果是一个重要的种族形成过程，新美洲原住民的文化形成采用了一系列原住民和欧洲人的文化趋势（cultural trends）。南希·范·杜森（Nancy van Deusen）和简·曼根（Jane Mangan）强调，这种文化占有和文化再造往往是通过美洲原住民女性与欧洲人、非洲人结婚或者同居而完成的。这些女性以牢固的经济和情感纽带而组建家庭和关系网络，即便很多时候她们身处残酷的被压迫体系中——伊比利亚人的征服本身就是残酷暴力的，就像马歇尔·德·塞多（Michel de Certeau）指出的，这意味着家庭和暴力在一个日常充斥反抗活动的上层建筑中发挥着作用，从而形塑了原住民应对欧洲文化霸权（cultural hegemony）的策略。[8]

新世界众多人群的不断变化和重组，成为一个典型的种族形成过程，这迫使研究者必须评价欧洲在美洲的扩张所造成的种种后果，也使大西洋史学者面临着被指控为欧洲中心论者的危险。以大西洋视角审视很多欧洲人、非洲人和原住民的历史，会把只是在外围与大西洋有关联的一些民族的多数人的经历降低至外围地位。然而不可否认的是，触发大西洋历史显现的很多变革的确都来自西欧，西欧国家在大西洋世界形成过程中扮演着特别积极的角色，因此对欧洲有一些特殊对待是有理由的，但是我们不能重拾过去的旧观念，即认为欧洲人是活跃分子，而非洲人和美洲原住民是被动接受者。大西洋史研究最困难的部分之一，就是既不能把欧洲人的历史经验当作标准形式，又要承认欧洲扩张在创造大西洋世界的作用。在我看来，强调文化流动性和适应性则是起到穿针引线作用的恰当方式，既中允评价了欧洲人在塑造大西洋世界的主动行为，又强调了处于反抗中的非欧洲人的影响，非洲人和原住民面对这些主动行为做出了改变和适应，同时他们的行动又在持续演变的大西洋历史中改变了权力和文化的轨迹。

事实上，很多人可能会认为，只有在交通（transportation）、金融（finance）和通讯（communication）等方面的变化促使世界联系起来更为便捷，形成真正的全球网络时，大西洋世界的概念才具有可能性。然而直到 19 世纪后期，这些条件才得以实现。伯纳德·白林[①]（Bernard Bailyn）是大西洋史的拥趸之一，认为它有助于理解全球整合和分裂等历史进程。他把大西洋史概念的"最初源头"确定在 1917 年，即新闻评论家沃尔特·李普曼[②]（Walter Lippmann）当时发表论著，极力鼓动美国加入第一次世界大战，帮助他称之为"大西洋共同体"（Atlantic community）的一方。李普曼认为，西欧（或许加上南欧）国家与北美国家都是"大西洋航道"（Atlantic highway）的组成部分，这些国家作为"一个伟大共同体"的成员需要团结一致，捍卫大西洋文明重要的构成要素（比如民主），以避免轴心国（Axis powers）和俄国布尔什维克（Bolsheviks）对这些价值观念造成威胁。[9]

第二次世界大战后的最初 10 年，随着跨大西洋联盟的形成，比如马歇尔计划（Marshall Plan）、杜鲁门主义（Truman Doctrine）、北大西洋公约组织（North Atlantic Treaty of Organisation），以及大量与

---

①伯纳德·白林，另译为伯纳德·伯林、伯纳德·贝林，美国著名历史学家，在美国早期史领域卓有成就，著有《美国革命的思想意识渊源》《渡海西行的人》《托马斯·哈钦森的苦难历程》《教育与美国社会的形成》等。
②沃尔特·李普曼（1889—1974），美国新闻评论家和作家，普利策新闻奖获得者，传播学史上具有重要影响的学者之一，在宣传分析和舆论研究方面享有很高的声誉，著有《公众舆论》等。

这个假定存在的共同体有联系的政府组织和非政府组织的不断涌现，大西洋共同体的观念变得日益稳固。随着横跨大西洋活动变得更加容易和更为普遍，比如乘船或者乘坐 20 世纪发明的飞机，从 1825 年起，大西洋越来越被视为便利的大洋航道，而不再是阻碍扩张的一个天堑。

在大西洋历史（互联互通社群的出现，这些社群在 17—19 世纪的整合，1760—1840 年革命时代所引起的大西洋世界重组）的伊始，大西洋并不受重视。15 世纪中叶大批欧洲人抵达西非海岸之前，很少有非洲人关注过大西洋，而且西非的大西洋港口也屈指可数，他们与世界其他地区的联系一般是通过陆路而非海洋。但是北非则不然，1000 多年以来，他们与地中海世界交流频繁，而东非也和印度洋保持着长时间的密切关系。

非洲人对大西洋不太感兴趣，部分是由于地理环境使然。就如菲利普·摩根（Philip Morgan）所指出的，这是"多种因素所共同造成的，比如该区域盛行的风向与洋流走向，茫茫海洋缺少庇护之地，天然港口极为稀少，充满各种潜在的危险障碍，随时卷起的滔天巨浪，固有的航海传统"。[10] 西非人对海洋缺乏兴趣，并不是因为他们没有在海上生活的技能。在西非内陆，水路经常被利用，而非洲人的航海技术也足以让他们到达预想的目的地。在大西洋世界出现之前，非洲人与欧洲人的接触和联系就非常广泛，但是几乎都发生在交通要道和繁荣地区，即地中海。欧洲人从 15 世纪中期从海路探索加那利群岛①（Canaries）和西非都没有成功，双方和之前一样，彼此仍然没有太多的认知。与中世纪晚期的西欧相比，非

---

①加那利群岛，摩洛哥西南方的一个大西洋群岛，现为西班牙的一个自治区。

洲人并没有更为高超的造船技术，况且他们也不需要这些技术。同样对西非人来说，大西洋也不是他们想要冒险进入的那片海域。当然，西非部分地区，尤其是与西欧商人和水手进行着各种形式贸易的那些地区，最终转向了大西洋，但是对其他许多人来说，大西洋仍然是一个令人恐惧的区域。例如，对大西洋奴隶贸易中被贩卖的几百万俘虏/囚徒（captives）来说，大西洋上的经历让他们生不如死，这是一片充满死亡和灾难的空间。在塞内加尔（Senegal）海岸的戈雷岛（Gorée Island），一座灰白色的堡垒有扇"不归门"（door of no turn），现今成了热门旅游观光地，例如南非时任总统纳尔逊·曼德拉（Nelson Mandela）1997年莅临该地，美国时任总统贝拉克·奥巴马（Barack Obama）2013年也到访此处。它仿佛依然回荡着被俘虏黑人惊恐凄厉的呼叫声，不计其数的非洲人从这里被赶上海船。进入这扇门就象征着他们离开非洲大陆、再难回归故土，也预示着他们悲惨地漂泊在茫茫大洋，即将成为美洲种植园里的奴隶[①]（enslaved people），一生困苦，直到客死异乡。

与非洲人一样，美洲原住民也把大西洋视为令人生畏的一道天堑。即使有原住民冒险深入大西洋，但是历史对此毫无记载。就像在非洲一样，美洲原住民之间的频繁互动主要通过陆路或者内地的水路，另外就是广阔却封闭的加勒比海（Caribbean Sea）。不过与欧洲乃至西非不同，美洲原住民的主要定居地不在大西洋沿岸，而

①本书论及"奴隶"时，主要使用了"captive""enslaved people""slave"三个术语。它们一般情况下可通用，不过具体的含义有所差异，就如托比·格林指出的，"slave"是欧洲种植园主发明的、外化的，来自罗马法，主要是经济范畴内的语词，而"enslaved people"承认了受奴役者的个性和人性，以及他们在被俘时遭遇的暴力，可参见托比·格林在《一把海贝：从奴隶贸易兴起到革命年代的西非》（中译本，社会科学文献出版社，2020）中对这些术语的界定。

是在内陆和太平洋沿岸，比如阿兹特克①人（Aztecs）和印加②人（Incas）的强大帝国都远离大西洋。据大致估算，在1492年哥伦布跨海而来之前，美洲总计有5400万人口，其中约300万可能生活在加勒比海地区，北美洲只有380万人口，南美洲大西洋沿岸也只有860万。值得注意的是，在大西洋史历史分期内很长一段时间，大部分美洲原住民依然主要生活在远离大西洋的区域内，与欧洲人定居点保持着距离。1492年，原住民最重要的两个人口密集区，墨西哥生活着1710万人口，安第斯山脉居住了1570万人口。[11]

根据道格拉斯·乌本拉克（Douglas Ubelaker）提供的数据，彼得·伍德（Peter Wood）提醒我们，1700年，即北美，尤其是东部和大西洋沿岸原住民人口衰落两个世纪之后，除了不到30万欧洲裔或非洲裔居民生活在非常靠近大西洋的地方，北美洲165万人大部分都远离大西洋。他估算，居住在大西洋附近的总人口是加利福尼亚（California）、北极地区（Arctic）、大平原③（Great Plains）和太平洋西北部的原住民的3倍多。

然而，欧洲人把大西洋视为可供探险、极为诱人的一片区域。在1400年的大西洋世界，西欧人和其他民族都不精通或者关注深海航行技术（deep-water navigation），而这却是横越大西洋不可或缺

①阿兹特克，15—16世纪初墨西哥中部最强大的一种原住民文化，即墨西卡（Mexica）文化。墨西卡人通过近百年军事扩张，统治了墨西哥中南部的广大地区，形成了讲多种语言的众多民族聚集居住的帝国。关于墨西卡人的起源地有不少说法，其中之一认为，他们的起源地叫作"阿兹特兰"或"鹭之地"，由这一地名产生了阿兹特克的名称，因此墨西卡人也被称为阿兹特克人。墨西卡帝国由特诺奇蒂特兰、特斯科科和特拉科潘三个城邦于1428年联合组成，在1521年被西班牙人征服。可参阅刘文龙先生《墨西哥通史》（上海社会科学院出版社，2014）。
②印加帝国，11世纪至16世纪在南美建立的以库斯科为中心的强大王国，版图大约包括南美洲的秘鲁、厄瓜多尔、哥伦比亚、玻利维亚、智利、阿根廷。
③大平原，指北美大平原，包括密西西比河以西、落基山脉以东、格兰德河以北的地区，总面积约130万平方公里。

的条件。就像在加勒比海地区和西非,水手们对中等距离的航行游刃有余,但是都不能远离海岸线进行远海航行。除了在北部海域捕捞鳕鱼(cod)的深海船队,大部分水手不会冒险驶入未经勘察的陌生海域。欧洲人由于追赶捕捞鳕鱼而具有了深水航行的经验,他们从欧洲不同港口派出捕鱼船队,并在北美东北部的纽芬兰(Newfoundland)临时停靠。[12]

　　在15世纪地理大发现之前,西欧人曾对大西洋进行了一些初步的勘察。最早与大西洋接触的是维京人(Vikings),在他们之前则是最初定居在法罗群岛(Faroes)和冰岛(Iceland)的爱尔兰修士。维京人能够建造绝妙的船只,比如诺尔船(Knörr)、半舰式船(halfskip)、坎普船(kampskip),它们可以承载四五十吨重的货物,速度快而稳,运输大量的人员及其财物进行长距离航行。维京人的舰船利用盛行风和洋流向北、向东远航,在10世纪后期曾到达格陵兰岛(Greenland)。或许由于偶然地超出了航线,他们在公元1000年前后意外抵达纽芬兰。986年,斯堪的纳维亚半岛的水手比亚德尼·赫乔夫森(Bjarni Herjólfson)因为偏离航线而完成了横越大西洋的首次航行,在今天拉布拉多半岛①(Labrador)和巴芬岛②(Baffin)停靠。他后来返回格陵兰岛,不过此次航行在维京人中没有掀起任何波澜,直到1002年红胡子埃里克(Eric the Red)从中嗅到了"机遇"。他买下了比亚德尼的诺尔船,派遣他的儿子莱夫·埃里克松③(Lcif Erikksson)重走一遍比亚德尼的航线,并在他们称之为文兰④

①拉布拉多半岛,位于加拿大北部、美洲大陆最东端,是北美洲最大半岛。
②巴芬岛,加拿大第一大岛,东隔巴芬湾和戴维斯海峡与格陵兰岛相对。
③莱夫·埃里克松(约970—1020),冰岛探险家,据说在航行中发现了位于加拿大东北部的纽芬兰岛。
④文兰大致包括今天加拿大的纽芬兰岛、圣劳伦斯湾和新不伦瑞克半岛东北部。

（Vinland）的地方设立一个定居点。

与新世界的第一次相遇却不幸地变成一场遭遇战，其实这是当时民族之间最普遍的交流方式之一，而大西洋世界的形成同样是这样一个充满暴力的过程。挪威人靠岸时见到 9 个美洲原住民，杀死了其中的 8 个。从一开始，他们就与土著因纽特人（挪威人称之为"skraelings"或"wretches"）的关系非常恶劣，彼此互相攻击，各有损伤。移民定居的尝试很快被放弃，跨大西洋的探索逐渐为人所遗忘。对纽芬兰渔业资源丰富的海域进行再一次探险发生在几百年后，即 15 世纪 70 年代，英格兰鳕鱼捕捞船因为政治和商业纷争而被赶出了爱尔兰水域。英格兰港口城市布里斯托尔（Bristol）的船队可能在纽芬兰沿海发现了丰饶的渔场，开始捕捞鳕鱼，并卖到西班牙和亚速尔群岛（Azores）。这条新的大西洋航线很快为各国所知，葡萄牙、巴斯克（Basque）、布列塔尼（Breton）和法国的渔船加入其中，捕捞鳕鱼，并开始在拉布拉多半岛和纽芬兰海域捕捞鲸鱼。

有可能向大西洋扩张的地区并非只有欧洲

历史之网（web of history）可能会有不同的形态。在 15 世纪早期，似乎不是西欧，而应该是中国明朝（Ming China）会向世界扩张它的疆界。中国和印度（India）为当时最富庶和人口最多的两个地区，它们有资源和实力来支配世界其他地区。中世纪的蒙古人（Mongols）向世人证明，亚洲人是有可能横跨欧亚大陆建立世界统治秩序的。1405—1433 年，郑和将军（Aamiral Zheng）受皇帝派遣，率领庞大的舰队进行了 7 次远航，曾一度到达东非。然而，中国认为跨洋探索收获寥寥、没有意义。奥斯曼人（Ottomans）对大西洋探险也无兴趣。阿拉伯（Arab）和土耳其（Turkish）的商人和水手控制着世界上最繁忙和最赚钱的贸易路线，他们没有理由去关注大西洋。简言之，欧洲主要的竞争对手专注于陆地上的胜利，而把海洋留给了欧洲人。故而，弱小而非强大才导致欧洲人向海洋进行扩张。首先向西探索的国家是葡萄牙（Portugal），它领土小、人口少，只有不足 100 万人，而且土地贫瘠，极易发生饥荒。葡萄牙人为了土地、财富和贸易，不得不向海洋扩张，而人口众多、富庶繁荣和自给自足的中国人、印度人、土耳其人和阿拉伯人则兴趣索然。

　　美洲原住民比中国人更无动力向外部迁移。对美洲人来说，哥伦布到来之前无疑是他们的美好时代。在 10—14 世纪，温带地区相对暖和的气候让作物的生长季节比之前更长，从而引起一场农业革命，玉米（maize）、豆类和南瓜栽培技术从墨西哥传播到北美洲。这不但促使原住民新的文明中心得到发展，比如查科峡谷（Chaco Canyon），它位于今天四州边界交会处①（Four Cornes）的新墨西哥州（New Mexico）一侧，而且有助于形成很多比之前的密西西比河谷（Mississippi Valley）地区更大的居民聚集区。如果从查科峡谷向东看，而不是从加那利群岛向西看的话，那么我们就能看出原住民在向北美洲扩大他们的定居点。如果向南看，那里有日益繁荣、实力旺盛、侵略性强的扩张性大帝国——墨西哥的阿兹特克帝国和秘鲁的印加帝国，那么这一观点将得到加强。

　　然而不幸的是，暖和的天气没有持续下去。在"中世纪暖期"（Medieval Warm Period），无论是查科峡谷还是密西西比河谷，大量的人口使当地的生活经常处于崩溃的外围。丹尼尔·里克特（Daniel Richter）推测说，"特别强烈的宗教狂热，作为政治中心的地位，

———————————

① 四州边界交会处，美国新墨西哥州、科罗拉多州、犹他州和亚利桑那州的四角地区。

物质资源奉献给农业祈福仪式，都显示了这两个地区的文化认同是多么不稳定"。[13]14—16世纪全球变冷，17世纪"小冰河期"（Little Ice Age）的到来，都损害着这些原住民早就脆弱的生态系统。尽管如此，在墨西哥北部很多大城市中心消失无踪时，原住民定居模式的核心要素却延续了下来，比如密西西比河谷的大多数人都分布在小村落里。谷物—豆类—小果南瓜的农业革命影响持久，改变了原住民的生活。不过农业革命对部分地区影响有限，比如无法种植此类农作物的区域（阿拉斯加、加拿大、大平原、西南部大盆地①和巴塔哥尼亚 [Patagonia]），以及渔业比农业更重要的大西洋和太平洋沿岸地带，而以上这些地区大部分直到18世纪才与欧洲人有了接触。在1492年之后3个世纪的大西洋世界里，和欧洲人打交道的是美洲农民，而不是狩猎采集者和渔民。

需要注意的是，原住民社会的多样性一直延续至欧洲人征服的前夜。北美洲原住民人口与中美洲②（Central America）、加勒比海地区的原住民人口迥然不同，而中美洲和加勒比海地区的内部也复杂多样。他们彼此如陌生人一样，接触不多。沙漠把墨西哥、尤卡坦半岛（Yucatan）与北美洲分隔开来，而没有风帆的船是不可能穿越加勒比海的。美洲原住民文化具有一些共性，比如普遍依赖于自给自足的农业系统、母系世系群、长途贸易，以及（除印加帝国和阿兹特克帝国之外）分散的酋长领地的政治组织形式。但是，差异性比相似性更明显、更重要，比如原住民因为语言不同而分裂（欧

---

①大盆地（Great Basin）为北美洲最大的内陆盆地，包括现在内华达州、犹他州、加利福尼亚州、爱荷华州、俄勒冈州，以及怀俄明州的一部分，以干旱贫瘠与地形复杂而著称。
②中美洲现今分为7个国家：危地马拉、萨尔瓦多、洪都拉斯、尼加拉瓜、哥斯达黎加、巴拿马、伯利兹。

洲人在这方面也望尘莫及），他们还有各种不同的本地习俗和信仰。他们缺少那些把欧洲人联系在一起的共同特征，比如基督教信仰、君主制和国家构建的官僚体制。实际上，西班牙——16 世纪最重要的欧洲殖民国家——面对的是美洲极为多样化的土著社会，包括从中部美洲^①（Mesoamerica）和安第斯山脉那些永久性定居的大帝国，到散居在墨西哥北部和阿根廷南部大草原上一群群以狩猎采集为生的小部落。

随着地球从"中世纪暖期"进入"小冰河期"，美洲原住民如何看待他们遇到的陌生人呢？长期困扰着大西洋史的一个问题就是研究资料不对等。对于欧洲人如何看待原住民，我们知之甚多。可是，反之则不然。只有在中部美洲，特别是被征服之后，像纳瓦人（Nahuatl）、米斯特克人（Mixtec）和玛雅人（Maya）这些美洲原住民的记述文献才逐渐增多，而且他们使用的还是欧洲人引入的拉丁字母。我们聆听原住民声音的唯一方式是经他人转述——欧洲人所认为的原住民如何看待殖民者自身。

这些经加工、被构建的原住民对欧洲人的看法表明，原住民把欧洲侵略者视为可笑和无足轻重的，他们丝毫不在意欧洲人，更遑论恐惧和害怕了。例如，17 世纪新尼德兰（New Netherland，即今天的纽约 [New York] 和特拉华州 [Delaware]）的原住民称呼荷兰定居者为"兄弟伙"（brothers）、"恶棍"（scoundrels）和"金属制造者"（metal-makers）。¹⁴ 一言两语难以讲明这些称呼，因为每

①中部美洲，又译为美索美洲，既是地理概念也是文化术语，用来定义印第安人所创造的中部美洲文明地区，包括墨西哥大部（中部、南部），还有与之毗邻的中美洲北部（今危地马拉、伯利兹、萨尔瓦多之全部，以及洪都拉斯、尼加拉瓜和哥斯达黎加的部分地区）原住民文化高度发展的地区。

个都具有非常复杂的含义。"兄弟伙"说明荷兰人希望原住民把他们当成亲属，大家友好相处。不过原住民更有可能把荷兰人视作"恶棍"（荷兰语中表示强烈侮辱的一个词）。"金属制造者"则是一个更混乱的描述：荷兰人虽然不值得信赖，可是掌握着原住民所需要的技术。原住民对荷兰的文化不以为然，特别是基督教信仰。西方传教士控诉说，当他们以基督教行为规范来抨击原住民行为不端、罪孽缠身，并以欧洲人常用的修辞手法，警告原住民说上帝将把怒火降临到你们这些充满罪恶的人身上，而原住民竟然嘲笑他们，认为无法相信欧洲人的神，因为神怎么不惩罚某些荷兰人呢，当时确实有很多荷兰人是"妓女、盗贼、酒鬼和其他行为不端者"。原住民还沿用了欧洲人贬损荷兰人的常用话语：他们工作辛苦，贪婪无度，爱讲闲话，笑面虎。随着原住民与欧洲人之间联系不断加深，并变得问题重重，更被频繁的、可怕的暴力所形塑，我们停止了这种对美洲原住民所认为的"他者"（the other）的民族志描述。在征服之后一二十年，欧洲人对原住民如何看待他们不再感兴趣，并开始把原住民描述为既懦弱又残暴、不可救药的野蛮人。

大西洋史的结束

很容易确定大西洋史的开端。它开始于 15 世纪中期葡萄牙人对非洲西海岸的探险，而 1492 年哥伦布达到巴哈马群岛（Bahamas）无疑是最具代表性的事件。然而，大西洋史在何时结束则众说纷纭，我在本书第十五章提出大西洋史应该以 19 世纪 20 年代为结尾，因为我们首次看到世界历史作为工业革命技术革新的成果而出现，当时全世界互相联系，大西洋史也被纳入全球史。然而，历史时期的终结不会那么简单容易。大西洋世界的学者指出，大西洋史的很多特征在 19 世纪 20 年代之后依然存在，例如，1820 年之后，大西洋体系（Atlantic system）的一个主要特征——奴隶制——在西半球仍然顽强地延续着。奴隶制在 19 世纪 20 年代并没有结束，甚至较早废除它的英国也是到了 1834 年。它在美国南部继续存在并有所发展，一直持续到惨烈的南北战争结束时（1865），而古巴（Cuba）和巴西（Brazil）一直延续到 19 世纪 80 年代。巴西到 1888 年才废除奴隶制。

某些历史学家强烈主张，对大西洋历史应该研究至 20 世纪。阿兰·卡洛斯提出了一个强有力的观点，即大西洋史最严重的一个失误是它不愿探究 20 世纪。他认为，定义世界历史的两大标准——宗教归信的扩展，政治参与在民主化一般架构里的增强——在 19 世纪早期从大西洋世界扩大到全世界，并在 20 世纪大西洋脉络中发挥着最重要的作用。例如，非殖民化（decolonization）可能在 1776 年和 1804 年的美洲开其端绪，但其主要表现形式出现在 20 世纪。阿兰·卡洛斯认为，"19 世纪和 20 世纪非殖民化的世界历史进程，需要更明确地与 18 世纪大西洋'革命'时代联系起来。这不仅说明持续流行的启蒙运动意识形态激励了这些民族起义，还显示了大西洋的历史可以在更长时期内很好地结合在一起"。他主张，"大西洋世界需要被延伸到 20 世纪，以便明晰地描述和解释该区域从一个'新世界'向一个以各种方式整合为另样的、易变的、有时相反的地域板块转变的过程，特别是它与现有民族国家史和世界史之间的关系"。在 1992 年与其他学者合作的大西洋史著作中，阿兰·卡洛斯坦承，他独自一人难以完成这个雄心勃勃的宏大计划，因为他所擅长的学术领域只能让自己书写到 19 世纪 80 年代，即最后几个延续奴隶制的社会废除它时。他还提出，虽然大西洋世界特有的模式和各种关系一直持续到 20 世纪，但是大西洋已经日益融入全球的交换网络之中，并进入与现有世界历史相一致的历史叙事中。"它的独特性在逐渐消失，"他认为，"它融入真正的全球经济的步伐在继续加快。"[15]

对于大西洋史所采用的时代断限，阿兰·卡洛斯最不满意之处，是它们与早期近代史的学者，特别是美国早期史学者所关注的论题一致性太强。他进一步提出，美国早期史的学者有"大西洋殖民史"（colonized Atlantic history），他们"强行扭转了该领域的国际主义倾向，并把它们颠倒了过来"，他们的方法让卡洛斯深感不安。卡洛斯赞成和支持大西洋史作为一个统一的研究领域，并强烈批判一种观点，即大西洋史只是一种以大西洋视角来讲述美国或者其他社会历史的方法。如上所述，我不认为必须要把大西洋史"纳入到一种单一的或者与众不同的历史叙事中"。[16]在我看来，这是用一种历史的教条主义来取代一种历史失忆症。就像本书所表明的，我不是美国人，对我或者本书读者而言，如何使大西洋史成为美国史国际化的一种方法并非特别重要。

我是研究早期英属美洲殖民地史的学者，对西班牙语、法语、葡萄牙语、荷兰语和丹麦语的历史资料并没有太深入的研究，而这可能是未来真正的大西洋史学者所必须具备的条件。我假定本书读者的母语是英语，或者他们已经很好地掌握了英语，因此本书大部分参考书目均为英文。但是，每章至少包含一本其他欧洲国家语言的文献，以体现英美历史期刊和著作之外的大西洋史权威作品。美国和英国最早进行大西洋史研究，最重要和最权威的著作大多也出自这两个国家。在英国，欧洲怀疑论（正如2016年以来关于英国脱欧旷日持久的辩论所表明的那样）意味着，英国人时常（在大众话语更甚于学术研究中）使用大西洋来作为欧洲的对应物，因为大西洋让他们深信英国例外论，并认为英国的命运和英国的历史一样，不一定非要与欧陆和爱尔兰牵连在一起。相反，塞西尔·薇达尔指出，民族国家史的学术霸权、帝国史难以融入欧洲的民族国家史，都解释了为什么法国历史学家（作为欧洲历史学家的一个例子）一直不愿意采用大西洋史来取代传统历史叙事。[17]

我选择把大西洋史结束于19世纪前1/3时期，并对之后的历史发展只是简单提及，这主要基于自己的研究所得和研究方法。对英属和法属美洲废除奴隶制后的情况，我掌握得并不充分。这场辩论之后在大西洋发生的事情，引发了对帝国主义和非殖民化的历史研究，也引起对当代各个后殖民社会的反思，这些地方曾经是欧洲、非洲和美洲的大西洋社会。新帝国史日益采用比较视野和全球尺度，关注时空范围内各个帝国相互缠结的历史，很有可能让历史学家能够把早期近代和近代的帝国主义与后帝国主义联系在一起。作为历史解释的一种工具，大西洋史有其自身的局限性。19世纪80年代也许比本书所采用的日期更合适作为大西洋史的一个结尾。它以奴隶制的终结而非革命的结束作为关键因素，由此把非洲和非洲人洲置于大西洋叙事的中心，这可以说减少了欧洲中心论的偏见。但是这一年代也有它自身的问题。它或许少了一些欧洲中心主义，但是可能更具有美国中心主义的倾向，它认为19世纪80年代之后的世界并不像后殖民时代，而是对欧洲和非洲的近代历史的一种共同反应，更像后奴隶制时代。它强化了西尔维娅·福雷所特别指出的观点，即"种族意识形态和种族预定论的出现，是大西洋史研究中最严重的缺陷之一，或者说就是最严重的缺陷了"。以19世纪20年代为结尾，可能意味着大西洋叙事的部分内容仍然无法解释，但这也意味着后殖民主义不会因为大西洋历史时期的结束而被轻视，而倾向于无情地关注后奴隶制。在美国、加勒比和巴西之外，种族问题与奴隶制的遗留问题并没有立即联系起来。

注释

1 J.H. Elliott, 'Afterword – Atlantic History: A Circumnavigation,' in David Armitage and Michael Braddick, eds., *The British Atlantic World, 1500–1800* (Basingstoke: Palgrave Macmillan, 2002), 240.

2 Emma Rothschild, 'Late Atlantic History,' in Nicholas Canny and Philip D. Morgan, eds., *The Oxford Handbook of the Atlantic World, 1450–1800* (Oxford: Oxford University Press, 2011), 634.

3 Trevor Burnard and Cécile Vidal, 'Location and the Conceptualization of Historical Frameworks: Early American History and Its Multiple Reconfigurations in the United States and in Europe,' in Nicholas Barreyre et al., eds., *Historians across Borders: Writing American History in a Global Age* (Berkeley and Los Angeles: University of California Press, 2014), 146. See also Vidal, 'For a Comprehensive History of the Atlantic World or Histories Connected in and beyond the Atlantic World?' *Annales: Histoire, Sciences Sociales (English)* 67 (2012), 279–300.

4 Matthias Middell and Katja Naumann, 'Global History and the Spatial Turn: From the Impact of Area Studies to the Study of Critical Junctures of Globalization,' *Journal of Global History* 5 (2010), 149–70.

5 Alan L. Karras, 'The Atlantic Ocean Basis,' in Jerry H. Bentley, ed., *The Oxford Handbook of World History* (Oxford: Oxford University Press, 2011), 529

6 Jorge Cañizares and James Sidbury, 'Mapping Ethnogenesis in the Early Modern Atlantic,' *The William and Mary Quarterly* 68 (2011), 184–85.

7 Ibid.; Herman Bennett, *African Kings and Black Slaves: Sovereignty and Dispossession in the Early Modern Atlantic* (Philadelphia: University of Pennsylvania Press, 2018).

8 Nancy Van Deusen, 'The Intimacies of Bondage, Female Indigenous Servants and Slaves and Their Spanish Masters, 1492–1555,' *Journal of Women's History* 24 (2012), 13–43; Jane E. Mangan, *Transatlantic Obligations: Creating the Bonds of Family in Conquest-Era Peru and Spain* (New York: Oxford University Press, 2016), 18–46; Michel de Certeau, *The Practice of Everyday Life*, trans. Steven Rendall (Berkeley and Los Angeles: University of California Press, 1984).

9 Bernard Bailyn, *The Idea of Atlantic History: Concepts and Contours* (Cambridge, MA: Harvard University Press, 2005), 6–7.

10 Philip D. Morgan, 'Africa and the Atlantic, *c.* 1450–*c.* 1820,' in Jack P. Greene and Morgan, eds., *Atlantic History: A Critical Appraisal* (Oxford: Oxford University Press, 2009), 223.

11 Fifty-four million is from William Denevan, *The Native Populations of the Americas in 1492* (Madison: University of Wisconsin Press, 1992). Debates over the size of Native American populations in 1492 are fierce with very large disparities in estimates. The increasingly accepted estimates are those that suggest a range between 47 and 60 million. See Suzanne Austin Alchon, *A Pest in the Land: New World Epidemics in a Global Perspective* (Albuquerque: University of New Mexico Press, 2003), 150–71; and Linda Newson, 'The Demographic Impact of Colonization,' in Victor Bulmer-Thomas, John

Coatsworth, and Roberto Contés Conde, eds., *The Cambridge Economic History of Latin America* (Cambridge: Cambridge University Press, 2006), 143–84.

12 Peter H. Wood, 'From Atlantic History to a Continental Approach,' in Greene and Morgan, eds., *Atlantic History: A Critical Appraisal* (Oxford: Oxford University Press, 2009), 284–85; Douglas H. Ubelaker, 'North American Indian Population Size: Changing Perspectives,' in John W. Verano and Douglas H. Ubelaker, eds., *Disease and Demography in the Americas* (Washington, DC: Smithsonian Institution Press, 1992), 173.

13 Daniel K. Richter, *Before the Revolution: America's Ancient Pasts* (Cambridge. MA: Harvard University Press, 2011), 30.

14 Daniel K. Richter, *Trade, Land, Power: The Struggle for Eastern North America* (Philadelphia: University of Pennsylvania Press, 2013), 45.

15 Karras, 'The Atlantic Ocean Basis,' 538.

16 Ibid., 530, 540–41.

17 Cécile Vidal, 'The Reluctance of French Historians to Address Atlantic History,' *Southern Quarterly* 43 (2006), 153–89.

18 Sylvia Frey, 'Beyond Borders: Revisiting Atlantic History,' in Cécile Vidal, ed., *Louisiana: Crossroads of the Atlantic World* (Philadelphia: University of Pennsylvania, 2013), 185.

参考书目

Oxford Online Bibliographies – The Idea of Atlantic History; Colonialism and Postcolonialism; Ideologies of Colonization; Oceanic History.

David Abulafia, *The Discovery of Mankind: Atlantic Encounters in the Age of Columbus* (New Haven: Yale University Press, 2008).

Bernard Bailyn, *The Idea of Atlantic History: Concepts and Contours* (Cambridge, MA: Harvard University Press, 2005).

Jeff Bolster, 'Putting the Ocean in Atlantic History: Maritime Communities and Marine Ecology in the Northwest Atlantic, 1500–1800,' *American Historical Review* 113 (2008), 19–47.

Barry Cunliffe, *Facing the Ocean: The Atlantic and Its Peoples 8000 BC–AD 1500* (New York: Oxford University Press, 2001).

Nicholas Canny and Philip D. Morgan, eds., *The Oxford Handbook of the Atlantic World 1450–1800* (Oxford: Oxford University Press, 2011).

Donna Gabaccia, 'A Long Atlantic in a Wider World,' *Atlantic Studies* 1 (2004), 1–27.

Alison Games, 'Atlantic History: Definitions, Challenges and Opportunities,' *American Historical Review* 111 (2006), 741–56.

Jack P. Greene and Philip D. Morgan, eds., *Atlantic History: A Critical Appraisal* (Oxford: Oxford University Press, 2009).

Martin W. Lewis and Kären E. Wigen, *The Myth of Continents: A Critique of*

Metageography (Berkeley and Los Angeles: University of California Press, 1997).

Silvia Marzagalli, 'Sur les origines de l'Atlantic history: Paridgme interprétif de l'histoire des espaces atlantiques à l'époque modern,' *Dix-Huitième Siècle* 33 (2001), 17–31.

Joseph C. Miller, ed. *The Princeton Companion to Atlantic History* (Princeton: Princeton University Press, 2015).

David Northrup, *Africa's Discovery of Europe 1450–1850*, 3rd ed. (Oxford: Oxford University Press, 2014).

Kirsten A. Seaver, *The Frozen Echo: Greenland and the Exploration of North America* (Stanford: Stanford University Press, 1995).

第二章

什么是大西洋史？

"我们现在都是大西洋史学家了。"大卫·阿米塔格在 2002 年主编的大西洋史著作的导论中如是说。然而他无视这种自负所带来的危险。不过，对较早提倡和支持在早期近代美国史研究中采用大西洋取径的学者们来说，年轻一代历史学者对大西洋史的热情足以让他们感到宽慰和保持乐观。这一主题扩展了公共机构和文化机构的类型，显示着这个文化运动不是一时冲动、昙花一现。大西洋史变为在教学和研究术语中具有较强影响力的一个主题，让它的历史学家足以自称是大西洋史研究专家，而不用再称自己擅长的研究领域为美国早期史、拉丁美洲史或者非洲史（欧洲的历史学家明显不如美洲和非洲的学者那样对大西洋史研究潮流感兴趣）。[1]

大西洋史提供了一个新的全球解释框架，以及考察美洲、非洲和欧洲早期近代世界形成的连贯叙事。对于欧洲海外扩张，大西洋视角可以让历史学家抛弃原先的欧洲中心论叙事，而采用欧洲人、美洲原住民和非洲人三者相遇的多中心历史，自觉地远离那种"一开始就支配着现代历史研究的权力范式（paradigm of power）"。换言之，大西洋史回避了单一的欧洲人视角，或者更准确地说是白人男性精英的视角。对于殖民地向国家的转变过程，大西洋史学者宣称要避免任何形式的目的论叙事。[2]

采用大西洋史作为审视过去的一种方式，是基于它作为描述有助于早期近代和现代世界形成的重要历史现象的有效性。大西洋史的写作要早于它在 20 世纪 90 年代正式成为历史学的分支学科。20 世纪四五十年代，第一批大西洋史著作问世，主要描述一种跨大西洋的西方文明，其作者大多为欧洲的欧洲主义者。在第二次世界大战、英美同盟，以及随后冷战和北大西洋公约组织形成的历史背景下，学者开始撰文论述大西洋"共同体""文明""空间""经济"。对不列颠的美国史研究做出最重要贡献的几位英国历史学家对大西洋史形成也影响巨大。除了罗伯特·帕尔默（Robert Palmer）与雅克·戈德肖（Jacques Godechot）构想了"大西洋革命"（Atlantic Revolution）之外，大多数美国历史学家并没有加入这场辩论。一代人之后，新大西洋史兴起，而这主要是在大西洋两岸工作的英属大西洋历史学家和美国早期史的历史学家密切合作的成果。在历史学方面（Historiographically），大西洋史概念与几种史学观点同时出现，例如费尔南·布罗代尔（Fernand Braudel）关于一种地中海文明的"共时性"概念（contemporaneous notion），以及赫伯特·波尔顿（Herbert Bolton）在两次世界大战之间提出美洲分享了共同的历史。在政治层面，大西洋史吸引着赞同美国国际主义论题的历史学家，他们认为大西洋合作（美国和西欧民主国家的合作）对自由能在日益危险的世界继续存在是至关重要的。在体制方面（Institutionally），它使得美国政府发起了一系列教育倡议，而在其他的体制发展方面，主要集中在鼓励欧洲人加入美国研究计划的美国史教学和研究上，这些举措从 20 世纪 50 年代初开始扩展到整个西欧。[3]

大西洋世界的历史书写

然而，大西洋史的首次盛行并没有引发对大西洋诸多联系的任何持久关注。实际上，大西洋史在各处遭到了冷落，特别是在马克思主义占据着史学正统地位的法国。法国历史学家把大西洋史视为一种特别反动的政治意识形态的产物，他们不愿参与其中。英国历史学家，或者至少是创刊《过去与现在》（英国马克思主义者发起的著名学术期刊）的那些历史学者，同样不太赞同要特别强调美国和欧洲共享了大西洋理念、思想和体制的传统。大西洋史在二战后的英国不是什么新观念，而是一种陈旧的课题，即帝国主义研究的变体。这一课题可以被视为那些坚定的帝国主义者对那些陈词滥调的帝国主义故事所做的一种保守倾向的改变。他们的目的是应对新时代的需求，因为在这个新的时代，英帝国的衰亡迹象太显见了。总的来说，大西洋史在英国和法国受到猜疑，处于历史话语的外围地带。[4]

　　20世纪六七十年代，主流学术界偏离了那种扩展性的研究视野，即把很多不同地区都汇集在大西洋史综合研究中，而更强调采用著名的法国年鉴学派期刊中所发展的社会史技艺，透彻地探究具有详细历史记载的小社群的社会经济状况，一般是关于欧洲或者北美地区的小型共同体。深受年鉴学派惠泽的历史著作影响巨大，引领了20世纪60年代以来学术研究的黄金时代，使如今的历史学者所选择的论题迥异于原先学者所聚焦的题材。

　　然而，众多类型社会史的发展暴露出年鉴学派最大的问题之一就是重点的缺失。历史学家关注的是更小范围内和更短时间段的小型共同体的细枝末节，更宽泛的界限变得不再清晰。在20世纪80年代中期进入研究生学习阶段的那批历史学者，当时面对的是让人眼花缭乱的早期美国和17世纪英国小型共同体研究，这些著作作为个体都极为优秀，但是集合在一起则造成了冲突和混乱。主题的逻辑并没有引发大西洋启蒙运动（Atlantic enlightenment），而是造成了碎片化（Balkanization）和狭窄的视野，比如斯图亚特王朝时期的英格兰（Stuart England）、殖民时代的切萨皮克地区（Chesapeake）

和西属美洲（Hispanic America）等彼此关联的研究领域的学生们找不到共同的兴趣，即使他们有精力去尝试和掌握与自己专业领域有关系的学术发展。

对于其他学科，特别是社会科学和文学批评理论为历史学增添了方法论的复杂性和开放性，很多著名历史学家抱持着赞扬态度，但是他们也对地域范围和时间段变得狭隘的史学趋势感到痛惜，对研究视域的缩小表达了不满。呼吁改变这种状况的很多历史学家都是大西洋史思想上的开拓者。例如，约翰·波考克（John Pocock）在出版其权威著作《马基雅维利时刻》（*Machiavellian Moment*），提出"大西洋共和主义传统"的一年前，即1974年，他就强烈呼吁历史学家要拓展"不列颠史"（British history）的一种"新研究对象"，即把构成早期近代不列颠列岛不同国家的历史综合在一块，以及这些历史的继续扩展（通过大卫·阿米塔格所称的"大西洋、太平洋和印度洋的海上扩张"[5]）。

波考克和其他历史学者之所以呼吁重返更大范畴的叙事（larger narratives），或许是因为感受到，他们的呼声不仅"无人响应"，而且持同样怀疑态度的人"寥寥无几"（波考克语）。然而，令波考克他们感到欣慰的是，年轻的学者们担忧这种晚近的史学趋势如果持续下去，将会造成智识上的贫乏，所以积极地回应了波考克等学者的呼吁。[6]大西洋史学者最引以为豪的创新之处，是他们研究"运动中的动态世界"（dynamic worlds in motion）。以大西洋史为标题的研究类型最引人注目的是，它们显著地扩展了历史的范围和边界，在通常被认为没有联系的地区和时期之间建立了关联。大西洋史的拥护者一般不去展示其方法论的复杂性和研究技艺，而这可是20世纪70年代的社会经济史学者最喜欢做的事情。

用来形容大西洋史的话语揭示了其吸引学者的地方。对大西洋史研究路径最常用的描述词是"运动 / 流动"（movement）、"多样性"（diversity）、"复杂性"（complex）、"网络"（networks）、"创建"（creation）、"协商"（negotiations）、"放大"（enlargement）、"动态"（dynamic）、"具有渗透性"（permeable）、"多元 / 诸众"（multiple）、"发明"（invention）、"交换"（exchanges）、"扩展"（broadening），以及最重要的"联结"。与之相反，其他类型的历史则是"狭隘的"（narrow）、"浅薄的"（technical）、"孤立的"（isolated）、"本国的"（domestic）和"静态的"（static）。我就以这种方式列出了它们，没太注意它们的语法，没有像演讲稿撰写人或者新工党政治家捕捉到当时的氛围，比如比尔·克林顿（Bill Clinton）或托尼·布莱尔（Tony Blair）试图创造反映和形塑后冷战世界（post-Cold War world）的政治和文化基调的时候那样。克林顿"三角策略"（triangulation）的讲话和布莱尔"第三条道路"（third way）的提出都是在政治领域尝试建立关联的举措，就像大西洋史学者在他们作品中所构建的那样。这类词汇与 21 世纪第一个十年全球化话语如此类似（attuned），不知道它们能否在大西洋史中继续存在，因为对全球化的不满在 20 世纪 10 年代末成为一个重要的政治趋势。

当然，在史学实践与当代政治（随着西方和印度的民粹主义兴起得如此明显，如今的政治已与大西洋史创立时的 20 世纪 90 年代和 21 世纪初的政治不可同日而语）之间建立直接的联系（linkages，这是大西洋史学者喜欢使用的另一个词）不免过于简单化了。历史学家很少会直接为了政治目的而写作历史，他们认为鉴于他们研究的时代断限与当代的距离，回答当代政治议题是自然而然的，而且与现代历史学家相比，早期近代的历史学家与政治的直接联系更是不太密切。考虑到多数历史学者政治信仰的局限性，学术研究的内在逻辑是推出新作品而不是直接参与当代政治。然而，我们不能把当代政治与大西洋史概念完全分离，正如伯纳德·白林在考察大西洋史产生的渊源时所认识的那样。同样重要的是，我们需要阐明个人经历如何使大西洋史成为吸引某些类型历史学者的史学主张——在这些历史学者中，有的被上文所提及的语词所吸引，有的想寻找一种新路径，以摆脱旧的历史观念，同时又不完全放弃这些观念，就如 20 世纪 90 年代中左立场的现代政治家在后冷战世界中寻求秩序那样。

对一些历史学家而言，他们研究大西洋史的出发点，与伯纳德·白林所描述二战结束不久的早期大西洋主义者所研究的是完全不同的。他们觉得很有吸引力的地方恰好是批评者通常所认为大西洋史领域最大的弱点所在：研究对象的模糊性，研究对象设定为大洋之中（而非如民族国家这种可定义的机构）具有人为性（artificiality），大西洋史的吸收能力使其能够吸纳各种不同的关注点，从而成为一个庞大的或许有点沉闷乏味的且非常松散的互联系统。与伯纳德·白林恰好相反，他们并不想重回一个舒适的时期，即所有历史学家都会提及的一个西方历史的叙事，也不想重新讲述那个西方兴起的故事。他们最不希望的是退回到欧洲中心论，那似乎是一种不提及帝国主义之名而宣传它的新宣传方式。他们想促进的是庆贺外围性而非一体性，既关注解体也关注聚集。

我们在杰克·格林的回忆性作品中可以看到这些推动力（impulses）。他与伯纳德·白林一样是当代大西洋史学者的导师，是所有大西洋研究计划最早和最有影响的开拓者，在 20 世纪七八十年代的约翰斯·霍普金斯大学主导了盛行一时的大西洋历史、文化和社会的研究计划。[7] 格林意图摆脱只关注西欧而无视地球大部分地区的那些历史研究。他特别提出，不应忽视黑人的生活经历，它们在早期美洲生活轮廓的塑造方面与白人的同样重要，并在 20 世纪 60

年代晚期、70年代早期重新成为迫切的政治关怀的对象。

全球语境中的民族和现代性

大西洋史的一个重要特点是，研究者不再把现代民族作为最重要的分析框架。自相矛盾的是，大西洋史研究领域经常被分割为参与大西洋世界的西欧不同殖民帝国的历史。在批评者看来，这种编排大西洋历史的方式是过时的，掩盖了横越大西洋的移民并非完全在本国疆域内活动的事实，即使这是他们欧洲政府所期待他们如此行事的。这种批评是中肯的，但是忽略了一个事实，即与民族国家（nationstate）诠释框架过于疏离往往是不可能的，因为它在早期近代的欧洲极为重要，并与民族概念（19世纪现代历史方法的一个发明）紧密相连。我们在为民族撰史时，倾向于把民族与现代政治学概念中的民族或者民族—国家（nation-States，减少了民族概念复杂性的一种糅合观念）混为一谈。就如塞西尔·薇达尔所指出的，"在革命时代宣告政治公民身份及它的权利和责任等原则之前，现代政治民族并不存在"。[8]18世纪，国家的概念从一种更古老的民族的或种族的概念，转变为一种以地域为基础的政治实体——一个由政府干预构建的政治共同体。然而，就如凯瑟琳·威尔逊（Kathleen Wilson）所强调的，"在18世纪，作为政治领土的实体的民族概念，继续与旧式的以圣经和法律为标准的民族观念相互竞争，那种概念是指居住在相对固定的空间和文化区域范围内的人民，是从地理学和民族志（以及种族中心主义）中孕育而生的"。[9]

民族概念并不只是欧洲人的发明。与宗主国关系紧张的美洲众多社会是整个大西洋时代的主要争论焦点，它们成为民族概念转变的实验室，首先是因为种族混合使美洲的民族与它们在欧洲如何起源极为不同。在某种意义上说，欧洲帝国同一性由发展自殖民环境下混合移民群体的共同特性所创造。那些民族认同（national identities）总是不稳固的。美洲的欧洲裔移民缺乏安全感，他们深信自己才是真正的欧洲人，而非洲黑人和美洲原住民必须与专横的欧洲文化规范相对抗，才能形成他们的集体认同。薇达尔指出，"这些冲突产生了一种观念，即政治和法律实体的合并需要文化的同化"，这就为"作为同质和排他的现代民族认同的概念、相应的公民身份铺平了道路"。安东尼奥·费罗斯（Antonio Feros）对早期近代西班牙人认同形成的相关研究中表明，西班牙人主张的民族认同是指一个相互联系的、帝国主义的世界，是操西班牙语的各种人群的集合。"西班牙"是不同民族、甚多相互竞争的传统（有些是最近的发明）所创造的一个合成物。[10]

这一理论的系统阐释表明了大西洋本质上是现代的。大西洋世界很多民众是被迫到达美洲而远离了自己的故土，且不能从劳作的土地上赚取钱财。现代性在他们的劳动关系中最为明显。他们使大西洋经济高效运转，代表了生产场所的现代特征，即生产场所与消费地点很大程度上是相互分离的。制糖业（生产最重要的热带产品）中的人口灾难意味着，劳动力的人口再生产主要依赖于从非洲继续购买黑人奴隶。

在对如何获取和出售土地的新认识中，现代性体现得尤为明显。对欧洲人来说，这不再是与生俱来的权利，而需要购买（或者侵占）。无论其公民身份如何，几乎每个人都可以购买土地，并可以按照自己的意愿任意处理。伊丽莎白·曼克（Elizabeth Mancke）指出，"对把欧洲现代性引进入非凡的欧洲世界而言，土地的日益商业化和承认外国人对土地的所有权是其中的两个关键机制"。[11]

欧洲人总是喜欢认为，他们在大西洋创造的历史进程并没有改变任何其他社会。这种观点无疑是错误的：大西洋沿岸的所有社会由于彼此互动而不断变化，没有哪个地区愿意被动地接受改变，它们都试图在塑造由新互动所带来的变化方面发挥积极作用。与世界历史一样，大西洋史变得日益重要，这挑战了很多既有观念，比如欧洲是一个连贯一致的历史分析单元——与南欧或东欧相比，西欧一些地区其实与美洲更加相似。大西洋史还挑战了某些过于简单化的观念，即欧洲人的众多发明是改变世界的主要因素。例如，革命时代与其说是源于欧洲，不如说是大西洋复杂互动关系的一部分，而海地（Haiti）和委内瑞拉（Venezuela）在其中扮演着重要角色；人权的观念更具大西洋色彩而非欧洲色彩。通过否认欧洲是所有革新和机制的源头而试图把欧洲区域化，大西洋史即是这种常见的历史研究的一部分。当我们在寻找替代理论以摆脱西方中心世界观和霸权叙事（hegemonic narratives）时，大西洋史既挑战了欧洲是一以贯之、自我封闭的文明观念，也承认欧洲国家从哥伦布时代到现如今都是干涉全球事务的力量。

外围与中心

这样孕育而生的大西洋史，作为历史研究方法，既关注殖民帝国中心的阴谋诡计，也给予外围地区的发展以特别兴趣，因而毫不奇怪地对居住在外围地区的学者充满了吸引力。正是因为这样，英属美洲(当时的帝国外围地区,其后继者美国现今已不再是外围地带)的历史学家最早构想和阐述了大西洋史研究的主要路径。大西洋史所吸引他们的主要有三个方面：

首先，它跳出了他们原有民族史的藩篱，而此类旧式史学似乎充斥着荒诞的自省且无足轻重。具有大西洋史倾向的历史学者认为对此类史学须保持警惕，因为它们往往是民族主义议程的一部分，一般与例外论观点相关，而例外论是任何一个民族国家历史的本质所在。正如乔伊斯·查普林（Joyce Chaplin）所指出的，大西洋史学者与民族国家史和例外论史学通常有着模棱两可的关系。这些学者认识到大西洋史研究与例外论史学作品之间的关系——很少有大西洋史学者把自己只定位于大西洋史作者，而不论述到单一民族国家（无论是西班牙和英国，还是最常见的美国）的历史。不过，把一个民族的历史凌驾于民族、人群和事件之间的关联之上，也并不是大西洋史学者的研究旨趣。因此，在几种历史研究领域的交叉处出现了矛盾和冲突。[12]

其次，对历史学家来说，参与大西洋史研究可以摆脱（如果不是身体上的，那么就是精神上的）只关注微小且次要的祖国的狭窄视野。爱尔兰学者尼古拉斯·坎尼（Nicholas Canny）的治学经历就充分印证了这一点。他在具有自传性质的文章中回忆到，他身处独立之后的爱尔兰，20世纪60年代却被大西洋史所吸引的原因。爱尔兰如今似乎是所谓的"凯尔特之虎"（Celtic Tiger），自称身负使命，成为连接美洲和欧洲的大门。但是诚如坎尼所指出的，它在20世纪很长时间内是一个独特而可怕的地方——欧洲最贫穷的国家，受到天主教会的严格控制，文化上一片荒芜。坎尼学生时代所接受的爱尔兰史的教授方式与其他外围地区出身的很多历史学者所接受的极为相似。对坎尼来说，投身于爱尔兰史的学习和研究（使用的教学用书"可能是19世纪撰写的"），这是一种令人沮丧却有保障的职业，否则要么加入势力依然强大的天主教会，要么像一个世纪以来无数爱尔兰人那样去往其他地方以获得自由，即在身体和精神上都迁移到更宽阔和更具活力的那些世界。在那些世界，美国史和英国史是学生课程的一部分。坎尼认为，他被"英属美洲史所吸引的原因很简单。在一个爱尔兰人看来，这些题材的著作内容广泛，形式新颖，敢于突破"，而爱尔兰史明显"视野狭窄、平铺直叙"，聚焦在民族国家。对于很多来自较小和相对次要国家的历史学家来说，坎尼的经历让他们感同身受。[13]

最后，促动外围地带国家的历史学者研究大西洋史的第三个原因：大西洋史是他们把自己国家的民族故事与更广阔叙事相互联系的一种路径。荷兰共和国和它在大西洋、亚洲建立的两个殖民帝国的历史即是典型的例子。荷兰历史学家为自己国家的教育体制和作为中欧十字路口的中心位置而自豪，他们掌握了欧洲其他国家特别是英语世界的历史学者已经不再关注的语言。荷兰历史学家被早期近代巴西（Brazil）、纽约、库拉索①（Curacao）和印尼（Indonesia）的荷兰人先辈们的历史所吸引，他们是大西洋史研究的发起者和推动者，影响重大。[14]苏格兰人也发现大西洋史的妙用，通过它可以颂扬和正确评价苏格兰人对现代世界做出的贡献，而且大西洋史学者把苏格兰视为一个单独的民族，而不再仅仅是耀眼辉煌英格兰的北方附属物。在这方面，他们追寻最伟大的苏格兰历史学家大卫·休谟（David Hume）的人生轨迹。艾玛·罗斯柴尔德告诉我们，休谟精彩的人生历程"充分表明了18世纪的大西洋世界是如何扩展……进入个体存在的内部"。她继续指出，对包括休谟在内的大多数苏格兰人来说，这个"海洋世界处于他们每个人视野的外围"。[15]

大西洋史的理论

一些批评者认为，大西洋史似乎总是在寻找某些最次要的地区，然后宣称其令人震惊的重要性。在很多方面，这一批评是合理的，因为一些大西洋史学者认为外围地区比通常认为的大西洋计划的核

---

①库拉索是加勒比海南部、靠近委内瑞拉海岸的一座岛屿，现为荷兰王国的自治领土。

心区域更为重要。另外，历史学家强调，大西洋史真正的特征在外围地区可以被辨别出来，不同世界之间碰撞冲突的影响在外围地区可以最清楚地衡量。大西洋史学者主张，这些联系之和要大于这些组成部分。例如，大卫·汉考克（David Hancock）主张，大西洋史理论要采用一种蜘蛛网状的路径（a spider's web approach），最重要的应是众多局部区域的互动，权威和影响的非母国根源，而不是母国给予和外围地区接受这一简单模式。汉考克指出，看待大西洋世界的最佳方式是把其视为一个复杂、非线性和高度自治的适应性系统。他借鉴物理学、医学、经济学的著作，认为大规模聚合体（large-scale aggregates）的有序行为是很多较小部分——遵循更简单行为规则而运行——之间复杂互动的结果。就如汉考克所指出的，"大规模环境……塑造了这种结果（利己主义个体之间大量、混乱和分散的相互影响的最终结果）的外形轮廓，但是具体结果的轮廓是直接参与的众多个体所造成的"。[16]

与历史的普遍趋向一样，大西洋史极少提出自身的理论，如汉考克对18世纪不断增强的商业联系的研究并不多见。缺少对大西洋史基本假设议题在理论上进行明晰的探究，也是大西洋史多种多样写作方式的原因。大西洋史几乎没有基本的准则：它对问题、事件和过程没有一致的标准。对某些非常热衷于倡导大西洋研究路径的学者来说，这种理论的匮乏和准则的缺失是亟待解决的问题。如果几乎所有事物都可以被称为"大西洋"，那么除了与上代学者狭窄视域不同而具备历史兴趣的广泛性之外，这个术语就没有了任何意义。对一些批评者来说，大西洋史不能只探究地区与人群之间的联系，还需要展示把大西洋世界编织在一起的历史进程的互联性（interconnectedness）。然而，为大西洋史确定一个研究议程，将使大西洋史研究丧失其最大的优点之一，即它只想成为各种研究领域的专家相互交流的一种方式，确保所有相关人士都能从中受益。

大西洋史可以分为三种类型：第一种即最常见的类型，以大西洋世界其他地区作为比较对象，对某些地区或者主题进行具体的研究。不过此类比较虽然有助于辨识一个地区是否与众不同，却不是历史考察的一个主要目标。因此，对于把这些地区置于更广阔的世界，此类比较研究既不深入也不过度。第二种类型，主要研究一个地区或一些地区与（这些地区所组成的一个局部区域）更宽广、相关联的世界之间的相互作用。这种大西洋史作品的重点不是地区与地区之间的比较，而是突出这些地区之间的相互联结，目的是展示这些联结本身就是这些历史进程中最具动态和变革性的方面。第三种类型，主要研究大西洋本身，把它作为历史分析的核心单元。研究此类历史（大卫·阿米塔格所称的"环大西洋史"①）的学者对大西洋内部所发生的各种互动尤为感兴趣，尤其是海洋本身，以及在大西洋上和奔波于各大陆的其他人相遇接触的经历。[17]

历史学家如何以及为何选择他们的研究主题，他们选择采用历史探究的哪种诠释框架呢？他们偏好某一种诠释框架，通常有着科学的和智识的原因。比如，研究美洲原住民的历史学家对大西洋史基本的一些理论假设尤持批评态度。引发这些批评的原因之一，是美洲原住民在大西洋参与者中比较独特，因为他们没有参与创造大西洋世界的（自由的或者被迫的）横跨大洋的大规模迁移。然而正如丹尼尔·里克特所强调的，与欧洲人、非洲人一样，美洲原住民

---

①英国史学家大卫·阿米塔格归纳了三种大西洋史：第一种是"大西洋内部的历史"（cis-Atlantic history），在大西洋背景下考察一个特定地方的历史；第二种是"跨大西洋史"（trans-Atlantic history），它强调比较研究；第三种是"环大西洋史"（circum-Atlantic history），它把大西洋的历史当作一个整体。可参阅施诚先生的《方兴未艾的大西洋史》（《史学理论研究》，2015年第4期）。

也生活在一个"新世界"："当然，原住民并不是真的迁移到了这个'印第安人的新世界'，不过强加到他们身上的各种变化，深刻地改变了他们的生活，以至于他们就像重新定居到陌生的大洋彼岸一样"。[18]

此外，这些变化不仅促使美洲内部出现了多样的活动——人口流动和定居，还造成了一部分人口从西半球到欧洲的跨大西洋流动。但是，部分历史学家认为，从美洲原住民立场来说，与大西洋史相比，陆地史（continental history）对原住民更为适用：实际上，北美洲的大部分地区在很长时期内依旧属于印第安人国家，而殖民帝国之间对边疆和边境的争夺也使印第安人能够继续维系其统治和行使代理统治的地位。这让部分学者有理由质疑对欧洲人是推动变革的主要行为者采用一种历史框架的可行性。大陆史比大西洋史更为关注18世纪北美太平洋一侧的西班牙人、俄罗斯人、殖民地或者定居点。此类太平洋视角很少被大西洋主义者提及——大西洋视角通常会妨碍对殖民语境中的历史变化采取太平洋视野。[19]

大西洋史受到的批评

令人意想不到的是，部分历史学家批评大西洋史为旧式帝国史改头换面后的一种形式，有着它们分析模式的一些弊端，尤其是欧洲中心论偏见。其他学者则强调，视大西洋世界为"缠结的帝国"（entangled empires）的那种观点，不仅把非洲排除在外，还不承认大西洋世界是另一种流散化的世界。很多学者的作品强化了这一有着欧洲中心主义的学术趋向，他们的著作以欧属美洲殖民地独立为结尾。正如本书第七章所指出的，到19世纪20年代末，这些殖民地大多数先后获得了独立。因此，这种历史撰述可能过分强调白人的或者欧美的大西洋。然而，尽管帝国在大西洋世界内部和外部极其重要，大西洋世界的历史也不能降格为各帝国（即便是缠结的诸多帝国）的历史。民族国家的大西洋与民族国家的大西洋帝国并不相同，比如：英国商人在英帝国边境之外也极其活跃；虽然法兰西的大西洋帝国在七年战争结束时分崩瓦解，但是随着法国母国和其前殖民地之间、各个前殖民地之间的人口流动，重组后的法兰西大西洋继续存在着，并在18世纪晚期和19世纪变得愈益重要。

　　殖民主义与大西洋史之间的关系较为复杂。大西洋史一定程度上是为了摆脱帝国—殖民地二分法的旧观念。然而殖民地并不总是屈从于帝国。在19世纪的美国，从前的殖民者成了帝国主义者。在巴西，自从葡萄牙王室1808年迁到这个南大西洋殖民地开始，帝国与殖民地之间的关系颠倒了过来，因为外围地区变成了母国。美国使大西洋史中的殖民主义理论变得复杂化。虽然它明显是一个后殖民国家，但也是一个反对其他后殖民民族构建自身认同和政治的国家。因为要对帝国文化霸权的接受、效仿和抵抗的历史进程发展进行分析，大西洋史学者还会继续论及殖民主义。事实上，大西洋各地区一直充斥着由共同文化基础而滋生的殖民主义偏见。故而，对于殖民主义作为一种治理范式，大西洋史虽承认其存在，但并不赞同。大西洋史是一个复杂的、多样的和高度自主的适应性系统，而殖民主义只是其中的一部分而已。[20]

　　最后，大西洋历史书写是让历史学领域自觉地更加多样化的一种实践。它明确地不再把现代世界的形成视为欧洲人主动扩张而世界其他地区人民被动接受的一个故事。相反，它把欧洲自身卷入非洲和美洲的过程视为一个更为复杂的历史进程，而欧洲人在此过程中并非总是占据上风，特别是在西非地区。然而，欧洲中心主义视角通常很难避免，因为历史学专业深深植根于西欧所产生的学术和历史的标准中，研究资料严重偏向于欧洲的创作者，很多重要的历史著作也在颂扬欧洲帝国主义。欧洲人把他们的全球优势地位视为正当，而有批评者认为，大西洋史受到这种观念的影响。这一批评并不是没有道理。在受大西洋变动影响的大多数历史过程中，欧洲扮演着更重要的角色。

大西洋史的一个重要成就是它把非洲历史引入史学主流。诚然，西非历史不仅仅是它在大西洋世界中所发挥的作用。非洲大陆很多地区并不在大西洋影响的笼罩之下。非洲比早期近代的大西洋还要庞大。大西洋世界很大程度上是黑色大西洋世界（black Atlantic World）：在 1820 年之前，迁移至美洲的非洲人比欧洲人还要多，他们大部分被迫登上了贩奴船。大西洋视角的最重要成果，是促使非洲人进入了传统历史叙事之中（而美洲原住民在这方面则没有那么顺利）。非洲人被认为是迁入美洲的最大移民群体。与这个数量相比，他们在美洲的所作所为更为重要。他们的劳动生产了大量的商品，使美洲变得对欧洲更具价值，而且加速了 18 世纪以奴隶贸易和种植园农业为基础的商业世界的形成。诚如芭芭拉·索洛（Barbara Solow）所指出的，"在大西洋中移动的主要是（非洲）奴隶，如奴隶的输出，奴隶社会的输入，以及依靠奴隶所创造的产品的利润而产生的商品和服务"。[21]

大西洋史承认非洲人作为积极推动者（active agents）的重要性，促使其他地区的历史学者把非洲正式视为加入全球交换模式的一个地区。非洲并未完全融入早期近代世界中。关于这一时期非洲的很多知识，我们是从美洲史中所知道的，它们是由非洲历史学家为大西洋主义者所译介的非洲，而不是由具有深厚的非洲文化素养的大西洋史学者所提供。非洲和非洲人在大西洋世界形成过程中的重要性已经毋庸置疑。在以前的历史著述中，非洲是一个欧洲人所控制的地区，而事实上，直到大西洋时代结束，与世界其他地区相比，非洲受欧洲的支配影响是较弱的。所有的大西洋视角有助于我们把这个区域和大西洋周边各大陆上的其他区域置于恰当的全球历史语境中来考察。这些视角既能让我们肯定欧洲人征服、殖民和定居的重要影响，又避免了把它们视为意义深远的变化、延续和适应的历史进程的决定性因素。

注释

1 David Armitage, 'Introduction,' in Armitage and Michael Braddick, eds., *The British Atlantic World, 1500–1800*, rev. ed. (New York: Palgrave Macmillan, 2002, 2009), 3; Cécile Vidal, 'The Reluctance of French Historians to Address Atlantic History', *The Southern Quarterly*, Special Issue: Imagining the Atlantic World 43 (2006), 153–89.

2 Cécile Vidal, 'Pour une histoire globale du monde atlantique …,' *Annales: Histoire, Sciences, Sociale* 67 (2012), 391–413.

3 Bernard Bailyn, *The Idea of Atlantic History: Concepts and Contours* (Cambridge, MA: Harvard University Press, 2005).

4 David Armitage, 'Greater Britain: A Useful Category of Historical Analysis,' *American Historical Review* 104 (1999), 427–45.

5 Richard Bourke, 'Pocock and the Presuppositions of the New British History,' *Historical Journal* 53 (2010), 747–70.

6 J.G.A. Pocock, 'The New British History in Atlantic Perspective: An Antipodean Commentary,' *American Historical Review* CIV (1999), 490.

7 Jack P. Greene, 'Diversity at Hopkins: Some Reminiscences' Last accessed date – 14 August 2019. http:www.jhu.edu/~igscph/fall93jg.htm.

8 Cécile Vidal, 'Nation,' in Joseph C. Miller, ed., *The Princeton Companion to Atlantic History* (Princeton: Princeton University Press, 2015), 354.

9 Kathleen Wilson, *The Island Race: Englishness, Empire, and Gender in the Eighteenth Century* (New York: Routledge, 2003), 7.

10 Vidal, 'Nation', 356; Antonio Feros, *Speaking of Spain: The Evolution of Race and Nation in the Hispanic World* (Cambridge, MA: Harvard University Press, 2017); Gilles Havard, '"Les forcer à deviner Citoyen": État, Sauvages et citonyenneté en Nouvelle-France (XVIIe-XVIIIe siècle),' *Annales* 64 (2009), 985–1018.

11 Elizabeth Mancke, 'Modernity,' in Joseph C. Miller, ed., *Princeton Companion to Atlantic History* (Princeton: Princeton University Press, 2015), 342.

12 Joyce E. Chaplin, 'Expansion and Exceptionalism in Early American History,' *Journal of American History* 90 (2003), 1431–55.

13 Nicholas Canny, 'Writing Atlantic History; or, Reconfiguring the History of Colonial British America,' *Journal of American History* 86 (1999), 1093–114.

14 Wim Klooster, *The Dutch Moment: War, Trade, and Settlement in the Seventeenth-Century Atlantic World* (Ithaca: Cornell University Press, 2016).

15 Emma Rothschild, 'The Atlantic Worlds of David Hume,' in Bernard Bailyn, ed., *Soundings in Atlantic History: Latent Structures and Intellectual Currents, 1500–1830* (Cambridge, MA: Harvard University Press, 2011) 405–48.

16 David Hancock, 'Self-Organised Complexity and the Emergence of an Atlantic Market Economy, 1651–1851', in Peter A. Coclanis, ed., *The Atlantic Economy during the Seventeenth and Eighteenth Centuries* (Columbia, SC: University of South Carolina Press, 2005), 30–71.

17 Armitage, 'Introduction.'

18 Daniel K. Richter, *Facing East from Indian Country: A Native History of Early America* (Cambridge: Cambridge University Press, 2001), 41.

19 Paul W. Mapp, 'Atlantic History from Imperial, Continental, and Pacific Perspectives', *William and Mary Quarterly* 3d ser. 58 (2006), 713–24.

20 Trevor Burnard, 'Colonies and Colonization,' in Miller, ed., *Princeton Companion to Atlantic History*, 106.

21 Barbara L. Solow, ed. *Slavery and the Rise of the Atlantic System* (Cambridge: Cambridge University Press, 1991), 1.

22 Joseph E. Inikori, 'Africa and the Globalisation Process: Western Africa, 1450–1850,' *Journal of Global History* 2 (2007), 63–86.

参考书目

Oxford Online Bibliographies – Global History and Atlantic History; Native Americans and the Atlantic World; The Atlantic Ocean and India; The Pacific; Transatlantic Public Sphere.

Luiz Felipe de Alencastro, O *Trato dos Viventes: Formação do Brasil no Atlântico Sul Séculos XVI e XVII* (Sao Paulo: Campanha das Letras, 2000).

Bernard Bailyn, *The Idea of Atlantic History: Concepts and Contours* (Cambridge, MA: Harvard University Press, 2005).

Trevor Burnard and Cécile Vidal, 'Location and the Conceptualization of Historical Frameworks: Early North American History and Its Multiple Reconfigurations in the US and in Europe,' in Nicolas Barreyre et al., eds., *You, the People: Historical Writing about the United States in Europe* (Berkeley and Los Angeles: University of California Press, 2014) 141–64.

Nicholas Canny, 'Writing Atlantic History; or, Reconfiguring the History of Colonial British America,' *Journal of American History* 86 (1999), 1093–114.

Joyce E. Chaplin, 'Expansion and Exceptionalism in Early American History,' *Journal of American History* 90 (2003), 1431–55.

Jack P. Greene and Morgan, eds., *Atlantic History: A Critical Appraisal* (Oxford: Oxford University Press, 2009).

Ray A. Kee, 'Africa in World History,' in Jerry H. Bentley et al., eds., *The Cambridge World History: The Construction of a Global World, 1400–1800 CE* (Cambridge: Cambridge University Press, 2015), I, 243–70.

Gabriel Paquette, *The European Seaborne Empires: From the Thirty Years' War to the Age of Revolutions* (New Haven: Yale University Press, 2019).

Daniel K. Richter, *Facing East from Indian Country: A Native History of Early America* (Cambridge: Cambridge University Press, 2001).

John K. Thornton, *African and Africans in the Making of the Atlantic World, 1400–1800* (Cambridge: Cambridge University Press, 1992).

Cécile Vidal, 'L'Atlantic français,' *Outre-Mers: Revue d'histoire* 97 (2009), 7–139.

［第二部分］

时代变迁中的大西洋世界

第三章
哥伦布大交换

克里斯托弗·哥伦布

克里斯托弗·哥伦布（Christopher Columbus）15世纪90年代远航至加勒比海地区彻底改变了世界历史。他很可能从英国布里斯托尔的商人口中知悉了北美的存在，并用此信息来验证他关于中国和日本的经度的理论。1492年，哥伦布所"发现"的地区确实属于新区域，因为先前并未有欧洲人航行到加勒比或者由此地扬帆而去。不过它又不像哥伦布所宣称的那么崭新。葡萄牙水手多年以来一直在南大西洋航行，沿着非洲海岸向南探查，以期发现黄金。他们1450年到达塞内加尔（Senegal）河和冈比亚（Gambia）河，1475年穿过赤道，并在1484年抵达刚果河河口（mouth of Congo）。这些探险表明，虽然葡萄牙人没有探索清楚大西洋多数区域的自然地理状况，但是他们掌握了天文航海技术（celestial navigation）和风系（wind systems）知识。在哥伦布航行之前，一些葡萄牙海员甚至可能已经抵近巴西海岸，尽管据说欧洲人第一次看到巴西，是佩德罗·阿尔瓦雷斯·克巴尔（Pedro Alvares Cabal）在1500年所为。[1]

故而，哥伦布1492年并非驶入了一片完全陌生的水域。葡萄牙探险家沿非洲西海岸向南航行和英国水手驶往纽芬兰，影响了哥伦布的航行。不过他误解了所学到的航海知识。哥伦布大西洋之旅主要基于错误的观念，即一个他从未理解或者获悉的认知。他一直认为自己可以轻松地从加那利群岛到达西盘古①（Cipango）。他采用了一些宇宙志研究者（cosmographers）的"狭窄大西洋"（narrow Atlantic）理论，他们赞同托勒密（Ptolemy）的估算——欧亚大陆跨越的纬度是180度（而非100度）。基于该理论，哥伦布估算距离日本有2400英里（3862千米），而真实距离则是10600英里（17059千米）。直至去世，哥伦布一直荒唐地坚持认为，他从欧洲到达了日本而非一连串岛屿。他在去世前就受到嘲弄的一个原因，是其航海理论很快被证伪和推翻。当时"西海"（Western Ocean，该词为时人对大西洋的称呼）方面的专家知道这片大海上散布着许多岛屿，就像哥伦布所发现的那些一样。在哥伦布的"发现"所带来的最初兴奋消退之后，观测者们把哥伦布所抵达的岛屿置于已有地图学知识中进行分析，开始贬低哥伦布航行所到之处的重要意义。此外，达·伽马（Vasco da Gama）1498年航行至印度，不仅为欧洲开辟了驶往印度的可靠航线（哥伦布没有做到这一点），而且为精确估算世界的大小提供了参考。这一估算戳破了哥伦布的"狭窄大西洋"想象。哥伦布1498年在其第三次航行时有了重要发现，因为对北极星（它在赤道的地平线上，使得确定纬度变得容易）的纬度做出了典型误算，他看到了南美大陆。他提出一个荒谬的说法，主要内容是他从远处（亚马孙河喧闹的河口）观察到了伊甸园的入口（the beginning of Paradise）。²

然而，需要强调的是，在知道大西洋西边有一块大陆后很长一段时间内，欧洲人一直避免对其探查一番。在哥伦布之前，大西洋殖民活动主要是伊比利亚人对非洲西北的大西洋岛屿的征服行动，即从14世纪早期占领加那利群岛开始。不过这一殖民活动并没有背

---

① 西盘古，马可·波罗及中世纪学者对日本的一种称呼。

离过去的做法。它是扩展地中海世界计划的一种构想及其实现，而到达这些岛屿需要新的航海技术，尤其是在海中确定纬度和应对棘手的风系。

概言之，在 1500 年之前，西欧人与非洲人、美洲原住民一样，对大西洋并不感兴趣。最早古希腊人就有一种观念，认为大西洋是一道环绕着已知世界的广阔和危险的神秘屏障，它似乎毫无价值，对人无所助益，也并不像地中海那样是一片完整的海洋。哥伦布最重要的贡献，就是改变了"西海"毫无价值这一观念。乔伊斯·查普林评论道："哥伦布是让大西洋从未知屏障转变为物理实体的第一人，尽管他完全不明白自己所作所为的重要意义。"虽然哥伦布无法意识到自己航行的意义，但是其他人则深谙其道。查普林继续指出，这一转变在世界地图的前后对照中清晰可见，比如在 1508 年版与 1477 年版的托勒密《地理学》（*Geographia*）中。在 1477 年的地图上，旧世界是焦点，地中海在中心位置。而在 1508 年版本中，"引人注目的更新是，大西洋向外扩展，包围着非洲，直至与印度洋相接；它向西延伸，抵达新发现的陆地，再继续扩展，是通往东方的一条新航线"。[3]

要理解大西洋世界的肇始，必须明了一件事，即它一直是一个海洋世界。大西洋是一条水道，它越来越像一条高速航道而非一道屏障。人员、商品和观念通过它进行运动，把分散的人口和区域连接起来并整合成一个较大、互联的单个系统。大西洋就是此类整合和一体化的场所和路径。然而，大家有时遗忘了这个明显的事实。正如埃里森·盖姆斯（Alison Games）所指出的，"许多历史学家创作的大西洋史几乎不以海洋为中心，而这片海洋也与这个（大西洋史）工程没有关系"。[4] 大西洋并非世界上最广阔的海洋（太平洋比它大一倍还多），然而对于从大西洋沿岸一个地区迁移至另一地区的人们来说，它又是如此广阔。它共有 3000 万平方英里，海面上风向和洋流的模式复杂多变，对航海家而言一直是一个严峻的考验。

扩张的热望

最后，大西洋世界的起源是突然的，出自部分西欧人向非洲和美洲扩张欧洲边界的一种无法解释的渴望。这项事业的领先者是伊比利亚人（葡萄牙人和西班牙人）、英国人和部分荷兰人。尽管法国是一个重要的海上强国，但是法国人在大西洋开发中却出奇迟缓，直到 16 世纪晚期才进行了一些勘查。这显然与这个西欧最富裕、人口最多国家的体量不太相符。欧洲人绝不是 15 世纪中期世界上最优秀的水手。这个头衔可能属于南太平洋的波利尼西亚人（Polynesians）。他们对世界上最广阔的海洋了如指掌，令人叹服。与欧洲人相比，阿拉伯人和印度人早就习惯于更长距离的海上航行，而中国人则具有更多财富和更先进的舰船。或许就像 N.A.M. 罗杰斯（N.A.M. Rodgers）所论述的，欧洲人来自"一个对知识充满好奇的社会，他们的海上航行是与骑士精神、荣誉感以及在这个世界或毗邻世界的收益相关的"。[5] 他们最早熟知和掌握了大西洋风系的特点，从而确保航海家既能离港远航又能安全返回。这一航海发现有助于创造西欧共同的航海文化，也为精确世界地图的制作模式奠定了基础，从而增强了人们对大西洋的理论认知以及这些理论在航海中的运用。新兴的大西洋世界从 16 世纪早期开始形成。

哥伦布到达巴哈马群岛

一般认为，大西洋史始于 1492 年 10 月 14 日。这一天，意大利海员和探险家哥伦布（1451—1506）在当地美洲原住民所称的"瓜纳哈尼"（Guanahani）岛登陆。在遭到葡萄牙和英格兰国王的冷遇和拒绝后，哥伦布得到阿拉贡与卡斯蒂利亚联合王国的共治君主斐迪南和伊莎贝拉①资助，开始了他的远航之旅。葡萄牙水手之前曾向西航行，不过无功而返，而哥伦布这次从比葡萄牙人出发港口更南方的西属加那利群岛扬帆西行，因此能够利用向西的信风。此次航行横越了大西洋最长的航线，整整漂泊了 33 天之久。

他在加勒比海域发现了新的陆地。至少对欧洲人而言，这是一片崭新区域。哥伦布占据了他找到的这些土地，首当其冲的就是瓜纳哈尼，它被哥伦布重新命名为"圣萨尔瓦多"②（San Salvador）。在航海日记中，他并没有提到举办了任何仪式，以表示西班牙成为这座岛屿的所有者，不过他以国王斐迪南和女王伊莎贝拉之名，用正式公证③的形式，庄严宣布西班牙君主对该岛拥有的权利。西班牙人和英国人均遵守罗马法中的"无主物原则"（res nullius），即在被使用之前，占用的土地一直是人类的共同财产。故而，第一位使用者就成为它的所有者。哥伦布宣称最先利用这些岛屿，这些土地被他当作由于原住民耕作不足而造成的荒地。正如他抵达其他岛屿时，在航海日记中所记述的那样："我下定决心，凡抵达一座岛，必占领之，唯如此，才谈得上占领了所有岛屿。"⁶

事实上，哥伦布 1492—1504 年的 4 次航行所达之处，及其代表西班牙王室提出归属主张的地区，均不是"无主物"。数千年以来，

---

① 斐迪南二世（Ferdinand II of Aragon，1452—1516），阿拉贡国王，与卡斯蒂利亚女王伊莎贝拉一世（Isabella I of Castile，1451—1504）在 1474 年结婚，两人成为西班牙地区的共治君主。
②圣萨尔瓦多，加勒比海岛屿，今属巴哈马。
③哥伦布叫来船队上的王室公证人，请他们做证：哥伦布当着众人的面，以其主人，即国王和女王的名义占领了这座岛屿。应司令所请，公证人做了必要的口头声明，随后，这些声明又以文字记录在案。

这些地区生活繁衍着众多原住民。在几十年短暂却残酷的殖民和征服过程中，大安的列斯群岛（Greater Antilles）^①大多数居民在历史上消失不见，实属历史上最悲惨的灾难之一。我们对这些民族的了解多数来自考古学和16世纪早期以来西班牙征服者^②（conquistadors）带有偏见的评论记述。哥伦布甚至认为，找到这些自创世以来就孤立生存的新民族，要比发现新陆地还重要。它把太阳底下的新鲜事引入欧洲人的世界观中，打破了著作家们对神学（美洲原住民在圣经文化中是未知的）、自然（加勒比海周边环境包含了很多超出欧洲人想象的事物）、世界地理和世界文化的传统认知。

但是在许多方面，这次新民族的"发现"让人大失所望。在大肆宣扬发现美洲的消息所带来最初兴奋消退之后，哥伦布找到的这些民族似乎非常普通和毫无特色。就如编年史家彼得·马蒂尔（Peter Martyr）所解释的，他们是"温顺的人"。他们近乎裸体，欧洲人因此认为这些人是原始的和未发展的人类。哥伦布认为，他们虽然是日本附近区域的居民，却莫名其妙地非常贫穷。他们没有文明的关键标志——城市或者贸易港口，也没有任何东西能够勾起西班牙的注意。也许有一点除外，即他们作为一个群体可以被引导通过基督而得到拯救。更为不幸的是，哥伦布把他遇到的原住民视为理想的仆役，并带回西班牙了几个土著当作仆人或者奴隶。哥伦布还陶醉在自己对加勒比海地理和构造的精心设计的幻想中。他之所以会把加勒比海地区误认为东方某处，一方面因为与瓜纳哈尼、大安的列斯群岛其他岛屿的原住民没有进行审慎而有效的沟通，另一方面

---

①大安的列斯群岛主要是指古巴岛、伊斯帕尼奥拉岛、牙买加岛和波多黎各岛等，小安的列斯群岛主要包括维尔京群岛、巴巴多斯岛、格林纳达岛、瓜德罗普岛、马提尼克岛、圣卢西亚岛、圣马丁岛、特立尼达和多巴哥等。
②征服者，15—17世纪征服美洲和亚洲等地区的西班牙与葡萄牙军人、探险家。

则是他轻信了中世纪晚期一些著作家的记述，比如 14 世纪的约翰·曼德维尔爵士（Sir John Mandeville）曾推测，在欧洲西部边界之外可能生活着众多令人惊奇而不可思议的民族。

哥伦布曾向伊莎贝拉女王汇报情况：他遇到一群与人无害的民族，并把他们命名为"印度人"（Indians），仿佛他们就是亚洲居民一样；除了他们之外，其中一座加勒比岛屿上住着食人族（Caribs，加勒比人）；另一座岛上的居民长着尾巴；第三座岛上住着亚马孙人，其战士都是女人，而男人则都要离开此地。早期探险家一直在美洲新世界里寻找"怪物"。例如，古巴早期的一位总督曾指示西班牙征服者埃尔南·科尔特斯①（Hernán Cortés），在前往尤卡坦半岛（Yucatan）和墨西哥途中，要注意是否有狗头人身的怪物存在。16 世纪晚期英国探险家沃尔特·罗利（Walter Raleigh）②深信无头人（acephali）——"眼睛长在肩膀而嘴长在胸部中间"的无头怪人——生活在南美奥里诺科盆地（Orinoco basin）的某处。

关于美洲原住民多样化的形象，诸如此类的看法其实由来已久。我们早已不会相信亚马孙森林或者巴塔哥尼亚（Patagonia）荒漠里生活着怪物。然而直到最近，学者们认为哥伦布把加勒比土著居民分为泰诺人③（Tainos）、阿拉瓦人（Arawaks）和加勒比人等几个不同族群是正确的。晚近所达成的共识是，虽然 1492 年加勒比海地区有很多族群，但是"他们几乎全部"都讲阿拉瓦语，不过差别很大，"彼此无法理解"。⁷这群阿拉瓦人最早与哥伦布相遇，却祸从天降，命运最为悲惨。他们受到中部美洲文明的影响，形成了半定

---

①埃尔南·科尔特斯（1485—1547），摧毁了阿兹特克文明并在墨西哥建立西班牙殖民地。
②沃尔特·罗利（1552—1618），英国著名冒险家、诗人、军人、政治家。
③泰诺人，居住在加勒比海地区和佛罗里达半岛的印第安原住民。

居半迁徙的特点，居住的城镇一般有几千人口，不过无法达到中美洲和墨西哥等中部美洲社会那种先进程度。半定居的特点让他们在西班牙人治下的处境更加恶化，奴役状态和流行病在他们中间更为普遍。到 16 世纪中叶，大安的列斯群岛的原住民人口骤降，以至于西班牙人不得不把注意力转向人口更多的美洲大陆。虽然受到疫疾和战争的影响，美洲大陆仍然能够为西班牙人的采矿业和农业提供充足的劳动力。在对抗疾病和殖民掠夺方面，小安的列斯群岛（Lesser Antilles）土著居民表现得稍微顽强一些。虽然他们在与哥伦布的相遇中不可能独善其身、毫发无损，但是与殖民势力的激烈对抗一直持续了好几个世纪。更为成功的是亚马孙、奥里诺科和大西洋圭亚那的原住民。对这片南美洲东北部区域，西班牙直到 16 世纪 80 年代才开始探查并进行殖民。亚马孙河依然位于西班牙和葡萄牙殖民活动的外围，该地大片区域在 17 世纪 30 年代之前并未遭到殖民，甚至到 18 世纪，部分居民仍没有受到葡萄牙奴役和传教活动的影响。

1492 年 10 月 14 日所发生的事情，是"新世界冲击"（shock of the new）历史上的典型例子。不过在修道院院长雷纳尔看来，这一天无比黑暗。启蒙哲人雷纳尔是《东西印度欧洲人殖民地和贸易的哲学与政治史》（*Histoire des deux indes*，1770）的编撰者，"黑色传奇"（Black Legend）运动的主要倡导者，痛斥西班牙征服者的残忍无道。雷纳尔声称，如果哥伦布从未抵达美洲，那将是人类之大幸。"黑色传奇"是巴托洛梅·拉斯·卡萨斯（Bartolomé Las Casas）1552 年的煽动性作品《西印度毁灭述略》（*Brief Account of the Destruction of the Indies*）的一节，他们反对西班牙王室和天主教会的残暴行为。正如我在本书第一章所指出的，哥伦布夸大了他"发现之旅"所找寻到的事物的新奇性。为了纾解长期资助他而毫无所得的西班牙王室日增的不满和怒气，他只能继续荒唐地吹嘘自己。

在第四次航行中（1502—1504），由于船只陈旧失修而经不起风浪，哥伦布远征船队搁浅在牙买加（Jamaica）。在搁浅期间，哥伦布做了一个梦，他在写给国王斐迪南和女王伊莎贝拉的信中详细讲述了梦中之事。这个梦事关他毕生事业的世界意义。他清楚地听到一个声音告诉他："印度，是世界上如此富庶的地区之一，他（上帝）把它赐予你……大洋的边界被巨大的链锁封闭着，他赐予你这些钥匙。你将拥有很多土地，并在基督徒中赢得巨大而荣耀的名声。"哥伦布此时依然以救世主自居，在书信末尾冠以克里斯多弗·哥伦布·"基督福音的赠予者"（Christ-giver），暗示他独自一人给原住民带来了救赎。[8] 在征服加勒比土地和人民的西班牙人及其统治者中，多数人其实并不热衷拯救异教徒的灵魂。吸引他们的是"财富"（Mammon）。加勒比海地区的居民可能是贫穷的，但是至少在伊斯帕尼奥拉岛①（Hispaniola）发现了黄金。编年史家彼得·马蒂尔写道，在这个大岛上，"他们发现了黄金，虽然数量不多，纯度也不高。他们把黄金制成胸甲和胸针，佩戴到身上，让自己显得更加好看"。

西非的葡萄牙人

伊比利亚人对非洲西海岸的探险同样是在追逐黄金，不过显而易见的是，西非人很了解黄金白银的价值，他们可不像哥伦布所描述的美洲原住民那样傻，坐在金山银山上而不自知。此外，欧洲人从非洲人手里也骗不走黄金。非洲人依然控制着他们的土地，以及与欧洲人贸易的发展方向。很多非洲社群继续维持着自己的统治，能够决定与欧洲人进行贸易的模式，这成为二者之间大西洋互动的

①伊斯帕尼奥拉岛是加勒比海域第二大岛,仅次于它西边的古巴岛,其东侧为波多黎各岛,今分属海地和多米尼加共和国。

基本特点，并从 15 世纪中期一直延续到 19 世纪中后期（欧洲开始对非洲大陆大规模殖民）。

公元 1700 年之前，黄金一直在西非与欧洲跨大西洋贸易中占据支配地位。在 1700 年前后到 19 世纪 40 年代的一个半世纪的商品贸易中，从西非贩往美洲的奴隶才超过了黄金。同时，非洲出产的黄金继续活跃在跨大西洋贸易中。西非森林中众多金矿出产的黄金，经撒哈拉沙漠出口到埃及，其中大部分又在与印度的贸易中花费掉，从而在西非森林采矿业与亚洲纺织业、香料种植业建立了联系。[9] 葡萄牙人远征西非，为的是寻找黄金而非奴隶。

从一开始，葡萄牙人就渴望将撒哈拉沙漠到北非的黄金交易部分转移到大西洋世界，该路线的黄金贸易已经持续了几个世纪。他们在上几内亚（upper Guinea）收获甚微，该地区几乎没有整合进大西洋经济中，有可能是因为政治分裂与伊斯兰教的强烈影响，阻隔了该地与非穆斯林的接触。不过葡萄牙人在非洲中西部取得了一定成果，比如他们在刚果建立的一个傀儡政权，成为早期近代该地区仅有的由欧洲人所长期控制的殖民地。1506 年，葡萄牙人劝说刚果领袖阿方索（Afonso）皈依天主教，通过增强与欧洲人的联系而巩固他对臣民的统治。不过刚果令人遗憾之处在于，它不能为欧洲人产出黄金。葡萄牙人找到了可供开发的另一地区，即黄金海岸（Gold Coast）。到 17 世纪 10 年代，迈纳（Mina）地区的黄金产量很大，官方黄金交易每年超过 2 万盎司，另外还有非法走私。其他欧洲国家也被该地区的黄金所吸引。在 17 世纪早期之前，西非一直是西欧黄金的主要来源地，它在 1471—1600 年，平均每年出口到西欧 2.5 万到 2.7 万盎司，在 17 世纪前半叶则每年超过 3.2 万盎司。[10]

西班牙人想把此类贸易（大西洋岛屿上的糖，是葡萄牙人在 15 世纪所开发的另一种重要商品）复制到其美洲殖民地。他们在

1478—1493 年征服加那利群岛所施行的举措，在 16 世纪中期扩展到西属美洲。1492 年之后，西班牙所占据的区域从一个封闭且没有收益的加勒比前哨基地，扩张为包括墨西哥阿兹特克人部分地区、墨西哥南部玛雅人领土和中美洲等大片领地。到 16 世纪 30 年代，他们基本上控制了印加帝国（Inca Empire），即塔万廷苏尤①（Tawantinsuyu）地区。他们稳步向南和向北推进，到 1600 年，他们宣称占领了从今天美国西南部到南美洲南端的庞大区域。

在南美洲，他们唯一没有宣称占领的重要地区是巴西和圭亚那。圭亚那直到 17 世纪仍未被殖民化。巴西则落入葡萄牙人之手。依照教皇②所调停而签订的《托尔德西里亚斯条约》（1494），西班牙和葡萄牙以佛得角群岛（西经 48 度到西经 49 度之间）以西 370 里格处为界，瓜分世界。线东新发现土地属于葡萄牙，线西划归西班牙。显而易见，其他欧洲国家反对这个伊比利亚内海（mare clausum）的概念。这些土地上的美洲原住民如此草率地就被所谓的基督教守护者赠送给敌人，他们从未同意这个瓜分土地的协议，而伊比利亚人也无权这样做。

西属加勒比海地区

尽管西班牙在加勒比海地区建立了很多殖民地，并构成了一个

---

① 印加君主帕查库提为帝国取名塔万廷苏尤，把国家分为 4 个部分：钦察苏尤、孔蒂苏尤、科利亚苏尤、安蒂苏尤。在印加人的盖丘亚语中，"Tawantin"是 4 个东西集合在一起的意思（tawa 意为 4 个，ntin 表示集合体，suyu 是"部分"的意思）

② 当时在位的教皇是亚历山大六世，他颁布了几条训谕，其中以 5 月 4 日的通谕最重要。他以亚速尔群岛和佛得角群岛以西 100 里格处的子午线为界，确定了分派给西班牙和葡萄牙的领地范围，并将西边可能发现的一切都划给西班牙。1494 年，经过与葡萄牙方面的磋商，原来的界线更改为佛得角群岛以西 370 里格处。获此授权，葡萄牙人后来得以发现巴西，把它变为殖民地，而且至少在理论上讲，把英国和法国排除在了"新大陆"以外。

殖民帝国，直到 19 世纪早期革命时代才陷入瓦解境地，但是在哥伦布宣示主权所有的土地上，西班牙人最初所进行的殖民尝试并不是太成功。哥伦布努力与葡萄牙人相竞争，尝试经营他在 1492—1504 年所占据的土地。他希望把伊斯帕尼奥拉岛建成美洲西班牙殖民帝国的重要中心，作为其个人统治下类似在地中海或者非洲的商业前哨基地，而西班牙殖民者作为雇员为他服务。这一设想没有成功，不仅仅是由于西班牙殖民者拒绝承认哥伦布的权威。其中一个原因是卫生健康状况。几乎就在西班牙人刚踏上伊斯帕尼奥拉岛，就不断有人丢了性命。他们对碰到的新食物不太上心，而且所携带的酒喝完之后，他们开始饮用充满寄生虫的水。后果则是腹泻、腹绞痛、脱水、饥饿和死亡。两年之内，约 2/3 的西班牙人在加勒比陌生环境中陆续死去。[11]

第二个原因是残暴。众多西班牙人之所以在 1492 年加入哥伦布第二次远航冒险，都是为了寻找黄金。他们被告知目的地到处都是金子。西班牙探险者残酷地逼迫当地居民为他们效劳，用酷刑折磨当地人领路去开采想象中伊斯帕尼奥拉岛遍地的黄金。然而黄金极为稀缺。西班牙人转而从伊斯帕尼奥拉岛往母国运送奴隶。1497 年反对哥伦布独裁的一场叛乱过后，殖民者们开始屈从哥伦布，因为他们被赋予了以附庸方式支配当地居民的权力，随后发展为"委托监护制"（encomienda），即向原住民征收赋税和劳役的一种制度。西班牙之后把它推广到西属美洲。

西属加勒比海地区早期殖民尝试失利的最后一个原因是缺少黄金。在加勒比获得黄金只能通过掠夺或者强逼原住民在恶劣条件下开采矿藏。这极少量的黄金在几十年内也被开采完毕。西班牙人只得开始发展一种有限的、利润不高的农业经济，主要是糖、牲畜和姜。尽管有加那利群岛和巴西的例子在前，但是蔗糖业收益平平。

但是，为了种植这些农作物，西班牙人需要从葡萄牙人在非洲的贸易港口进口黑奴。自 1520 年始，非洲奴隶在早期蔗糖种植业中逐渐替代了美洲原住民工人。

马修·雷斯托尔（Matthew Restall）认为，"西班牙人 16 世纪早期未能在加勒比海地区建立一个持久的经济存在，说明他们对美洲大陆的征服，其实肇始于 1519 年埃尔南·科尔特斯远征墨西哥"。他指出，"西班牙人艰苦跋涉而来，他们在加勒比海地区的存在本应是生机勃勃、资金充足的"，而西班牙帝国的中心将会继续位于伊斯帕尼奥拉岛。但是它发展得并不繁荣，"导致西班牙人环绕加勒比海域进行着持续远征，因为他们一直在寻找可以为其殖民活动承担费用的人"。他们在原住民所建立的两个最强大帝国，即阿兹特克帝国和印加帝国找到了那些人——中部美洲人和安第斯人（Andeans）。雷斯托尔注意到，在 16 世纪 20 年代，这两个帝国都是"领土扩张帝国主义的典型代表，具有强大的政治—宗教意识形态和中央集权的国家机器，由适应性强、根深蒂固的组织体制作为支撑。可以说它们还没有达到其强盛的巅峰，更不用说它们的衰落了"。该区域的第三个帝国是西班牙帝国，位于以伊斯帕尼奥拉岛为中心的加勒比海地区，不过与前两者相比则显得黯淡失色。"殖民者的期望与岛上自然、人类环境的现实之间的巨大反差，令它根基受损，实力遭到严重削弱。"[12]

早期殖民的失败，并不意味着西属加勒比在大西洋世界帝国主义舞台之上沦为配角、声名不彰。西班牙政府的形式和实践以城市生活为中心的特点（fashioned around urban living），这在伊斯帕尼奥拉岛城市圣多明各（Saint-Domingue）首先建立。城市属于西班牙人，并控制着原住民的乡村地区。市民和宗教生活的基本结构，包含王室官员的任命、1511 年检审庭（audencia）机构的设立、传教士的到来和 1511 年主教辖区的成立，都出现在西属加勒比。西班牙人在加勒比检验了其文化和社会向新世界的传播，即便这种文化"受到了辨别和筛选，主要是由于距离、当地条件、土著居民的行为，重要的是陆续登岸的移民们的早期实践"。斯图尔特·施瓦茨（Stuart Schwartz）得出结论："加勒比海地区形成了一种简化和革新之后的'征服文化'，映射出其很大程度上受到安达卢西亚人（Andalusian）和海洋的影响，并包含了当地的实际情况、词汇和实践。伴随着征服，它扩展至印第安人其他地区，并被当地的人文、地理和文化的现状所改变和重塑。"[13]

美洲大陆的西班牙人和葡萄牙人

故而，西班牙对加勒比海地区的殖民活动有了一个错误的开端。如果我们想确定"真正发现美洲"的日期，那么 1519 年 11 月 8 日不失为一个更好的时间节点，即阿兹特克国王蒙特祖玛①（Moctezuma）在通往特诺奇蒂特兰（Tenochtitlan）的堤道上见到了征服者科尔特斯。[14] 蒙特祖玛发表了一番表示屈服的讲话，科尔特斯则代表西班牙国王接受了这个表示屈服的声明。这个屈服声明进入了民间传说，不过很有可能并不真实——这二人地位的悬殊让它几乎不可能出现。然而，它成为征服神话的一部分，用来解释历史上最引人注目的事件之一——一小群衣衫褴褛的勇敢士兵幸运地以寡胜多，比较快速地征服了强大的帝国。我们所知道的是，科尔特斯取得了几乎不可能实现的成功。到 1521 年，蒙特祖玛去世，伟大城市特诺奇蒂特兰化为灰烬，科尔特斯初步完成了对墨西哥的征服。

①蒙特祖玛又译为莫泰佐马，特诺奇蒂特兰城第 9 位君主。

对美洲大陆的征服没有一个统一的计划，一般是当地所组织的商业冒险和私人开发活动，不过背后有国家鼓励和支持。征服者很多是臭名昭彰的冒险家、罪犯和利己主义者。他们集中力量袭击原住民人口密集区域，夺取重要城市，使极度集权化的帝国陷入瘫痪。弗朗西斯科·皮萨罗①（Francisco Pizarro）采取的就是这种对策，他在 1533 年征服了印加帝国首都库斯科（Cuzco），战绩同样令人瞠目结舌。回想起来，最令人震撼的是这些征服活动何其迅捷。1514—1540 年，西班牙征服者探查和征服了美洲大陆和加勒比海域的大片地区，克服了恶劣环境的挑战，平定了人数远多于他们的原住民的反抗。

葡萄牙对巴西的征服则缺少了这种戏剧性，但也非常迅速和高效。若昂三世（Joâo III，1502—1557）1549 年在巴西设立王室政府，并实施了一系列巩固统治的举措，比如在里约热内卢（Rio de Janeiro）建造新首都，建立民政和教会的管理体制，计划让巴西原住民（与中部美洲原住民相比，他们与圭亚那和加勒比的原住民更相似）皈依天主教以安抚他们。就像在西属美洲一样，平定原住民的过程是残酷的，尤其在 16 世纪 70 年代的巴西东北部，西班牙移民在血腥战争中几乎灭绝了当地全部居民，没有丝毫怜悯之心。[15]到 1570 年，巴西完全沦为葡萄牙的殖民地，其他欧洲帝国特别是法国被排挤出了葡萄牙的地盘，而当地居民要么被从沿海地区驱赶走，要么顺从了耶稣会士的命令。港口城市均为发展迅速、极为繁荣的蔗糖业出口经济而服务，到 1610 年已有近 200 个制糖厂。[16]1551 年，主教辖区在西北部城市萨尔瓦多成立。葡萄牙人把他们在大西洋岛

---

① 弗朗西斯科·皮萨罗（约 1475—1541），西班牙征服者，于 1535 年建立了今秘鲁首都利马。

屿的经验和技术引入巴西，建立了一个以采矿业和种植业为主的殖民地，劳动力则主要来自从非洲中西部葡属殖民地进口的数量巨大的黑奴。

伊比利亚人的两个帝国彼此迥异，不过由于共同的欧洲背景，它们又具有某些相似的特点。葡萄牙和西班牙在欧洲西南部接壤为邻，具有相似的社会文化基底（尽管西班牙更为富庶，社会和经济状况更为复杂）。它们的王室具有强烈的亲天主教色彩，都接受了伪装成基督教十字军东征的殖民计划。这两个欧洲国家通过扩大的家族纽带（extensive familial ties）和共享的经济利益而在大西洋—东方贸易中保持着联系。两国民众几乎不费多大力气就各自控制着一个美洲帝国。它们均依赖一系列海洋网络而使伊比利亚人与大西洋市场密切相连。最重要的是，两个国家具有一种共同的帝国思想，最早可追溯到十字军东征和13—15世纪把西班牙南部从穆斯林手中夺回的收复失地运动①。西班牙查理五世②和葡萄牙曼纽尔一世（Mannuel，1469—1521）等起到关键性作用的国王们，把他们自己看成是得到上帝承认的普世国王，担负着把基督教传播到已建立的全球帝国的使命。

对当时的人而言，与相似性相比，它们的差异性更为明显。在1430—1530年对早期殖民重关重要的这个世纪里，葡萄牙和西班牙之间的争吵和冲突接连不断，尽管有《托尔德西里亚斯条约》进行着较为友好的协调。在帝国构成上，最重要的区别是，西班牙帝国

①收复失地运动是718—1492年伊比利亚半岛北部卡斯蒂利亚王国、阿拉贡王国逐渐战胜伊斯兰势力、恢复领土的运动。
②查理五世（Charles V，1500—1558），神圣罗马帝国皇帝（1519—1556在位），哈布斯堡家族菲利普一世（Felipe I el Hermoso，另译为腓力或者费利佩）与卡斯蒂利亚女王胡安娜（Juana I de Castilla）之子。他同时也是西班牙国王卡洛斯一世（Carlos I，1516—1556在位），并拥有其他数个君主称号。

主要位于陆地，在地理上彼此连接和处于国王控制之下，并集中在南北美洲范围广阔且相互邻近的区域。它的特点是土地占有形式、资源开发，以及在采矿业和种植园中广泛使用强制劳工。葡萄牙人虽然也依靠强迫劳工，但是与17世纪荷兰、英国和法国帝国类似，他们的帝国是散布全球各地的。葡萄牙在亚洲和美洲各形成了一个殖民帝国，而且它是海上帝国而不是陆上帝国。葡萄牙在非洲还有殖民地，这与其他欧洲帝国极为不同。葡萄牙人的帝国是分散和不相邻的，重点聚焦在海上贸易和保持对海洋的控制。

如何解释此类征服

人数不多、道德有亏的西班牙人和葡萄牙人，如此迅速地征服了面积广阔、人口密集的原住民，战绩令世人瞩目，深刻影响着世界。一切都不同寻常，我们应该如何解释这一现象呢？以任何标准来衡量，在西班牙所征服的秘鲁和墨西哥等殖民帝国核心地区，当地土著政权在政治体制成熟度、技术水平先进性、使用武力抵抗入侵者的决心等各方面，都丝毫不输于任何欧洲的民族国家。原住民帝国为何如此快速就陷落了？另外，美洲为何如此轻易地被征服，而非洲则能抵抗住欧洲人的攻击呢？毫不奇怪，这个问题几个世纪里众说纷纭、言人人殊。传统的众多解释很容易被驳倒。比如，现在很难再相信诸如此类的说法，即上帝偏好伊比利亚人，赐予他们胜利，那么为何在1492年之后半个世纪里，他们的行为如此道德沦丧、罪孽深重、残忍血腥、非基督教徒式呢？还有其他一些不太令人信服的观点，即欧洲文明天然地优于原住民文明，欧洲技术领先于原住民，或者就在西班牙偶然到达美洲大陆时，印加和阿兹特克帝国自身已经处于崩溃的外围。

西班牙征服的重要原因是原住民人口的内部分裂（divisions），

以及更重要的是，由于病原体传播而引发的疾病和致命流行病，原住民人口陷入崩溃。这些流行病严重不利于美洲原住民而有利于欧洲人。关于原住民的分裂，我们需要记住，16世纪早期多数战争的双方都是原住民，而西班牙人只是加入其中一方，乃至最后主导了战争走向。在墨西哥被征服过程中，原住民之间的内战极其残酷。正如罗斯·哈西格（Ross Hassig）所总结的，"西班牙征服之所以成功，不是因为它具有更先进的武器和更强大的意志，而是利用了原住民帝国内部已有的分歧和分裂，从而让阿兹特克的成员归顺了西班牙，彻底瓦解了该帝国"。[17] 科尔特斯成功的原因，是他加入了意欲报复阿兹特克帝国的特拉斯卡兰①（Tlaxcalan）贵族一方。这些贵族认为他们才是击败蒙特祖玛的主力军，而非那些西班牙人。

西班牙征服者在征服过程中发挥着自己独特的作用。例如，皮萨罗在1532年11月15日虏获了一个重要战利品，他抓到了落入圈套之中的印加国王阿塔瓦尔帕（Atahualpa）。皮萨罗囚禁了阿塔瓦尔帕，命令其缴纳巨额的赎金，并通过大肆随机屠杀而让阿塔瓦尔帕随行人员战意全无、任人摆布。分裂印加帝国的内战刚刚结束，印加统治精英离心离德、四分五裂，皮萨罗正当此时到达该地，否则他的冒险不可能成功。而且在他到来之前，由于原住民和西班牙人的接触，一场毁灭性的流行病最早暴发于加勒比海地区。16世纪20年代早期，西班牙人到达这个国家之前的几年，流行病在秘鲁肆虐一时，死人无数。

另外很重要的一点是，西班牙人对印加和阿兹特克征服战争的胜利，既非突然也不完整。西班牙人统治的来临，是通过一系列不

---

①特拉斯卡兰，约与墨西卡帝国同时存在的印第安部族，在西班牙人征服墨西卡帝国时站在了西班牙人一边，因此得以长期保持相对独立的地位，直至墨西哥独立。

完整的征服活动。西班牙人还采用原住民行事方式，并盗用其文化形式，从而让原住民觉得西班牙人征服与之前几十年的原住民内部征服并无区别。西班牙人的支持者并不知道，这些征服者是与原住民战士迥然不同的恶棍，最终西班牙人使原住民统治者沦为傀儡。当他们意识到西班牙征服者与原住民征服者不同时，已经太迟了。例如，1572 年对印加的征服最后完成时，阿塔瓦尔帕的继任者图帕克·阿玛鲁（Tupac Amaru）被逮捕并处死。即便那时，印加的大片领土依然不在西班牙的控制之下，而印加贵族继续影响着政策的制定。就如亨利·卡门所指出的，"所谓的'征服'从未全部完成。西班牙在美洲的统治要变得可行且延续下去，最重要的是要构建一个基于合作而非'征服'的体制"。[18] 科尔特斯意识到，他的征服不能以摧毁为结局。他的信条是，"没有和解，就不能很好地征服。如果土地没有被征服，那人民也不会皈依天主教。因此，征服的准则必须是和解"。他践行了自己的承诺，发展甘蔗种植业和长途贸易的投资，从而在征服过程中变得日益富有。[19]

人口灾难

西班牙人最终能够控制西属美洲的主要原因，不是依靠武器或者其他西班牙人自己做的某些事，而是通过微生物（microbes）的力量。西班牙人的到来引发了人类历史上最严重的人口灾难，美洲人口从 1492 年的 5400 万骤降至 1570 年的 1350 万。在西班牙人来此之前，美洲原住民就不是特别健康。玉米富含卡路里（calories），不过缺乏维生素和烟酸（niacin）。他们深受伤寒（typhoid）、梅毒（syphilis）和结核病（tuberculosis）的折磨。骨骼证据表明他们的寿命并不长。

然而，他们并没有那些来源于非洲—欧亚大陆（Afro-Eurasian）

群居动物的"群集疾病"（crowd disease）。1000 多年以来，与家畜密切接触让大部分非洲人和欧洲人对人类—动物接触而引发的致命疾病具有了部分免疫力。从西班牙人最早到达加勒比开始，包括天花（smallpox）、流感（influenza）和麻疹（measles）在内的这些疾病被证明是导致原住民丧命的主要杀手。1492 年之后，美洲恶性疾病的环境变化是全球性人类迁徙的结果。西班牙人和葡萄牙人定居在美洲的温湿地带，也不利于当地的原住民。微生物更喜欢温暖潮湿而非寒冷干燥的环境。

当代医学人类学家使用"共疫"①来揭示疾病产生的环境。这个术语主要用来描述和理解艾滋病 / 艾滋病毒（HIV/AIDS），不过也适用于 16 世纪的加勒比海地区和南美洲。一场流行病之所以爆发，是由于当时社会环境令疾病簇（disease cluster）增多，并促使它们的影响继续恶化，两种或更多疾病构成一系列的流行病而传染了特定人群。关于 16 世纪早期加勒比灾难性人口衰落，一种最新的解释观点认为，这个事件并不是无可指责。诚然，早期近代的欧洲人对生物学只有极为有限的认识，他们的医学知识难以让他们窥破疾病到底是如何传播的。然而，西班牙人对原住民的暴虐压迫令问题雪上加霜。

美洲人口衰落的严重程度极为明显，尤其是加勒比海地区，在与欧洲人接触的第一个世纪里，当地原住民死亡率接近 99%，情状非常悲惨。以最坏的情况为例：1508 年西班牙人开始殖民波多黎各（Puerto Rico）时，当地有约 25 万到 50 万原住民；到 1530 年，当

---

① "共疫"（syndemic），由医学人类学家梅里尔·辛格（Merrill Singer）于 20 世纪 90 年代早期所提出，是指两种或两种以上相互关联的生物因素共同造成了更为严重的一种疾病或者健康的危机。梅里尔·辛格将艾滋流行导致的一系列问题综合在一起称为"共疫"（也译为综合流行病、协同流行病、综合流行现象）。

地土著人口下降到 2000 人，1540 年则只剩下 50 人。同样严重的人口衰落发生在伊斯帕尼奥拉岛、古巴和牙买加。虽然大安的列斯群岛大部分人口消失不见，但是加勒比海地区原住民并没有全部死亡。在西班牙人没有打扰的地区，比如圣文森特（St. Vincent）和多米尼克，原住民存活了下来，并一直存留到现在。不过到 1600 年，在大安的列斯群岛的居民中，已经没有一个生物学或者文化意义上的泰诺人了。有些学者试图找出疾病是如何在大安的列斯群岛暴发的，但是他们的作品具有很大的缺陷，因为现在大多数当地人的基因构成中几乎都没有泰诺人的 DNA。

从加勒比海地区开始的人口灾难很快扩展到南美大陆的沿海地区。一个世纪内，它蔓延至美洲原住民所在的每一个地方。除了疾病，原住民还面临着欧洲殖民者所施加的暴力和由此造成的饥荒。原住民人口的健康状况因饥饿而加速恶化，这一切都损害了他们本就脆弱的免疫系统功能。西班牙人对强迫劳动的使用，让很多人背井离乡、终日劳作，可能进一步降低了生育率。然而，即便我们把欧洲拓殖者对当地人的殖民压榨看成是生育率下降和饥荒的重要原因，那么暴力所导致的人口死亡数量也远远少于 1492 年之后微生物入侵在美洲所造成的危害。即使西班牙人以真正基督徒的慈悲和良好意愿来对待原住民，人口衰落的趋势也得不到遏制。

伊斯帕尼奥拉岛噩梦般的遭遇是"共疫"的典型例子。1493 年哥伦布第二次航行到达该岛，载来很多人，或许更不幸的是 8 头猪（人类—动物群集疾病的理想传病媒介）随之而来。抵达才几天，一场流感就袭击了该地，造成严重后果。西班牙传教士巴托洛梅·拉斯·卡萨斯（Bartolomé Las Casas）记述到，到 1496 年，1/3 的原住民因此丧命。哥伦布可能在 1502 年第 4 次航行中把疟疾（malaria）带到了伊斯帕尼奥拉岛。1518 年，天花到来，杀死了 1/3 的上次流感幸存者。麻疹在 1531 年可能从西班牙或西非而来，也加入到该地的疾病混合体中。16 世纪 30 年代，几种病原体集体暴发，几乎灭绝了伊斯帕尼奥拉岛仅有的幸存者。

并不是所有地方都像加勒比海地区那么严重。安第斯山脉可能在一个世纪里失去了 75% 的人口（虽然也极其高，但是并没有全部灭绝，而且原住民从 19 世纪开始增长）。寒冷干燥地区更为健康，疾病在这里更难蔓延恶化。这些区域相对远离了欧洲人的殖民活动。与大量欧洲移民定居的地方相比，巴塔哥尼亚、加利福尼亚和加拿大北极圈地带具有更良性的疾病环境。遗传多样性（在加勒比海地区似乎特别低）也能够减少流行疾病暴发的概率。

这场人口灾难的后果是，它显著地调整平衡了大西洋世界的人口，并改变了该区域的人口构成。1492 年，世界人口大多数分布在亚洲。在整个大西洋时期，这一特征没有改变。1400 年，世界人口的 54% 生活在亚洲（由于 14 世纪中期瘟疫在亚洲和欧洲的传播，世界人口从 1200 年开始大幅下降），到 1800 年，有 67% 的人口分布在亚洲。欧洲和非洲在 1400 年分布着世界人口的 16%—17%，欧洲到 1800 年增长至 19%，而非洲降低至 11%。最剧烈的变动发生在美洲。它在 1500 年分布着世界人口的 12%，而到 1600 年仅占 2.2%，1700 年更降至 1.8%。1800 年，美洲人口依然仅占世界人口的 2.5%。[20]

同样重要的是，美洲的人口构成在极短时间内发生了剧烈变化。美洲原住民从 1492 年 5400 万人下降到 1570 年的 1350 万人，1820 年则是 85 万人。与此同时，欧洲裔美洲人口到 18 世纪后半叶增长至 670 万，奴隶人口（几乎包含了美洲所有的非洲裔美洲人）是 470 万。同时，到革命时代，来自欧洲和非洲的移民人数超过了美洲原住民。与此同时，西欧人口则起伏不定。1500 年，西欧生活着 2900 万人，西非有 1400 万人，而美洲原住民有 5400 万。1700 年，西欧人口是

4270 万，到 1800 年则增长至 6930 万。因此到了 1800 年，美洲和非洲的欧洲人共有 7700 万，相当于美洲原住民人口的 9 倍多。

动物与植物

此类对人口灾难悲惨状况的描述表明了，哥伦布大交换是一个单向的过程。欧洲比美洲从大交换中获益更多。尽管梅毒传播路径依然模糊不清，但是它有可能是从美洲传到了欧洲。然而，非洲和欧洲所感染的人数也说明，美洲对欧洲人健康所造成的负面影响微乎其微。美洲获得的动物大多来自欧洲，不过其中很多被驯养的动物，如马、绵羊、山羊、牛和猪，都携带着群集疾病。美洲原住民情愿这些动物还留在欧洲。随着时间推移，这些动物在美洲繁衍生息，被证明对欧洲人和原住民都有用处。它们可以充当食物和提供羊毛，至于马，则促使北美西南部和大平原地区、阿根廷大草原的原住民形成一种移动性军事文化。蚊子发现美洲是一片乐土，在所到之处造成了巨大破坏，特别是在类似它们家乡的热带地区。值得美洲居民庆幸的是，世界上最危险的动物——恶性疟原虫携带者冈比亚按蚊（anopheles gambiae）——没有从非洲跨洋而来。但是来到美洲的蚊子品种极其多样、危害难以控制。它们把黄热病（yellow fever）和疟疾传染给人类，尤其对刚抵达热带地区的欧洲人或者从欧洲来进行帝国战争的士兵、水手造成了毁灭性打击。蚊子极大地影响了美洲热带地区的战争模式，因为指挥官们认识到，旷日持久的战争将会导致大量士兵丧命。

除了动物和人类，哥伦布大交换还意味着作物和食物的世界性迁移。欧洲和非洲似乎又一次得到了更多好处。玉米、马铃薯、木薯（manioc）、西红柿、花生、可可豆（cocoa）和麻醉品烟草（tobacco）是从美洲传到欧洲的作物。马铃薯、玉米和木薯在每单位土地上可以产出更多的热量值，从而能够改善健康状况和避免饥荒。玉米和马铃薯尤为重要，比如玉米改变了南欧的农业生产和饮食习惯，而马铃薯在爱尔兰到俄罗斯的阴冷潮湿土地上引发了一场营养革命。玉米在非洲甚至更为重要，从塞内冈比亚（Senegambia）到安哥拉（Angola），它迅速成为主食。欧洲人和非洲人花费了一些时间来适应美洲作物——他们的饮食方式较为保守。但是到 17 世纪，美洲作物对欧洲和非洲的文化的影响极为显著。有学者认为，早期近代欧洲人口增长很大程度上归功于玉米、马铃薯更高的产量和它们对低值土地的适应性。在非洲可能也是如此，尽管我们没有数据能够证明这些论断。烟草则是一种不同的作物。它一般种植在美洲，之后在欧洲经过包装和出售。糖也是这样，而马铃薯则不同。欧洲人立即接受了烟草，不过与美洲人相比，他们对它所谓的药用特性利用得很少，因为欧洲人更喜欢享受烟草中尼古丁所带来的美妙感觉。

尽管旧世界一些植物没能在欧洲人最早拓殖的热带地区存活和培植成功，但是作物的确进行着真正的交换。随着移民在温带地区的拓殖，小麦、大麦和燕麦（oats）等作物被证明可以移植成功，欧洲人的水果也落地生根、繁茂生长。欧洲传入的最重要作物是甘蔗（sugar cane）。甘蔗在肥沃土壤、季节性强降雨和温暖气候等条件下生长旺盛。可难题是它需用大量劳动力（它属于劳动密集型作物）来打理，直到大西洋奴隶贸易兴起才解决这一问题。不过欧洲人喜欢吃甜食，所以糖在欧洲消费文化中找到了一个为它量身打造的市场。早在 1520 年，伊斯帕尼奥拉岛开始产出糖，而在巴西甚至更早。在 18 世纪晚期之前，西班牙人并不是蔗糖的主要生产者。尽管如此，蔗糖的引入对大西洋经济具有变革性。它有助于前所未有的生态转型，特别是针对原住民喜好大规模砍伐森林的习惯。正如本书下一章所论及的，蔗糖意味着地中海、摩洛哥（Morocco）和大西洋岛屿上所发展起来的种植园体制扩展到了新世界。西班牙人到来所造成的人口灾难也有利于蔗糖种植业的起步。1492 年之前，原住民经常烧毁植被而修建花园和农田。随着原住民的死亡，这种烧林开荒的行为逐渐停止，从而有助于高大茂密森林的生长——这些森林被认为是自古以来就存在的，其实它们是最近的产物。这些森林能够供应丰富的养分，从而在最初棘手的种植过程中，为较高的作物产量提供了条件。

结论

16 世纪 20 年代以来甘蔗种植园的建立为欧洲人指明了一条路径，即美洲是可以产出利润的，它对欧洲殖民者具有价值。随着美洲原住民人口的衰落，殖民者步步为营，引发了跨大西洋最大的、最重要的人口迁徙——1200 万非洲人被迫来到美洲而成为强制劳工，在甘蔗、咖啡、烟草和水稻的种植园里辛苦劳作。到 17 世纪，蔗糖成为大西洋世界繁荣发展的根基之一。让伊比利亚人确认殖民活动能够大发横财的另一个致富路径是，上秘鲁（upper Piru）的波托西①（Potosi）大型银矿被发现。波托西采矿业开始于 1545 年。它保证了美洲的西班牙帝国钱财滚滚，就像蔗糖对葡萄牙帝国那样。这些白银被铸成价值 8 西班牙雷亚尔（reales）的硬币，甚至超过黄金而成为大西洋的财政基石。西班牙由此变得极为富有，从而能在 16 世纪负担得起一系列欧洲战争，来强化其欧洲强国的优势。随着波托西银矿山脉的开采，欧洲人在美洲殖民活动的价值变得清晰明了，即至少对欧洲人来说，为了增加欧洲在世界上的财富和权力，摧毁东西印度群岛是必然的和注定的。

---

① 波托西，今属玻利维亚，1545 年西班牙人在此找到了当时世界储量第一的银矿。

注释

1 Felipe Fernández-Armesto, *Before Columbus: Exploration and Colonisation from the Mediterranean to the Atlantic, 1229–1492* (London: Macmillan, 1987).

2 Idem, *Pathfinders: A Global History of Exploration* (Oxford: Oxford University Press, 2006), 156–64.

3 Joyce E. Chaplin, 'The Atlantic Ocean and Its Contemporary Meanings, 1492–1808,' in Jack P. Greene and Philip D. Morgan, eds., *Atlantic History: A Critical Appraisal* (New York: Oxford University Press, 2009), 38–39.

4 Alison Games, 'Atlantic History: Definitions, Challenges and Opportunities,' *American Historical Review* 111 (2006), 745.

5 N.A.M. Rodger, 'Atlantic Seafaring,' in Nicholas Canny and Philip Morgan, eds., *The Oxford Handbook of the Atlantic World 1450–1850* (Oxford: Oxford University Press, 2011), 85.

6 J.H. Elliott, *Empires of the Atlantic World: Britain and Spain in America 1492–1830* (New Haven: Yale University Press, 2006), 30–31.

7 Samuel L. Wilson, *The Indigenous Peoples of the Caribbean* (Gainesville, FL: University Press of Florida, 1997), 7.

8 William D. Phillips and Carla Rahn Phillips, *The Worlds of Christopher Columbus* (Cambridge: Cambridge University Press, 1992).

9 Ralph Austen, *African Economic History: Internal Development and External Dependency* (London: James Currey, 1987), 34.

10 David Northrup, 'Africans, Early European Contacts, and the Diaspora,' in Nicholas Canny and Philip D. Morgan, eds., *The Oxford Handbook of the Atlantic World 1450–1800* (Oxford: Oxford University Press, 2011), 44.

11 Noble David Cook, 'Sickness, Starvation, and Death in Early Hispaniola,' *Journal of Interdisciplinary History* 32 (2002), 349–86.

12 Matthew Restall, 'The Americas in the Age of Indigenous Empires,' in Jerry H. Bentley et al., eds., *The Cambridge World History: The Construction of a Global World, 1400–1800 CE* (Cambridge: Cambridge University Press, 2015), I: 235.

13 Stuart Schwartz, 'The Iberian Atlantic to 1650,' in Nicholas Canny and Philip Morgan, eds., *The Oxford Handbook of the Atlantic World 1450–1850* (Oxford: Oxford University Press, 2011), 151.

14 Hugh Thomas, *The Real Discovery of America: Mexico, November 8, 1519* (Mount Kisco: Moyer Bell, 1992).

15 H.B. Johnson, 'Portuguese Settlement, 1500–1580,' in Leslie Bethell, ed., *Colonial Brazil* (Cambridge: Cambridge University Press, 1987), 1–38.

16 Stuart B. Schwartz, *Sugar Plantations in the Formation of Brazilian Society: Bahia, 1550–1835* (Cambridge: Cambridge University Press, 1985).

17 Ross Hassig, *Aztec Warfare: Imperial Expansion and Political Control* (Norman: University of Oklahoma Press, 1988), 267.

18 Henry Kamen, *Spain's Road to Empire: The Making of a World Power, 1492–1763* (London: Penguin, 2002).

19 Elliott, *Empires of the Atlantic World*, 21.

20 Massimo Livi-Bacci, *A Concise History of World Population*, 5th ed. (Chichester: Wiley Blackwell, 2012), 25.

参考书目

Oxford Online Bibliographies – Death; Disease; Environment and the Natural World; Spanish Colonization to 1650.

Suzanne Austin Alchon, *A Pest in the Land: New World Epidemics in a Global Perspective* (Albuquerque: University of New Mexico Press, 2003).

Alfred Crosby, *The Columbian Exchange: Biological and Cultural Consequences* (Westport, CT: Greenwood Press, 1972).

Noble David Cook, 'Sickness, Starvation, and Death in Early Hispaniola,' *Journal of Interdisciplinary History* 32 (2002), 349–86.

J.H. Elliott, *Empires of the Atlantic World: Britain and Spain in America 1492–1830* (New Haven: Yale University Press, 2006).

Herbert S. Klein, 'The First Americans: The Current Debate,' *Journal of Interdisciplinary History* 46 (2016), 543–61.

William D. Phillips and Carla Rahn Phillips, *The Worlds of Christopher Columbus* (Cambridge: Cambridge University Press, 1992).

Matthew Restall, *When Montezuma Met Cortés: The True Story of the Meeting that Changed History* (New York: Ecco, 2018).

Stuart B. Schwartz, *Sugar Plantations in the Formation of Brazilian Society: Bahia, 1550–1835* (Cambridge: Cambridge University Press, 1985).

Samuel L. Wilson, *The Indigenous Peoples of the Caribbean* (Gainesville, FL: University Press of Florida, 1997).

第四章
伊比利亚湖

白银、糖及其影响

波托西白银的发现改变了西班牙和西属美洲，而蔗糖也改变着巴西和葡萄牙。这两种商品让伊比利亚人到美洲的探险活动成为有利可图之事，并在 16 世纪的大西洋创建了一个所谓的"伊比利亚湖"（Iberian lake），把非洲与南美洲、中美洲、欧洲连接起来。它使得 16 世纪早期由西班牙和葡萄牙所肇始的那些变化被制度化，并把早期移民拓殖中巨大而快速的那些变化变成了可预测的类型。到 1570 年，西班牙和葡萄牙所建立的两个大西洋帝国的总体特征已经基本形成。巴西的葡萄牙人建立了一个以奴隶为主要劳动力、以采矿和种植为主导产业的殖民地，他们出产白银，制造更重要的、满足欧洲消费者需求的糖。葡萄牙人的美洲帝国与他们在非洲、亚洲的众多基地一起构建了一个世界性海洋帝国。与此相反，西班牙则在美洲建立了陆上帝国，从南美洲南端一直延伸到北美洲南部。这一帝国以白银和压榨土著劳工为坚实的基础。与其他欧洲海上帝国相比，它不那么依赖于非洲黑奴劳动力。到 1570 年，至少在西班牙最重要的两个殖民地核心地区（墨西哥和秘鲁），原住民人口迅速减少的时期已基本结束。此时变为政治相对稳定和人口均衡的一个时期，尤其是与西属美洲殖民地最初 70 年骚乱频繁、暴力不断的情况相比而言。

到 17 世纪早期，两个帝国的经济都非常繁荣。巴西的蔗糖业在 1580—1630 年迅速发展，年产量可达 12 万吨，其中大部分都出口至欧洲。蔗糖业促使一个南大西洋体系的形成，把安哥拉地区的非洲港口（供应奴隶）与巴西（驱使这些奴隶生产出口到欧洲的糖）整合在一起。安哥拉的罗安达（Luanda）是这一体系在非洲的核心城市，它在这一时期每年向巴西输送 1 万名奴隶。白银使西属美洲富得流油。到 1600 年，西班牙的白银产量占全世界的 85%，其中 15%—20% 流入亚洲，让西班牙成为一个快速发展中的世界经济的核心区域。

白银对西班牙而言是一种利弊并存之物，而蔗糖之于葡萄牙也是福祸兼具。1500 年，西班牙和葡萄牙是欧洲最发达的地区，也是最早向大西洋扩张的国家。然而，3 个世纪后，这两个国家在经济上已被西欧其他国家远远甩在后面。西班牙与新世界之间的贸易对西班牙经济的影响是有限的，因为西班牙向其殖民地出口的商品种类屈指可数，只有纺织品和酒，以及转口贸易的一些商品，即由西班牙用西属美洲流入的大笔白银从经济更发达的欧洲其他经济体购买的东西。白银在西班牙的主要影响似乎是负面的，它使西班牙为了争夺欧洲霸权而陷入与欧陆国家扩日持久的、耗资巨大的战争。不无讽刺的是，这些战争还有一个目的，那便是使西班牙白银打入那些国家的贵金属市场。

它没有提供任何途径和动力来改善垂死的、日益黯然失色的当地经济，以实现经济的多样化。西班牙和葡萄牙几乎没有参与进 16 世纪到 18 世纪欧洲的资本主义变革浪潮中，那些变革性因素推动西欧走在全球繁荣的前列，使英国和法国等国家追赶上了中国和印度等世界领先的经济体。虽然美洲大批白银流入西班牙以及巴西种植园经济让葡萄牙占尽先机、拔得头筹，但是并没有引起欧洲持续的经济增长。这让我们清楚地认识到，不能过高评价大西洋贸易在长时段的欧洲经济增长模式中的重要性。经济史学者的研究一再表明，欧洲人在大西洋的各种收益并不是特别高，它们与工业化的早期阶段只有一种有限的联系，因为发展工业化其实不需要太多资金，国内贸易和国内市场为欧洲经济奠定工业基础比大西洋贸易更为重要。大西洋贸易的开始和工业化的出现，二者之间的时间差也值得我们注意：西班牙和葡萄牙位列西欧最后完成工业化的国家名单之中。

此类结论在16世纪似乎令人难以置信，因为白银进口增长迅速。波托西的银矿开采量似乎无穷无尽，官方白银出口额从16世纪20年代的34万比索增加到16世纪80年代的1亿比索，到17世纪30年代升至1.29亿比索。另外还存在金额不菲的走私白银，相当于官方白银出口价值的17%—20%。17世纪30年代之后，西属美洲白银产量开始下降，18世纪20年代跌至1.2亿比索，而其中只有2740万比索出自波托西，显示白银生产中心已从秘鲁转移到新西班牙（墨西哥）。巴西米纳斯吉拉斯（Minas Gerais）地区的黄金产量在这一时期大幅增长，表明白银和黄金直到18世纪仍旧是伊比利亚经济的中心。美洲的银矿山可能被西班牙浪费在众多徒劳无益的战争中，而不是投资在更重要的西班牙殖民地上。合法和走私的贵金属让西班牙打入了亚洲市场，并使其整合了西属美洲的经济。在新西班牙，市场交换把加勒比港口城市韦拉克鲁斯（Veracruz）、墨西哥城、北部采矿城镇萨卡特卡斯（Zacatecas）联系在一起。同样，白银几乎把所有秘鲁领土连接在一起，从利马（Lima）一直到玻利维亚（Bolivia）、波托西，并向北延伸到基多（Quito），向南扩及智利（Chile）。与西班牙不同，白银和黄金生产是与17世纪后期经济活动逐步多样化相伴的。肯尼思·安德里安（Kenneth Andrien）解释道，殖民地商人和天主教会投资的资金从采矿业流入农业、纺织业和手工业。这一多样化趋势与 17 世纪西班牙经济衰落结合在一起，增强了外围地区对抗帝国中心的实力。到 18 世纪早期，西属美洲的区域经济体制在经济上具有自主权，而在政治和官僚体制方面则不然，这意味着西班牙与其殖民地之间的力量对比发生了变化。[1]

白银对西班牙经济好坏参半的影响让西班牙人开始泛起疑虑：他们在新世界的冒险是否值得。历史学家胡安·德·马里亚纳①（Juan de Mariana）在 16 世纪 80 年代写道，西班牙似乎比白银到来之前更加糟糕，因为"以前我们从土地里获得食物，这绝不是坏事，而现在我们很大程度上期望着海风和水浪把我们的舰队带回来。君主比之前更有用武之地了，因为他必须去保卫众多地区，而人们已经被精致的食物和奢华的衣服所腐蚀而变得软弱了"。西班牙似乎陷入"衰落"之中，而白银就是罪魁祸首。马丁·冈萨雷斯·德·塞略里戈（Martin Gonzalez de Cellorigo）痛惜道："我们西班牙只关心与东西印度地区的贸易，因为从那里可以得到黄金和白银，它放弃与欧洲邻国的贸易；即使新世界所有民族所找到和继续找到的黄金白银都来到西班牙，它们也不会让西班牙变得更为富有和强大。"在上述两位学者看来，金银是具有长期不利影响的意外之财，因为它们阻碍了人们提高国家生产力的各种努力，而只有通过耕作西班牙的土地才能提高国家生产力。[2]

甘蔗在巴西被证明是一种理想的作物。与其他大西洋蔗糖生产地相比，巴西更受益于非洲所供给的劳动力，它有效地利用了其在非洲殖民地安哥拉广泛的奴隶贸易基础设施。在 1580—1680 年，巴

---

①胡安·德·马里亚纳（1536—1624），耶稣会士，被认为是 16—17 世纪西班牙成就最高的编年史学家，著有《西班牙通史》《论货币的变更》《论国王和对国王的教育》。

西东北部成为世界上最大的蔗糖生产地，该地区非洲劳动力经历了指数式增长，1570年他们是总人口的1/3，30年后达到将近一半。到17世纪，巴西大部分人口为非洲裔。种植园主从甘蔗种植业中大发横财。然而，他们被葡萄牙人的弱点所制约着。葡萄牙发现自身很难垄断安哥拉的奴隶贸易，因为与其他欧洲国家，尤其是荷兰相比，它制造的商品明显量少、质差、价高。这一时期的荷兰也把安哥拉定位为奴隶贩卖的一个市场，并把注意力投向巴西西北部的制糖业。它在17世纪20年代不断侵扰巴伊亚（Bahia），并在1630—1654年占领从伯南布哥（Pernambuco）到马拉尼昂（Maranhão）的区域。

然而，巴西种植园主所面临的主要问题是缺乏获得资金和贷款的途径，葡萄牙商业部门能力欠缺、体制不完善。17世纪20年代，由于荷兰人日益增多的袭扰，奴隶起义开始成为难题,糖的价格暴跌，巴西经济繁荣不再并陷入衰退。在快速增长之后，17世纪中期，巴西制糖产业进入长期、稳定的低利润阶段。这个相对的衰落意味着，具有更复杂、更先进种植体系的英国和法国超过巴西而成为蔗糖主要生产国。17世纪50年代，随着英属巴巴多斯岛（Barbados）的崛起，巴西的黄金时代（至少对种植者来说）结束了。荷兰在巴西衰落过程中发挥了关键作用，充分表明17世纪中期大西洋成为欧洲各国斗争的竞技场。荷兰人学到了甘蔗种植技术，并可能在把制糖知识传授给加勒比东部的英国和法国种植园主的过程中起到了重要作用(历史学家对此有所争议)，而且提供了巴西人所缺少的投资制糖厂的充沛资金。17世纪40年代荷兰与葡萄牙之间的战争也扰乱了大西洋贸易，这引起蔗糖价格的上涨，从而为巴巴多斯人转向制糖业提供了良好时机。

征服美洲原住民

到 1650 年，葡萄牙人和西班牙人的两大帝国统治方式已相对定型，并一直延续到 18 世纪后半叶。大部分美洲原住民被征服；市场经济体（market economies）已经成形；这些经济体日渐多样化、区域一体化和自给自足。人口融合也趋于稳定，被贩卖到城市、矿山和种植园而辛苦劳作的非洲奴隶不断增多，而原住民人口在经历一个半世纪衰落之后也止住了颓势。来自西班牙的移民没有间断过，1640—1700 年，15.8 万欧洲移民来到西属美洲，1700—1760 年则达到 19.3 万人。虽然上述迁移至西属美洲的移民数量远不如到达英属美洲的移民，也少于 18 世纪定居在巴西的欧洲移民，但这意味着在原住民、非洲裔、人数日渐庞大的梅斯蒂索人（mestizos，白人和印第安人所生的混血儿）所构成种族多样化的人口之上，一个等级分明的西班牙社会被移植到美洲。

然而，正如本书第二和第三章所论及的，剧痛之后才出现了这种稳定局面。西班牙人被迫考量他们在新世界对原住民的所作所为，也开始怀疑堆山积海的白银使他们陷入了衰落，而并非王国真正的财富。16 世纪上半叶，对于原住民所具有的权利（如果他们有的话），西班牙人爆发了激烈争论。这一论争在 1512 年由国王斐迪南发起，结果是《布尔戈斯法令》（Laws of Burgos）的颁布。该法令明确地宣称，美洲原住民不仅具有西班牙人所认为的权利，并能够通过加入天主教会而得到拯救。1550 年，查理五世召开了一次辩论会议，双方是支持或者否认原住民具有权利的重要学者。其中一方为多明我会修士拉斯·卡萨斯，即激烈控诉西班牙人殖民活动的《西印度毁灭述略》（1552）的作者，该著作为欧洲国家确立了"黑色传奇"（Black Legend）的概念——西班牙人是天生残暴和邪恶的殖民者。拉斯·卡萨斯反驳对方代表人物胡安·希内斯·德·塞普尔维达的观点。塞普尔维达是宫廷牧师，认为美洲原住民生而适合为奴，无法成为正式公民或者真正的天主教徒。拉斯·卡萨斯的观点占据了上风。从 16 世纪 50 年代起，原住民被认为是"兄弟"，不过只具有儿童（有能力成为公民的自由人，他们可以作为劳动者和缴纳大量税金来为王室效力）的法律地位。

因而，从 1550 年始，美洲原住民在一个有机的（organic）、等级森严的（hierarchical）、多种族（multiracial）的社会中占据了一个明确的从属地位，他们受西班牙人任命的官员管理和统治，并遭到天主教相关人员的密切监控。塞普尔维达的观点受到批判和压制，也表明了剥削性的委托监护制的终结。征服者利用该制度对印第安劳工进行严密控制。人口衰落令委托监护制日渐难以维持，而它的废除即意味着征服者统治的结束。这些征服者残暴无情，逐渐成为国王在广阔领土范围内加强统治秩序的一个麻烦。代替委托监护制的是一个庞大的王室官僚体系，由国王任命的殖民地总督进行统治。16 世纪的总督辖区——新西班牙与秘鲁——范围广阔、情况复杂，依靠一种严密的司法制度来维护秩序，其中乡村治安官（corregidores de indios）主要解决劳工问题以及西班牙人与原住民之间的关系，而城市治安官（corregidores de españoles）侧重于处理市民事务和地方事件。

与征服时期相比，西班牙人与原住民之间的关系此时更和缓一些，或者说至少受到了更多的监管，不过双方的紧张氛围依然存在。西班牙人采取各种措施以确保原住民处于控制之中。他们面临的困难之一是宗教问题。美洲原住民成了基督教徒，不过通常采用的是他们自己的术语和方式，冒犯了自诩为正统权威信仰的天主教教士。美洲的原住民社群里所形成的宗教在本质上是融合而成，换言之，它们具有多种信仰的要素，而并非一心笃信教皇所颁布的教令训谕。

原住民接受了基督教，不过他们改变了教义以适应自己不断变迁的文化形式，他们在这一过程中适应并创新了那些文化形式。西班牙教士们对这一过程充满了疑虑，他们担心的是，在原住民虔诚信仰的表面之下潜藏着大量反基督教的行为。

教士们特别忧虑的是，印第安人尊崇恶魔甚于上帝。诸如此类的怀疑时而导致迫害制度的产生。例如在 16 世纪 60 年代，方济各会修士迭戈·德·兰达（Diego de Landa）精心策划了一场运动，对尤卡坦半岛的玛雅人施加囚禁、酷刑和死刑，旨在清除当地居民信仰中的偶像崇拜陋习。他的调查描绘了原住民采撷基督教教义为他们所用的图景，他们时常在先前存在的宗教习俗基础上增加基督教教义。这并不罕见，比如原住民认为西班牙教士本质上为萨满教祭司角色，可以帮助他们抵御流行病或者阻止旱灾的出现。鉴于原住民被排除在神职人员之外，他们接触的大多是支离破碎的教义，而非一个完整的权威体系，因此原住民为了自己的目的而选择性地采用基督教宗教活动，就丝毫不让人惊讶了。

伊比利亚人从欧洲继承并改造了一个机构，用它来使原住民在宗教上与殖民者保持一致。它就是宗教裁判所（Inquisition），成为侦查可能产生非常严重后果的事情的一个强有力武器。西班牙人可以用它控制原住民和非洲人的宗教异端。在 16、17 世纪，成千上万的美洲土著和非洲奴隶被控告举行巫术或者其他遭到禁止的宗教仪式，比如奥比巫术或者伏都教（obeah or vodou）等非洲人的信仰。有些神职人员尤其是方济各会修士，极为热衷于根除巫术或者惩处原住民"巫师"。宗教裁判所允许使用酷刑，在这种情况下大量社群遭到迫害，很多人全家都被处死，他们通常会被绑在火刑柱上，在烈火中痛苦地死去。火刑在公共场合举行，意在强化接受天主教信仰的严肃性。受刑者穿着特殊的悔罪服（sanbenitos，随后会挂在教堂里，以这个耻辱来警醒这些罪人的亲属）被押往行刑的地点。

　　天主教会强化宗教正统性的各种举措只取得了部分成效。虽然西属和葡属美洲的所有人最后都皈依了天主教，教会宗教活动随着时间推移而逐步规范，吸纳了更多的欧洲传统，但是宗教信仰有着非常显著的灵活性。对受到宗教裁判所审判的那些人的案例研究表明，很多普通人否认教会具有能够决定某人是否得到拯救的排他性权威。另外，与教会允许的程度相比，普通人倾向于采取对其他宗教更加宽容的立场。他们甚至接受穆斯林、犹太人、新教徒和异教徒可以与正统天主教徒一起到达天堂。尽管教会试图把它所认为的背离真正信仰的行为视作原住民青睐恶魔崇拜的证据，但是当地教士没有破坏印第安人的宗教传统，甚至很少试图去这样做。天主教出现在地化现象非常普遍，并且随着时间推移而融入了一个生活化的宗教。

　　宗教论争时而引发暴力事件。原住民没有其他选择，只能接受他们在西属美洲社会中的从属地位，不过偶尔会揭竿反抗，少数叛乱甚至发展到范围广泛且战斗残酷的程度。西属美洲历史上规模最大的起义之一爆发于 1680 年的墨西哥北部，史称普韦布洛起义（Pueblo Revolt）。该地区普韦布洛族印第安人的所有部落一起行动，攻击当地西班牙人，取得了一些胜利成果。普韦布洛人当时处境悲惨，他们不仅遭到科曼奇人和阿帕奇人（Comanche and Apaches）的袭击，还由于旱灾而牲畜数量大减，而当地西班牙移民们要从他们之中征用大量劳动力并严酷地对待他们。西班牙移民只有 3000 人，极易受到人数众多、意志坚定、武器简陋的原住民士兵的攻击。这场起义是原住民愤怒积累的一次爆发，他们传统的生活方式受到西班牙人各种举措的侵蚀和削弱。殖民者千方百计地用西班牙文化改造原住民，试图让他们接受殖民地等级制度中的从属地位。起义策划得非常隐秘，打了西班牙人一个措手不及。他们占领了当时的首府，即今天新墨西哥州的圣菲城（Santa Fe），随后撤退至埃尔帕索（El Paso）。起义很快席卷整个北部边境，短期内摧毁了西班牙人在该地区的统治。但是该地区对新西班牙极为重要、不容有失，因此殖民者必须镇压普韦布洛人的叛乱。17世纪90年代，西班牙军队源源不断地来到新西班牙北部边界，慢慢地蚕食着起义队伍的地盘，最后双方达成和解，该区域暂时恢复了平静。[3]

　　一个世纪后，西属美洲历史上规模最大的起义爆发于殖民帝国的心脏地区——秘鲁。西班牙当时卷入了美国革命，急需巨额军费，因而向土著居民征收越来越多的苛捐杂税，包括首次向古柯（coca）课税。秘鲁原住民依赖古柯来应对高山区域严寒的气候。何塞·加布里埃尔（José Gabriel），是一名受过良好教育的美洲土著精英，在其经商的妻子米卡拉·巴斯蒂达斯（Micaela Bastidas，她声称自己是印加皇室的后裔）辅助下揭竿而起，并为他自己取名图帕克·阿玛鲁，暗示他意图恢复印加帝国。成千上万原住民纷纷响应这场起义，攻击西班牙殖民政府。他包围了内陆的主要城市库斯科，不过在多次激烈的战斗之后，未能彻底击败殖民者军队，因为西班牙人从太平洋沿岸的首都利马派遣了大量援军前来助阵。图帕克·阿玛鲁二世只得撤退进安第斯山脉，最终在1781年4月的决定性战役中大败，被殖民政府逮捕。胜利的西班牙人对起义者进行了血腥报复。在库斯科中心广场，他们处死了图帕克的妻子和儿子，接着对这位起义领袖施以绞刑、分尸、砍下头颅。在图帕克死后，起义又坚持了两年之久，最终被西班牙人镇压下去。到1783年起义结束时，10多万原住民和1万名西班牙人丧命于此。

一个多种族混合的帝国

西班牙人为何来到新世界？对多数人来说，第一要务是追逐财富。发财致富的一个途径是养殖培育珍珠，不过与巧克力和烟草不同，原住民和欧洲人都把珍珠当作具有极高价值的商品。哥伦布在1498年的航行中看到原住民佩戴着珍珠，这一消息在西班牙鼓舞着很多冒险者前往委内瑞拉沿海，想在那里丰富的牡蛎繁殖地找到暴富的好机会。他们的冒险事业偶尔会得到西班牙王室的支持。采珠业由个人和王室共同发起，他们不计后果地大肆搜刮珍珠，对牡蛎繁殖地和当地动物群、植物群造成了巨大伤害。生态破坏就像人口崩溃一样，成为大西洋世界的一部分。

尽管欧洲移民们的暴力使原住民流离失所，但是他们想得到珍珠就必须有原住民的协助，因为需要征募大量劳力落海采珠。由于大量原住民不幸染上疾病并死亡，采珠业所需的人手最终只能来自非洲黑奴。珍珠的珍贵价值使委内瑞拉的珍珠海岸（the Pearl Coast）嵌入到横跨大西洋且延伸至印度洋的商业网络之中。这一暴行引起西班牙传教士巴托洛梅·拉斯·卡萨斯的强烈谴责，他把珍珠渔业（fisheries）定性为充满暴力和毫无法纪的恐怖劳工制度，它把原住民潜水者变成了可怕的怪物。他这样描绘珍珠渔业："地球上没有其他地狱般和绝望的生活可以与之相比，要说有的话，或许就是从条件恶劣、境况吓人的矿山中开采黄金了。"

在西班牙人看来，原住民只是用完即可丢弃的潜水员罢了，那些人皮肤溃烂发炎，遭到西班牙监工的殴打，在冰冷海水中冻死，他们所遭受的种种创痛都是值得的，因为由此而来的珍珠价比黄金，令人一夜暴富。在产量高峰时的1527年，他们向西班牙王室输送的珍珠达到600磅。采珠人人手缺口较大，必须从更遥远地区的征募更多潜水员，他们毫无人身自由，被迫潜探深海。然而，购买这些奢侈品的欧洲人很少知道或者毫不关心珍珠到底是如何捕捞的。就如莫莉·沃什（Molly Warsh）指明的，"珍珠可镶缀在衣服上，佩戴在脖子上，可换来食物、酒或者通行权，然而它们不会显示生命留下的任何痕迹。很多人受奴役下海，命运悲惨，甚或丢了性命，只为了下探海底礁体，采捕珍珠重见天日"。[4]

采珠业严重破坏了海洋生态环境。大约 12 亿只牡蛎在不到 30 年时间里被捕捞一空。珍珠贝母很快枯竭，极为难寻。西班牙人采珠业的美好时代在 1541 年以出其不意的形式而结束，一场海啸摧毁了当时主要的牡蛎繁殖地（main beds，牡蛎床）——位于委内瑞拉加勒比近海的库瓦瓜岛（Cubagua），这座小岛现在成了无人岛。法国海盗在 1543 年又袭击了该定居点，把在海啸中幸存的人员和珍珠劫掠到了巴拿马和秘鲁。尽管在西班牙定居点蓬勃发展的第一个 30 年，珍珠一度能被豪富巨贾阶层之外的人负担得起，但是珍珠由此进入欧洲人的想象。它们为欧洲人提供了一条探索世界多样性的途径，不论在大西洋或者印度洋，哪里盛产珍珠，哪里就有欧洲探险者。

欧洲人和非洲人向西属美洲的人口流动，产生了一个多种族混合的社会（a polyglot society），这个社会不能简单地被描述为原住民受到征服与非洲人遭到奴役。数千名身为老基督徒后裔（Old Christian heritage，换言之，他们来自非洲原来就信奉天主教的地区）的自由黑人跨洋而定居在西属美洲，并从事着不同职业，由此融入大西洋经济活动。他们在西属美洲的所作所为使伊比利亚人的种族纯洁观念变得复杂起来。历史学家一度认为，在这个种族迁徙流动的时期，黑色皮肤意味着受到奴役，但是新发现的很多证据表明，事实并非如此绝对，有些自由身份的黑人想方设法获得了他们不被允许得到的社会地位。来自塞维利亚（Seville）和西班牙其他地方的很多非洲人宣称，他们是来自几内亚的老基督教徒，他们的宗教比种族更突显了自我身份。大卫·维特（David Wheat）的研究表明，这些黑人移民中的部分人成为重要人士，尤其是嫁给白人的自由黑人女性。[5]此类女性的生活经历可能非常曲折，比如混血姑娘（mulata）玛利亚·杰罗尼玛（Mariá Gerónima），她作为仆人从塞维利亚旅行到卡塔赫纳①（Cartagena），接着到了新韦拉克鲁斯，随后是墨西哥，再回到新韦拉克鲁斯。她先后做过仆人、旅馆老板和用自然力诊疗的医治者（healer），后者则导致她在墨西哥城因涉嫌巫术受到审讯。该控告令她一贫如洗，流浪街头，以乞讨为生。尽管玛利亚·杰罗尼玛身处的社会环境对她称不上美好，让她以仆人身份迁居美洲，最后沦落至赤贫，但是这个事例恰恰说明她具有一定程度的自主权。在她寻求成为社群正式成员的过程中，挫败她的不是其肤色，而是贫穷。诚然，两者通常如影随形，但是在西班牙人殖民美洲的整个阶段，阶级分化在种族内部和不同种族之间仍然非常重要。

奴隶制与奴隶贸易

倘若说西班牙人与新世界接触的第一个世纪主要是征服原住民，那么随后几个世纪，奴隶制与奴隶贸易则成为中心议题。奴隶制是西班牙帝国的重要组成部分，甚至早于西班牙开始殖民美洲。这个故事始于加那利群岛：15世纪，卡斯蒂利亚王室和天主教会发展出一种关于奴役（enslavement）的可怕而有效的逻辑，他们在那里奴役非洲人，最初主要是以宗教因素来证明其合理性，而非以种族不同为缘由。西班牙嫉妒葡萄牙能够在西非成功地创立一个奴隶贸易体系（西班牙被排除在外），因此西班牙人从哥伦布到达加勒比海开始就已经设想，殖民活动的一个目标即是模仿葡萄牙在西非

---

① 卡塔赫纳，哥伦比亚北方重要的港口城市。

那样构建一个跨大西洋奴隶贸易。因而，非洲奴隶早在 1505 年就抵达了伊斯帕尼奥拉岛。

以宗教来证明奴役非洲人的合理性，是与带有圣经诠释色彩的种族主义意识形态密切相关的，尤其是"含族的诅咒"（Curse of Ham）。它出自《旧约·创世记》一段隐晦不明的文字，诺亚诅咒含的儿子迦南（Canaan）必给他弟兄作"奴仆的奴仆"。在伊斯兰教学者所发现的圣经谱系中，迦南被视作撒哈拉以南非洲人的先祖。这种圣经诠释与损贬非洲人身体外观好似野兽一般，以及把黑色皮肤与魔鬼联系在一起等各式说法，长时间影响着欧洲人和美洲人的种族思想。欧洲人以此作为解释和合理化非洲人的不同、劣等和"天生"适合受奴役的一套说法。如詹姆斯·斯威特（James Sweet）所指出的，这个奇怪的种族意识形态旨在说明，"作为含后裔的撒哈拉以南非洲人，注定受到永远的奴役"。[6] 然而，我们最好避免做出简单化的假设，即含族的诅咒使奴役非洲和其他地区的黑人具有合理性。正如伟大的北非历史学家伊本·赫勒敦①（Ibn Khaldun）指出的，如此解读"含族的诅咒"，是对早期拉比文献的一种错误阐释。伊本·赫勒敦倾向于把肤色差异和种族劣等归结为气候原因。在中世纪晚期，思想家一般视地中海地区和北非具有理想的气候，而生活在南方（非洲）和北方（西欧）的人在身体和性格上都具有缺陷。

然而需要指出的是，直到 16 世纪晚期，西班牙人对美洲的移民拓殖取得重要成果的时候，此类毫不隐讳地宣称非洲人劣等的种族主义学说在西班牙帝国才发展起来。在那之前，一个种族多样化的西班牙认为征服非洲人主要基于他们是基督徒而非非洲人。艾米

---

① 伊本·赫勒敦（1332—1406），中世纪阿拉伯著名哲学家、历史学家、政治活动家，著有《阿拉伯人、波斯人和柏柏尔人的历史》《历史绪论》。

丽·贝奎斯特·苏尔（Emily Berquist Soule）强调指出，永久性奴隶制与黑人（blackness）日益关联在一起，既来自西班牙人与非洲葡萄牙人的竞争，也源自古罗马就存在的区分，即皈依基督教的"和平"原住民与抵抗基督教权威的"反叛"群体之间的区别使得奴役那些反抗者具有了合理性。故而，地理与种族、宗教一起成为奴役非洲人的理由。如托比·格林（Toby Green）强调的，西班牙人对奴隶制的理解，"受到了最初在非洲形成的那些传统的影响"。[7]

非洲奴隶制一旦被合理化，就很快转化为活跃的奴隶贸易——从 16 世纪开始向西属和葡属美洲输送了大量非洲人。贩往伊比利亚美洲的非洲人数量相当可观。葡萄牙最早开始且最晚结束大西洋奴隶贸易，毋庸置疑地成为当时欧洲最大的奴隶贩子。1519—1867 年，葡萄牙共输送 504.7 万非洲人，占到横渡大西洋的所有非洲人的 45.9%，而仅在 1826—1867 年，贩运的黑奴就达到了 140.19 万人，此时其他欧洲国家，尤其是英国已经结束了奴隶贸易。除了在殖民初期之外，西班牙没有形成自己长期的奴隶贸易，仅短时期内从非洲直接进口了相对少量的黑人奴隶——只有 51.7 万人，其中大多数都是在 1800 年之后输入的。但是它接收了经其他欧洲国家转口贸易而来的很多非洲人。西属美洲从 1519 年共进口 122.22 万名奴隶，其中大多数（71.83 万名）是在 1800 年之后才来到西属加勒比海地区，此时古巴已成为世界上重要的蔗糖生产地。

在巴西，奴隶贸易持续时间更长且涉及区域更广，其中 87.6 万名黑奴被贩卖到巴西东北部，100.8 万名到了巴伊亚，201.79 万名来到巴西东南部。[8] 到 1759 年，米纳斯吉拉斯地区的金银采矿业超过甘蔗种植业，成为使用奴隶劳动力的头号雇主。大部分巴西奴隶劳作的场所属于小型工场，一般不超过 10 个奴隶，这意味着巴西的奴隶比其他地区的更容易获得解放。因此到 19 世纪早期，巴西拥有大量有色人种的自由人，并且是西半球奴隶人口密度最大的地区之一。奴隶制在 19 世纪的巴西迅疾扩张。1806—1830 年，贩卖至美洲的黑奴有 7/10 到达了巴西。

进口到西属美洲大陆的非洲人数量相对较少，不过这并不表明奴隶制在该地区不重要。恰恰相反，奴隶对日常家庭生活和商业管理变得至关重要，他们逐渐成为矿山、城市、养牛牧场、海上贸易和种植园农业的主要劳动力。奴隶贸易也成为西班牙王室收入的主要来源——在 18 世纪后期之前，西班牙奴隶贸易被国王外包给了其他奴隶贸易国，这一形式被称为"奴隶专卖许可证"①。1750 年后"奴隶专卖许可证"的取消，成为历史学家所说的 18 世纪后半叶"波旁改革"（Bourbon reforms）的一部分举措。随着白银收益的减少，来自"奴隶专卖许可证"的收入变得相对更加重要。18 世纪中期，西班牙王室希望增加奴隶贸易带来的利润，试图在非南多波（Fernando Po）与安诺本（Annabōn）等西非外海岛屿上创建西班牙人的奴隶转口贸易。1789 年，西班牙宣称实行奴隶"自由贸易"政策，允许奴隶贸易商在几个选定的地方向任何外国商人购买奴隶。由于交易模式的改变，1761—1820 年贩往西属美洲尤其是古巴的黑奴数量，是 1701—1760 年间的 5 倍之多。这一增长迅速改变了西属美洲的人口构成，非洲人明显增多了。这一增长主要是因为当时对西属加勒比海地区的古巴和波多黎各迅速发展的蔗糖、咖啡生产有着日益增多的需求，也因为具备了更高效的奴隶供应体系，充分利用了其他欧洲国家活跃的奴隶贸易企业。

---

① 欧洲奴隶贸易最早由葡萄牙支配，西班牙崛起后，为了垄断奴隶贸易，西班牙和葡萄牙采取了契约承包制。西班牙于 1501 年发布一种"奴隶专卖许可证"（asiento，音译为"阿西恩托"）。它允许其他国家把非洲奴隶贩卖到西属美洲殖民地，但事先得向西班牙政府购买特许证，并缴纳税金，持续时间为 1543—1834 年。

如上所述，巴西是运送非洲人到美洲的贩奴船的主要目的地。贩卖非洲人的形式多种多样，有特许公司、商人团体、个人，甚至通过非法交易。在 16、17 世纪，奴隶基本上在甘蔗种植园中劳作，而到 18 世纪，巴西奴隶制变得日益多样化。奴隶广泛出现在米纳斯吉拉斯地区迅速发展的黄金产业（利润丰厚的一门生意，让巴西在被忽视半个世纪后重新得到葡萄牙政府的重视）中。奴隶也出现在城市中，比如生机勃勃的里约热内卢，该城虽然没有可与北方相媲美的种植园基础设施，但是依旧成为巴西最重要的城市，并拥有美洲最大、最热闹和最多样化的奴隶社区。

巴西的非洲黑奴制度之所以与众不同，在于它和奴隶贸易的一个起源地（one originating region）安哥拉的紧密关联。从安哥拉到巴西的非洲移民，比大西洋世界其他所有地区而来的黑奴都要多，从而使得这些移民能够创建多种非洲裔美洲人的文化类型。这些文化类型与非洲文化形态有着强大而持久的纽带关系，并因为从安哥拉持续输入的大量黑奴而又得到强化。非洲奴隶通过直接体验安哥拉文化而复兴了非洲裔巴西人文化。非洲奴隶称呼他们自己民族出身的人为"亲属"（relatives），从而在巴西形成了根植于非洲遗传特征的一个象征性亲属群体（symbolic kinship）。它的成员在天主教黑人兄弟会里交流，尤其是在城市环境中，以及穆斯林和其他非洲宗教社区中。他们倾向于彼此沟通，在自己社区里通婚，并在族群领袖带领下参加叛乱。

巴西的奴隶制度冷酷无情，尤其是在东北部的甘蔗种植园里，那里的奴隶群体（slave gangs）通常比东南部咖啡种植园中的人数更多、规模更大。黑人奴隶人口中的性别比例强烈地向男性倾斜，出生率低而死亡率高。此类人口因素表明黑奴人口基本不可能自然增长，不过 18 世纪晚期之后的米纳斯吉拉斯地区则是一个例外。奴隶的反抗活动接连不断，有时逃亡奴隶能从职业奴隶捕手的追踪中脱身，几百名逃亡奴隶会聚集形成一个"逃奴聚集地"（quilombos）。在"逃奴聚集地"中，最出名的是巴西东北部的帕尔马里斯（Palmares）。帕尔马里斯是一些村庄的联合体，共有1.1万人，除了部分美洲原住民、一贫如洗的白人、葡萄牙逃兵之外，大多数居民是安哥拉出生的非洲人。这个国中之国繁荣发展了近一个世纪，直至1694—1695年被一支强大的葡萄牙军队击溃。在此之前，它屡次成功地击退了荷兰人和葡萄牙人企图控制这里的行动。在英明的领袖们，比如冈加祖巴（Ganga Zamba）和传奇英雄宗比（Zumbi）等领导下，它形成了复杂的政治和社会秩序，运转良好。

到18世纪中期，甘蔗是巴西种植园的主要作物。19世纪，巴西东南部的咖啡生产开始迅速发展，并逐步取代蔗糖成为巴西最重要的出口商品。实际上，咖啡产业让巴西自16世纪后期以来首次在世界重要商品生产中占据主导地位，并因此在塑造全球咖啡市场中具有相当大的话语权。在生产工艺和劳动力利用方面，咖啡与蔗糖之间的区别很大。与甘蔗这种资本密集型作物相比，咖啡不需要太多资金投入，而且需要不多的奴隶就可充分利用土地。对规模较小、现金短缺的种植园来说，咖啡不失为一种理想的作物。种植咖啡虽然劳动繁重，但它与甘蔗不同，并不需要种植园经营者一刻不放松地强迫奴隶日夜劳作，故而奴隶主与奴隶的关系更加个人化（more personal），奴隶制的类型更加多样化。与之相反，蔗糖生产不仅需要更多的奴隶和熟练劳动力，也需要更多的资金投资在固定设备和建筑物上，比如压榨和煮沸甘蔗汁的厂房（engenhos）。

奴隶制在19世纪的巴西再次繁荣发展，也引起了更多的奴隶反抗活动。在1800年之前，奴隶反抗的主要形式为逃亡和聚集为非法村庄。18世纪，米纳斯吉拉斯殖民当局在报告中提到约160个非法村庄，其中马托格罗索的逃奴聚集地"普若厄"（Prolho quilombo of Mato Grosso）从 1740 年一直延续到 1795 年。这些社区好似奴隶社会的安全阀，逃亡奴隶们通过建立替代性的群体而非直接反抗，以此来适应奴隶制度。逃亡现象表明，奴隶制是一种内在不稳定的社会制度，与欧洲和亚洲乡村的盗匪一样，逃亡者说明了这些地方存在着破坏社会秩序的颠覆性因素，尽管欧洲人和亚洲人引以为傲的是，他们形成了有机的等级社会秩序，穷人自觉地接受精英阶层的统治。奴隶暴动、密谋和叛乱不时出现，比如在 1719 年，米纳斯吉拉斯地区有奴隶谋划举行复活节起义。实际上，在大西洋世界所有的奴隶社区，奴隶们最喜欢在复活节和圣诞节举起反抗旗帜，他们不仅懂得利用欧洲人节日期间暂时放松警惕的良机，还会以宗教因素来收拢人心、吸引支持者。不过这场叛乱未能如期举行，其中一个最重要的原因是起义领袖分属非洲两个不同的民族——安哥拉和敏纳（Mina，位于西非的北宁湾）。他们均不同意由对方领导这次起义。还有一个原因即谋事不密、消息走漏，反叛被扼杀在萌芽之中，这也是奴隶暴动不能成功的通病。

奴隶反抗在 19 世纪激增，尤其是在巴西巴伊亚东北部。巴伊亚在 1800 年之后输入了大量非洲奴隶，其他很多为穆斯林。这些伊斯兰教信徒躁动不安，具有强烈的反抗精神。该地区部分奴隶叛乱只是地方性事件，由不满意甘蔗种植业恶劣劳动条件的年轻黑奴战士发起。还有其他的奴隶叛乱则为精心策划、目的明确的起义，企图推翻殖民体系。殖民当局先后在 1807 年、1814 年和 1816 年破获了组织较严密、影响较广泛的起义计划。最重要的奴隶反叛活动是发生在 1835 年的穆斯林叛乱。巴伊亚是这次叛乱的一个中心，很多纳戈人（Nagôs）训练有素、英勇善战，不久之前在非洲家乡参与了传播伊斯兰教的宗教战争，他们是因为沦为战俘才被当作奴隶贩卖到美洲的。他们与同为穆斯林的豪萨人（Hausas，西非尼格罗德人的一支，主要生活在尼日利亚）联合在一起。1835年，出身于非洲不同部族的黑奴计划在斋月（Ramadan）结束时发动叛乱。叛乱者穿着伊斯兰教服饰，佩戴着上面有《古兰经》经文的护身符，同时拥上了萨尔瓦多街头。然而，这不仅仅是一场企图让萨尔瓦多转变为伊斯兰教势力范围的宗教叛乱。有证据表明，叛乱者还从海地革命①（Haitian Revolution）汲取了灵感和经验。这场叛乱被殖民者以一贯的残酷暴力镇压下去。然而，叛乱及其余波让许多欧洲裔巴西人意识到情势的危险，他们开始认为奴隶制度已经危害到自身安全，进口的奴隶越多好像引发的起义就越严重。⁹起义与海地革命的关联对欧洲裔巴西人更是一种噩兆。尽管圣多明各的情况在巴伊亚没有重演，但是白人对类似灾难的恐惧既不是政治虚假宣传，也不是焦虑不安的噩梦，而具有真正的事实基础，因为巴伊亚的奴隶对白人主导的奴隶制度接连不断地发起了暴力挑战。海地革命对奴隶反抗意识形态的影响是一个重要标志，显示了大西洋世界到19世纪成为一个整合一体的地方，话语在这一地区能够迅速地传播开来。

资本主义

"西班牙之湖"（Spanish Lake）消失于17世纪中叶，当时企图削弱伊比利亚人尤其是西班牙人势力的其他欧洲敌对国家蜂拥而至，妄想分一杯羹。然而，西属美洲在大西洋世界依然势力庞大，通过广泛的贸易网络而聚敛着巨额财富，令人不可小觑。尽管如此，西班牙发现在大西洋越来越难以抵挡其他更富有、更具侵略

---

① 1791年，法国殖民地圣多明各的奴隶发动起义，在1804年建立独立国家并改名为海地。

性的对手，比如英格兰、法国和荷兰共和国。这些竞争对手，尤其是英国人和荷兰人最大的优势在于，他们比西班牙更具有资本主义（capitalist）倾向。西班牙是采用资本主义（capitalism）作为经济组织模式最迟缓的西欧国家之一，它直到 17 世纪末依然保留着浓厚的封建主义色彩。

资本主义体系和资本主义盈利方式的缺失，让西班牙未能跟上资本主义发展的节拍，从而削弱了它在大西洋世界的影响力。正如马克·彼得森（Mark Peterson）所指出的，"资本主义让大西洋世界运转了起来，例如把人员和物品从一个海岸运到另一海岸的轮船，从墨西哥、秘鲁的矿山开采的白银和铸造硬币，以及彻底商品化的劳动力，即强迫从很远地区输入的奴隶进行劳动，让他们生产那些已完全异化的商品"。[10] 虽然学者们对资本主义的概念言人人殊，但是他们有一个共同之处：作者谈及"资本主义"，是为了概述他们自己那个时代的经济实践，他们认为这些实践是现代的、新的，不同于传统社会和以前发生的事情。因此，"资本主义"是一个简称，其扩展的含义有现代化的进程和经济活动的差异。在这个意义上，形容大西洋世界本质上为"资本主义"，就是在说它本质上是"现代的"。

对大西洋世界的历史学家来说，对资本主义做出最独到定义的是法国著名史学家费尔南·布罗代尔，他敏锐地把"资本主义"与"市场经济"区分开来。所有社会都有市场经济，但是只有 1500 年之后的西欧才产生了资本主义。他倾向于用"资本主义"这一术语来称呼一种相对狭窄、排他性的上层建筑中的商业贸易，其成员主要是重要的商人、银行家、船东、实业家和金融家，他们彼此竞争，为了利益和权力又不时串通在一起。布罗代尔认为，西欧向资本主义世界经济转变的关键时刻是在 16 世纪。他对资本主义的定义不同于卡尔·马克思（Karl Marx），马克思把资本主义视为从封建主义向社会主义线性发展过程中的一个阶段。布罗代尔的论述更接近于18世纪苏格兰启蒙运动时期的亚当·斯密（Adam Smith）。斯密强调，资本主义存在的地方，那里应有一个为了在市场上售卖获得利润而进行生产的体系，占有这部分利润主要是基于个人和集体的所有权。

斯密不仅是政治经济学的开创者，也是一位研究殖民主义的重要理论家。这会浮现一个问题：资本主义既是大西洋世界运行的动力，也是1500年之后大西洋经济体兴起的一个重大后果。"世界体系"理论的开创者伊曼纽尔·沃勒斯坦[1]（Immanuel Wallerstein）等部分学者扩展布罗代尔和斯密的论述而认为，前资本主义时代的欧洲国家在1492年之后向大西洋的扩张，它们的掠夺行为造成了对原住民人口和土地的系统剥削，这些都为建立资本主义而贡献了必要的资本积累。斯文·贝克特[2]（Sven Beckert）是这一诠释路径的重要支持者。他认为，"在新世界很多广阔的地域内，具有进取心的欧洲人进入那些清空了原住民的土地……这些新移民……之后能够发明创造一个商品生产（低成本、高利润）的全新世界。美洲乡村社会结构和生态环境出现了充满暴力、根本性的转型，这是欧洲到19世纪兴起而成为全球经济支配力量的一个重要原因"。他总结说，"商品贸易为现代资本主义奠定了基础，比如通过用暴力获得土地和劳动力，通过贸易而积累资本，通过财政、保险、银行、会计和人事管理的革新观念，来促进资金雄厚的商人创建全球整合的生产网络。

---

①伊曼纽尔·沃勒斯坦，1930年生于纽约，美国著名社会学家，"世界体系"理论的思想领袖和主要代表人物，著有《现代世界体系》《历史资本主义》《所知世界的终结：二十一世纪的社会科学》《欧洲的普适价值：权力的话语》。
②斯文·贝克特，哈佛大学历史系教授，从事于美国史、资本主义史和全球史研究，著有《棉花帝国：一部资本主义全球史》。

这些大西洋的、最终全球性的商品市场也为财政—军事国家（fiscal-military states）提供了资金支持，这些国家在欧洲工业资本主义的发展中将变得越来越重要"。[11]

有些学者认为哥伦布大交换直接造成了欧洲向资本主义的转变，不过这种观点最终并不能令人信服。欧洲的内部发展被证明是其资本主义转型的主要动力，尤其是在英国乡村和荷兰共和国。重要的是，英格兰的这些转型要早于随着英国人侵入美洲而出现的剧烈变革。我们至多可以说，欧洲商人把国外的技术和海外贸易的利润投入到了更高效多产的欧洲国内市场。最重要的是，资本主义一旦在 16 和 17 世纪的西欧经济中形成，它就使欧洲诸帝国如虎添翼，尤其能够利用对新世界的剥削来确立它的经济优势。在把新世界的财富吸收进欧洲经济的过程中，商人是关键人物。他们在大西洋的经济行为进一步扩大了欧洲的商业扩张。斯密在《国富论》（*Wealth of Nations*，1776）中评论道："（哥伦布等人）的地理发现的另一个重要结果，就是它促进了重商主义的发展，使重商主义异常膨胀。"乔塞西·蔡尔德爵士①在《贸易论》（*A Discourse of Trade*，1668）中解释道，荷兰共和国之所以成功，部分在于它海外贸易中经验丰富的商人、先进的舰船、鼓励商业自由发展的政府，以及井然有序、人有助益的银行和财政体制。与亚当·斯密一样，蔡尔德也认为，海外贸易的成功刺激了国内对农业和制造业的需求，"他们所说的那些来自国外的商品，如果一直有着良好的声誉，那么购买者会连外包装都不打开就全部买走了"。从事海外贸易的商人是欧洲重商主义的重要创建者，而重商主义作为一种经济政策，就如卡尔·波

---

① 乔塞西·蔡尔德爵士（1630—1699），英国商人、政治家，曾任东印度公司股东和主席，重商主义的拥护者。

兰尼[①]（Karl Polanyi）二战后在著作中论述的，促进了"有社会的市场"（societies with markets）向"市场社会"（market societies）的转型。他认为，在市场社会中，社会关系被嵌入（embedded）到市场关系中，而在传统社会中，经济是浸没在社会关系中，从属于社会。西欧很多地区到17世纪形成了市场社会，这有助于欧洲人利用多重市场机遇来促进大西洋世界的发展。

在考察新世界如何应对该区域市场经济的冲击时，我们需从两方面综合分析，即在美洲的生产制造与在欧洲、非洲、亚洲的消费。糖是展示生产与消费如何缠结和关联的一个最好范例。它在欧洲是一个众所周知的商品。事实上，它是欧洲的一种作物，最初种植在地中海地区，随后移植到加那利群岛，再传到新世界。它在新世界的成功培植，取决于随时可用、适宜甘蔗生长的热带土地，还有迅速发展的奴隶贸易降低了劳动力成本，从而确保制造出质优价廉、欧洲人买得起的食糖。葡萄牙人15世纪兴起于西方是非常偶然的。葡萄牙人利用自身和非洲商人的良好关系很容易地开启了大西洋奴隶贸易，他们购买奴隶的价格非常低，从而间接补贴了蔗糖生产所需的巨额资本投入。到下个世纪，荷兰和英国的商人对加勒比海地区的种植园投入了更多资金，该地区生产制造的所有功能都集中在一个场所，从而在生产过程中实现了显著的规模经济。

糖最初只是一种奢侈品，随时间推移而变成了日常用品。奢侈品的市场规模都很有限。投资者需要的是价格实惠的产品的大众市场。西敏司[②]（Sidney Mintz）在他研究糖的经典著作中指出，糖的

---

①卡尔·波兰尼（1886—1964），匈牙利哲学家，著有《大转型：我们时代的政治与经济起源》。
②西敏司（1922—2015），又译为西德尼或文思理，美国人类学家，著有《甜与权力——糖在近代历史上的地位》、《吃》（又译为《饮食人类学》）等。

大众市场在英国兴起，是由于消费者逐渐习惯了在烹饪和饮食所有方面都使用它。到18世纪，糖对英国人的身份地位至关重要，它是食物加工所必需的日常用品，并通过蛋糕和布丁而成为快乐的标志。它不仅仅是一种食品，还是欢庆活动的必备佳品。其他商品也经历了类似的嬗变过程：由于消费者需求的变化，它们都从奢侈品转变为日常用品。例如，大卫·汉考克的研究指出，美洲、欧洲的商人与生产者、消费者、政府（它们得到了在大西洋世界内运输的产品的海关税收）一起在北美和加勒比创建了一个马德拉酒的市场。乔吉奥·列略①的研究则表明，出自印度的棉布被商人当作适合非洲人消费需求的时尚佳品。人们可以用它来购买奴隶，而奴隶最终会到达美洲，辛苦劳动而生产棉花，棉花又被送回英国，加工成新的棉纺品。这些棉纺品在消费者中变得非常受欢迎，从而有助于英国取代印度，最终成为世界主要棉布生产国。正如马克·彼得森总结的，"在可靠的大众市场中，依靠高投资的那些商品的生产场所与它们被海外消费者所消耗的场地之间是相互分离的，而随着大众市场的发展，生产过程中的匿名性得到了增强，商人们扩大生产规模是为了进行交换而非自己使用，生产者辛苦劳作却只获得了微薄报酬。资本及其投资原来勾连的只是本地的生产者与消费者，后来它们逐渐转向这种大众'市场'的一体化。这一转型的所有表现，最终都被认为是'资本主义'"。[12]

马克·彼得森认为，奴隶制是这种大西洋资本主义的主要特征。事实上，从某些方面看来，受奴役者可以被视为一种商品形式，他们为一个迅速发展的大众市场而不断"制造"（produced）出来。

---

① 乔吉奥·列略，华威大学教授，著有《过去的脚步》《棉的全球史》，与彼得·麦克尼尔合著《奢侈品的历史》《鞋履：从凉鞋到球鞋的历史》。

奴隶是流动资本，可以作为人力资本而被准确地定价，他们可用来偿还债务，可到处移动以从事于各种不同的生产活动。这些奴隶所创造的利润、所生产的商品，以及他们偶尔为之的消费行为，是劳动力需求不断增强的关键因素。如果支付给他们工资而非提供实物报酬，那么他们就可以购买新世界生产的商品，比如糖。因此，正如马克·彼得森所指出的，"美洲热带地区采用了大规模的奴隶劳动，让欧洲和北美的部分地区大规模的工资劳动成为可能"。他继续指出，"工资劳动与奴隶劳动看似对立，其实它们都是一个完整的和更广泛的资本体系中相互补充的重要部分。在该体系中，受奴役者生产商品，保障了信贷融资正常运作，从而为'自由人'相对的经济自主权提供了资金支持"。到 18 世纪，"快速增长的生产性投资、大众市场、迁徙和流浪的劳动者、形式多样的私人所有权，这些都使资本主义轻易地传播到大西洋世界各个角落。占有各种资源的那些人竭力推动着这个进程，而其他所有人发现很难逃脱这个体系。"[13]

注释

1　Kenneth J. Andrien, *Crisis and Decline: The Viceroyalty of Peru in the Seventeenth Century* (Albuquerque: University of New Mexico Press, 1985).

2　J.H. Elliott, *Empires of the Atlantic World: Britain and Spain in America, 1492–1830* (New Haven: Yale University Press, 2006), 26.

3　David J. Weber, *The Spanish Frontier in North America* (New Haven: Yale University Press, 1992), 137–41.

4　Molly A. Warsh, *American Baroque: Pearls and the Nature of Empire, 1492–1700* (Chapel Hill: University of North Carolina Press, 2018), 48.

5　David Wheat, *Atlantic Africa and the Spanish Caribbean, 1570–1640* (Chapel Hill: University of North Carolina Press, 2016), 166–80, 207–15.

6　James Sweet, 'The Iberian Roots of American Racist Thought,' *William and Mary Quarterly* 54 (1997), 149.

7　Emily Berquist Soule, 'From Africa to the Ocean Sea: Atlantic Slavery in the Origins of the Spanish Empire,' *Atlantic Studies* 15 (2018), 16–39; Toby Green, *The Rise of the Transatlantic Slave Trade in Western Africa, 1300–1589* (Cambridge: Cambridge University Press, 2012), 184–85.

8　The latter figures are underestimates, as 1,463,000 Africans arriving in Brazil cannot be assigned to a region of arrival. For figures, see David Eltis, 'The

Volume and Structure of the Transatlantic Slave Trade: A Reassessment,'
William and Mary Quarterly 58 (2001), 43–46.

9   João José Reis, *Slave Rebellion in Brazil: The Muslim Uprising of 1835 in
    Bahia* (Baltimore: Johns Hopkins University Press, 1993).

10 Mark Peterson, 'Capitalism,' in Joseph C. Miller, ed., *The Princeton Companion
    to Atlantic History* (Princeton: Princeton University Press, 2015), 71.

11 Sven Beckert, 'Commodities,' in Joseph C. Miller, ed., *The Princeton
    Companion to Atlantic History* (Princeton: Princeton University Press, 2015),
    116–18.

12 Peterson, 'Capitalism,' 75.

13 Ibid., 76–79.

参考书目

Oxford Online Bibliographies entries – Brazil, Iberian Atlantic World, 1600–1800;
    Iberian Empires, 1600–1800; Markets in the Atlantic World; Mexico. Peru;
    Portuguese Atlantic World.

Jan de Vries, *The Industrious Revolution: Consumer Behavior and the Household
    Economy, 1650 to the Present* (Cambridge: Cambridge University Press, 2008).

Robert DuPlessis, *Transitions to Capitalism in Early Modern Europe* (Cambridge:
    Cambridge University Press, 1997).

J.H. Elliott, *Empires of the Atlantic World: Britain and Spain in America, 1492–
    1830* (New Haven: Yale University Press, 2006).

Fernando Novais, *Portugal e Brasil na crise de antigo Sistema colonial, 1777–1808*
    (São Paulo: Editors Hucitec, 1979)

Gabriel B. Paquette, *Enlightenment, Governance, and Reform in Spain and Its
    Empire, 1759–1808* (London: Palgrave Macmillan, 2011).

Stuart B. Schwartz, *All Can Be Saved: Religious Tolerance and Salvation in the
    Iberian Atlantic World* (New Haven, CT: Yale University Press, 2008).

Stuart B. Schwartz, *Sugar Plantations in the Formation of Brazilian Society: Bahia,
    1550–1835* (Cambridge: Cambridge University Press, 1985).

Emily Berquist Soule, 'From Africa to the Ocean Sea: Atlantic Slavery in the
    Origins of the Spanish Empire,' *Atlantic Studies* 15 (2018), 16–39.

Stanley J. Stein and Barbara H. Stein. *Silver, Trade and War: Spain and America in
    the Making of Early Modern Europe* (Baltimore, MD: Johns Hopkins University
    Press, 2000).

Stanley J. Stein and Barbara H. Stein. *Apogee of Empire: Spain and New Spain in
    the Age of Charles III, 1759–1789* (Baltimore: Johns Hopkins University Press,
    2003).

Daviken Studnicki-Gizbert. *A Nation upon the Ocean Sea: Portugal's Atlantic
    Diaspora and the Crisis of the Spanish Empire, 1492–1640* (Oxford and New
    York: Oxford University Press, 2007).

Sanjay Subrahmanyam, 'Holding the World in Balance: The Connected Histories
    of the Iberian Overseas Empires, 1500–1640,' *American Historical Review* 112
    (2007), 1359–85.

第五章
旧世界的反应

哥伦布航行所带来的惊喜与失望

哥伦布 1492 年 10 月远航至加勒比海引起了轰动。记录他航海发现的报告很快传遍了西班牙乃至欧洲。哥伦布的期望很高，他不满足于仅仅建立海外贸易基地，就如 15 世纪葡萄牙人在非洲，以及葡萄牙、西班牙在非洲海岸外大西洋岛屿上那样。他在呈递给西班牙斐迪南国王和伊莎贝拉女王的报告中写道："这个岛（伊斯帕尼奥拉岛）和其他所有岛屿无疑都属于两位陛下，都属于卡斯蒂利亚王国，所以这里需要建立一个政府，能够命令他们做两位陛下所希望的一切事情。"正如约翰·艾略特所指出的，哥伦布主张建立一个我们所认为的那种典型的殖民体制。哥伦布建议西班牙君主在西印度群岛设立行政机构（他不谦虚地认为应该任命他为总督），制定方略，以便统治土著居民，让他们生产适合欧洲的商品，另外还可以向异教徒们传播基督的福音。

西班牙人对美洲采取了征服和镇压的策略，而不是像葡萄牙人、荷兰人、英国人和法国人初期对待美洲那样建立一连串的贸易飞地。哥伦布的 4 次航行处于西班牙"收复失地运动"（Reconquista）的大背景下——基督徒成功地从摩尔人手中收复了失地，1492 年 1 月，斐迪南国王和伊莎贝拉女王举行进城仪式，踏入摩尔人城市格拉纳达（Granada），标志着收复失地运动完美的胜利结局。哥伦布"希望能够分享这一高潮时刻的欣快狂喜，能够以自己独特的方式为长期的收复失地运动增光添彩。从1492年的情况来说，很自然地是指，要在西班牙海岸之外继续获得领土，以之作为收复失地运动的延伸。穿过海峡就是摩洛哥，而如哥伦布即将所证明的，穿过大西洋则是印度"。[1]

然而，很快事情就变得清楚了，即哥伦布所承诺的伟大事业大部分仅存在于他的脑海中。他的航行没有为西班牙王室带来多少实质性的贡献，因此西班牙君主很快厌烦了哥伦布的夸大妄想，把他视为一个麻烦缠身、在所到之处一直制造混乱的人物。哥伦布希图把自己家族打造成一个世代延续的豪门大族,在短时间内大发横财，这让他及其家族变得不受时人的欢迎。可是，西印度群岛不是东方的印度，这里提供不了有利可图的贸易网络，更不用说出产黄金或者白银了。如果要开发利用这里，那么只能由西班牙人而非臣服的原住民来完成。至少在秘鲁（今属玻利维亚）产量极多的白银被发现之前，这个"新世界"让人大失所望。可以类比一个20世纪的事件：新世界对1540年之前的欧洲人来说，就像20世纪六七十年代的登月计划对现在的人一样，虽然看似在全球知识和国家威望方面取得了巨大成就，但是除了天花乱坠的大肆宣传和巨额资金的浪费之外，其实没有产生任何持久的价值，只有到了21世纪初期，作为20世纪中期的文化事件而非人类历史上一个持续的变化，它看起来才变得更加重要。

因为美洲的早期殖民活动无利可图，所以在最初几十年内，欧洲的其他国家普遍没有追随伊比利亚人的脚步去探索大西洋。到16世纪20年代，每年只有100艘船从西班牙去往美洲，载重量共9000吨（每吨约合1.42立方米）。到16世纪晚期，船只数量增加了1倍，货运量增长了4倍。至少在17世纪中期大西洋奴隶贸易繁荣发展之前，欧洲人"发现"新世界对大西洋非洲的影响，甚至比它对欧洲的影响要微弱一些。因此对大多数欧洲人和非洲人来说，在"哥伦布相遇"（Columbian Encounter）的第一个世纪里，新世界的影响相对来说并不大。

新世界的"发现"对生态环境的影响最大，而且对非洲和欧洲而言，主要起着积极的作用。与新世界的相遇，让欧洲和非洲引入了很多改变旧世界生活方式的重要作物。在欧洲，虽然三叶草(clover)非常重要，烟草也为当时人所急需，但是最重要的作物是玉米和马铃薯。在北欧地区（从爱尔兰到俄罗斯），马铃薯在当地理想的土地和气候条件下旺盛生长。在爱尔兰，马铃薯一度成为主食，以至于在19世纪40年代马铃薯枯萎病造成马铃薯腐烂绝收，引发了世界上最严重的大饥荒之一[①]。马铃薯的培植不是很难，只依靠家庭劳动力就能轻松地成熟收获，而且储存方便。它在北欧的移植和传播是该地较快人口增长率的有利因素，从而有助于为海外殖民地和工业革命提供更充沛的人力资源。马铃薯的培植，需要同样来自安第斯山脉的三叶草来促进生长。三叶草能够为马铃薯提供其所缺乏的氮元素。三叶草还是一种优良的饲料作物，有利于牲畜数量的增长，从而提高了北欧地区肉类和奶制品的消费水准。

玉米的影响可能更大。它改变了南欧众多区域，尤其是意大利的粮食生产。它在新开垦土地上长势喜人，并能在谷物和块茎作物不易成活的土地上茁壮成长。它有助于南欧持续的人口增长，并在饥荒之年提供了救命食品。玉米亩产量和人均产量都很高。它在从

---

① 1845—1852年发生在爱尔兰的大饥荒，一种被称为"致病疫霉"的卵菌引起了大面积的马铃薯枯萎病。

海平面到山谷等广大地区都很容易培植且收获颇丰——在良好条件下可一年两熟。它在非洲产生了最重要的影响，成为该大陆众多区域的主食作物，甚至包括那些远离大西洋沿岸的地区。然而，玉米的主要影响集中在塞内冈比亚到安哥拉的大西洋沿岸地区。它能够方便地储藏在维达号（Whydah）等贩奴船上，也可以成为季节性轮作的一茬庄稼。它还产生了重大的社会影响。它是贩奴船和迁移大篷车能够携带的理想食物。长途贸易沿线的农民们特别倾向于种植玉米。

玉米或许促发了较大型国家的兴起，因为其便携性有助于军队从玉米种植区向更遥远的地方进军，从而像阿散蒂人（Asante）所建立的森林王国那样设立政权，向周边扩张势力。该王国在 17 世纪 70 年代急剧扩张，它的士兵携带着用玉米制作的给养食物而进行军事远征。玉米对大西洋非洲文化至关重要，尤其是对在宗教和政治仪式上使用玉米的约巴鲁人（Yoruba）而言。木薯（cassava or manioc）是在大西洋非洲扎根并生长的另一种美洲作物，它与玉米为当地人提供了更可靠的饮食，避免出现更多营养不良的现象，从而提高了生育率，弥补了在奴隶贸易中损失的大量人口。木薯对于非洲而言，就如马铃薯对欧洲的作用那样，可以帮助农民在战乱中逃亡和生存。它比玉米的培植要稍微复杂一些，因为会出现分泌毒素的变异品种——苦木薯（bitter manioc）。收获木薯并把其加工成适宜食用的食物需要熟练技艺和辛劳工作，这些烦琐事务一般都落在妇女头上。

然而，从文化意义上来说，新世界对旧世界的影响呈现出两极分化的特点：要么影响微乎其微，要么重要得令人不安。特别是，它增加了一个世界的暴力活动，比如欧洲似乎变得更具暴力性，爆发了毁灭性的宗教战争，之前神权一统的基督教世界一分为二，新教与天主教分裂对抗、纷争不断。非洲的暴力行为虽较欧洲轻缓，不过也可能呈上升趋势。在大西洋非洲不断引发战争和社会动荡的最大动因，即是极为活跃却充满暴力的大西洋奴隶贸易的迅速发展。它从 17 世纪中期一直持续至 19 世纪中期，在众多国家和非国家范围内引发了大规模的暴力活动，影响深远。

暴力

对欧洲之外的多数人来说，在新旧世界相遇时期，接触和交往总是与暴力如影随形。尤其是在美洲，欧洲侵略者带来了他们的一神论信仰和独特的政治结构，并试图把它们强加在原住民身上。在欧洲人眼中，原住民是被征服和统治的对象，而不是能够平等共存的同类。因而，在世界上不同族群之间，彼此沟通最主要的形式是暴力。其实这并不奇怪，因为在每个被卷入大西洋体系的社会里，暴力都变得极为重要，并成为社会和政治生活的一个特点。暴力的频度和强度持续增大，尤其是在大西洋世界正在形成时期的欧洲。与此形成对照的是非洲，当地黑人统治者在 19 世纪之前一直保持着对大部分政治和商业进程的控制权，而欧洲人和非洲人之间的关系主要是谨慎的谈判，而不是真正的暴力。

大西洋世界的诞生见证了欧洲暴力活动的增多。在 15 世纪晚期和 16 世纪初期，英格兰、法国、伊比利亚和佛兰德尔都爆发了残酷的内战，最极端的暴力行为不时出现。宗教改革引起的宗教战争甚至更为可怕，分裂了之前统一的基督教世界。尽管出现了文艺复兴的乐观主义和对理性思维日增的坚定信念，但是在大西洋世界最初两个世纪里，欧洲的不宽容现象仍然日渐增多，残酷的战争总在谋划，一触即发。另外，酷烈的刑罚和宗教裁判所的设立使成千上万的人经受了从前所没有的折磨、酷刑和死刑。当时出现了一个激进的新观念，欧洲人开始相信非洲和美洲的暴力行为反映着欧洲人的暴力活动，从而使"文明的"（civilized）与"野蛮的"（savage）民族之间的界限变得模糊。这让很多人认为，这个世界正在进入一个新的黑暗时代。在这种时代里，唯一的解决之道，即为托马斯·霍布斯（Thomas Hobbes）在其政治学著作《利维坦》（Leviathan）中所强调的，是依赖于国家来保护个人免遭日常生活（生活本身既肮脏又野蛮）中可能发生的暴力侵害，即便这个国家非常专制。极端暴力事件很常见。其中一个例子就是16世纪晚期，伊丽莎白一世女王在位时英格兰对爱尔兰的侵略，信奉新教的英国移民定居在被没收充公的天主教徒的土地上。当爱尔兰人在16世纪90年代发动叛乱，以及1641年掀起大起义时，他们遭受到了报复性的、种族灭绝式的镇压，这种意识形态视暴力为光荣。据记载，16世纪90年代[1]，在通往汉弗里·吉尔伯特爵士（Sir Humphrey Gilbert）麾下英军军营的道路两旁挂满了爱尔兰叛乱者的首级，英国人还强迫死者的亲属必须目睹这一惨状，以此杀一儆百、震慑被征服者。英国殖民者如此野蛮对待爱尔兰天主教徒的种种经验，被他们继续施加到美洲原住民身上。50年后，不列颠群岛爆发了其历史上最严重的冲突：1640年英国内战期间，8.6万人在战场上被击毙，另有10万人由于其他原因被杀，平均死亡率比1914—1918年第一次世界大战还要高。

欧洲人把此类暴力活动带到了新世界。当1528年4月潘菲洛·

---

[1] 1594—1603年，爱尔兰北部的蒂龙伯爵休·奥尼尔等人掀起了一场旨在推翻英国在爱尔兰统治的战争，一般被称为九年战争或蒂龙战争。汉弗里·吉尔伯特爵士（约1539—1583），英国军人、航海家、探险家、海盗、议员，1567—1570年和1579年曾参与镇压爱尔兰的叛乱，1583年已去世，应无可能参与16世纪90年代的镇压活动。此处应为本书作者笔误。

德·纳瓦埃斯①（Pánfilo de Narváez）在今天佛罗里达州坦帕②（Tampa）登陆时，西班牙人作为暴力分子的名声已经在原住民那里人尽皆知。他们普遍不愿与西班牙人接触，以避免受到伤害。不过纳瓦埃斯坚持不懈地确保原住民都听到他的大名。他沿袭加勒比海地区西班牙人所采用的胁迫手段，烧毁托克巴咖人（Tocobaga）居住的村庄，唆使咆哮的恶犬攻击部落首领（cacique）的母亲，以此恐吓当地人。随后他对部落首领希里希瓜（Hirrihigua）进行了残酷折磨，割掉了其鼻子，这在西班牙是极大羞辱的标志。托克巴咖人也针锋相对，耐心地等待良机，几乎杀死了所有西班牙人，除了古巴派来寻找纳瓦埃斯的一支搜寻队伍中的胡安·奥尔蒂斯（Juan Ortiz）。托克巴咖人把这个唯一的幸存者打得皮开肉绽，用火折磨了他几个小时。不可思议的是，奥尔蒂斯竟然没有死，逃到了一个与托克巴咖人敌对的原住民村庄。这一充满暴力的早期接触表明，西班牙人和原住民在尝试学习对方的语言，生涩地以物换物的同时，他们还利用共同的传统——暴力——来彼此交流。菲茨·布伦代奇（Fitz Brundage）告诉我们，"滥用的暴力变为一种交流方式，用来补充更广泛的谈判、剥削、暴力和偷盗——这些一直与欧洲人征服北美的过程相伴相随。在这些谨慎机警的对手之间，酷刑成为文化交流最显著的方式之一"。² 美洲原住民继承了一种复仇义化。暴力必然会引发对方的复仇，否则受害者血亲的荣誉将受到伤害，部落中的

①纳瓦埃斯（1470/1478—1528），西班牙探险家，曾与科尔特斯一样参加过征服古巴的探险。1519 年，古巴总督派他率领一支远征队到墨西哥逮捕科尔特斯，不过他在 1520 年被科尔特斯击败并俘虏，随后得到赦免。1527 午率领探险队本打算航行至墨西哥北部里约热内卢卢拉斯帕尔马斯（今里约索托拉码头）的河口，可是航线偏离，1528 年 4 月和 300 人在坦帕湾附近海岸登陆。
②即坦帕湾，位于今天美国佛罗里达州西部，属于墨西哥湾的一部分。

和睦关系遭到破坏，死者灵魂去往来生的旅程将受到妨碍。死者灵魂被困在活人世界中，饱受折磨，它们坚持让活着的亲属施加惩罚或者得到赔偿。

暴力还有助于使大西洋美洲紧密相连。该地区是制度化明显不足、人口未能彻底融合统一的一个世界，没有什么比共同的恐惧和文化的误解更能让他们团结一致了。武力的威胁和施用，以及与奴隶和原住民的关系具有一定程度的暴力性，给帝国外围地区打上了野蛮的标签，超出了欧洲人的生活经验（欧洲人自认为并不喜欢暴力）。此类暴力的标志是战争和大屠杀的增多。例如，英属美洲殖民地在 17—18 世纪大多数时间里都处于战争中，要么是像 17 世纪 40 年代内战那样的英国自己人之间的战争，要么是在 1688—1815 年持续地与法国和西班牙争霸。美洲的战争比欧洲大陆多数战争都要残酷，当然三十年战争（臭名昭著的残忍血腥）除外。此类大西洋冲突的目标不仅是为了打败敌人，还打算用所有方式，包括酷刑和种族灭绝，来摧毁那些被视为异邦人的文明。

暴力是否随着时间推移而逐渐减少，这是一个难以回答的问题。或许对原住民来说，他们所经受的摧残不再如之前那么残酷，不过在法属与英属殖民地的边境，暴力是毁灭性的。美洲五大湖区的庞蒂亚克战争①（Pontiac's War，1763—1764）、上秘鲁②的图帕克·阿

---

①英法七年战争中，法国战败，英国取代法国成为原法属北美殖民地的新统治者。英国人在印第安人聚集区建立据点，实行高压政策，激起了原住民的强烈不满。1763 年初，在渥太华印第安部落首领庞蒂亚克（约 1720—1769）领导下，各部族对抗占领北美五大湖区的英国人，经过多次激烈战斗后，英军伤亡 2000 多人，直到 1764 年双方仍僵持不下。最终在 1766 年，庞蒂亚克与英国进行和平谈判，英国宣布尊重印第安人的领土和权利，达成和平协议。
②上秘鲁，相当于今天的玻利维亚，不过原上秘鲁区域比现在玻利维亚共和国要大一些，在西班牙殖民时期属于秘鲁总督区管辖。

玛鲁二世起义（1780—1781）、海地革命（1791—1804），均众所周知地血腥残忍。然而，部分最血腥的暴力行为发生在大西洋史的早期阶段，比如16世纪70年代，欧洲移民多次发动残酷的战争，大肆屠杀巴西东北沿海的原住民，并把幸存者掳为奴隶。人们一般认为，17世纪野蛮（残酷的、缺乏教养的）时代之后是更文雅的18世纪，因为在17世纪，白人殖民者生活在摇摇欲坠的建筑里，当地社会和经济条件极为落后，他们与美洲原住民、非洲裔美洲人、穷苦白人之间的关系极为恶劣，是出奇地残忍无情和缺少怜悯之情。各种社会关系拓展深化，变得更具可预测性，以及人群密集和更多城市人口范围内欧洲商品的消费行为，这些似乎都使得殖民者在身家财富、文化取向、政治娴熟等方面与母国的欧洲社会逐步趋同。然而，白人的兴旺发达是建立在奴隶制度基础之上的，而18世纪前半叶的奴隶制度要比17世纪的更加残酷可怕。

种植园主和普通白人对奴隶态度冷漠，他们提及和描述奴隶时语气严厉、用词苛刻，经常认为奴隶与野兽/牲畜（beasts）没有区别，或者给奴隶冠以有辱人格的名字。白人此类行为并非如通常所认为的那样，是出于把自身恐惧转化为愤怒等情感的缘故。之所以如此恶劣地对待奴隶，是因为他们鄙视这些人。白人通常受到16世纪美洲奴隶制开始形成时期的种族主义思想的影响。这种思想危害巨大、渗透甚广，逐渐演变为18世纪大西洋生活中的一种意识形态特征。在种植园体制的全盛时期，废奴主义者鼓动种植园主缓和对待黑人的蔑视态度之前，1720—1780年法属美洲和英属美洲的种植园主吐露了他们对于非洲人和奴隶的真实想法。这是一幅丑陋的画面。虐待狂似的残酷已经司空见惯，成为日常生活的常态。

从描述的残忍程度来看，它是如此令人震惊，以至于证明了普通的日常暴力可能没人会去注意。贩奴船船长、后来成为废奴主义者的约翰·牛顿（John Newton）曾提到一个故事：在1748—1749年，一个名为理查德·杰克逊（Richard Jackson）的贩奴船船长把反抗的奴隶们"切成了块"，先把他们的四肢接连截取，最后砍掉了他们的脑袋。杰克逊把碎裂的肢体头颅扔进海里，让尾随的鲨鱼饱餐一顿。在前甲板上"瑟瑟发抖的奴隶们"面前，杰克逊用一根粗绳缠在多名俘虏的头上，然后利用一根木杆使劲地绞着绳子，直到"他让他们的眼睛都爆裂而突出来"。约翰·牛顿指出，在奴隶贸易里，存在"一种野蛮的精神，它蔓延到每个行使权力的人身上，好像它就是贸易的精髓一样，就如同裹挟着瘟疫的空气，到处肆虐，传染性极强，几乎无人幸免"。[3]

托马斯·西斯尔伍德（Thomas Thistlewood）出生于英国，后成为牙买加西部的一名监工和小种植园主，他在日记里详细记述了1750—1786年如何惩罚奴隶的细节，从而为我们了解种植园奴隶制日常且典型的暴力行为提供了资料。西斯尔伍德性情残忍，不过没有证据表明他暴力的性情超出了当时当地的平均程度。当地黑人与白人的人口比例超过12：1，西斯尔伍德发现采用暴力才能让奴隶安分守己、听命行事。他的某些做法表明其是虐待狂。他鞭打奴隶（其雇用的人多数至少遭到一次鞭笞），然后在他们伤口处抹上盐、柠檬汁或者胡椒粉。他命人把一个奴隶的大便塞入另一个奴隶的口中，然后堵住嘴。他强逼奴隶往对方眼睛中撒尿。在抓到逃亡奴隶后，剪掉他们的耳朵，割开鼻孔。他用铁链把其他奴隶锁在树干上，在他们身上烙上他姓名的首字母。女奴隶被逼满足他的淫欲，据他自己记录，37年间他强暴了138名受害者。

奴隶们逃亡、自杀、怠工，甚或暴动，以此回应奴隶主的暴力行为。西斯尔伍德详细描述了他所在的威斯特摩兰教区（Westmoreland Parish）的一次奴隶暴动。1760年，几百名奴隶在其领袖——他原是黄金海岸勇武善战的王子——带领下，焚烧种植园，杀死了大约60个白人，几乎颠覆了当地的白人政权。不过奴隶起义最终失败，遭到疯狂报复，血腥至极，令人发指。起义者在火中被慢慢地烧死，被吊在绞刑架上活活饿死，还有几百名奴隶被放逐到中美洲的英属殖民地洪都拉斯（Honduras）。欧洲人和北美人或许引以为傲的是，到18世纪，他们生活在一个更加开明和"文雅的"（polite）世界，而新世界奴隶制的野蛮残忍却表明，这种文雅（politeness）掩盖了这些社会意图通过残酷暴力进行统治的真相。同样，在18世纪的英国和法国，相当多的人被绞死，也充分说明了欧洲生活变得日益优雅（gentle）的虚伪性。

白人编织了很多理由为此类暴力进行辩护。白人宣称，非洲人天性野蛮，如丹尼尔·笛福（Daniel Defoe）所认为的，管理非洲奴隶的唯一方式是使用"铁杖，击打这些黑心肠的家伙，就如圣经所言，必须要使用它们，要不然他们就会使用它们，或者他们将会反抗，谋杀所有的雇主"。尼古拉斯·勒琼（Nicholas Lejeune）是一个具有反社会人格的种植园主，对他的奴隶极为残忍，几乎毫无理由就把女奴隶给活活烧死。他的种种暴行令人发指，激起了当地种植园主的反感和愤怒，以至于承认奴隶制合法的圣多明各殖民当局要以谋杀罪对他进行审判。要知道，当地种植园主曾普遍相信，无论白人对一个黑人做了什么，都不应受到惩罚，附和了笛福对种植园主专横行为的辩护。法兰西角①（Cap Français）的官员强调指出，勒琼应该受到审判，因为"假如我们对该事件的无能不作为被公开展示，假如特别法庭与残忍的种植园主一起

---

①法兰西角，1670年法国人修建，即后来的海地角，在1770年之前曾是法国殖民地圣多明各的首府。

欺压这些不幸的人,后果将会怎样呢？100年以来,这些虐待行为不断发生却没有受到任何惩处；他们对奴隶视若无物、恣意妄为,因为大家都知道,奴隶的证词会被拒绝"。然而,勒琼被圣多明各的最高法院免除了所有罪行(尽管他明显是一个残酷无情的施刑人)。1788年,在宣告无罪开释后,勒琼洋洋自得地向其支持者宣称:"黑人(Negro)不幸的境况让他自然而然地憎恶我们。只有武力和暴力才能阻止他们……这并不是因为恐惧和公正的法律禁止奴隶刺杀他的主人；绝对权力的意识让他这个人放弃了不轨之心,要不然他什么都敢做。"[4]

大西洋奴隶贸易

从许多方面来看,哥伦布与旧世界的相遇所开始的新旧两个世界的整合,对非洲并没有什么特别的影响。就如本书第八章将要详述的,大西洋世界对非洲大部分地区的影响相对微小。然而,由于大西洋相遇(Atlantic encounter)检视了各种联结的本质和规模,所以如果我们转而观察各大陆的内部变化的话,那么就可以发现,与欧洲和美洲相比较,非洲在17世纪中期到18世纪晚期也享受了(或者更准确地说,是饱尝)令人瞩目的发展成果。那些联结体现在人类历史上最严重的罪行之一——大西洋奴隶贸易中。这一贸易可能是大西洋历史中最典型的事件或者进程,也是旧世界发现所谓新世界的一个重要后果,所以它理应受到我们的重视和详述。

本小节将主要在宏观历史层面讨论奴隶贸易,即它的规模、范围、重大影响,社会人口统计上和政治上的恶果。不过我们也会探察微观历史层面:奴隶个体,奴隶个体在奴隶贸易可怖境况中的日常经历。对那些被卷入苦工机器(slaving machine,机械的隐喻不断被用来形容奴隶贸易)的非洲人来说,被俘是一个沉痛的个人悲剧。

令人遗憾的是，尽管亚伦·福格勒曼（Aaron Fogleman）的研究表明了还有更丰富的材料可供我们整理发掘，但是关于大西洋奴隶贸易的研究资料仍然很有限。[5] 其中最著名的档案的真实性其实也非常可疑。奥兰达·厄奎亚诺（Olaudah Equiano），或称"非洲人"古斯塔夫斯·瓦萨（Gustavus Vassa）[①]，在他从非洲被掳并贩运到美洲的 40 年后，于 1789 年出版了一本非常畅销的自传。该书记述了他在非洲内陆被绑架后，跋涉几个月到达大西洋沿岸，随后被海船送到美洲，以及他在西印度群岛的工作和获得自由，皈依基督教卫理公会教派（Methodism），并在英格兰积极参与反对奴隶制的斗争。尽管近期有学者提出疑问，认为厄奎亚诺不是非洲人，而是一个出生在南卡罗来纳的奴隶，但是该书包含着迄今对"中段航程"（Middle Passage）最生动逼真的描述。[6]

厄奎亚诺生平的基本情况均记述在其自传中。他出生在今尼日利亚东南部，远离大海。他 10 岁时被绑架，在艰难跋涉 6 个月后，到达海边，在这里被卖给了英国商人，随之用船运送到加勒比海的巴巴多斯岛，后运到弗吉尼亚。他的自传描述了掳掠的残忍，以及如何被强迫进食和押送至海边。他回忆见到贩奴船时，自己"非常吃惊，很快就恐惧起来"。他深信，自己"身处一个恶神当道的世界，他将被杀死和吃掉。他曾试图自杀，由于绝食而受到鞭笞，加上对水上生活不太适应，故而自然对首次看到的陌生环境而感到害怕"。他写道，在航行途中，甲板下"锁链缠身"的奴隶的生存环境污秽

---

① 奥兰达·厄奎亚诺，曾是西非奴隶，在英国获得自由，积极参与反对奴隶制的斗争。他在 19 世纪 80 年代末出版自传《奥兰达·厄奎业诺，或者非洲人古斯塔夫斯·瓦萨的有趣故事》，揭示了奴隶贸易的罪恶。该自传是当时最畅销的书之一。文森特·卡雷塔所著厄奎亚诺传记认为，厄奎亚诺不是非洲人，他童年被绑架、掳掠为奴以及被运过大西洋的经历，均属虚构。也有其他学者反对这一观点。

不堪，"疫病滋生"，"女人的尖叫声、垂死者的痛苦呻吟声"接连不断，一切都证明贩奴船"景状凄惨，令人无法相信"。抵达美洲并不意味着解脱，因为他被迫与同乡人分开，独自一人，孤立无助——这是多数西非人，特别是厄奎亚诺这类青少年的命运，他们从此不幸地终身受到奴役，无法超脱。他的自传罕见地以非洲人视角描述了横越大西洋的过程，他不仅对废奴主义抱持着同情态度（有助于他构建自己的叙述），还与描述的事情保持了时空上的距离。厄奎亚诺的生平也表明，被掳者不单是他们自己国家的人和欧洲人恶劣行径的被动受害者（passive victims），他们还留下了他们的印记，记述他们在"中段航程"（所谓的"三角贸易"的第二条航线。第一条航线为出程，船只满载纺织品，以及非洲人渴求的火器枪械等其他商品，驶向非洲；第三条航线为归程，从巴西或加勒比海地区返回欧洲，95%的船只运载着汇票或者热带产品）是如何幸存下来的。他的故事也表明，在极少数情况下，非洲被掳者能在奴隶制度下经历丰富多样的生活，甚至获得自由，并变为周游大西洋的旅行者。

大西洋奴隶贸易只是大规模的跨洋移民运动中的一种。以非洲大陆为例，与跨大西洋奴隶贸易相比，它的跨印度洋奴隶贸易不仅持续时间更长，贩卖的奴隶总数还可能更多，或者至少数量相当。如果我们分析1400—1900年从非洲迁入或迁出的奴隶人数就会发现，在3700万非自愿移民中，1260万人进入了大西洋奴隶贸易中，而1850万人均在非洲内部迁移。仅在18世纪，650万人被卷入大西洋奴隶贸易，大致与非洲内部的奴隶贸易（780万人）相当。[7]

---

①大卫·艾提斯，美国历史学家，被认为是菲利普·科汀之后研究奴隶贸易成就最大的学者之一，主编有《延伸的边疆：全新跨大西洋奴隶贸易数据库论文集》。

然而，大西洋奴隶贸易在几个方面都与众不同。诚如大卫·艾提斯①（David Eltis）和大卫·理查森（David Richardson）所言，该贸易的结果是"一个大陆（欧洲）的人生活质量相对较小的改善……或许是基于第二个大陆（非洲）的人的迁移，以及他们对第三个大陆（美洲）的残酷剥削"。[8]它不单是一个经济事件（economic event）。它是一种犯罪，是戏剧性社会变革的一个舞台，最清晰地表明了哥伦布相遇开启了一个几乎不受约束的资本主义形式，道德在此被置于经济利益之下，奴隶贸易商发明了各种新型而独特的方法，以便把人的身份降低为商品。斯蒂芬妮·斯莫尔伍德（Stephanie Smallwood）指出，在大西洋奴隶贸易中，"奴隶们不幸地沦入个人悲剧之中，被整合进商品化的各种大西洋机构（Atlantic apparatus）——物质的、经济的和社会的机制（mechanism），市场通过它们把奴隶改造成更接近于物品（objects）的生物（beings）——这类生物存在的唯一目的，是为那些宣称他们是自己财产的人所用。"[9]

大西洋奴隶贸易一个吊诡之处在于，欧洲人其实可以通过输送，随之奴役那些欧洲社会中较低阶层的成员，或许就能满足他们在新世界的劳动力需求，可是他们仍然航行至非洲购买劳工，而这些社会下层成员给欧洲统治者造成了无尽的麻烦，故而殖民者可以没有心理负担地折磨和处死这些人。大卫·艾提斯认为，欧洲殖民者迫不得已而为之，因为欧洲人把欧洲人（而不是非洲人）视为他们自身道德共同体的成员，因此不能奴役他们。[10]在这方面，基督徒如此，而穆斯林也同样行事，他们认为伊斯兰律法禁止以同教信徒为奴。然而，欧洲人以契约劳工（indentured labour）形式让欧洲人工作，显示他们并不反对胁迫自己共同体中的成员。反对以欧洲人为奴更现实的原因可能是，类似的行为在 17 世纪中期导致法国和英国的穷人发动了大规模起义,这些人相信他们与富人一样拥有自由的权利。伊斯兰世界之外的非洲人对以自己本民族同胞为奴习以为常,因为他们极少具有欧洲人或穆斯林的此类观念。奴隶制在非洲由来已久,非洲人把奴隶视为一种财富来源和通用的货币形式。当欧洲人尝试以欧洲商品来交换奴隶时,非洲的商人们很乐意和他们做生意,因为非洲人意图控制与欧洲人进行贸易的形式。

大西洋奴隶贸易具有复杂的组织形式。对商人们来说,它风险极高,因为无数的商业决策涉及那些很容易就分裂解体的遥远地区。商人作为私人投资者想要加入奴隶贸易,需具有巨额资金,才能参与进在1700年之前垄断该贸易的政府特许公司(government companies),比如荷兰西印度公司(Dutch West India Company)和英国皇家非洲公司(English Royal African Company)。私营贸易在18世纪才变得非常重要。非洲和美洲的气候条件和农业系统决定了奴隶在何时何地被送到种植园里。在飓风季节之外与旱季作物收获时节(牙买加和巴西的12月到次年2月),商人想让他们的货物进入那些最有利可图的市场。在这期间,种植园主有钱购买俘虏和庄稼,然后将其运回欧洲,用来交换其他商品。非洲的生态模式(African ecological patterns)甚至更为重要。比如,在老卡拉巴尔(Old Calabar,现今尼日利亚南部),购买奴隶的最好时机是4个月的甘薯(yam)收获季。

其他地方各有购买奴隶的首选季节。英国在18世纪尤擅长奴隶贸易的一个原因,是他们在控制那些复杂的非洲生态规律方面驾轻就熟,从而在一个依赖于时节的贸易中降低了自身风险。与所有欧洲人一样,他们竭力与控制西非贸易的非洲商人保持着良好的关系。他们上缴税金,提供最优惠的价格,送上丰厚礼物,从而能够与非洲人进行谈判或者会见。他们派出小船到政治权力分散、断续供应奴隶的沿海市场，而出动大型舰船到政治集权的港口城市，那里较完善的商业基础设施可支撑大规模的奴隶贸易。向风海岸（Windward Coast）是前者中的代表，而邦尼（Bonny）和维达（Ouidah）两个地区是后者中的典范。

三角贸易中最臭名昭彰的路线是中段航程。数百名萎靡不振的男人、女人和孩子赤裸着身体，被赶到拥挤不堪、恶臭难闻的船上，他们要在海上航行4—6周。18世纪后期的自然科学家亨利·斯密斯曼（Henry Smeathman），与厄奎亚诺一样逼真地描述了这些贩奴船上的情景。他悲叹道，船上"锁链的叮当声、病人的呻吟声不绝于耳，到处弥漫着臭味"，一幅"苦难和痛苦的景象"。他提到，"热病（fever）、腹泻（flux）、麻疹（measles）、寄生虫（worms）肆虐，每天都有两三个人瘐死，随后被扔到海里"。经受如此恐怖情状的非洲人，被禁锢在贩奴船这座浮动监狱里。据估算，中段航程上10%的船只会发生暴动，故而贩奴船携带着大量武器，并雇用了比一般商船2倍还多的船员来管控黑人。船员们薪资微薄、心情不佳。奴隶暴动大概率会发生，就意味着该航线贩奴船上必须配备超额的船员，而船员随后在到达加勒比或巴西时将被遣散。船员们在船上学会了行使权力的技巧，并在17世纪后期把它们用到了大地产制的种植园奴隶身上。这并不是偶然的，西印度群岛拥有100人以上奴隶的大型种植园的兴起，恰好与17世纪后期英国奴隶贸易的转型同时出现，并与贩奴船船员之中军事关系的强化趋势相一致。贩奴船船员在美洲很容易转变为种植园的监工。

船员的海上生活虽然算不上令人愉快，但是真正的受害者是非洲俘虏，他们在海上生不如死，遭受着非人的待遇。部分历史学家认为，这种身份地位骤然下降的屈辱感让俘虏们"社会性死亡"——他们与家乡失去了联系，在船上备受摧残，颜面无存，几乎被完全剥夺了权利。虽然船上的情形极为可怕，但是称之为"社会性死亡"不免过了头，因为这低估了俘虏们克服他们困难处境的应对方法，比如他们与其他难友构建了各种联系。那些"同船难友"（shipmates）彼此形成的一种类似亲属（quasi-kin）的关系，通常可与种植园里奴隶们所构成的关系同样重要。

学者们在过去 50 多年对档案资料进行了广泛全面的研究工作，逐步勾勒了奴隶贸易的总额和运销的历史图景。现有最准确的估算是，在 1501—1866 年的奴隶贸易中，有 12521336 名非洲俘虏登船离开，其中 10702656 名活着离船并登上陆地。奴隶贸易在 17、18 世纪飞速发展，到 18 世纪后半叶达到顶峰，当时 3440981 名俘虏被运出非洲，其中英国人贩运了 1580658 人，而法国光是往其西印度群岛殖民地圣多明各，就输送了 758978 人。在 18 世纪，大部分俘虏来到了加勒比海地区，而在 19 世纪，特别是圣多明各 1791 年爆发起义和英国 1807 年废除奴隶制之后，巴西成为奴隶的主要目的地。1801—1850 年，2367329 名黑人到达了巴西。整个奴隶贸易中，最大的黑奴来源地是非洲中西部，5694574 个俘虏从那里离开非洲。不过其他地区也供应了大量奴隶：贝宁湾地区有 200 万，比夫拉湾（Biafra）和黄金海岸各有 100 万。

奴隶贸易极为野蛮残酷，不过没有达到种族灭绝地步，因为该贸易的目的是把大量俘虏尽可能健康地送往美洲种植园，贩卖他们来获利。从俘虏到奴隶的转变过程，在以往的三角贸易研究中几乎很少受到关注。如厄奎亚诺所描述的，奴隶贩卖一般是奴隶这类货物的分销过程：他们在到达美洲时被当作牲畜看待；被驱赶到奴隶贸易商的一个院子里，他们"像羊栏里的羊群"拥挤在一起；之后奴隶在这里被买走，并在种植园里"饱经风霜，日夜操劳"。到这一过程的最后一个阶段，受奴役者的商品化和去人性化就差不多完成了。诚如斯蒂芬妮·斯莫尔伍德指出的："在这个市场的体制里，非洲人社会化相关性的最大特征，是他们的可交换性（exchangeability），因为非洲人作为移民，他们最显著的社会化相关性特征是他们的孤立状态，之后他们需要恢复一定程度的社会生活，以抵消他们社会性死亡所引起的与社会的疏离化。"[11]

大西洋奴隶贸易留下很多遗产。它可能造成了非洲的欠发达状况，也可能一定程度上促进了英国的工业化。奴隶贸易与欧洲财富之间的联系，很大程度上是间接的。无论是在英国还是法国，奴隶贸易所积蓄的私人财富对母国的资本积累只起到有限的作用。然而，特别是在商业行为最为复杂的英国，奴隶贸易对经济的影响是，突出强调满足新世界和非洲对制造品的需求，并帮助改善和形成了更高效的长期信贷银行和保险行业。最重要的遗产无疑是文化上的影响。它为美洲带来的不仅是非洲人，还有非洲文化。可能有些令人难以接受的是，贩奴船不仅仅是恐怖、暴力和死亡的地方，还成为一个文化形成的场所。然而，大西洋文化的创造元素（creative elements）甚至可能来自可怕的环境。它在美洲创建了一个新非洲（neo-Africa）。贩奴船运载的不只是人，还有疟疾和黄热病，后者对热带地区的欧洲裔人口造成了沉重的打击。黑奴带来了西非的稻米（rice），稻米的培植有可能受到非洲人农业知识的重要影响，它成为美国南卡罗来纳州、佐治亚州和南美洲苏里南（Surinam）的主要作物。到了18世纪，一个新非洲存在于从切萨皮克到巴伊亚的广大地区。该区域多数人是非洲裔，他们的文化形式，如音乐、舞蹈和情感宗教表达，在种植园区域构成了大西洋文化的基本元素。非洲食物和非洲知识体系（奴隶们所掌握的植物和治疗的知识被欧洲人广泛地利用）传播甚广。尽管如此，这个新非洲在一个很重要的方面不同于北美洲北部的新欧洲（neo-Europe）。直到1791—1804

年的海地革命，曾经受奴役的黑人们才第一次建立了他们自己的共和国，而在此之前，南北美洲没有一块土地是由非洲裔来控制社会的任何方面。相反，在新欧洲，尽管有殖民义务的约束，但是欧洲人的后裔占据了主导地位。

自然与文化

欧洲人发现新大陆，并与非洲人一起创建了人口贸易来开发利用那些所谓被发现的土地，由此引起的种种反应并不都是对抗性和冲突性的，比如战争、暴力和奴隶贸易。欧洲人的世界观从以宗教解释为中心转变为明确参照自然现象来解释，大西洋世界在此过程中必不可少。认识自然的方式的变化，很大程度上源于大西洋共同体的开始，相隔万里的人群首次相逢。当欧洲人和非洲人相遇时，他们不仅交换植物和商品，还分享自身对可见和不可见的事物的看法。彼得·曼考尔（Peter Mancall）认为，在推动欧洲人的思维方式从中世纪向现代转变的过程中，那些相遇者（encounters）起到了决定性作用。欧洲人盗用了美洲的自然资源，重塑了人类社群和非人类的群落。人们对自然的看法发生了改变。举一个令人痛心的例子：在墨西哥流行病肆虐的 1576 年，研读过普林尼（Pliny）著作的纳瓦族①（Nahua）印第安人艺术家们，在描绘本土植物时采用了他的思想观点，因此彼得·曼考尔指出，"他们采用早期近代欧

---

①墨西哥的通用语和官方语是西班牙语。在墨西哥，欧洲人的后裔和混血人占全国人口的 85%—90%，原住民占 10%—15%。根据人种学标准、文化传统和语言特点，印第安人又可分为 50 个部族。人数最多的是纳瓦族，其次是玛雅族、达拉斯科族（Tarasco）、维丘莱族（Huichole）、密斯台科族（Mixteco）等。这 50 个部族并非使用一种共同的语言，而且也不是每一个部族使用一种语言。往往是一个部族又分为若干社，一个村社或几个村社使用一种共同语言。这样，原住民语言数量就很多，一般把它们统称为印第安语。

洲人用来解释古罗马现象的视觉语言，创造了一种对自己世界的纪念"。关于自然的诸多新观念在一种文化之中翻转搅动，过去认为自然现象由上天注定的既有观念与奇妙自然的新看法相互混杂在一起。[12]

美洲的"发现"对欧洲人的观念意识最重要的影响是，打破了已有对知识含义的看法。对 18 世纪中期的大卫·休谟来说，哥伦布与美洲的相遇标志着近代史的开始。休谟把它与宗教改革、文艺复兴、印刷术和火药的发明、全球商业、政府的新模式联系在一起。这是一个急剧变化的时期，在休谟同时代的威廉·罗伯逊（William Robertson）看来，这是一个"上帝所宣称的，人要超越他们长时间所受到的限制"的时期。它也意味着，欧洲人所见的世界新区域，被载入了历史。正如巴托洛梅·拉斯·卡萨斯所言，哥伦布最大的贡献不是他把西班牙人引入美洲（拉斯·卡萨斯认为这是一件极坏的事情），而是把"不计其数的人"带入历史，从而"打破了挪亚大洪水以来隔绝了大洋的那些枷锁"。

这些圣经中没有记载过的人着实令人困扰。因为这意味着古代智慧是错误的，或者至少是不完整的。曾经认为热带"炎热地区"（the Torrid Zone）不可能有人生活，可是那里确实有人居住。美洲的发现严重动摇了欧洲人的古典地理学，以及基督教对创世和之后世界人口定居的传统观点。它也削弱了关于自然哲学的人文主义思想，即认为所有知识都在古代的评泮者，尤其是亚里士多德的文本（texts）里。如果他们的世界地理认知是错误的，那么他们还有其他哪些谬误呢？这是 16 世纪中期的耶稣会士、历史学家何塞·德·阿科斯塔[①]

[①] 阿科斯塔（1540—1600），出生于西班牙卡斯蒂利亚－莱昂地区，1569 年到达秘鲁，著有《西印度群岛自然与道德的历史》。

（Jose de Acosta）在驶往美洲的一艘船上所想到的。正午时分，太阳就在头顶，他却感到寒冷——按照古代气象学，这是不可能出现的情况。他"笑了出来，并讥讽亚里士多德及其哲学"。[13]

美洲的发现也与宗教改革密切相连。两者都促成了中世纪晚期智识界内秩序的崩溃和对古代世界权威的尊重。二者也均表明，既有的权威可能会被推翻。二者代表了当时最新的观念，即不再认为自然法则（law of nature）是一套普遍的和有约束力的原则。事实上，自然法在自然中只有一个受限制的基础。自然法只是一种伪装确定无疑的共同看法。19世纪重要的博物学家亚历山大·冯·洪堡（Alexander von Humboldt）断言，在哥伦布航行之前，欧洲人把时间和人们如何穿越时间看作是对"外部环境"的一连串反应。在哥伦布之后，西方形成了崭新和有活力的状态，智力、情感、冒险精神和希望等几乎不再受到束缚，"逐渐渗透进整个文明社会中"。自哥伦布始，欧洲精神（European minds）"通过自身独特和内在的力量在各个方面同时产生了重大的成果"。洪堡重要的论断或许故意含糊不清，但是它们确实表明了一种随时间而逐渐发展的普遍观点，即新世界甚至可能是旧世界的替代者。比如黑格尔在1830年的论著中写道，历史开始于东方，完善于欧洲，现在穿过了大西洋，主要到了新的美利坚合众国，"它展现在我们面前，世界历史的责任会显露出来"。[14]19世纪最重要的欧洲知识分子所宣称的这些极为鼓舞人心的思想观念，输入美国的例外主义的意识形态中，至今仍然显而易见。他们认为，新世界着手超过旧世界，而美国在形塑全球互动中具有特殊乃至注定的作用。大西洋史的整个计划可能正好契合了美国对世界其他地区负有道德责任这种例外论的解读。

注释

1   J.H. Elliott, *Empires of the Atlantic World: Britain and Spain in America 1492–1830* (New Haven: Yale University Press, 2006), 18–19.

2   W. Fitz Brundage, *Civilizing Torture: An American Tradition* (Cambridge, MA: Harvard University Press, 2018), 13–14.

3   Marcus Rediker, *The Slave Ship: A Human History* (London: Penguin, 2007), 218–20.

4   Trevor Burnard and John Garrigus, *The Plantation Machine: Atlantic Capitalism in French Saint-Domingue and British Jamaica* (Philadelphia: University of Pennsylvania Press, 2016), 260.

5   Aaron Fogleman, 'Ideologies of the Age of Revolution and Emancipation in Enslaved African Narratives,' in Trevor Burnard and Sophie White, eds., *Hearing Slaves' Voices: African and Indian Slave Testimony in British and French America, 1700–1848* (New York: Routledge, 2020).

6   For disputing views, see Vincent Carretta, 'Olaudah Equiano or Gustavus Vassa? New Light on an Eighteenth-Century Question of Identity,' *Slavery & Abolition* 20 (1999), 96–105; and Paul E. Lovejoy, 'Olaudah Equiano or Gustavus Vassa – What's in a Name,' *Atlantic Studies* 9 (2012), 165–84.

7   Pier M. Larson, 'African Slave Trade in Global Perspective,' in John Parker and Richard Reid, eds., *The Oxford Handbook of Modern African History* (Oxford: Oxford University Press, 2013), 60.

8   David Eltis and David Richardson, 'A New Assessment of the Transatlantic Slave Trade,' in Eltis and Richardson, eds., *Extending the Frontiers: Essays on the Transatlantic Slave Trade Data Base* (New Haven: Yale University Press, 2008), 45.

9   Stephanie Smallwood, *Saltwater Slavery: A Middle Passage from Africa to American Diaspora* (Cambridge, MA: Harvard University Press, 2007), 63, 182, 187.

10   David Eltis, *The Rise of African Slavery in the Americas* (Cambridge: Cambridge University Press, 2000), 63–84.

11   Smallwood, *Saltwater Slavery*, 189.

12   Peter C. Mancall, *Nature and Culture in the Early Modern Atlantic* (Philadelphia: University of Pennsylvania Press, 2018), xii–xiii.

13   Cited in Anthony Pagden, 'The Challenge of the New,' in Nicholas Canny and Philip Morgan, eds., *The Oxford Handbook of the Atlantic World 1450–1850* (Oxford: Oxford University Press, 2011), 459.

14   Ibid., 460–61.

参考书目

Oxford Online Bibliographies – Dreams and Dreaming; History of Science; Sex and Sexuality; Slave Rebellions; The Atlantic Slave Trade; The Slave Trade and Natural Science; Violence.

Trevor Burnard, *Mastery, Tyranny, and Desire: Thomas Thistlewood and His Slaves in the Anglo-Jamaican World* (Chapel Hill: University of North Carolina Press, 2004).

Vincent Carretta, *Equiano, the African: Biography of a Self-Made Man* (London: Penguin, 2005).

Jacques de Cauna, François Hubert and Christian Block, *Bordeaux au XVIII siècle: Le commerce atlantique et l'esclavage* (Paris: Feston, 2010).

David Eltis, *The Rise of African Slavery in the Americas* (Cambridge: Cambridge University Press, 2000).

David Eltis and David Richardson, 'A New Assessment of the Transatlantic Slave Trade,' in Eltis and Richardson, eds., *Extending the Frontiers: Essays on the Transatlantic Slave Trade Data Base* (New Haven: Yale University Press, 2008), 1–60.

Toby Green, *The Rise of the Trans-Atlantic Slave Trade in Western Africa, 1300–1589* (Cambridge: Cambridge University Press, 2012).

Pier M. Larson, 'Horrid Journeying: Narratives of Enslavement and the Global African Diaspora,' *Journal of World History* 19 (2008), 431–64.

Peter C. Mancall, *Nature and Culture in the Early Modern Atlantic* (Philadelphia: University of Pennsylvania Press, 2018).

J.R. McNeill, 'The Ecological Atlantic,' in Nicholas Canny and Philip Morgan, eds., *The Oxford Handbook of the Atlantic World 1450–1850* (Oxford: Oxford University Press, 2011), 289–304.

Kenneth Morgan, *Slavery and the British Empire: From Africa to America* (Oxford: Oxford University Press, 2007).

Brian Sandberg, 'Beyond Encounters: Religion, Ethnicity, and Violence in the Early Modern Atlantic World, 1492–1700,' *Journal of World History* 17 (2006), 1–25.

Stephanie Smallwood, *Saltwater Slavery: A Middle Passage from Africa to American Diaspora* (Cambridge, MA: Harvard University Press, 2007).

第六章
移民的世界

"一块寡妇地"

18世纪的思想家，如苏格兰人威廉·罗伯逊和法国人雷纳尔（Raynal）认为，拓殖美洲如同放出了一头道德怪物，吞噬了2000万土著居民的生命（现今我们知道该数目要比这更多），换来的只是相对有限的科学进步、跨大西洋贸易的萌发，要说有用的东西，可能是蔗糖、烟草和马铃薯等必需的热带产品。这些思想开明地（educated）认为，早期美洲史是一场灾难——一个恐怖故事，就如约翰·莫林（John Murrin）所感慨的，它不是一个壮举（epic），并不像好莱坞西部片和拉丁美洲爱国主义故事所大肆宣扬的那样具有开拓精神。[1] 然而，被启蒙哲人们所忽略却引发美洲的克里奥尔人（如弗吉尼亚的托马斯·杰弗逊）愤怒反应的是，到18世纪中期出现了一个成果，即建立了自足的、繁荣的和重要的移民殖民地，欧洲裔白人在那里心满意足，快乐而富足。经济史学家彼得·林德特（Peter Lindert）和杰弗里·威廉姆森（Jeffrey Williamson）全面透彻地阐述道，到18世纪70年代，与世界其他地区的人口相比，英属北美的白人移民生活在更好的物质环境和更平等的社会里（如果只考虑白人的话）。18世纪大西洋世界移民的富足，即使是基于其他人群遭受的苛待和流离失所，也称得上是一个巨大的成就，因为这极大地促进了欧洲的强盛，以及随后19世纪美国的世界霸权，并帮助欧洲克服了马尔萨斯陷阱（太多人追逐非常少的资源）。[2]

流离失所与原住民的反抗

移民的成就很明显是建立在美洲原住民家园破碎、流离失所的基础上。在这动荡和快速变动的时代，原住民很难理解发生在自己身上的事情，他们首先遭受了对其极为不利的哥伦布大交换，又在 18 世纪被欧洲人果断而永远地剥夺了自己的土地和权利。他们无法明白，原以为的苍白虚弱和懦弱胆小的欧洲人如何赢得了每一次战争并最终战胜了他们。原住民战士们勇敢而无畏，酷刑和死亡也吓不倒他们。似乎弱者打败了强者。但是正如第三章所详述的，疫病帮了欧洲人的大忙。到 17 世纪末，欧洲移民密集的区域几乎很少见到土著居民了。当然原住民偶尔也取得了胜利。1680 年，新墨西哥的传教活动引发的普韦布洛人起义，持续了 10 年以上，是北美洲最成功的原住民起义。传教士和西班牙移民或被杀，或被驱逐。但是美洲原住民在长期战争中落败，无力阻止欧洲人的殖民统治，成千上万的人在英属和法属美洲受到奴役，针对原住民的奴役制度几乎接近于 17 世纪中期以来发展成熟的非洲裔美洲人奴隶制度的典范形式。欧洲人把控制区域内的其他土著赶出家门，或者以多种形式来同化，极大地损害了原住民的自尊及其长期生活方式的文化连贯性。

对他们的敌手欧洲人来说，原住民境况的不断恶化还远远不够。他们不仅要羞辱原住民，还要摧毁他们。就如 1666 年弗吉尼亚总督威廉·伯克利（William Berkeley）所言，"我认为有必要消灭北方所有的原住民，因为杀一儆百，可以恐吓其他所有的印第安人"。约翰·莫林也指出，"在和平主义者贵格会信徒 1675 年来到特拉华河谷（Delaware Valley）之前，英国殖民地都是由恐怖主义者（terrorists）建立的"。[3] 恐怖手段（terrorism）从原住民身上扩及非洲裔美洲人，不计其数的非洲人从 17 世纪中期越洋而来，使得美洲白人和原住民的人口转变为日益增多的白人和黑人，美洲原住民急剧减少。1600—1800 年大西洋世界的核心故事（crucial story）是，美洲大陆上不同种族人口的相对比例出现了最显著的变化，而在 19 世纪的澳大利亚和新西兰，也小规模地出现了这一转变过程。

移居

到 1763 年，七年战争结束时，美洲已在欧洲人控制之下，到处居住着欧洲人和非洲人的后裔，也因此更容易对这些新的移民社会的文化路向（cultural directions）产生影响。欧洲移民的后代期盼着改善自身的物质条件，购置田产，在家长制政府体系（patriarchal systems of government）中积蓄足够的财力或者取得独立自主的地位，从而过上比在欧洲更好的生活。他们还希望尽可能地在美洲再造一个欧洲，这就是他们把殖民地命名为新版欧洲社会的缘由，比如新英格兰、新法兰西、新尼德兰和新西班牙。在 17 世纪"野蛮时代"（伯纳德·白林语），欧洲人的这种雄心抱负并未成真。但是到 18 世纪，美洲各社会的统治者已不再是移民，而是克里奥尔人或者土生土长的男性，他们的权势源于他们的地位和巨富家族成员继承而来的职位，白人移民取得了更多成功之处，因为之前英国化或西班牙化的政策意在把他们的社会变成更接近于母国的政治与文化模式。从 18 世纪二三十年代开始，美洲各个移民社会开始呈现出相同的内部复杂性和外部相似性，这些社会和移民与之前相比，被认为更加符合欧洲的行为模式，这就意味着母国不再轻蔑地认为他们是无教养的野蛮人并生活在毫无欧洲人优雅风姿的社会里。

日益遵从欧洲规范的趋势，在英属北美最明显不过。在近一个世纪之后，除了新英格兰，其他殖民地的白人只能通过移民而非自然生育实现人口增长,直到最后才实现了正常的人口增长。性别比例由男性占大多数转变为男女比例大致相同。在英属北美,与欧洲裔人口相比,奴隶用晚整整一代人的时间才实现了人口自然增长,不过此后很快开始迅速增长。这使得美国南部地区的奴隶制度不同于大西洋世界其他地区,该地区受奴役的劳动力实现了人口自然增长。到 18 世纪 60 年代,美国南部的种植园主不再需要依靠跨大西洋奴隶贸易来补充劳力,这意味着在很大程度上,1808 年美国废除奴隶买卖成为一个空洞的姿态。这也意味着,与奴隶人口自然增长不太成功的加勒比海地区和巴西相比,美国的奴隶人口对非洲的影响要小得多。

为了弄明白欧洲和非洲的移民是如何彻底取代美洲原住民成为主导性的人口群体,我们需要转向人口数据。最重要的数据是移民的总人数:1500—1820 年,欧洲人 250 万,非洲人 880 万;1640—1760 年,到达美洲的欧洲人是 126.3 万,非洲人是 396.2 万。在这些欧洲移民中,英国人最多:1820 年之前,125.7 万人迁移到了美洲,在 17 世纪早期,他们主要抵达加勒比海地区,在 18 世纪则更多到达了北美。在 1640—1760 年,英国移民也最多,59.2 万人(所有欧洲移民数量的 47%)迁移到了北美。伊比利亚人与英国移民总人数相近:1640—1760 年移来 46 万人,1500—1820 年迁来 125 万人。在 18 世纪,德国移民也非常多:在 1820 年之前,1640—1760 年有 9.7 万人,从 1700 年起,大多数来到美洲,他们的主要目的地是英属美洲,也有部分人在 17 世纪去了荷属美洲。英国移民与法国、荷兰移民的差异较为明显。法国虽然是西欧人数最多的国家,但是在 1640—1760 年来到美洲的移民只有 9.6 万,而荷兰则是 1.8 万人。这两个欧洲国家的居民不太愿意迁居到美洲。多数欧洲移民没有生活在热带地区,这里的劳动力需求主要依靠非洲奴隶来填补,这样就限制了北美北部区域的殖民扩张。即使在新法兰西，法国移民由少到多，人口增长非常迅速，使人口结构趋向合理化。[4]

亚伦·福格勒曼的开拓性研究勾画了移民美洲的总体迁徙模式，深化了我们对欧洲和非洲移民的某些基本特征的认识。他总结道，17世纪和18世纪被运到美洲的多数人并非出于自愿或者是自由之身。1492—1699年，在到达美洲的移民中，59%是奴隶身份，1%是罪犯或者战争俘虏，10%是契约仆[①]，30%是自由人。在美国革命之前的18世纪里，人口迁徙统计中的非自由移民占多数的情况甚至更为突出。该时期跨大西洋而来的448.06万人中，80%是奴隶，2%是罪犯，3%是契约仆，16%是自由人。如果只分析英属北美的13块殖民地，罪犯和契约仆的比例增长显著（他们构成1700—1775年移民总数的28%），与以自由人身份来此的移民比例大致相当。但是，自由人移民比例有所降低，他们在17世纪构成了全部移民的37%，而到了18世纪，只占到了28%。美国宣称它是自由人的家园，其实在殖民地时期并非如此，当时77.91万移民中只有23.6万人是自由人，约为30%。在1810年之后的美国和1830年之后的大西洋，自由人在移民中才占据了多数比例。

在移民的性别方面，亚伦·福格勒曼也提供了一些耐人寻味的数据。我们知道，与英国男性相比，英国女性中的非自愿移民要更多。因此，毫不奇怪的是，与男性相比，从非洲或欧洲来到美洲的女性更有可能是非自由身份。1700年之前，只有20%的女性移民是自由人，而在18世纪则降到14%。同样在18世纪，由于大西洋

---

① 契约仆（indentured servants），servant 意为仆人、仆役。可参阅李剑鸣先生《美国的奠基时代（1585—1775）》第三章第二节"仆役劳工和自由劳工"。亦有译为契约奴、契约工、契约佣工。

奴隶贸易的繁荣，男性以自由人身份移民的可能性也大大降低，也意味着这一显著的移民性别差异不复存在。在1700年之前的殖民地建设的形成时期，欧洲人似乎更愿意引入非自由身份的女性为他们工作，而不是考虑和妻子或者其他自由女性一起移民，以完成他们的殖民计划。同时，由于在到达美洲的女性移民中，很多是孩子，部分是单身女性或寡妇，所以在革命时代之前，只有相对较少的移民是夫妇两人一起迁徙的。另外我们必须了解清楚的是，自由女性是否真正"自由"。男人自己做出移民的决定，而很多来到美洲的女性可能只是附和丈夫的选择，乃至就如亚伦·福格勒曼论述的，"很多非自愿的女性移民是由于婚姻纽带的束缚，不得不服从配偶的迁徙要求，而男性几乎碰不到这种情况"。他继续写道，"在分析自由移民和契约仆中男性的比例过高时，历史学家通常会强调男性对殖民地的移民意愿，但是从女性视角而言，这也意味着欧洲女性并不愿意迁到美洲，或者即便她们想移民，父权制的约束也会阻止她们离开"。[5] 在1775年之前，大多数女性和稍少一些男性都处于法律上的奴役地位。

哪些人迁移到了新世界呢？在17世纪英属美洲，最大的移民群体是契约仆，他们签订契约要服务4—7年，其中多数成为农业工人，以此支付其旅费、伙食、住宿，并在恢复自由时获得一些权益，比如在最早期，可以分得土地。英国人认为契约仆一般都是贫民。他们被描述为轻罪罪犯、妓女和流浪者。但随着时间推移，契约仆似乎来自较体面的服务业和工匠行业。"穷困和无特别技能的贫民窟居民、背井离乡的农民"[6] 很少来到美洲，尽管大量无技能的罪犯在1718—1775年来到马里兰（Maryland）和弗吉尼亚。当然，自由移民比非自由移民具有更充足的资源。他们身上通常带着一些钱，有能帮上忙的朋友和一定的技能，这些让他们在船上得到好位置并更容易在美洲立足和成功，其他不富裕的同行的移民就没有这么幸运了。

　　向英属北美尤其是宾夕法尼亚和纽约等中部殖民地移民的一个显著特征是，从 17 世纪中期开始，来自英格兰南部和中部的大都市中心的移民相对较少。相反，18 世纪英国移民大多来自英格兰北部、苏格兰，尤其是北爱尔兰阿尔斯特（Ulster）。来自"凯尔特边区"（Celtic fringe）的移民们在俄亥俄山谷（Ohio Valley）的内部区域进行拓殖，并向南翻越阿巴拉契亚（Appalachian）山进入弗吉尼亚西部和卡罗来纳。在一些历史学家看来，这部分移民把在阿尔斯特——新教徒与天主教徒彼此惧怕地生活在一块——的生活经验带到了新家园，从而给新家园移植了一种独特的文化，即他们极为独立自主，乐意使用暴力去反对可能侵犯他们自由的任何人。另外，德意志人、瑞士人与爱尔兰人、苏格兰人的拓殖地有很多重叠区域，从而使这些地区出现了多族群和多元文化融合的特点，甚至产生了种族同质化（racially homogenous）。

　　这些人口迁移应被置于整个欧洲这一更大脉络中进行分析，因为在欧洲，人口流动频繁发生。欧洲人不仅向西去往美洲，还向东迁至波兰、普鲁士和俄罗斯。向东迁徙的人口经常比向西的还要多。欧洲大陆的迁徙移民丝毫不亚于非洲和美洲的人口迁徙。迁居很少是一步到位：去往新大陆的多数人在他们跨海西行之前，就已经迁徙到远离家乡的地方了。

　　随着时间推移，大西洋世界其他地区的移民模式的变化不再那么显著。只有在英属北美的部分地区，还能见到相当多的外国移民。然而，西班牙的移民也发生了一些变化。1650 年之前，迁往美洲的西班牙人多数来自安达卢西亚和西班牙西南部。1650 年之后，西班牙的北部海岸贫困地区、东部、加那利群岛和巴利阿里（Balearic）群岛迁居美洲的移民日渐增多。迁往美洲的法国移民相对较少，主要来自布列塔尼（Brittany）和诺曼底（Normandy）等西北诸省，以及大西洋港口城市鲁昂（Rouen）、圣马洛（Saint-Malo）、南特（Nantes）、波尔多（Bordeaux）和拉罗谢尔（La Rochelle）。

移民总是处于迁移过程中，所以他们很难把地方习俗和身份认同直接转移到新世界。诚如 D.W. 迈尼希（D.W.Meinig）所论，"英格兰中部的一名工人有可能移民之前已在伦敦生活几十年，很大程度上成为一个英国人（Englishman）；格拉斯哥（Glaswegian）一名前往美国波托马克（Potomac）的代理人，在英属西印度群岛殖民地履行过职责后，一定程度上已成了英属美洲人；一个年轻时就离开蒂珀雷里（Tipperary）郡的村舍前往金赛尔（Kingsale）港区码头的人，已不再是一个爱尔兰农民了"。[7] 詹姆斯·霍恩（James Horn）和菲利普·摩根也论述到这一问题，"流动性，与其他人群和文化的持续接触，产生了新身份认同的演变，而新身份与旧身份认同经常同时存在。移民们身兼多重身份认同，既有承继自旧世界的传统，也有在美洲新发展的文化表达方式。"[8]

劳动

本书其他章节对奴隶制以及它如何成为大西洋世界的一种重要的社会和经济制度有所详述，而本节要着重指出的是，它的形成与欧洲移民所承继的劳资关系（labour relations）有着一定的关联。在17世纪的英属美洲，奴隶制变为一种独特的美洲组织体系，不过它又是一个具有完全英国本土根源的制度。那些根源让17世纪早期巴巴多斯和切萨皮克地区的英国种植园主掌握了各种手段，能够残忍地对待英国本土出生的契约仆和种植园工人，从而为他们更残暴对待非洲奴隶铺平了道路。

雇主如何管理好"不听话"的贫苦劳动者，是英国都铎王朝和斯图亚特王朝时期亟待解决的难题。当时人口暴增，诸种有害的早期资本主义方式改变着英国乡村社会的面貌，失业者（masterless men）和时而出现的脱离管束的妇女越来越多，似乎成为社会秩序和长治久安的一个重要威胁。流浪者和"失业者"成为一个重大的社会问题。事实上，这些穷人并非社会的真正威胁。英国当时正处于激烈社会变革的阵痛之中，采用现代方式的乡绅阶层（gentry class）抛弃了土地所有者长久以来共有的传统观念，他们不再依靠精耕细作来尽可能获取剩余利润。冷酷无情的乡绅阶层对普通人的福祉造成了前所未有的威胁，因为他们系统地破坏了对家长制（patriarchal）政府的传统认知。在家长制政府体制中，尊重权威不是来自坚决的服从和对政府权力的使用，比如被判死刑的人数大幅增多，大部分是因饥饿难耐而铤而走险的穷人，而不是故意实施犯罪的人，服从主要是因为要在工作和社会关系中受到保护和公正的待遇。

为了自己的需要和控制不老实的劳工，英国雇主们采用并尝试改革的制度是让劳动者在农牧业中务工或者成为契约仆。大多数年轻人必须劳作糊口，据统计，在 16 世纪 15 岁到 24 岁的人群中，有 60% 都是仆人佣工。从理论上讲，在农牧业中务工能够让仆役（servants）受到法律保护（通常只有当仆役的父母或有影响的亲属为他们争取权益时，他们才会免遭主人过度盘剥，而多数仆从享受不到这一切），而且据说契约仆只要辛勤工作，是能够获得自由甚或积蓄财产的。然而，契约仆的实际境遇可没有想象中的那么美好。身不由己的劳工只得服从主人的权威，而很多主人非常残暴或者麻木不仁，几乎不会因为侵犯仆从的权利而受到任何的惩罚。

在英格兰，保护仆役劳工的法律一直存在着，它们有时帮助仆役免受最严重的侵害。法律和秩序一定程度上依赖于统治者对被统治者意愿和尊严的尊重。主人对仆役的体系化和过度化的施虐将会摧毁整个社会体系，部分雇主担心英格兰会变得混乱失序，而普通人一旦觉得自身的权利受到侵害，也将诉诸暴力，并且常常会如此而为。17世纪中期，巴巴多斯和弗吉尼亚的非洲奴隶制度并未移植到英格兰，仆役恶劣的境况即是其中一个原因，因为从14世纪开始，倘若英国乡村劳动者认为当权者不能获得社区认同的时候，他们将采取暴力来反对当权者。另外，英格兰和美洲殖民地的契约仆都可以使用武器，他们也乐于使用武器进行抗争，而且在统治者之下，在受压迫的契约仆阶层之上，很多"受尊敬"的人士支持契约仆进行反抗。

与美洲其他地区相比，英属美洲对主人权利的限制要少得多。诚如西蒙·纽曼（Simon Newman）所阐释的，巴巴多斯的种植园主多数来自英国社会的中等阶层，他们把如何强迫和控制劳工的认知带到了加勒比海地区，并在1625—1650年变得日益凶恶，且屡屡得逞。与英属美洲其他殖民地相比，来到巴巴多斯的契约仆相对更多，他们工作条件恶劣，前途未卜。纽曼指出，"不列颠群岛的社会、经济和政治状况，是与发展中的巴巴多斯蔗糖经济的需求完全契合的"。[9]17世纪四五十年代，"三王国之战"不仅撕裂了大不列颠，也加剧了巴巴多斯种植园主对契约仆权利的轻视，因为这一时期很多契约仆并不是自愿迁来，有的是被绑架或者暴力胁迫而来，有的是战俘或者罪犯。种植园主很容易把这些白人契约仆视为迥异于自己的人，认为他们没有资格享有英国人的自由权利，他们虽在文化上与非洲黑奴不同，可是在政治上的待遇则相差无几。虽然白人契约仆与其他英国人一样，抱持着对非洲人的种族主义思想，可是他们自身可能也被视为奴隶，遭受主人的虐待，与这类似的情节可以在莎士比亚的作品中看到（《泰特斯·安德洛尼克斯》（*Titus*

Andronicus）比《奥赛罗》（*Othello*）更加明显）。

对英国人来说，登上了巴巴多斯等岛屿，即意味着被卷入了一个似乎具有内在逻辑和完全自然的体系中。种植园主逐渐把劳工视为自己的动产，这也意味着契约仆与非洲奴隶的待遇逐渐趋同。白人契约仆、罪犯与黑奴共同在田间劳动，他们都日益受到暴力惩罚和严酷纪律的压制。种植园主有了新的认知，即"仆役劳工是一种新形式的劳动力，他们低等且可鄙，是一种具有利用价值的商品，他们并不是生而自由、享有权利的个体"。[10]

仆役不是奴隶，但是他们经常把自身糟糕的境遇与非洲人相比。此外，仆役与主人之间隐含的交易逐渐消失不见，本来契约仆在服役期满后将成为自由人，与前雇主在几乎平等的基础上进行竞争，这对 17 世纪那些盼望着积累"一定资产"的英国人来说非常具有吸引力，也是他们能够获得经济富裕和摆脱压制的一种途径。但是随着种植园主变得日益富有，土地愈发昂贵，仆役的致富机会也日渐缥缈。毫不奇怪，17 世纪五六十年代，随着巴巴多斯的真实情况在母国广为人知，很少再有普通的英国人还想去那里受苦受虐。

不过到了 17 世纪 60 年代，一个主要由非洲奴隶劳作、功能齐备的种植园体系逐渐形成，这意味着在巴巴多斯岛，普通白人极为糟糕的处境只是一种暂时的现象，尽管已经造成了严重的后果。在1675—1700 年到达巴巴多斯的仆役，比之前到此的仆役劳工的待遇要稍微好一些。到 1700 年，巴巴多斯发展起来一套以奴隶制为基础的种植园制度，背风群岛、马提尼克岛（Martinique）、牙买加、圣多明各、切萨皮克和卡罗来纳也逐步采用了这一制度，这些都意味着种植园主不再需要白人仆役劳工，缺少的是种植园管理人员。他们需要那些心肠够硬并愿意管教奴隶的白人，以防备奴隶反抗。这一时期来到英属美洲的移民，很多在英国与欧洲其他国家的战争中服役战斗,早已惯于使用暴力。与此前没有军事经验的白人移民不同,他们对黑人严厉无情、手段强硬。普通的白人为富有的白人种植园主工作,既能获得高额工资的经济报酬,又能取得优于非洲人的精神安慰,而殖民地社会把白人至上主义当作基本的政治理念,也有利于普通白人。如果贫穷的白人及其家人接受了工资报酬(经济利益)和种族主义(精神优势)两种形式的回报,那么结果即是他们默认了一种基本上把他们排除在外的政治体制。黑人的下等地位换来的是白人的幸福快乐。因而,美洲种植园在 18 世纪早期逐渐成为一种有利可图、秩序稳定的社会和经济组织,其中的种族等级(caste lines)日益比社会阶层等级(the class lines)更为重要。在习俗和法律上,白人的地位均被视为比黑人优越,不管黑人是自由人还是奴隶。17 世纪中期的情况表明,社会等级差异具有潜在破坏性。

有种观点无疑过于简单化了,即美洲人"发明"的白人至上主义让贫穷白人不会与黑人一起联合抗争,而是与富裕白人一块欺压黑人。整个 18 世纪,不论是在种植园或者非种植园的社会里,普通白人时刻准备着捍卫自身的权利,当觉察其权利受到了侵犯,他们将毫不犹豫地挑战富裕白人的专横。在 1789—1791 年的法属殖民地圣多明各,白人内部也发生了分歧和斗争:贫穷白人(petit blancs)多数属于保王党分子,而富裕种植园主、商人普遍青睐于共和主义,他们把共和思想视为能够获得当地政权的一种途径,可以影响和支配那些躁动不安的奴隶群体。如果没有白人贫富等级之间的冲突,只是有色人种的自由人独自对抗白人,那么 1791 年的奴隶叛乱或许不会发展成声势浩大的革命,而只能造成逃亡奴隶的聚集地,或者形成一些自称获得自由和自治的奴隶社群。白人之间的分裂为叛乱奴隶从牢骚不满发展为现实革命提供了良机。其他地方的白人并没有吸取这一经验教训——白人至上主义保护他们免受奴隶叛乱的伤害。

家庭管理与性

1600 年之后发展起来的移民社会可从多个方面进行分析：不断增多的定居点引发了政治结构的发展，以满足白人居民的基本诉求；宗教机构的建立，是充分考量到宗教生活与居民生活需求的增多；促进了文化型构（cultural formations）的发展，把这些移民社会与他们的家乡联系在一起，这表明移民在变为大西洋公民过程中，与新地域、新人群、新经验有着思想上的冲突。倘若要剖析大西洋各个社会的独特性，其中一个特别有用的方法就是以家庭管理方式①（household government）的延续和变化为例，来分析移民拓殖和"进步"（启蒙运动的一个关键术语）。男人与女人、父母与孩子，他们彼此之间如何互动是移民社会中最重要的纽带关系，特别是我们知道，甚至到 18 世纪晚期，这些社会的制度化程度很低（under-institutionalized）。要想考察这些移民社会随时间推移而发生的变化，以及这些社会与非洲、欧洲原有社会的不同之处，对大西洋家庭管理的变化和变异进行探究无疑是一个主要方式。

西北欧（Northwest Europe）存在着一种独特的家庭制度，它在早期近代世界的其他地区没有出现过，也迥异于欧洲其他重要的家庭制度，如地中海世界就一直存续着以"扩大家庭"而非"核心家庭"（nuclear family）为常态的家庭模式。欧洲移民试图在新世界重新确立的西北欧家庭制度，其主要特征包括了一个以血缘为基础的双向系统，如果新娘出身富裕家庭，她在出嫁时会带着嫁妆，而嫁妆

---

① "household" 为家庭、家户，包含住在同一屋檐下的所有人，多数家庭包括非亲属同居人、寄居者或房客，以及学徒和住家的佣仆。"lineage" 为世系群，具有血缘关系或姻亲关系的亲属，死去的、活着的和尚未出生的都包括在内。"kin" 为亲属，有血缘或姻亲关系的人，世系群成员中目前在世者。"family" 为家庭、家族、家，含义复杂而游移，一般用来指一起住在一屋檐下的同族成员。

将由丈夫支配和拥有，之后主要传给他们的儿子。自 17 世纪后期以来，英国贵族家庭最严格地贯彻了这一体制，他们用长子继承制把家庭的主要财富保留在年纪最长的儿子手里。虽然这对其他儿子和所有女儿不利，但是能够让大部分田产随时代变迁而最大限度地继承下来，幸运的继承者并不能够随意处置这些意外传到手中的财富，只能继续采用限嗣继承制度。

总的来说，西北欧的世系传承原则极其侧重于男性，把父权制当作家庭关系中最重要的组织原则。此类父权思想很容易扩展至政治关系中，国王与臣民的关系就经常被视为类似于丈夫与妻子的关系，并因此而合理化——丈夫提供保护，而妻子唯命是从。莎士比亚的《驯悍记》（*The Taming of the Shrew*）生动地描述了父权制如何运行，以及通过双方的协商（即使是不公平的），最厉害的悍妇也注定会被驯服。西北欧家庭模式迥异于美洲大多数原住民社会的既有模式，这些原住民社会以母系为主，母亲与孩子的关系决定了家庭关系，即使是男性控制了日常生活和重要决策的那些原住民家庭也同样如此。

西北欧家庭制度另一个显著特征是，与其他已有研究的所有社会的人群相比，他们的结婚年龄都是最晚的。女性一般在 25—29 岁首次结婚，而男性结婚更晚，通常会在二十八九岁，很多人到 30 多岁才成家。另外，西北欧社会人口中的很大比例（约 15%—20%）的人是终身未婚的。晚婚和不婚降低了生育率，甚至比相对较高的婴儿死亡率更能限制家庭规模的大小。晚婚也意味着与其他家庭模式相比，欧洲的夫妇更少依赖于父母的资助和支持，因为很多男性只在能够养活自己并置办好他的家产时才会准备结婚。年轻夫妻会从他们父亲的家庭中迁出，组建自己独立的小家，他们的新家一般会与出生和长大的地方保持着适当的距离。晚婚和较低结婚率的一个原因是，准备好组建一个独立的家庭并不是那么容易。他们的家庭结构是以核心家庭为主：在西北欧，除了父母孩子，当然富裕家庭会有一两个仆人，一般的家庭不会再有其他人了。祖父母和其他关系更远的亲属（kin）都会组成他们自己的家庭，而不是组建一个大家庭。

到 18 世纪中期，本杰明·富兰克林（Benjamin Franklin）等美洲人开始称赞在北美北部所形成的家庭，认为它们是比西北欧家庭模式更好的一种变异形式。从原住民那里夺取了充裕的土地，地价便宜，白人家庭可以购置自己的田产。如此一来，年轻夫妇们比在欧洲（尽管同一时期英国女性的结婚年龄有所降低）成家立业更容易一些，从而在 18 世纪后期和 19 世纪早期导致了一次人口爆发性增长。由于缺乏有效的避孕手段，女性在 20 出头而非 25 岁左右结婚，意味着她们的可生育期得到延长，从而可以多生一两个孩子。身体康健和营养良好也能延长女性的可生育期，为家里多添一两个孩子。在这样的环境下，自然人口增长强劲，家里一般有 6 个或更多孩子能够长大。另外，富兰克林强调，结婚率更高，意味着 40 岁以下人群中只有 5% 没有结过婚。较低死亡率也意味着儿童的死亡率降低，因夫妻一方死亡而婚姻终结的比例下降。

富兰克林对婚姻的乐观分析，掩盖了整个美洲的人口构成和家庭模式的多样性。富兰克林所称颂的核心家庭在宾夕法尼亚占优势，但是在牙买加、墨西哥或巴西并不占支配地位。与美洲的温带地区相比，热带地区的出生率、死亡率、结婚率和婚姻破裂的可能性都极为不同。在 18 世纪的很长时期里，美洲种植园地区因疾病肆虐而人口停滞，使得组建独立的家庭极其困难。例如在 18 世纪的牙买加，婚姻的平均持续时间为 5 年或 6 年，而婚生子中存活下来的孩子非常少，远低于自然人口增长所需要的数目。白人男性与非白人女性之间性关系的类型也影响了白人的人口增长。在 18 世纪牙买加的金斯敦（Kingston），洗礼登记簿上 1/9 的孩子都是混血儿。在美洲种植园地区，男女人口性别比例高，婴儿死亡率高，很多人选择不结婚而只保持非正式的婚姻关系（白人与白人，白人与非白人），使得这里的家庭模式不同于宾夕法尼亚地区。其他白人，比如切萨皮克地区的契约仆，有人被禁止结婚，有人认为结婚没有意义，也有人觉得结婚花费太多、负担不起。

另外，只有英属和法属美洲的北部殖民地才是核心家庭模式，受抚养的子女们新组建的既是一个家庭单元，也是一个经济单元，他们共同以家庭形式劳作或者在城市中务工。在美洲种植园，家庭非常大，但是这种家庭规模具有误导性，因为其中多数成员并不是彼此有亲属关系的白人，而奴隶也不被认可是家里的真正成员。比如在南美洲的部分种植园地区，家长制原则得到发展，这一学说认为主人与奴隶之间的关系起源于家庭。而在牙买加、古巴或圣多明各，主人与奴隶之间完全不被视作家庭关系，奴隶似乎被当作资本的流通形式。在这些家庭，奴隶的孩子们在法律上归属于其主人而不是父母。这表示，主人能够容易地侵夺奴隶们支配、处罚和保护自己孩子的权利。

即使在北美北部，家庭也不是如富兰克林所说的那么稳定。在英格兰，结婚登记制度在 18 世纪 50 年代变得严格起来，强有力的教会机构管理着婚姻的缔结以及婚姻是否合法，但是在美洲则不同，婚姻的确认和规则，家庭的组成都非常宽松。在英属美洲，尤其是在边疆地区，宗教的多样性，缺少一个既有的教会体制，教会的建立未能赶上人口增长、西进运动的步伐，这些都意味着有非常多的夫妻没有举办婚礼就生活在一起，他们想解除婚姻关系是相对容易的。

事实上，富兰克林所称颂的那种婚姻特点并不是各移民社会的一个显著特征。卡罗尔·沙玛斯（Carole Shammas）的"婚姻挑战区"（marriage-challenged zones）的说法，其实来自大西洋人口的种族混杂的现实情况。18世纪70年代早期，只有加拿大和英国殖民地北部的欧洲人超过了总人口的90%。在南美，欧洲人是总人口的57%，而在拉丁美洲、加勒比海地区、巴西，欧洲人下滑至23%，其他地区只有约15%。总的来说，1774年大西洋人口中有48%是美洲原住民，25%是欧洲人，21%是非洲人，6%是梅斯蒂索人或美洲原住民与欧洲人的混血儿。

无论美洲原住民还是非洲裔美洲人都有很多机会可以结婚，不过他们并不打算那样做。在伊比利亚美洲，天主教会为奴隶夫妇举行婚礼，并给他们的孩子行洗礼。与欧洲人相比，原住民和非洲裔美洲人在婚姻上具有不同的文化传统，他们缺少途径来组建稳定的家庭。对非洲奴隶来说，失去所爱的家人令人痛苦不堪，因为奴隶主会恣意妄为，让奴隶家破人亡，把奴隶的妻子或孩子贩卖到其他地方。在法属、英属、荷属美洲殖民地，奴隶的婚姻遭到强烈的反对，因为婚姻关系能为奴隶提供其他方式的支持和权威，从而损害了奴隶主的影响力。当然，有些奴隶会非正式地结婚，组建家庭（最近研究表明，有时会是一夫多妻制，类似于非洲的情况），照看和爱护着他们的孩子。然而由于没有法律的保护，加上伊比利亚美洲把奴隶排除在教会监管之外，所以奴隶的家庭作为社会组成部分，具有先天的脆弱性。奴隶的婚姻很容易遭到破坏，可能是奴隶主所为，也可能是白人种植园主及其仆役（他们把性剥削女奴隶当作身为一个白人的额外奖赏），也可能是奴隶自己的原因。有人曾把奴隶群体称赞为团结一致的共同体，其实我们不能低估他们之间的分裂，刚从非洲来的新奴隶与扎根已久的克里奥尔人奴隶之间就经常发生冲突，而且奴隶群体本身就不稳定，生活处境如此恶劣，男奴隶与女奴隶之间很难保持一段长久的关系。

性剥削始终威胁着奴隶的自主和自尊。托马斯·西斯尔伍德，出生于英格兰林肯郡，1750年来到牙买加，他在日记里袒露了赤裸裸的性暴力，直观地说明了非洲女奴和非洲裔美洲女性难以逃脱残暴成性的白人的魔掌。西斯尔伍德几乎与他所控制的女奴隶都发生过性关系，不论她们年幼还是年老，他在37年里把魔爪伸向了138个女奴隶。很多人遭到强奸，其余多数人也并非自愿，有的是为了财物，有的是害怕如果拒绝会遭到惩罚。只有他长期的性伴侣菲巴（Phibbah）才具备少许的自主意愿。女管家菲巴是一个克里奥尔人奴隶，能够选择何时与西斯尔伍德发生关系，即使拒绝也不会受到惩治。无论何时何地，评判性关系的确切性质都是困难的。跨种族的关系不能全部被视为受到威逼或者不愉快的。然而，任何对这些关系的中肯评价，尤其一方为奴隶主而另一方是奴隶，都应该侧重于此类关系的不恰当和卑鄙之处，而不是它们可能使相关的人员得到了幸福。不论西斯尔伍德或者牙买加的其他白人，都不会真正地与奴隶保持关系，也不会鼓励奴隶结婚或者生育。养育孩子通常都是麻烦事，虽然他们吃喝的都是最差的，但是奴隶主也不太情愿负担这个责任。在南美洲，种植园主鼓励女奴隶生育孩子，然后把孩子在国内奴隶贸易中卖掉，以此增加种植园的财富。在牙买加，奴隶的孩子更有可能是夭折死亡而非茁壮成长，种植园主憎恶女奴隶怀孕（肚里的孩子让她们不能劳作），也不鼓励她们照护婴儿。这些种植园主生活在家庭关系受到嘲讽的世界里。西斯尔伍德及其奴隶的世界，不是简·奥斯汀（Jane Austen）所描绘的那种具备教会、婚礼、教区生活职责的世界。

大西洋世界与欧洲的家庭模式之间的差异很大，主要原因即大西洋人口并不是欧洲人口。例如，美洲人口与自由人所构成的欧洲人口非常不同，它没有严密的宗教制度来维护婚姻和惩罚不合乎常规的性行为。即使在与欧洲最相似的部分美洲地区，如北美大陆，家庭管理方式也偏离了西北欧既有的模式。更低的婚龄驱使着夫妇进入内陆，那里监管着婚姻和性行为，注重维护家庭，限制随意解除婚姻关系。卡罗尔·沙玛斯认为，美洲种植园地区的家庭制度与欧洲有着显著不同。它有"一个家长作为家族核心来主持事务，其他人聚集在家长周围，家长通常以母系为主，作为家庭单元，其结构不同于非洲地区父系的一夫多妻制家庭。它没有实行一夫多妻制，非洲男性在这里没有世系群来帮助他们找寻到自己的妻子。简言之，美洲所形成的家庭模式背离了欧洲和非洲的已有传统"。[12]

虽然有些基本的原则，尤其是丈夫支配着妻子，孩子以不同方式尊重父亲和母亲的权威，在整个大西洋时期的西北欧家庭制度中始终没有变化，但是家庭管理并非一成不变。到18世纪，家庭权威发生了一定的变化，比如婚姻日益被视为是充满感情的（两个人是为了爱情结为夫妇，而不是为了保护祖传的财富和子嗣的延续），性关系逐渐变得较为宽松。虽然欧洲和北美的欧洲人之中出现了性革命这一说法有点夸张，但长时期盛行的亲密行为的规则和期望发生了变革。18世纪婚姻之外的性行为有所增多，不同的性表达方式也日益被时人所接受，比如人们对同性恋行为虽然没有完全接受，但是越来越持宽容态度。事实上，历史学家通常认为，只有在英国的维多利亚时代，对不合常规的性行为（换言之，没有得到宗教认可的性行为和发生在婚姻之外的性行为）的严厉态度才真正得到了发展。

婚姻和性的观念的重大转变，来自启蒙运动时期出现的世界观巨变。人们之前把世界尤其是性别关系视为一个固定不变、等级分层的社会秩序的组成部分，认为男人统治女人是神所注定的，是社会有序运行所必不可少的。启蒙运动思想家以科学为依据而塑造了世界的新概念，他们认为世界是流动的和变化的，社会如何运行更多依赖于人而不是神。如果说人类建立了社会秩序，那么他们就能以自己所希望的任何方式来改造它。这或许意味着，男人优于女人、富人统治穷人的自然规则，种族主义的不同形式，都并非永恒不变，而是可被替代。如果人们想要以不同的和更好的方式来"追求幸福"，这一切都需要改变。这种看待世界的新观点，是18世纪晚期所出现的一切改革运动的基础。其中的一项改革是围绕着女性权利，以及性别的规则和实践。需要指出的是，这些变化在革命时代之前就已出现，是当时美洲不同于欧洲的家庭管理方式所造成的部分结果。这些变化随后出现在所有地区，影响最深远的当属伦敦、波士顿（Boston）、巴黎、费城（Philadelphia）、圣多明各的法兰西角等城市。城市是社会变化的电动机。它们随18世纪大西洋城市复兴而逐步发展，为性行为模式的快速变化奠定了基础，并最终迫使家庭、教会和婚姻等制度也发生了变化。

到18世纪中期，部分男性和少数女性开始拒绝接受婚姻是终身的这一观念（离婚非常少见，是留给富人们的特权，通常是由男性而非女性提出。然而到18世纪，离婚日益增多，打破了那种宗教上的假定，即婚姻是一生的事情，直到夫妻一方去世为止）。他们还开始否认另一观念，即只能在求爱期和婚姻中才能发生性关系。从18世纪中期开始，殖民时代的美国的私生子出生率出现了大幅度增长，性病患病率也同样猛增。在英属北美殖民地的欧洲裔女性中，约1/3是婚内怀孕。非正式的性关系、卖淫、容忍通奸等现象，在城市中逐渐为人们所接受。一个更重大的变革是，当时的人们认为情感在关系塑造中变得越来越重要，有些人不再把性当作一种生育后代的方式，而是伙伴关系（以感情而不是经济效用为基础）中自我表达的一种形式。

本杰明·富兰克林，经常站在变革观念的最前沿，他以波莉·贝克（Polly Baker）妙趣横生的故事嘲讽了一个旧时代的陈腐观念，即私生子是不道德行为的产儿。波莉是康涅狄格的一名妇人，因生下私生子而多次被诉至法庭受审。她为自己辩护说，她不应因不合常规的性行为而受到惩罚，反而应该得到奖赏，因为生下的 4 个孩子增加了殖民地的人口和财富，促进了殖民地的繁荣，而殖民地需要更多的白人孩子（富兰克林支持殖民地的人口增长其实具有浓厚的种族歧视色彩：他希望白人的人口越来越多，能够超过低等的非洲人、美洲原住民和德国裔居民）。他虚构的作品反映了自己的人生：他不仅承认了自己的私生子威廉的身份，还大力资助威廉的成长，后来威廉实现了富兰克林最渴望的政治抱负——成为北美殖民地的一位总督。

以富兰克林来结束本章无疑恰到好处，他是美国土生土长的第一个名人。在数量众多、引人入胜的作品里，富兰克林描绘出了一幅美国的图景，即美国与欧洲一起采用"持续改进"（improvement）的政策举措，到 18 世纪中期实现了"进步化"（improved），或者用另一个 18 世纪盛行的术语，即"文明化"（civilized）。他还是很多激烈辩论的积极参与者，比如现代商业贸易、世界性思想观念对塑造家庭、性、公民生活等个体行为的作用。另外，虽不算那么积极，他也是主张采取白人至上主义政策的重要支持者，他认为如果美洲想进一步革新改良的话，这一政策必不可少。富兰克林以自己的生平表明，在美洲所发展起来的各移民社会存在很多良好事物，尤其在费城，他为文雅的风气增色不少，但是移民社会也存在种种丑陋之处。

注释

1 John Murrin, 'Beneficiaries of Catastrophe: The English Colonies in America,' in Eric Foner, ed., *The New American History* (Philadelphia: Temple University Press, 1997), 4.
2 Peter H. Lindert and Jeffrey G. Williamson, *Unequal Gains: American Growth and Inequality since 1700* (Princeton: Princeton University Press, 2016).
3 Murrin, 'Beneficiaries of Catastrophe,' 13.
4 James Horn and Philip D. Morgan, 'Settlers and Slaves: European and African Migrations to Early Modern British America,' in Elizabeth Mancke and Carole Shammas, eds., *The Creation of the British Atlantic World* (Baltimore: Johns Hopkins University Press, 2005), 19–44.
5 Aaron Fogelman, 'The United States and the Transformation of Transatlantic Migration during the Age of Revolution and Emancipation,' in Patrick Spero and Michael Zuckerman, eds., *The American Revolution Reborn* (Philadelphia: University of Pennsylvania Press, 2016), 251–69.
6 Bernard Bailyn, *Voyagers to the West: A Passage in the Peopling of America on the Eve of Revolution* (New York: Alfred Knopf, 1986), 160.
7 D.W. Meinig, *The Shaping of America: A Geographical Perspective on 500 Years of History* vol. 1, *Atlantic America, 1492–1800* (New Haven: Yale University Press, 1986), 218.
8 Horn and Morgan, 'Settlers and Slaves,' 40.
9 Simon Newman, '" In Great Slavery and Bondage": White labour and the Development of Plantation Slavery in British America,' in Ignacio Gallup-Diaz, eds., *Anglicizing America: Empire, Revolution, Republic* (Philadelphia: University of Pennsylvania Press, 2015), 68.
10 Ibid.
11 Carole Shammas, 'Household Formation, Lineage, and Gender Relations in the Early Modern Atlantic World,' in Nicholas Canny and Philip Morgan, eds., *The Oxford Handbook of the Atlantic World* (Oxford: Oxford University Press, 2011), 372–74.
12 Ibid., 379.

参考书目

Oxford Online Bibliographies – Colonial Governance; Colonial Government in Spanish America; Continental America; Iberian Empires, 1600–1800; Marriage and Family; Native Americans in the Atlantic World; Settlement and Region in British America; Sex and Sexuality.
Susan D. Amussen and Allyson M. Poska, 'Restoring Miranda: Gender and the Limits of European Patriarchy in the Early Modern Atlantic World,' *Journal of Global History* 7 (2012), 342–63.

Bernard Bailyn, *The Barbarous Years: The Peopling of British North America – The Conflict of Civilizations, 1600–1675* (New York: Vintage, 2013).

Juliana Barr and Edward Countryman, eds., *Contested Spaces of Early America* (Philadelphia: University of Pennsylvania Press, 2014).

Jack P. Greene, *Pursuits of Happiness: The Social Development of Early Modern British Colonies and the Formation of British Culture* (Chapel Hill: University of North Carolina Press, 1988).

Allan Greer, *Property and Dispossession: Natives, Empires, and Land in Early Modern North America* (New York: Cambridge University Press, 2018).

Gilles Havard and Cécile Vidal, *Histoire de l'Amerique française* (Paris: Flammarion, 2003).

James Horn and Philip D. Morgan, 'Settlers and Slaves: European and African Migrations to Early Modern British America,' in Elizabeth Mancke and Carole Shammas, eds., *The Creation of the British Atlantic World* (Baltimore: Johns Hopkins University Press, 2005), 19–44.

Wim Klooster, *The Dutch Moment: War, Trade, and Settlement in the Seventeenth Century Atlantic World* (Ithaca: Cornell University Press, 2016).

Simon Newman, *A New World of Labour: The Development of Plantation Slavery in the British Atlantic* (Philadelphia: University of Pennsylvania Press, 2014).

Carole Shammas, *A History of Household Government in America* (Charlottesville: University of North Carolina Press, 2002).

Douglas Winiarski, *Darkness Falls on the Land of Light: Experiencing Religious Awakenings in Eighteenth-Century New England* (Chapel Hill: University of North Carolina Press, 2017).

第七章
革命时代

引言

在大西洋世界的历史上，最引人注目、喧嚣动荡的当属 18 世纪后半叶到 1825 年前后的这一时期。这几十年一般被称为"革命时代"，也被 C.A. 贝利[①]（C.A. Bayly）等学者视为现代世界的诞生的一个阶段，不仅爆发了一系列政治革命，还出现了诸多重要的社会和文化上的变化。[1] 在大西洋两侧（非洲直接受到革命推动力的影响要相对小一些），重要的政治变革接连不断，社会骚动时而出现，而同一时期的世界历史大事中，工业革命（Industrial Revolution）无疑是其中影响最大的。

虽然这次非政治领域的革命通常被称作工业革命，但是越来越多的历史学家把它称为一场勤勉革命（an industrious revolution），是为了强调这一革命更多是一个渐变的过程，而不是经济组织中的一个偶然突破。它还与消费和工作实践方面的更广泛社会变化有着联系，而这些都受到大西洋因素的影响，尤其是英国对奴隶所生产的热带产品（糖和最重要的棉布）日益增长的消费。经济活动中的这一巨大变化，最早发生在 18 世纪初的英国，随后在 18 世纪后期

---

① C.A. 贝利，英国剑桥大学教授，英国皇家历史学会会士。2006 年荣获沃夫森历史终身成就奖，著有《现代世界的诞生》《印度社会与英帝国的形成》。

扩展至欧陆北部和北美北部地区。它首先出现在英国，是对迅速发展的全球经济的一次成功回应，而在这当中，大西洋贸易是极重要的一环，英国的国内因素也必不可少，尤其是较高的工资（让人们买得起生产制造的商品）和价廉的能源（由于偶然发现的大量煤炭资源）。因此，工业革命中的技术突破，比如蒸汽机、棉纺厂，在金属制造中使用煤炭，在英国更容易地被发明出来。而且特别需要指出的是，英国提倡一种知识经济（knowledge economy），鼓励进行技术发明和科学实验。更重要的是，这些"有用的知识"能够为发明者们带来收益。篇幅所限，本节对工业革命只是简短介绍，不过用一整节来论述它其实也恰如其分，因为它揭橥了西欧和美国兴起的序幕。西欧和美国在 19 世纪和 20 世纪取得了全球性经济和政治的主导地位，这是之前世界其他地区和国家从未实现的成果。工业革命也标志着一个新的时代——人类世[①]时代（Anthropocene age）的开始，一种动物（智人种／人类）的活动首次在世界地质史上以多种重要方式改变着环境，从而在我们这个时代和未来对地球生物和环境造成了重大的影响，包括可能是不可逆转的天气变化。

即使不考虑那些通常被认为构成革命时代的众多政治革命，比如美国革命（1763—1789）、法国大革命和拿破仑时代（1789—1815）、海地革命（1791—1804）、拉丁美洲的革命运动和巴西独立运动（1808—1825），工业革命对经济和环境的影响现如今也依

---

① "人类世"这个概念最早由诺贝尔化学奖得主、荷兰大气化学家保罗·克鲁岑于 2000 年提出。他认为，地球已告别 1.17 万年前开始的地质年代"全新世"，快速增长的人口和经济发展对全球环境造成巨大影响，人类活动对地球的改变足以开创一个新的地质年代。2002 年，《自然》杂志发表了他的文章《人类地理学》。在这篇文章中，保罗·克鲁岑正式提出"人类世"的概念，并给出了具体阐释："自 1784 年瓦特发明蒸汽机以来，人类的作用越来越成为一个重要的地质营力，全新世已经结束，当今的地球已进入一个人类主导的新的地球地质时代——人类世。"

然与我们命运相连。工业革命起源于一个国家（英国），通常不被认为是一次"革命"。它在长时段内或许将决定着大西洋世界的未来，就如同 1776 年美国《独立宣言》后的各个政治革命所造成的诸多结果，塑造了之后几个世纪的政治文化。《独立宣言》提出了促进人类平等的各种议题，从而最终开启了民主政治的端绪。

对于如何看待革命时代，我们当代人与当时的人们有着很大的差异。与经历过革命的所有社会的社会与政治组织的变化相比，我们现在更为它们的延续性所震动。不过海地的情况有些特殊，海地革命的影响极其深远，即便它们对推动民主政治所起的作用存在相互矛盾之处。对那个时代的人来说，大西洋革命意味着，以他们所视为革命的方式与过去一刀两断。例如，美国第二任总统约翰·亚当斯（John Adams，1796—1800 年在任），一般被认为是大西洋革命中最保守的人物之一，他在 1818 年的一封信中指出，美国革命最重要的影响，不在于激烈冲突的血腥残忍，也不是在新世界铸造一个独立共和国的那些宪法和政治上的变化，"人民的基本原则、主张、情操和情感的根本变化，才是真正的美国革命"。

简言之，约翰·亚当斯断言，构成英国社会的是旧式的等级关系，而美国人在 1776 年后创建了新的兄弟般的关系（兄弟般和睦友好是所有革命意识形态的一个重要主题），把人类纳入一个共同的政治体制中。他认为，法国和海地的革命如此，美国革命则更是如此：法国大革命推翻专制王权，建立新的政治制度，法国人 1789 年之后宣称他们致力于"自由、平等和博爱"的原则；而海地革命无疑最引人注目，爆发在 18 世纪令人难以置信——它建立了一个由原黑奴所治理的共和国，摧毁了曾使该殖民地成为地球上最富庶地区的种植园制度，非洲人的后裔声称他们与欧洲人地位平等，和巴黎的哲人一样都是启蒙运动价值观念的继承者。约翰·亚当斯的观点反映了

19 世纪盛行的一种看法：革命时代是"旧制度"与现代的、自由的和民主的世界之间决定性的分界岭。

很少有历史学家接受 1818 年约翰·亚当斯在信中的这番描述，因为即使在 1756 年（七年战争刚爆发）到 1825 年（西班牙对拉丁美洲大部分殖民地统治结束），意识形态也已经出现了显著的变化。之前有些观点不免过于简单化了，即革命前的社会是令人窒息、陈腐过时、等级分明、不民主、一成不变和令人厌弃的，如此种种为革命时机成熟提供了条件。旧制度，尤其是在西欧、英属和法属的美洲殖民地，是不断变化和具有近代色彩的，不停地在适应着新环境和新观念。英国及其在 19 世纪早期向工业社会的转型充分表明，在寡头政治和君主制的政治框架内，至关重要的经济和社会变革是有可能完成的。革命不是社会和经济变革的前提条件。以女性权利的扩大和反奴隶制的发展为例，非革命的英国与革命的法国并无孰强孰弱之分。

启蒙运动

革命时代前的那个世纪，是启蒙运动时期。这一范围广泛、包罗万象的思想运动重塑了大西洋世界，它的影响或许比革命时代更为深远。启蒙运动激励了革命者，从某种程度上来说，革命时代是启蒙观念自然发展的产物。在 18 世纪，关于事物的正确秩序和旧观念应予抛弃的新思想不断发展并风靡。想要解析启蒙运动不是一件容易的事情。它主要是在苏格兰和法国兴起的一系列具体的思想变革，可追根溯源至特定的哲学著作，或者如现在大多数历史学家所认为的，它是宗教、文化、商业和政治等各种观念的集合体，更像是"时代精神"，而不是一种可明确界定的运动。我们应该如何看待启蒙运动，康德（Immanuel Kant）的回答是绕不开的宏论。

1784 年，他在《什么是启蒙运动？》（*what is the Enlightenment ？*）这篇影响极大的论文中宣称，现代的人（他指的是西欧的男性，没有把范围扩及女性，更遑论非西欧人）到这个时候摆脱了重重束缚和枷锁，包括有组织宗教造成的偏见和迷信，过去时代的不人道和愚昧无知。他认为，"新"时代采用斯宾诺莎、洛克、狄德罗、孟德斯鸠、伏尔泰、休谟、斯密、卢梭和他自己等哲学家提出的理性的学说，并应用了科学家尤其是牛顿对自然世界的新发现。为了改变社会和政治，当时的人们不仅要研究物理学和生物学，还要研究人类的生存状况。启蒙运动最重要的信念是关于进步的观念。启蒙思想家认为，他们的时代在智力上已经摆脱了传统的真理和权威观念，现时代与过去大为不同，并令过去名誉扫地。启蒙思想家强调，伴随着进步，变革是可能的、可取的和可实现的，是有益于社会和个人的。

托马斯·杰斐逊（Thomas Jefferson）起草的《美国独立宣言》在 1776 年 7 月 4 日获得通过，标志着一个新国家的诞生，并寻求其他国家的承认。他用激荡人心的文字宣称，美国人不仅有生存权和自由权，还有"追求幸福"的权利。"追求幸福"这个话语是对启蒙运动意识形态的礼赞。启蒙运动意识形态是一整套政治观念的汇编，认为世袭的权力（如国王的权力）是不公平的，政治组织的目的应是尽可能为个体在社会中实现个人价值提供机会，这些社会应致力于"人人生而平等"的主张。启蒙运动在欧洲取得了重要成就，不过它有着明显的新世界的根源。诚如桑卡尔·穆图（Sankar Muthu）所指出的，"新世界的发现……决定性地推动了伦理思想的发展，因为它多种多样的实践让思想家们认识到，政治不公正、经济剥削和社会弊病的根源，并不是神所注定或者历史上总会发生的，它们'只是时间、无知、软弱和欺骗的产物'"。[2]

历史写作

在关于大西洋世界和革命时代的大量著作中，近60年来有3部作品脱颖而出，影响力尤为突出。美国普林斯顿大学历史学家罗伯特·帕尔默和法国历史学家雅克·戈德肖[①]1955年联合提交的一份演讲报告把大西洋史引入西欧史学中。这篇报告并不太受欢迎，事实上，马克思主义历史学家对它进行了激烈批评，认为它迎合了当时冷战紧张局势下的美国的国际主义。然而，帕尔默没有气馁，随后出版了影响巨大的经典著作《民主革命的时代》（*The Age of Democratic Revolution*，两卷本，1959、1964）。他认为，革命时代应该是大众政治的来临，而大众政治最纯粹的形式是18世纪90年代早期的法国，当时法国在形式和目的上都是相当民主的。帕尔默和戈德肖把视线聚焦在西欧和北美，几乎完全忽略了海地革命，对拉丁美洲的重大事件也轻描淡写。在他们看来，西欧爆发了最早也是最重要的革命运动，而加勒比海地区、拉丁美洲和世界其他地区直到20世纪才最终开始其政治独立的进程。诚如大卫·阿米塔格和桑贾伊·苏拉马尼亚姆（Sanjay Subrahmanyam）指出的，罗伯特·帕尔默认为革命时代是"一个礼物，由北大西洋世界送给其他对它释放的潜在能力没有任何贡献的那些民族"。[3]帕尔默的观点非常符合20世纪中期美国和北约的立场，即只有西方尤其是美国才能引导世界走向自由民主和经济繁荣。不过，西方人不愿承

[①] 1947年雅克·戈德肖出版的《大西洋的历史》一书，是欧美史学界第一本用大西洋来命名的史学专著。1955年，戈德肖和帕尔默一起在罗马举行的国际历史科学大会上做了题为《18—20世纪的大西洋问题》的演讲，呼吁欧美历史学家从大西洋视角研究欧洲和美国的历史。当时有人认为这种题目是将当代政治投射到学术研究中的一个典型。帕尔默从20世纪50年代后期开始使用"大西洋史"这个术语，同时对大西洋沿岸各国的历史进行了比较研究。

认却明显存在的一个残酷事实是，西欧诸帝国和美国对原住民土地的殖民和征用，才是世界其他地区成为模范民主国家的最大阻力。

然而，帕尔默的主张可不止于此。他认为，美国革命"使美国取代英格兰成为榜样，吸引着那些追寻一个更好世界的人"。因此，美国革命的思想观念对创建一种新的政治形式具有极其重要的影响。波考克和伯纳德·白林提出，美国在1787—1788年通过美国宪法创建了一种政治体制，这是一种特殊的政治意识形态，可以称之为"激进的"或者"国家的"共和主义。所谓"激进的共和主义"（radical republicanism）是指，它是一个完整的观念体系，它的人民对掌权者可能产生腐败而始终保持着怀疑态度，因为掌权者总是尽可能地扩大他们的权力，用暴政使民众处于受奴役的状态。

美国宪法独具特色地把政府分割为不同的和相互竞争的部门（行政、司法和立法），对权力构成系统性的审查和平衡，因为"建国之父"①（Founding Fathers）更多的是要确保任何群体或个人在行使权力时受到限制，而不是创建有效的和高效的政府形式。在18世纪60年代到80年代，很多英属北美殖民地（和独立后的美国）的人和法国人共享一些共和主义的信念，他们认为，人们采取政治行动是受到一种信念的驱使，即腐败永远威胁着国家的完整和自由公民的自由。因此，要确保国家公民的安全，就必须经常在独立、德行和爱国等方面保持警惕，这样才能让自由得到保障，防止权力受到滥用。

20世纪60年代早期以来的第二部经典著作，是艾瑞克·霍布斯

---

①很长时期以来，美国历史学家通常把华盛顿、杰斐逊、麦迪逊、富兰克林、约翰·亚当斯等人视为美国的"建国之父"。亦译为建国元勋、开国元勋、国父。

鲍姆[①]（Eric Hobsbawm）的《革命的年代：1789—1848》（*The Age of Revolutions*, 1789—1848，1962）。该著作比帕尔默的《民主革命的时代》还要偏重于欧洲。它特别指出，工业革命和法国大革命是"一次区域性爆发的双子火山口"，从这里"世界革命向外蔓延"。欧洲是行动者，而世界其他地区往往是不情愿的接受者，它们并不想受到"欧洲在世界其他地区的扩张和征服"。霍布斯鲍姆在这部磅礴有力和影响广泛的著作中强调，西欧教给大西洋世界其他地区的是，如何最终推翻革命年代所确立的欧洲霸权。

　　霍布斯鲍姆这部具有马克思主义立场的著作认为资本主义与殖民扩张具有直接联系，而彭慕兰[②]（Kenneth Pomeranz）明确地论证了这一点。彭慕兰把观察到的现象称之为"大分流"（the Great Divergence），东亚的全球领先地位一直到革命时代才被西欧的快速增长和经济繁荣所打破。他指出，南北美洲的"鬼田"（ghost acres）有助于西方的兴起。"鬼田"是殖民者从原住民那里征收的未充分开发利用的土地资源，它们增加了欧洲人的耕地面积，从而能够生产更充足的粮食。欧洲人通过不断扩张的种植园制度控制了土地和劳动力，让欧洲人意外地获得了大量土地，从而能够养活迅速增长的人口，并让欧洲人集中精力从事生产制造，而不是把大部分资源用于粮食生产。另外，由于18世纪后期人口激增，西欧把过剩的人口输送到南北美洲，从而为欧洲提供了一个安全阀，并为解决马尔萨斯陷阱提供了帮助。马尔萨斯认为，如果粮食生产不能满

---

①艾瑞克•霍布斯鲍姆（1917—2012），英国著名马克思主义史学家，享誉国际的左派史学大师，他最著名的作品是年代四部曲：《革命的年代》《资本的年代》《帝国的年代》《极端的年代》。
②彭慕兰，美国历史学家，曾任美国历史学会主席，主要关注中国、比较历史和世界历史，著有《大分流：中国、欧洲及现代世界经济的发展》等。

足急剧增长的人口的需求，将（像 19 世纪 40 年代的爱尔兰那样）造成饥荒、贫困，并爆发由穷困和饥饿所引起的暴乱。正是因为大西洋世界，18 世纪后期和 19 世纪早期的革命才没有延续到 19 世纪后半叶。

对于世界历史全部围绕着欧洲扩张和非欧洲地区对这种扩张的回应，霍布斯鲍姆的著作并没有提出另一种诠释。罗伯特·特拉弗斯（Robert Travers）的一篇论文虽然论述的是印度，但也适用于非洲、拉丁美洲和加勒比海地区。他指出，霍布斯鲍姆的观点，即欧洲对全世界的绝对主导地位一直持续了 4 个世纪，是"通过一些历史技艺而凭空想象出来的"。[4] 概言之，霍布斯鲍姆倾向于认为，与其他地区相比，早在 1750 年，西方在技术和军事上就取得了巨大的优势地位。然而，事实上，就如约翰·达尔文①（John Darwin）所指出的，世界各区域更接近于是势力均衡，而非由欧洲起着主导作用。[5] 霍布斯鲍姆还认为，如果反殖民的起义活动，比如图帕克·阿玛鲁 1780 年所领导的叛乱，不符合"西方"革命民族主义的刚性模型，那么它们就是"中世纪的"或"荷马式的"。

"世界危机"

C.A. 贝利的《现代世界的诞生》（*Birth of the Modern World*，2004）是较晚近的一部典范之作，其解释范式已经取代了早前的其他作品。贝利把大西洋诸革命置于更广阔的全球框架内。他认为，1700 年前后爆发了一场"世界危机"（world crisis），并在约 1720 年呈加剧态势，当时亚洲以农业为基础的多民族帝国陷入分裂，中

---

① 约翰·达尔文，全球史学者，在英国与非殖民化、帝国史方面颇有造诣，著有《全球帝国史：帖木儿之后帝国的兴与衰》等。

央权力遭到分割。众多大帝国（奥斯曼土耳其、波斯萨非王朝、莫卧儿王朝、马塔兰）的这次衰落为扩张中的欧洲诸帝国进入亚洲提供了良机。欧洲诸帝国在入侵美洲之后，从1770年开始在太平洋中扩张势力。如第六章所论及的，它们被拖入世界范围内的冲突中，对国家财政造成了沉重的压力。或许英国是个例外，英国的财政—军事国家体制解决了如何向富裕臣民征税的难题，从而能够满足行政机构的开支，使政府在战争中高效运转。贝利强调，"这一新时期最显著的特点，是经济和政治动荡的全球性互动联系"。约翰·达尔文，是另一位以全球视角解释帝国主义的英国历史学家，他同意贝利的论断并指出，"欧亚革命（Eurasian Revolution）实际上是在地缘政治、文化和经济上的三重革命"。商业化、战争、社会危机、诸社会之间的统一性的增强，各社会内部的复杂性的增强，如此种种同时袭来，让革命时代既是大西洋范围的，又是全球范围的，革命事件的影响"席卷全世界"。[6]

在贝利阐释的基础上，杰里米·阿德尔曼[①]（Jeremy Adelman）进一步指出，七年战争时期兴起的诸帝国全球范围的一次复兴浪潮，更多发生在欧洲而不是亚洲，引发了大西洋世界的骚乱动荡，而这些动乱更应该属于帝国危机而非民主革命。[7]这些叛乱在伊比利亚美洲更加普遍。它们是帝国之间相互竞争所引发的连锁反应的一部分，难以避免，只能应对解决。但是母国的应对措施并不太完美。在全球竞争（特别是英国与法国之间）不断恶化时，西班牙和葡萄牙都未能维持它们帝国的完整性。全球性帝国竞争在大西洋世界引发一

---

①杰里米·阿德尔曼，美国著名历史学家，普林斯顿大学教授，普林斯顿大学全球史实验室主任，著有《入世哲学家：阿尔伯特·赫希曼的奥德赛之旅》《发展前线：阿根廷和加拿大麦田的土地、劳力和资本》。

系列危机。与贝利不同，阿德尔曼既有自己的研究分析，也赞同帕尔默的观点，即新世界的大西洋诸革命是对欧洲国家紧张局势的反应。

他强调，欧洲国家为"主权"概念而纷争不断。事实上，18世纪根本不存在作为政治实体的"国家"（state），它们不具有可明确界定的和连贯性的权力。然而，就像劳伦·本顿[①]（Lauren Benton）指出的，各个国家就像法律多元化的有机体那样运转，它们通常是多民族和政治多元的帝国。在18世纪的各个国家，许多政治体制和经济体制并不依赖于任何单一的原则或者实践，而是依靠融合的或混合的政府组织形式。[8]阿德尔曼断言："我们应把国家地位视为一种在实践中融合的产物，复杂模糊而不明确，因此更应该关注各种权力之间的关系（孟德斯鸠和麦迪逊以制衡原则来说明），而非它们自然的或连贯的属性。"他坚持认为，欧洲诸帝国并不是"落后和脆弱的体制，不会在全球竞争和冲突的压力下瓦解"。[9]

帝国的衰落并非不可避免。比如英国，它在北美的13个殖民地变成了美国。不应把这看作是对其帝国政策的致命一击，而应视为18世纪中期英帝国伟大成就所付出高昂代价的一部分。英国并未因美国革命而一蹶不振，而是更加野心勃勃，它的体制可能变得更强大和更随机应变，从而能够平息臣民们要求改革的呼声，并推动帝国的势力范围囊括了南亚、澳大利亚和新西兰（Antipodes）、非洲、加勒比海地区。与18世纪早期的亚洲诸帝国不同，欧洲诸帝国的内部在18世纪后期并没有瓦解分裂。

对于美国革命为什么爆发于英法七年战争之后，其中的一种解释是，英国政府要维护其庞大而多样的全球性帝国，试图让北美殖

---

① 劳伦·本顿，纽约大学历史学教授和法学兼职教授，著有《寻找主权》《法律和殖民文化》。

165

民地更充分地融入到一个不断进行合理化改革的体制内。在这个新体制内，母国以命令形式强加给各殖民地以相同的帝国政策，意图消除各殖民地之间的地区差异。正如伊莱格·古尔德[①]（Eliga Gould）所言，"英国人自以为是，认为他们对殖民地施加的行为基本上是和平的。"[10] 他们无意强迫英属北美的殖民者与大英帝国决裂，认为北美人民的抗议是温和合理的行动。1765年《印花税法》（Stamp Act）所引发的抗议，让英国政治家们大吃一惊，因为他们曾一直以为北美人民为自己身处一个无往不胜的帝国而感到欢欣鼓舞，北美人民将愿意为维持帝国安全的需要而付出更大的牺牲。英国人有意为之的是，通过制定各项政策，让所有的帝国属地都服从一个据说有益于大家的英国议会，从而确保大英帝国更加友好和睦和安全无虞。然而，伊比利亚美洲的情况与其他欧洲帝国不同。拿破仑军队1807年入侵伊比利亚半岛，葡萄牙和西班牙的王室被废黜，从而引发了一次主权危机。伊比利亚半岛国家的内部崩溃，"迫使其殖民地把旧体制与新政策结合起来，以巩固它们的合法性，因为当时政治日益的极端化和社会制度已经陷入了崩溃"。[11]

如果我们不只是把大西洋诸革命视为"环境的产物"，那么为何此类帝国随后瓦解了呢？杰里米·阿德尔曼给出的答案是：这"是由于全球动荡引发了地方上的社会冲突和协商机制的失灵，而这种协商机制能够防止一场帝国危机发展为一场内战，甚至由内战演变为革命"。他认为，我们与其考虑因果关系，不如关注次第关系："最高统治权的变化、旧体制的消亡和后继者的出现是一个过程（process），这样通常可以摆脱那种认为必定胜利的民族主义叙事，或者拒斥一种顽固的观念，即旧制度——以及它们中的帝国——注

---

①伊莱格·古尔德，美国历史学家，与人合编有《帝国与民族：大西洋世界中的美国革命》。

定要灭亡，因为它们是陈腐过时的。"¹² 总而言之，大西洋诸革命之所以发生，是因为亚洲各农业帝国的衰落所肇始的"世界危机"，导致了欧洲的过度扩张和持续不断的战争，从而引发了帝国内部的种种问题，继而激起地方上的反抗活动，最终引起了革命、政权更迭，某些社会和文化的变革。否则大西洋革命或许不会爆发。在某些地区，它的确对 18 世纪后期的政治变革起到了推动作用，民主政治和新的国家制度取代了以服从世袭或神授的权力为基础的政治体制。

如果说"革命时代"有一个大赢家的话，那么它就是国家。国家的权力从 18 世纪中期到 19 世纪中期急剧增强，并一直持续增长到现如今。大西洋世界的国家变得面积更大、国内更为集权，具有更强的意愿向外部扩张，实现了军事化，增强了侵略性，日益能够应对革命动乱。这是法国大革命的一个重大成果：拿破仑治下的国家由此能够镇压那些反对革命的活动，而旧制度的法国则无力应对。第二次的法国大革命没有发生。

新的国家具有贪婪性和侵略性，它在英国运行得最好。在英国，征税和战争使国家的各个职能高效运转，与西欧其他财政—军事国家形成鲜明对比。之所以说国家是革命时代的赢家，因为英国就是最明显的例证。英国没有爆发革命，却一直参与反对法国大革命的战争，并最终通过特拉法加战役（1805）和滑铁卢战役（1815）等一系列战斗战胜了法国。法国大革命和拿破仑战争对英国造成的重大后果是，大幅度增长的税收（包括首次开征的个人所得税）有助于维持世界上最强大的海军和一支实力雄劲的陆军。英国用战争和革命强化了它对爱尔兰的控制，迫使加拿大在美国独立之后更加服从于帝国权威，并用道德、经济和军事上的力量在西印度群岛废除了奴隶贸易。国家权力的强化趋势的一个例外可能是美国。美国革命之所以仍然是一次"反国家的革命"，部分是因为美国在 1783—

1861 年很少卷入战争。只有在美国内战时期，国家权力在美国才日益强大，而英国和法国在 18 世纪后期就经历了这一过程。不过即使在美国，与革命前相比，革命之后的国家也要更为强大。美国革命的一个反讽之处在于，叛乱始于英国人要求北美殖民地居民在很低的税收基础上再缴纳少量的额外税金。独立战争的巨额开支和亚历山大·汉密尔顿（Alexander Hamilton）18 世纪 90 年代的财政改革措施，意味着 1800 年的美国人比 1750 年的先辈们所承担的人均税负要更重。美国南部的增税幅度尤为显著，该地区在革命后再也未能恢复它在英属北美殖民地时期最富庶区域的重要地位。

美国革命

构成大西洋世界的革命时代的各个革命是什么呢？本节篇幅所限，不能一一详述每次冲突。我将以美国革命为例，简要分析其原因、过程和结果。英国在 18 世纪 60 年代想方设法向美洲的殖民者征税，而殖民地居民满怀着"激进的"共和主义情感，非常害怕英国人剥夺他们的自由权利。比如 1765 年《印花税法》令殖民地居民群情激奋，在北美和英属加勒比部分地区引发了暴力抗议。随后，英国试图找到一种能为殖民地居民所接受的一种征税方案，并坚持认为殖民地居民应承认一种观念，即英国议会对英国和殖民地的臣民拥有绝对权威。英国人的此类企图均未成功。除了美洲殖民者不愿接受英国议会主权之外，帝国的另一个难题也没有得到解决——向英国和美洲输入茶叶的重要进口商（东印度公司）的财务状况不断恶化，而 1773 年波士顿茶会[①]（Boston Tea of Party of 1773）暴力事件即是

[①] 即波士顿倾茶事件，波士顿"自由之子"所领导的一次政治示威事件。示威者们乔装成印第安人的模样潜入商船，将英国东印度公司运来的一整船茶叶倾入波士顿湾，以此反抗英国国会于 1773 年颁布的《茶税法》。

其中一个表现。

1775 年，英国与北美 13 个殖民地之间爆发了战争（西印度群岛和加拿大依然忠于英王）。从 1776 年《独立宣言》到 1783 年《巴黎和约》，英国与美国的战争处于胶着状态，复杂多变且充满暴力，各个地方上的民怨让美国人无法统一他们的思想立场，时常分裂为"爱国者"或者"保王派"，双方的支持者还经常变换立场。例如，在北卡罗来纳，18 世纪 70 年代早期爆发了激烈的政治辩论，即"监管者"辩论（"Regulator" disputes），导致其中的失败者后来置身于独立战争之外。之所以保持"中立"，是因为他们把这次战争视为那些粉碎他们理想的卡罗来纳精英分子的一个计划。我们需要小心的是，不要把美国革命中的反殖民斗争拔高到超越地方性冲突之上。美国的贫穷白人经常在革命中保持沉默，他们认为用战斗反对征税，其实和偷窃行为和革命后的叛乱没有什么区别，比如 1786 年马萨诸塞州的谢斯起义（Shay's Rebellion）和 1794 年宾夕法尼亚州西部的威士忌暴乱（Whiskey Rebellion）。这两次叛乱以武力反抗政府，都是 18 世纪后期偏远地区到处弥漫的疏离、独裁和暴力等各种情绪的产物。[13]

1776—1778 年，美国军队在乔治·华盛顿（George Washington，后来成为第一任美利坚合众国总统 [1789—1796]）的领导下，多次顶住英国人的强大攻势，从而激励了法国人站在美国人一边并在世界范围对抗着英国。1779 年，西班牙加入法国和美国的阵营，而 1780 年，荷兰在英国的施压下也卷入这次冲突。1781 年，华盛顿能够在弗吉尼亚的约克敦战役（Battle of Yorktown）中取得决定性胜利，其中一个原因是英国海军为了驱逐法国和西班牙的舰队而停止了对美国海岸线的封锁。当时法国人和西班牙人计划袭击英国在安的列斯群岛的殖民地，彻底断绝英国收复 13 个殖民地的任何希望。美国由此获得独立地位，形成了一个新的民族国家，并在经历了不适当的政府体制所带来的种种困境后，在1789年采用了联邦制度，从此美利坚合众国运转如常、不断强大。

然而，英国在战争中有失有得，并没有想象的那么糟糕。它在1782年4月桑特海峡战役（Battle of the Saintes）击败法国，保住了重要的西印度群岛殖民地。它还在1783年巴黎和平谈判会议上得到了直布罗陀（Gibraltar）和米诺卡岛（Minorca），并能够在印度和南亚不受妨碍地继续帝国的各种行动。1788年，英国甚至把触角伸向了遥远的太平洋深处，在澳大利亚建立了一块殖民地。这是美国革命所直接导致的一次帝国冒险事业，因为在美国独立后，英国不能再把罪犯流放至弗吉尼亚，尤其是马里兰。英国丧失了北美13个殖民地，与其说是一次经济危机，不如说是帝国脸面的一次狼狈出糗。1789年之后，英国在美洲保有一个"非正式"帝国（"informal" empire），在很多方面比正式的帝国更高明、更有效、更有利可图。

在帕尔默的影响下，我们曾经认为，美国革命用主张平等和自由等鼓舞人心的话语，在整个大西洋掀起了一次激进改革的浪潮。这就是美国革命的重要性至今仍在美国大众文化和政治文化中受到颂扬的原因。另外它反映了托马斯·潘恩（Thomas Paine）的乐观主义思想。潘恩，一位善于鼓动民心的激进主义作家，不仅创作了美国革命的一份关键性文本《常识》（*Common Sense*，1776），还参与起草了法国大革命最重要的一份文本《人权宣言》（*The Right of Man*，1791）。潘恩在《常识》中断言，"美国的事业在很大程度上是全人类的事业"。

历史学家现在倾向于摒弃此类美国革命具有全球影响的乌托邦式的观点。美国革命最重要的影响是间接的：法国1778—1782年为了支持美国独立，花费了巨额资金，造成了国内的财政危机，导致在 1789—1790 年召开了三级会议，最终激起法国大革命。不过，它在意识形态上的影响力出人意料地不是很强。它的理念原则具有一些国际影响力，但其中大部分是伦敦与巴黎之间辩论的观点。它对拉丁美洲某些克里奥尔人精英分子的共和思想演变比较重要，比如拉丁美洲起义中的重要人物西蒙·玻利瓦尔[①]（Simon Bolivar）。

　　然而，即使在美国革命之前，美国信条的一个主要矛盾就已经显现出来。正如保守派作家塞缪尔·约翰逊（Samuel Johnson）18世纪 60 年代所说的："我们所听到的呼唤自由的最响亮声音，为什么来自奴隶的监工？"美国革命分子想望的是他们自己的自由，也愿意把政治参与权扩展到更广泛的白人各社会阶层，不过他们还未准备给予受奴役的非洲裔美国人以同样的权利。此外，虽然 18 世纪七八十年代发布了一系列解放奴隶的法令，北方殖民地废除了奴隶制，并禁止在中西部新领土施行奴隶制，但是美国革命的另一后果，却是奴隶制变得更加稳固，尤其是在南方种植园区域最为强盛，并能够容易地向西部扩展到种植棉花和甘蔗的深南部[②]（Deep South）各州。毫不奇怪，托马斯·杰弗逊、詹姆斯·麦迪逊和华盛顿等奴隶主的话语和行动，并没有激励美国和英属加勒比殖民地的奴隶们。19 世纪早期英属西印度群岛的奴隶起义丝毫没有从美国革命的理想信念中得到灵感。与美国革命相比，法国大革命对海地革命的影响

[①]西蒙·玻利瓦尔（1783—1830），拉丁美洲革命家、军事家、政治家、思想家，是 19 世纪解放南美大陆的英雄人物，拉丁美洲独立战争的先驱，先后领导军队从西班牙殖民统治中解放了委内瑞拉、哥伦比亚、厄瓜多尔、巴拿马、秘鲁和玻利维亚，并促进民主意识形态在这些国家的发展。他参与建立了大哥伦比亚共和国，并于 1819—1830 年担任该国总统。他与圣马丁遥相呼应，为南美洲脱离西班牙帝国的统治、争取独立发挥了关键作用。

[②]深南部（Lower South 或 Deep South）与上南方（Upper South 或 Upland South）相对，指的是美国南部偏南的地区，所谓的"种植园的南方"（Plantation South）；上南方指的是美国南部偏北的地区。

更大。从美国对 1804 年海地独立的敌视立场，可以看出其平等理念的局限性。直到 19 世纪 60 年代，海地政府才得到它的北方邻居的承认。

加里·纳什[①]（Gary Nash）强调，由于 19 世纪奴隶制在南方的延续，美国人并不希望把革命输出到其他国家，因为他们害怕谈论普遍的和不可否认的权力会在美国南部引发奴隶暴动。受奴役者认识到，革命的原则转变为保守的确然性是多么快，杰弗逊和麦迪逊反奴隶制的承诺是多么无力（尽管乔治·华盛顿计划在去世时释放他的奴隶，但不包括他妻子的奴隶）。在奴隶们思考获得自由的路径时，海地革命给予他们灵感，为他们树立了榜样。更讽刺的是，他们把自己最可能获得拯救的希望寄托在英国及其殖民地加拿大的反奴隶制群体身上。1812 年美英战争暴露了美国的某些虚伪之处，当时数千名奴隶争相加入英国军队，他们被承诺将获得自由。此外，奴隶们知道，1808 年之后，英国海军而非美国政府在推动大西洋奴隶贸易禁令方面起着关键作用。[14]

美国革命没有在世界上造成广泛影响的另一原因，是它作为第一次反对帝国权力的殖民地叛乱，却并未能够真正地抵制和抛弃帝国主义。相反，它形成了一种新的、对原住民危害更大的帝国主义，征用美洲土著的土地分给白人移民耕种。1780 年出现的这个新国家是一个意外形成的、经由协商的、致力于白人至上和帝国主义的国家，就像它所打破的大英帝国一样。伊莱格·古尔德评论道，美国移民向西部迁徙时"利用了引入的、新的主权概念，他们在每一块新领土上重申 1776 年所宣扬的地方自治权，主张具有征服和自治的权利。

---

① 加里·纳什，美国历史学家，著有《美国人民：创建一个国家和一种社会》《城市考验：政治变化、政治觉悟和美国革命的起源》等。

这些远远超出了移民们之前作为英国国王臣民的各项权利"。[15]
与英国一样，美利坚合众国继续实行相同的帝国政策，土地占有欲、追逐利润、渴望开采新资源等激励着美国白人占领原住民的土地。因此，美国革命并没有把殖民地的过去和共和国的未来彻底割裂。诚如赛琳娜·扎本（Serena Zabin）指出的，"通过侵占印第安人的土地、巩固白人的权力和坚持家长制，该革命为新帝国主义奠定了基础"。[16]

最后一点，美国革命既是为美国未来而战的一次斗争，也是一场世界大战，尤其是在 1778 年之后。战斗既发生在北美，也蔓延至加勒比海地区、亚洲和西非。因为害怕法国极有可能入侵爱尔兰，所以本来可以调到北美的军队只能在英国和爱尔兰待命。对英国来说，法国入侵始终是一个敏感问题，因为爱尔兰人数众多且受到压制的天主教徒似乎随时准备反抗，事实上他们在 1798 年的确发动了起义。法国更关心的是削弱它在欧洲和加勒比海地区的主要对手（英国）的实力，而不是所谓的促进美国人的自由。比如，他们非常渴望夺回在亚洲失去的领地，不过他们没有达成这个目标。在很多方面，具有讽刺意味的是，法国成为美国革命的最大输家。法国未能阻止英国在其帝国内部和欧洲扩张势力，没有恢复法国的地盘和声誉，反而造成自身经济状况的恶化，使得在 1780 年引发国家动荡的一系列事件继续发展，导致它丢失了最富裕的殖民地圣多明各（即后来的海地），从而造成其帝国在世界上的影响力下降。

法国大革命和海地革命

法国大革命研究普遍属于内在主义路径——重点关注法国的历史事件及其对法国社会和政治的各种影响。然而，与美国革命不同，法国大革命在思想观念上对全球构成了持续的、巨大的冲击。

1789 年之后法国革命思想对世界历史的重大意义很快显现出来，甚至对保守的思想家们也是如此。例如，埃德蒙·伯克（Edmund Burke）1790 年宣称："纵观各种情况，法国大革命是迄今为止世界上发生的最令人震惊的事件。"世界各地的激进分子高度评价法国大革命在大西洋的关联影响，并狂热地把它视为殖民地起义的一个榜样，就如 1798 年爱尔兰所发生的那样。

法国大革命对大西洋的影响极其深远且非常复杂，本节只能简要论述。不过它对大西洋造成的两个重大后果需要特别指出：第一，如林·亨特[①]（Lynn Hunt）所言，法国可能在 18 世纪 90 年代发明了人权的概念。在她看来，法国大革命如同一种运输工具，而借助它的力量，关于个体和人民"权利"（rights）的新思想被输送到世界各地。一小群被称为重农学派[②]（Physiocrats）的知识分子，要么直接受到法国大革命的影响（林·亨特语），要么在 18 世纪 90 年代重述或者借用该世纪中期以来出现的大量且多数属于学术性的话语（丹·埃德尔斯坦[③][Dan Edelstein] 语），他们倡导普遍的权利应被视为人类存在所必不可少的部分。[17] 这些权利直接与个人有关。1793 年法国流行的一部歌剧，开场歌曲赞颂道：这个新时代见证了"自由的帝国，建立在人权的基础上"。

关于人权的讨论有其残酷的一面。自然法理论极为敌视那些"人

---

① 林·亨特，美国著名历史学家，新文化史主要倡导者之一，著有《法国大革命中的政治、文化和阶级》《法国大革命时期的家庭罗曼史》《人权的发明》，并主编了两部重要论文集——《新文化史》（1989）和《超越文化转向》（1999），确立起新文化史最基本的研究范畴与规范。
② 重农学派是 18 世纪 50—70 年代法国古典经济学派。弗朗索瓦·魁奈（1694—1774）是重农学派的创始人。他们主张重视农业的重农主义经济学说，理论基础是"自然秩序"论，认为自然界和人类社会存在的客观规律是上帝制定的"自然秩序"，而政策、法令等是"人为秩序"。他们把土地生产物看作各国收入及财富的唯一来源或主要来源。
③ 丹·埃德尔斯坦，斯坦福大学教授，著有《论权利精神》。

类的敌人"，因为他们违反了自然的法则，必须被消灭。这是1794年雅各宾派恐怖政治的内在逻辑，当时法国大革命陷入专制和极权。法国革命者以集体和民族国家的利益为名，毫不犹豫地压制了个体自由。可以说，法国大革命标志着历史的一个转折点，当时个人和集体权利的概念成为政治的基础。权利从一种政治理论发展为一种政治实践。然而，正如丹·埃德尔斯坦所评论的，截然相对的权利概念产生了极为不同的结果："关于个体权利的那些进步的理论表明了自身并不是那么普遍适用，它们取消了对那些被认为'不正常的'人的保护；在1792—1794年的纷繁乱世，自然权利的宪政理论变为压制个体的一种司法和政治工具。"[18]人权的语言是一种手段，可以用来讨论女性、受奴役者、犹太人和外国人的"权利"，尽管法国革命话语的语言把政治国家限定在白人男性的群体内。

第二，人权的讨论在一个领域产生了实际的作用：结束奴隶制的艰难尝试。在法国大革命之前的1781年，马奎斯·孔多塞（Marquis de Condercet）就认为，可以利用自然权利来攻击奴隶制，因为"不可能总是有利于一个人，而且也不可能永远剥夺一类人的自然权利"。林·亨特坚信人权具有实际的效用，她强调，"在法国对解放黑人和奴隶的问题做出决定的时候，人们能够更清楚地感受到人权的逻辑推倒一切的巨大威力。还是用对比来说明问题：1792年，法国赋予自由黑人以平等的政治权；1794年，远早于任何其他拥有奴隶的国家而解放了奴隶"。[19]

林·亨特上述论点面临的一个困境是，在废除奴隶制之后，拿破仑统治下的法国（其妻子来自马提尼克岛一个奴隶主家庭）也是第一个恢复奴隶制的国家。奴隶在法国大革命中所获得的自由，主要来自他们自己的艰苦斗争。奴隶获得自由的典型范例，出现在1791—1804年的海地（原圣多明各）。海地革命极为曲折复杂，分为好几次革命过程，涵盖了殖民地三块不同区域的白人、有色人种自由人和奴隶（他们都有不同的革命经历），另外还有三个外部势力加入——法国、英国和西班牙。它与法国大革命重大事件在每个节点和复杂的方式上都交汇在一起。然而，海地革命的根本问题其实很简单。它是奴隶们反对殖民地当局的一次叛乱，试图废除奴隶制而获得解放，并打破残暴的种植园制度。拿破仑决心重新征服这块殖民地，已准备好牺牲成千上万最精锐的士兵（大批军人死于热带疾病），徒劳地逼迫着获释奴隶重新回到奴隶制的枷锁和种植园的田地中。为了实现拿破仑的征服意图，法军在1802—1803年发动了一次攻势浩大的战争，随后海地起义军伟大的领袖杜桑·卢维图尔（Toussaint L'Ouverture）被设计欺骗，遭到逮捕，后死于法国监狱。背叛杜桑的雅克·德萨林（Jacques Dessalines）继任海地领袖，领导起义军在非常血腥、混乱和残酷的战争中取得了胜利。这次冲突中有约4万名法国人和超过10万名海地人丧命，从而成为法国大革命和拿破仑统治时期（1789—1815）死亡人数最多的事件之一。

在这段骇人听闻的岁月里，暴行成为常态。法国军队以近乎种族灭绝的战略对付叛乱分子，有时会让猛犬把人撕个粉碎。海地人以焦土政策有力地回击敌人，断绝了法军补给军需品的途径，摧毁法国人保护的种植园经济，并以游击战形式坚持斗争，让敌人疲于应付。法国人早期的残暴罪行促使德萨林发布了臭名昭著的命令，要对欧洲"复仇"，他在1804年1月1日宣布独立时屠杀了几乎所有还留在海地（幻想新政权会接纳他们）的几千名白人。他宣称，海地人就是黑人。德萨林的行动预示了这个前殖民地严峻的未来，因为一群变化无常的黑人和混血种人的政治家争权夺利，毫不关心大多数人民（曾经的奴隶，现在是农民）的权利和自由。

因此，海地革命的结果具有多重性。它主要的结果是积极的：

法国失去了最具经济价值的殖民地，海地的奴隶制度永久性结束，这个新国家完全禁止奴隶贸易。海地革命者的成就大大鼓舞了其他地区尤其是美国和古巴的奴隶，也向奴隶主们发出了严厉警告——奴隶们看似忠诚和尽职，实则非常危险。不过它并没有终结大西洋奴隶制度，而只是迫使奴隶制变更了存在的地方。古巴、巴西和美国反而提高了奴隶们所生产商品的产量，以填补市场需求缺口，因为圣多明各种植园经济遭到破坏，而英属西印度群岛殖民地（如牙买加）在1808年废除奴隶贸易后，经济也陷入衰落。

另外，海地独立的一个最重要影响是，一定程度上促使拿破仑放弃了建立以大安的列斯群岛为中心的热带美洲帝国的野心。圣多明各的丧失和欧洲战场的巨额军费，使他在1804年路易斯安那购地案①（Louisiana Purchase）中低价卖掉了法国在北美中部的大片领地。该购地案是美国历史上最大的一次地产交易。它推动了美国向西部扩张领土和更进一步地侵占原住民的土地。它还促使奴隶制向美国南部的扩张，并出现了学者们所称的"奴隶制的第二阶段"（second slavery），即种植园农业中一种具有明显资本主义性质的增长方式，主要是为英国棉纺厂种植棉花，而棉花种植的劳动者是土生土长的非洲裔美国人奴隶。

海地爆发了一场真正的革命，不仅政权出现了更替，整个社会基础也发生改变。从欧洲人的角度看，地球上最富有的地区似乎已

---

①法国路易斯安纳属地的版图超出今天美国路易斯安纳州的实际范围很多，该属地范围包括现今阿肯色州、密苏里州、艾奥瓦州、明尼苏达州密西西比河以西、南达科他州、北达科他州、内布拉斯加州、新墨西哥州、得克萨斯州北部、俄克拉荷马州、堪萨斯州、蒙大拿州及怀俄明州部分地区、科罗拉多州洛矶山脉以东，加拿大缅尼托巴、沙士吉万、亚伯达各省南部之密苏里河流域地区，以及路易斯安那州密西西比河两岸（包括新奥尔良市）。其中卖给美国的领地面积是今日美国国土的22.3%，与当时美国原有国土面积大致相当。

经沦为最贫穷的国家之一，而对原奴隶们来说，他们的生活水平大大提高，不再受到奴役让他们在心理上具有了巨大的满足感。最重要的是，在没有发生重大社会变革的基础上获得独立——北美和南美的建国之父们的目标——并不是海地革命的核心目标。海地人想要的是从奴隶制度中解放出来。1794年，法国人宣布废除殖民地的奴隶制，但是，就如杜桑所期望的，真正的解放只有通过普通人（男人和女人）的坚决行动才能实现，他们抵制任何恢复奴隶制的企图，不愿再次成为软弱的种植园劳动者，对如何工作没有任何决定权。杜桑和雅克·德萨林渴望独裁统治，他们根本不是基于坚定信念的领导人，而不时有人会对海地革命进行理想化描述，过度拔高地评价杜桑等人。不过，杜桑和雅克·德萨林也不敢否定奴隶起义所取得的基本成就，即立即和永远废除奴隶制。

拉丁美洲革命

比较而言，海地觉醒之后发生的拉丁美洲革命，它们的目标相对和缓，不过实施的过程就没有想象的那么美好了。就像在海地，暴力在拉丁美洲的很多革命中非常普遍。1808—1826年多次殖民地叛乱和1822年巴西独立，并非源自要创建新的国家政体和革命的政府体制的各种反殖民情绪。相反，对拉丁美洲至关重要的并不是逃离帝国，而是复杂的地方决策，即当地精英分子因为政治变动而决定保留和增加他们的权力，在本地社会环境和历史偶然性的基础上做出的决定。这些社会精英打算在新的基础上重组美洲，因为西班牙和葡萄牙在拿破仑军队的入侵下丧失了帝国。正如阿德尔曼所说，"在破碎帝国的躯壳之下，出现的不是因压迫而建立单一国家的一种设想，而是在两个帝国所囊括的政治空间瓦解之后，产生了大量关于主权的概念"。[20]

178

这些革命的保守性在革命领导人的身上表现得非常明显。他们维护天主教会的权利，保护商人和大多数克里奥尔人精英的利益。克里奥尔人社会精英取代了西班牙帝国的官员，延续着原帝国的各种政策。依然不变的是，美洲原住民被排斥在获得财富和权力的任何机会之外，而僵化的种族等级制度进一步固化。事实上，对 19 世纪的非白人群体来说，在种族关系上受到的限制比在原来西班牙统治下还要严格，因为在 1750 年之后，西班牙殖民政府主动进行了不受欢迎的政治、经济和社会改革，旨在使拉丁美洲更像比较进步的英帝国和法兰西帝国。毫不奇怪，鉴于这种保守趋向，最成功地适应新秩序的是巴西。巴西的种植园主和商人结成联盟，在种族分裂和社会倒退的政治体制中强化了他们的寡头权力。不断扩张的奴隶贸易、恢复元气的种植园和采矿业让这一精英阶层财运亨通。

拉丁美洲独立运动在革命时代的历史上有着不寻常的地位，主要是因为独立所产生的结果具有很大的不确定性。拉丁美洲的奴隶制在 1830 年之后继续存在并得到巩固，这或许并不奇怪——奴隶制度在很多地区得到强化，比如在 1776 年之后的美国就具有重要的作用。然而，拉丁美洲许多地区的独立并没有推动非白种人自由权利的显著增强，也没有促进民主政治的发展，更没有建立更强大、更独立自主的经济。正是在拉丁美洲革命时期，北美与南美、加勒比海地区经济成就之间的差距越来越大，形成了不可逾越的鸿沟（直到今天仍是这样）。同样在这一时期，英国在巴西、阿根廷（Argentina）、智利和其他地区的影响力使拉丁美洲屈从于新形式的依赖关系。早在 1830 年，拉丁美洲革命的象征性人物西蒙·玻利瓦尔在告别哥伦比亚人时哀叹道："我羞愧地说：独立是我们获得的唯一好处，但对其他一切都不利。"

和在美国一样，以建国之父们作为某种民族精神的人格化有着很长的历史,这使得理解独立革命的进程变得更为复杂。随着历史学科确立了某些历史写作的规范,尤其是历史考察的对象应为民族国家,对拉丁美洲独立革命的最初描述和解释就出现了。对 19 世纪关注南美革命的作家们来说,新国家的创建者们有着共同的过去,在推翻旧秩序方面分享着共同的情感宣泄和互信关系,因此可能有一个共同的未来。拉丁美洲的独立运动被描绘为民族的英雄故事,主要内容是伟大人物的牺牲和成就,其中最重要的当属玻利瓦尔,以及何塞·德·圣马丁(José de San Martín)和米格尔·伊达尔戈(Miguel Hidalgo)。约翰·林奇(John Lynch)1973 年出版的经典通论是这种写作手法的巅峰之作。[21] 林奇这部非常流行的作品把"伟大人物"的革命事业视为克里奥尔白人"早期民族主义"的象征。在林奇看来,他们不仅创立了国家,还促成了政治风格和政治习惯——它们持续地烦扰着拉丁美洲的政治。治理不善长期折磨着不幸的拉美,原因是拉美的民族主义者所构想的国家不是深思熟虑之后的完备形态,而是初步的不成熟模式,因此国家在民主和独裁之间反复更迭。拉丁美洲革命思想作为有缺陷的民族英雄故事,吸引着小说家和历史学家,比如加西亚·马尔克斯(Gabriel García Márquez)、卡洛斯·富恩特斯(Carlos Fuentes)、巴尔加斯·略萨(Mario Vargas Llosa)和路易斯·博尔赫斯(Jorge Luis Borges),他们都写过革命领导人苦难历程的故事。

小说家奥克塔维奥·帕斯(Octavio Paz)认为,拉丁美洲革命是一场失败的革命,甚至可能根本不是一场革命。正如他在 1959 年所说的,"西属美洲所建立的各个新国家,它们的'新'具有欺骗性:它们实质上是落后和静态的社会,是一个完整体在瓦解后的碎片和残余"。[22] 晚近的历史学家,如杰姆·E. 罗德里格兹(Jaime E. Rodríguez O)在著作中认为,拉丁美洲革命是西班牙人彼此之间的一次内战，其中只有一部分人生活在美洲。他指出，虽然存在着冲突和争执，但是未能形成殖民地居民的身份认同，从而无法使克里奥尔人转变为民族主义者。相反，拉丁美洲革命并不是民族主义英雄壮举的表现，而是西班牙国内问题在殖民地所引发的连锁反应——西班牙君主制由于拿破仑入侵而被推翻。罗德里格兹强调，在18世纪，西属美洲殖民地并没有脱离这个跨越几个大洲、世界性的帝国，只是被迫对母国的一次持久延续的危机做出了回应。西班牙帝国几乎没有那些需要以革命手段来解决的深层次结构问题，而这些革命所产生的结果也并不算成功，因为帝国内部关系的危机是未曾预料到的，也不是先前存在的问题所造成的结果。[23]

与美国一样，拉丁美洲革命的主要成就是宪政改革。在1810年到19世纪20年代晚期之间，代表大会、议会和国民大会等各种形式的立法机构起草了基本法律和宪法，为政府提供了一个政治架构。在明确宣布独立之后，宪法共和国迅速成为新格拉纳达（New Granada）和委内瑞拉的政府形式。某些人偏爱立宪君主制，比如曼努埃尔·贝尔格拉诺（Manuel Belgrano）主张在阿根廷拉普拉塔地区（Río de la Plata）设立一个象征性的印加国王。然而，所有新建立的拉丁美洲国家，包括在1821年创建了一个帝国的墨西哥，最后都很快采用了联邦共和国政体。巴西则显著不同，在1808年迎来以约翰六世（John VI）为首的葡萄牙王室。此人随后在1816年成为葡萄牙和巴西的国王，并决定留在巴西，直到1821年才返回葡萄牙。很明显，葡萄牙发生的重大事件威胁着巴西的稳定，因为有人要使巴西的经济利益从属于英国经济利益。贝雷斯福德子爵威廉·卡尔将军（General William Carr Beresford）密谋策划这种从属关系，计划在约翰六世离开时统治巴西。1822年，巴西独立。

到1826年，西班牙只保留了其盛极一时帝国中的古巴、波多黎各和菲律宾。古巴是颇有价值的属地、"永远忠诚的岛屿"和蓬勃发展的种植园殖民地，取代圣多明各而成为加勒比海地区最大的咖啡和蔗糖生产地。古巴人喜欢他们作为殖民地的现状，特别是看到美洲大陆新独立国家遭遇到经济灾难、财政破产和政治不稳定等诸多难题时。直到19世纪60年代，古巴富有的社会精英们依然认为，作为西班牙的殖民地对他们是有益的。正是奴隶制让古巴白人坚持留在西班牙帝国内，也正是奴隶制最终引发了后来的种种问题。在19世纪上半叶，古巴的经济增长基本上没有间断过，不过到1860年之后，经济衰退导致精英阶层对殖民地经济和政治未来的看法出现了分裂。古巴最终爆发了一场分离主义的战争，这与1808—1826年拉丁美洲早期的革命有着惊人的相似之处。这导致反奴隶制变得越来越重要，奴隶们往往自己起来抗争。

古巴的民族革命和反奴隶制结合在一起的独特之处是，它与北美和巴西的奴隶制危机几乎同时发生。美国内战破坏了古巴的稳定，因为美国政府之前在外交和军事上为古巴和巴西提供了保护，但是到19世纪60年代内战开始后突然取消了这些活动。欧洲发生的重大事件再一次成为关键因素。西班牙的废奴主义与自由主义也有所关联，因此在1868年西班牙的一场自由主义革命成功时，在古巴废除奴隶制第一次成为现实的问题。西班牙1870年了颁布《莫雷特法令》（Moret law），解放了部分奴隶。此时古巴也发生了民族主义起义，并迅速演变为内战，其中争论的一个焦点就是奴隶制的存废。奴隶的反叛精神愈发高涨，支持废奴主义者的一个观点认为，在多种族和多民族的社会里，奴隶制度具有内在不确定性，是非常危险的。

独立和废除奴隶制的过程是曲折和艰难的。1868年古巴东部爆发的一场起义，一直持续至1878年。起义领导人宣布废除奴隶制，部分是对逃亡奴隶蜂拥加入起义军的回应。这激怒了哈瓦那

（Havana）和周边种植园农村地区的保守主义者，因为他们决意维护奴隶制和殖民主义。保守派设法把奴隶解放延迟到 1886 年。然而，奴隶制度早已行将就木——奴隶在 1860 年高达 37 万人，而到 1878 年则是 23 万人。托莱多制度（patronato system）已取代奴隶制，它类似于 19 世纪 30 年代中期英属加勒比海地区所实行的学徒制。奴隶主释放了不断逃离种植园的奴隶们，以换取奴隶同意成为工资劳动者，或者让奴隶花钱赎回他们的自由。当奴隶制被废除时，它可能只影响了 2.5 万名奴隶。1895—1898 年，西班牙和古巴之间爆发了一次残酷暴力的战争，最终古巴独立，而美国在此过程中发挥着重要的作用。

结论

大西洋诸革命在全球范围内具有深远影响。历史学家经常论及的一种观点是，所有革命都是相互关联的。事实上，对于这种关联性，无论如何强调都不为过。与相似性相比，这些革命（保守的美国革命；激进的法国革命，及令人瞩目的反革命让法国回到了更保守的立场；真正激进的海地革命；拉丁美洲形形色色的很多革命，只偶尔才引起了革命变革）之间的差异性更加显著。大西洋诸革命爆发的相似之处在于，它们都是对帝国重大事件的局部反应。我们最好从过程而非因果关系来分析——偶然性对每一次事件的发生都至关重要。除了海地之外，这些革命也引起了有限的社会变化。19 世纪大部分时间里，海地基本上被排斥出国际国家体系。18 世纪晚期到 19 世纪早期，大西洋世界出现的大部分社会和文化的变化，尤其是家庭构成以及男性与女性、孩子和父母之间关系等方面，都与是否发生革命的政治变革有着关系。19 世纪早期，未发生革命的英国与革命的法国一样，在社会组织和文化体系方面出现了根本的变革。事实上，工业革命的影响或许意味着，1800 年之后，英国在社会组织和经济体系方面的变化比大西洋世界其他任何地区（海地除外）都要显著。

　　尽管贝利坚持认为，该时期的现代性表明大西洋诸社会之间的相似性在增强，各个社会内部的复杂性也在增强，但是在某种程度上，该时期不断出现、日渐高涨的革命运动导致了大西洋世界开始分裂瓦解。然而，我们需要记得，大西洋世界的很多社会，比如美洲的古巴和巴西，除了塞拉利昂之外的西非大部分地区，欧洲地区最引人注目的英国，大多数没有受到革命时代的意识形态和革命活动的影响。19 世纪，人们看到的不是帝国的终结，而是帝国的巩固。没有一个国家或者民主政治国家的普通男性拥有任何权力（更不用说普通女性）。贵族在 1850 年牢固地统治着国家，如同他们在 1750 年的时候那样，而且甚至比在旧制度时更有权势。同时，虽然在某些地方和某些时候，平等、自由和博爱等革命原则导致中部大西洋地区放弃了奴隶贸易和奴隶制，但是总的来说，不论革命时代之前还是之后，奴隶制和不自由的体制都顽固地存在着。它们甚至可能变得更为重要。在英美文学中，革命时代之后的那段时期通常被称为维多利亚时代，这告诉我们：用一位极为保守和充满帝国思想的女性君主来指称革命者所想象的世界，表明了 1756 年之后，革命性变革的影响并没有改变大西洋世界的最根本的设定，比如等级制、权威和家长制。

注释

1. The first section of this chapter is heavily indebted to C.A. Bayly, *The Birth of the Modern World 1780–1914* (Oxford: Blackwell, 2004).
2. Sankar Muthu, *Enlightenment Against Empire* (Princeton: Princeton University Press, 2003).
3. David Armitage and Sanjay Subrahmanyam, eds., *The Age of Revolutions in Global Context, c. 1760–1840* (Basingstoke: Palgrave Macmillan, 2010), xvii.
4. Robert Travers, 'Imperial Revolutions and Global Repercussions: South Asia and the World, *c.* 1750–1850,' in ibid., 145.
5. John Darwin, *After Tamerlane: The Rise and Fall of Global Empire* (London: Bloomsbury, 2007).
6. Ibid., 162; C.A. Bayly, *The Imperial Meridian: The British Empire and the World, 1780–1830* (London: Longman, 1989), ch. 6.
7. Jeremy Adelman, 'An Age of Imperial Revolutions,' *American Historical Review* 113 (2008), 319–40.
8. Lauren Benton, *Law and Colonial Cultures: Legal Regimes in World History, 1400–1900* (Cambridge: Cambridge University Press, 2002).
9. Jeremy Adelman, 'Iberian Passages: Continuity and Change in the South Atlantic,' in David Armitage and Sanjay Subrahmanyam, eds., *The Age of Revolutions in Global Context, c. 1760–1840* (Basingstoke: Palgrave Macmillan, 2010), 61, 69.
10. Eliga H. Gould, 'Fears of War, Fantasies of Peace: British Politics and the Coming of the American Revolution,' in Gould and Peter Onuf, eds., *Empire and Nation: The American Revolution in the Atlantic World* (Baltimore: Johns Hopkins University Press, 2005), 20.
11. Adelman, 'Iberian Passages,' 59.
12. Ibid., 69–70.
13. Patrick Griffin, *American Leviathan: Empire, Nation, and Revolutionary Frontier* (New York: Hill and Wang, 2007), 222–23.
14. Gary Nash, 'Sparks from the Altar of '76: International Repercussions and Reconsiderations of the American Revolution' in David Armitage and Sanjay Subrahmanyam, eds., *The Age of Revolutions in Global Context, c. 1760–1840* (Basingstoke: Palgrave Macmillan, 2010), 4.
15. Eliga H. Gould, 'The Question of Home Rule,' *William and Mary Quarterly* 64 (2007), 258.
16. Serena Zabin, 'Writing to and from the Revolution,' *William and Mar Quarterly* 74 (2017), 763.
17. Lynn Hunt, 'The Long and the Short History of Human Rights,' *Past & Present* 233 (2016), 323–31; Dan Edelstein, 'Enlightenment Rights Talk,' *Journal of Modern History* 86 (2014), 530–65; idem, *On the Spirit of Law* (Chicago: University of Chicago Press, 2018).
18. Dan Edelstein, 'Nature or Nation? Rights Conflicts in the Age of the French Revolution,' in David A. Bell and Yair Mintzker, eds., *Rethinking the Age of Revolutions: France and the Birth of the Modern World* (Oxford: Oxford University Press, 2018), 40.

19 Lynn Hunt, *Inventing Human Rights* (New York: W.W. Norton, 2008), 160.
20 Adelman, 'Iberian Passages,' 76.
21 John Lynch, *The Spanish American Revolutions, 1808–1826* (New York: W.W. Norton, 1973).
22 Octavio Paz, *The Labyrinth of Solitude: Life and Thought in Mexico* (New York: Grove Press, 1961), 161.
23 Jaime E. Rodríguez O, 'The Emancipation of America,' *American Historical Review* 105 (2000), 147.

参考书目

Oxford Online Bibliographies – The American Revolution; The Black Atlantic in the Age of Revolutions; Empire and State Formation; Latin American Independence; Nation, Nationhood and Nationalism; Republicanism; The French Revolution; The Haitian Revolution.

Jeremy Adelman, *Sovereignty and Revolution in the Iberian Atlantic* (Princeton: Princeton University Press, 2009).

Robert C. Allen, *The British Industrial Revolution in Global Perspective* (Cambridge: Cambridge University Press, 2009).

David Armitage and Sanjay Subrahmanyam, eds., *The Age of Revolutions in Global Context, c. 1760–1840* (Basingstoke: Palgrave Macmillan, 2010).

C.A. Bayly, *The Birth of the Modern World 1780–1914* (Oxford: Blackwell, 2004).

David A. Bell and Yair Mintzker, eds., *Rethinking the Age of Revolutions: France and the Birth of the Modern World* (Oxford: Oxford University Press, 2018).

Yves Benot, *La revolution française et la fin des colonies* (Paris: La Découverte, 1988).

Stephen Conway, *The American Revolutionary War* (London: I.B. Tauris, 2013).

Suzanne Desan et al., *The French Revolution in Global Perspective* (Ithaca: Cornell University Press, 2013).

Caitlin Fitz, *Our Sister Republics: The United States in an Age of American Revolutions* (New York: Liveright, 2017).

David Geggus, 'The Haitian Revolution in Atlantic Perspective,' in Nicholas Canny and Philip Morgan, eds., *The Oxford Handbook of the Atlantic World 1450–1850* (Oxford: Oxford University Press, 2011), 533–49.

Wim Klooster, *Revolutions in the Atlantic World: A Comparative History* (New York: New York University Press, 2018).

Anthony Macfarlane, *War and Independence in Spanish America* (London: Routledge, 2008).

Janet Polasky, *Revolution without Borders: The Call to Liberty in the Atlantic World* (New Haven: Yale University Press, 2015).

Jeremy D. Popkin, *A Concise History of the Haitian Revolution* (Oxford: Wiley-Blackwell, 2011).

Alan Taylor, *American Revolutions: A Continental History, 1750–1804* (New York: W.W. Norton, 2016).

[第三部分]

大西洋的空间单元

第八章
西非

作为大西洋世界一部分的非洲

大约 60 年前，历史学家、牛津大学教授休·特雷弗－罗珀（Hugh Trevor-Roper）在 BBC 广播电台发表了那番不受欢迎、饱含屈尊附就意味的言论："也许在未来，将有一些非洲历史可供教授，但目前还没有。只有在非洲的欧洲人的历史，剩下的就是一片黑暗。"这种说法虽然不恰当，但是可能并不像看起来的那样具有种族中心主义色彩。他并不是指非洲人没有做"社会学家和人类学家"感兴趣的事情。他认为，非洲不是历史学科的一部分，因为它几乎没有书面记载，且"对探究我们是如何一路走来"所起作用甚小。在特雷弗－罗珀看来，欧洲的思想和欧洲的历史对探究我们的过去才是有益处的。

现在，我们对此有了更加客观的认知，即非洲确实有历史，但我们仍然面临一个问题，特别是作为大西洋史学者，即认为非洲历史似乎只有在与欧洲人有牵扯时才存在，非洲内部的历史很难与其他问题联系起来。这是赤裸裸的欧洲中心论，不足为辩。但这些声音反映了长期以来，人们一直认为非洲是一个没有历史的地方，一个没有时间维度的一成不变的大陆。比如，传统的世界历史叙事，把撒哈拉沙漠描述成一个无历史的荒废之地，是北非与撒哈拉以南非洲之间不可逾越的屏障，在这个障碍下面，散落着许多似乎永远不变的小规模社会。在特雷弗－罗珀看来，研究这些社会，至多也就是"在野蛮部落之间徒劳地打转，那里虽然风景如画，然而却无关外部世界"。如果我们暂时放下不屑，对此语再做思考，就能意识到他说这一番话时是在新设立的、激进的苏塞克斯大学，而不是牛津大学巴利奥尔学院，"本科生，一如既往地被不断变化的新闻时尚的脉搏诱导，要求教授黑人非洲的历史"。[1] 在这种语境下，非洲历史不是真正的历史，而是人类学研究，并且不受时间的影响，还与更广泛的历史模式无关。这反映了黑格尔在 18 世纪后期提出的论点，即非洲没有历史，因为它代表了历史事件有目的地演变之前的人类社会。

这种"无时间维度的"非洲的观点至今仍余孽不绝，这部分源于非洲和大西洋历史之间不稳定的关系，而大西洋史自 15 世纪末以来一直被认为是历史发展的主要动力之一。在大西洋世界的 4 个大陆中，非洲受商品、人员和观念的跨洋流动的影响最小。除了位于大西洋沿岸的一小部分区域之外，非洲绝大部分地区受大西洋一体化的影响相对较小。这并不是说那些未受大西洋历史影响的地区被大西洋洋流隔绝并切断了与其他民族的联系。相反，大西洋非洲是非洲最后一个与海外建立联系的主要地区——北非与地中海地区密切关联，而东非几个世纪以来就与印度洋世界紧密相连。事实上，在公元 1000 年之前，与同时期的西欧相比，苏丹地带（Sudan Belt）和北非的城市化程度更高，与世界其他地区经济上的缠结更加紧密。然而，具有讽刺意味的是，内部受大西洋诸多关联影响最小的非洲大陆，作为大西洋奴隶贸易的发源地，却成为塑造大西洋世界方面最具影响力的大陆。奴隶贸易体系与天主教会相互结合，对大西洋一体化产生了最重大的影响。

正如本书中经常论及的，奴隶贸易对大西洋世界的影响非常之大。非洲受卷入大西洋的影响最小，但在形塑大西洋世界上，却是世界上最具影响力的地区。这有助于我们理解把非洲纳入世界历史模式时会产生的矛盾心理。然而，正如大卫·艾提斯所指出的，如果我们把注意力从直接影响转向大西洋世界联结的性质和规模的变化，那么在 17 世纪 40 年代至 18 世纪 70 年代之间，大西洋世界最引人注目的发展和变化发生在非洲。大卫·艾提斯的这种观点，把大西洋的奴隶贸易和经济活动置于比非洲的内部发展更为重要的地位，并具有把非洲历史与欧洲人在该地区存在的历史混为一谈的危险倾向。在撰述大西洋世界的非洲历史时，经常出现上述混为一谈的情况，比如特雷弗－罗珀就是如此，而非洲史学者约瑟夫·伊尼科里（Joseph Inikori）和 G. 乌戈·恩沃基（G. Ugo Nwokeji）也同样如此，虽然他们不赞同大卫·艾提斯关于非洲内部经济影响有限的论调，强调大西洋奴隶贸易对非洲发展产生了长期的负面影响。[2]

15 世纪中期，与葡萄牙人和西班牙人相遇时的非洲，对外国的来访者早已习以为常。它只是对大西洋不是那么感兴趣。事实上，撒哈拉沙漠并不是一片荒废之地，而是世界主要的十字路口之一，是一个多种文化和跨文化互动的空间，有着丰富的盐、铜、骆驼和宝石等资源。它支持着城镇和贸易的发展，并由此成为地中海各种交换活动的核心区域之一。同样，大西洋非洲的南部是历史学家称之为大赞比西（Greater Zambezi）的一个区域，那里资源丰沛，存续着大量的人类活动和跨文化互动。非洲的村庄并非互不关联、相对孤立，它的国际化程度相当高。游历整个非洲的旅行一直存在。事实上，穆斯林非洲的旅行文化特别兴盛，部分原因是朝圣的需要。如果一个人是伊斯兰教信徒，那么条件允许的话，他一生中至少要进行一次朝圣。信徒们旅行是为了学习知识，进行贸易，体验冒险，满足他们对广袤世界的好奇心。[3]

虽然非洲大陆只有一小部分地区参与到大西洋世界中，但是导致整个非洲发生了相对重要的变化。在欧洲人到来之前，只有非洲西海岸与世界其他地区有着海上的交往。由于不利于航行的风系和洋流，缺乏庇护之地的海洋，以及潜藏着危险的滨外沙坝，所以大西洋不是一个受非洲人青睐的区域。熟悉这片水域的西非人，也只是使用独木舟穿行于该地区广阔的河流和潟湖水系中，而非建造船只进行远洋航行。此外，非洲人认为没有任何理由进行海外冒险。非洲几乎没有人口压力，这意味着非洲大陆有足够的土地可供人们进行分配，并不需要寻找新的土地来定居。例如，西非人并没有尝试在大西洋的近海岛屿上拓殖移民。

　　到 19 世纪初，情况完全不同了。非洲大部分地区已被强行拽入大西洋航道。在大西洋时代，从塞内冈比亚到刚果—安哥拉，港口纷纷涌现并迅速发展，连接着西非、西欧和美洲。这些新型关系在建筑上最显著的体现就是大量堡垒式的欧洲贸易站。它们由特许公司筑造，主要用来进行黄金或奴隶的交易。通过这些港口的空间设施和运行机制，1200 万非洲人被运往美洲，而欧洲商品输入非洲，用来支付购买奴隶的费用。这种堡垒式贸易站体系的建立，在非洲大西洋沿岸创造了一个较小范围却充满活力的精英文化景观，它拥有宫殿、王室法庭、公共花园和图书馆、国际化市场以及多信仰的宗教环境。这些港口世界化特征的一个标志是西非语言的扩散，以及欧洲语言在当地的克里奥尔化的调适，尤其是葡萄牙人和非洲人语言的混杂形式。雷蒙德·基亚（Raymond Kea）认为，"这种景观以其规范结构，集中体现了上等阶层对秩序、效率、可预见性、繁荣、理性以及施展个人才能和抱负的社会想象"。但是，他也指出，"从乡村的角度来看，这种景观是以巨大的社会成本为代价而实现的"。18 世纪强掳民众而贩卖为奴的国家，如达荷美王国（kingdom of Dahomey）等，在这方面表现得尤其突出。达荷美等国利用"阿苏瓦达"（asuwada，一种强调等级秩序和权威的辩证哲学，强调自由人和非自由人之间存在差异，非自由人是一种"被剥夺自由、受到束缚的物件"）学说来强化专制政治政权的统治，用恐怖手段来压制普通人。这些港口居住着富裕的商人，他们利用大西洋的商品来凸显自身较高的社会地位。除了他们自己，这些商人几乎降低了其他所有人的生活水准，并使许多乡村居民沦为受奴役者（要么在非洲本土为奴受辱，要么被大西洋奴隶贸易贩卖至异域成为奴隶）。

强调非洲港口商人的主导作用之所以如此重要，是因为上一代学者的一个重要历史发现：与美洲的情况不同，非洲人控制着大西洋的历史进程，并为商业和文化的关系定下了基调，尽管欧洲人可能从中受益最大。非洲人继续掌控局面的一个主要原因是，在19世纪初之前，欧洲人对非洲内陆的入侵极为有限。欧洲人难以适应非洲的恶劣环境，死亡率居高不下，以至于西非逐渐有了"白人的墓地"的称号。欧洲人来到这里，不是为了开拓殖民，更遑论移民定居了。在这片大陆，除了南非一个小型的荷兰人社区和生活在安哥拉殖民地的少数葡萄牙人，欧洲人没有建成更大规模的定居地。

正如本书其他地方所指出的，欧洲人是作为商人来到非洲的。他们出售纺织品、金属、酒精、烟草和火器。纺织品是最重要的畅销产品，几乎占到西非商品进口额的50%。非洲商人用来交换的是黄金（1700年之前的主要交易产品），以及其他非洲商品，比如象牙、手工艺品和染料。最初，欧洲人更热衷于购买黄金，而非奴隶。虽然欧洲人真正渴望的是贵金属，但是有时候，他们不得不接受奴隶作为报酬。他们带走了购买的奴隶，并在非洲市场上将其出售。最终，奴隶开始主导了非洲—欧洲的贸易。到18世纪80年代，即大西洋奴隶贸易最鼎盛的10年，有86.6万非洲人受逼迫而登上了中段航程，被运往了美洲。奴隶构成了西非总出口额的 90%。

然而，有一点非常重要，即不能夸大非洲与大西洋之间的联系。在任何关于大西洋历史的讨论中，奴隶贸易是必不可少的。如果不凸显非洲奴隶在塑造美洲经济和社会方面所具有的不可或缺性，那么，书写这一主题将是不可能的。在非洲对新世界的贡献中，最著名的当属音乐。对于非洲人对新世界的其他很多贡献，我们才刚刚开始进行研究。例如，直到最近，历史学家才认识到，巴西的卡波耶拉（capoeira）武术艺术传统是从 17 世纪安哥拉的卡桑杰王国（Kasanje kingdom）的类似传统中演变而来。[4] 但是，这并不意味着卷入大西洋对非洲内部的影响极其重大。正如本书其他章节所详述的，大西洋奴隶贸易甚至算不上非洲最大的奴隶贸易。除了西非港口城市之外，大西洋贸易对非洲其他地区的影响有限。大多数非洲人仍然驻足于本国经济中，而不是尝试进入专业的、充满艰险的贸易。此外，离散于大西洋世界的非洲人，只是更大规模的非洲人口流动中的一部分，其他很多人被迫在非洲内部迁移，或者迁移至地中海、印度洋。正如菲利普·摩根所总结的，"在早期近代，与大西洋世界对非洲人的影响相比，非洲人对大西洋世界的影响更为重要"。[5]

葡萄牙与非洲

在非洲，唯一持久存在的欧洲国家是葡萄牙。事实上，葡萄牙不仅是欧洲第一个在非洲移民拓殖的国家，还是最后一个离开的国家，它直到 1975 年才放弃在莫桑比克（Mozambique）的殖民地。1482—1483 年，迪奥戈·康（Diogo Cão）抵达扎伊尔河（River Zaire），开始了葡萄牙人和刚果王室之间的交易，这是葡萄牙首次深度介入安哥拉事务。葡萄牙人认为刚果是一片能为基督教带来皈依者的土地，而且通过它，更有可能找寻到传说中的基督教统治者，即埃塞俄比亚的长老约翰王（Prester John）。长老约翰王的传说影响了中世纪晚期欧洲关于非洲的所有信息来源。然而，更符合常理的理由是，葡萄牙人渴望获得贵金属和矿藏资源。

但是，很少有葡萄牙商人响应王室的号召。到 16 世纪末，葡萄牙意识到，除了奴隶和象牙之外，刚果人提供不了其他物品。同时，刚果人对葡萄牙商品和争取军事援助的最初热情也消失了，尽管葡萄牙的传教活动非常成功，让它能够在中非建立一个持久的基督教化的飞地。到 17 世纪，冲突接踵而来。在 1665 年的姆布维拉战役（Battle of Mbwila）中，葡萄牙人打垮了刚果军队，杀死刚果国王。刚果变成了葡萄牙的一个附属国。不过，除了奴隶贩子之外，很少有葡萄牙人前往刚果。许多大西洋贸易仍然掌握在非洲人特别是混血种人的商人手中。

17 世纪上半叶，葡萄牙人减少了军事入侵，因为它意识到，福音传道带来的回报是如此微薄，而疫疾则令大量欧洲人丧命。虽然传教的努力奏效了，但是其结果却不能让葡萄牙人满意。因为刚果人对基督教信仰做了一番改造，使其适应自己的信仰体系，他们将基督教教义融入自己祖传的信仰。比如，刚果女先知比阿特里斯·基姆帕·维塔夫人（Dona Beatriz Kimpa Vita）声称被圣安东尼附体，并批评巫术和欧洲人的奴隶贸易。她修改了天主教礼拜仪式，以符合自己的观点，并教导门徒说，耶稣和马利亚是刚果的黑人。她在努力塑造一个能满足当地社会需要的基督教，而不是绝对遵从罗马命令的宗教。她的活动在 17 世纪 90 年代引起了人们强烈的兴趣，但在 1706 年之后，其吸引力逐渐衰减。殖民地的政府机构和教会当局遂以施行巫术的罪名处决了她，并暴力镇压了其追随者。

从葡萄牙对当地人口的控制程度而言，安哥拉从未真正成为葡萄牙的殖民地。除奴隶贸易之外，葡萄牙在该地区留下的印记最终都消失无踪。在 1759 年耶稣会士被驱逐，引发与刚果统治精英关系紧张的传教活动结束之后，安哥拉才成为葡萄牙在大西洋世界所真正管控的一个领地。新总督苏萨·库蒂尼奥（Sousa Coutinho）心怀启蒙思想，他鼓励面向大西洋市场进行农业生产，甚至开展了铁制品和造船的工业生产。他的努力没有取得长远的成功，因为奴隶贸易的既得利益者阻止了经济多样化的尝试，使安哥拉在 19 世纪初沦为巴西劳动力的唯一供应地。安哥拉与巴西在其他方面的联系极为有限，因为除了奴隶贸易这一关键行业以外，这两个殖民地对彼此提供的其他东西都没有太大的兴趣。

与其他欧洲帝国相比，葡萄牙与非洲之间的文化联系更为牢固。从这一区域到达美洲的奴隶们，经常操一口流利的葡萄牙语，并接受过天主教的洗礼圣事，因此他们至少名义上隶属于该宗教。葡萄牙人比其他欧洲人更倾向于与当地酋长建立传统的合作关系，他们经常战略性地入赘当地主人的家庭，并给非洲的寡妇和欧非混血的孩子们提供了财富。这些孩子长大后成为在大西洋环境中弄潮的商人，他们讲自己的语言——克里奥尔语（Crioulo），即一种葡萄牙语和非洲语混合的语言。

葡萄牙统治区域那些皈依基督教的非洲人，与其他地区的非洲人是有区分的——只有葡萄牙人在西非的领地上积极地传播他们的宗教，而法国人、英国人和荷兰人则兴趣索然。如本书其他章节所详述的，由葡萄牙人引入非洲的最重要的商品，是家畜和美洲的作物，如甘蔗、菠萝，以及特别重要的玉米和木薯。葡萄牙人甚至将烟草引入黄金海岸，虽然荷兰商人在引进和生产烟草方面发挥了更大的作用。然而，这些适应性的改变只不过为持久的非洲认同增添了些许的欧洲元素。即便在葡属非洲，西非人也以各种方式抵制着殖民化或克里奥尔化，这是他们被贩至美洲的同胞们难以效仿的事情。[6]

劳动关系

对于卷入大西洋世界的普通非洲人来说，他们的感受如何？大多数非洲人与欧洲人少有接触。1700年，在约3000英里的西非海岸，只有几千名欧洲人。其中多数生活在黄金海岸的贸易站中。最开始，他们交易的是黄金、象牙和香料，后来更多地贩卖起奴隶。为这些贸易站中的欧洲人提供帮助的，是自由的和受奴役的非洲人，以及越来越多的混血非洲人。这些混血儿与欧洲人联系密切，并在附近的港口组建家庭和从事商业贸易。如果没有非洲劳工，欧洲人就不可能进行大西洋奴隶贸易。然而，这些劳工是非洲劳工，并不遵守欧洲的规则。

"公司"的奴隶也是受奴役者，虽然他们的生活远非理想，但是境况相对较好，特别是与那些不幸被运往美洲的数百万人相比。除非犯罪或负债累累，一般他们能够受到保护，不会被运往美洲。在日常生活中，他们享有一定程度的自主权，能不受奴隶主干涉而组建家庭，获得实际的劳动工资，在服务的内容上可以讨价还价。他们也希望能受到尊重。他们一般是技能娴熟的工匠，学习欧洲人的贸易手段，与白人一起工作，并共同为保护贸易站贡献着自己的力量。妇女们很少能够承担这种类型的工作，生活境遇相对较差，并且经常受到欧洲男性的性剥削。欧洲男性认为，与非洲妇女发生不受限制的性关系是他们享有的特权之一。档案记录中混血儿的数量表明，这种关系在奴隶堡中非常普遍。

人质（pawns）劳工补充了"公司"所属的奴隶劳动力的不足。人质抵押（Pawnship）是西非长期存在的一种做法。随着大西洋奴隶贸易的发展，西非沿海地区的商业化不断增强，债务奴役更加制度化，债务人质制度也不断扩展。这种制度将个人作为贷款抵押品，人质用劳动来偿付债务的利息，并维持他们自身的生存需要。人质往往是当地出生的自由人，因为只有人质对债务人来说具有足够的价值，他才想要将其赎回。人质又常常是妇女，无疑便利了男性对这些女人的性剥削，这也成为榨取她们劳动价值的一种手段。然而，非洲进入大西洋世界的一个后果是，与他们为非洲人工作时相比，人质在为欧洲人工作时更有可能被当作奴隶对待。不过，总的来说，欧洲人贸易站中人质的存在说明了，与其说是欧洲人对非洲习俗的不加干预，不如说是欧洲人必须学会尊重当地经济的特点和形式。

从另一个角度来说，这些公司奴隶和债务人质对塑造大西洋奴隶制度发挥了重要作用。他们构成了伊拉·柏林（Ira Berlin）所称的"大西洋克里奥"（Atlantic Creoles）群体，并在英属北美的克里奥化的重要形成时期，对创建非裔美洲文化起到了超乎寻常的作用。[7] 黄金海岸的英国贸易站有很多这样的奴隶在工作，他们出生于冈比亚，后来才移居到南方。正如西蒙·纽曼所指出的，他们生活在逼仄的环境中，身处欧洲人和黄金海岸的人们之间。他们在非洲和大西洋的奴隶制度的夹缝中讨生活。去往美洲的黑奴们，带去了他们对非洲奴隶制多变的特征的认知，这在一定程度上缓和了 17 世纪中期以来美洲奴隶制的僵化死板，有益于美洲的黑人群体。[8]

在非洲大西洋沿岸为欧洲人工作的人中，独木舟船工（canoemen）是值得格外关注的一个群体。这些人是技术超群的船夫，来往于岸上和舰船之间，几乎运送了所有的货物和人员。他们也是渔民和水手，发现为大西洋奴隶贸易工作让他们有利可图，且薪水丰厚。大型贸易站通常雇用近百名独木舟船工，在黄金海岸风高浪急的海面上航行。他们身怀绝技，是非常老练的水手，很少有欧洲水手能够媲美。

高超的技术让他们不可或缺。独木舟船工对此了然于胸，因此他们坚持收取高报酬，不接卑贱活计。一旦接下了工作，他们绝不惜力，高效且快速。他们在一个像无产阶级工人那样严密组织的群体中工作，有着牢固的集体纽带。父子相传的工作传承方式表明，独木舟船工绝对掌控着劳动过程。他们牢牢地控制着所有货物进出海岸的途径。如果他们不同意运送货物，那它们就只能滞留在原地。欧洲人欣赏他们的技能，但是讨厌他们的自主意识，并对他们自己把控着工作条件感到不满。一位葡萄牙总督在一次劳资纠纷后抱怨说："独木舟船工再次拒绝了工作，而惩罚他们的所有举措又让他们变得更加桀骜不驯。"不过欧洲人领悟到，最好是与这群工人合作，而不是激怒他们。随后的一位葡萄牙总督承认，独木舟船工如果受到"恰到好处的"对待，他们就会真心实意，"不辞辛苦，用娴熟的技巧完成这项工作"。9

个别独木舟船工成为大西洋奴隶贸易中的水手，因为他们偶尔会取代在运奴船装船时期突然死去的那些欧洲人。在大西洋游弋的运奴船上，总会出现黑人水手的身影，不过他们往往受雇于近海航行，而非跨大西洋的长途奴隶贸易。作为水手，与在黄金海岸做独木舟船工时相比，非洲人无疑受到的保护更少一些。他们与奴隶贸易中的白人水手面临着同样的难题和烦恼，而这些水手通常是所有白人海员中享有特权最少的群体。随着时间的推移，这些难题和烦恼在大西洋上工作的黄金海岸出身的水手们中间不断发酵，不仅造成了当地社区与欧洲人之间的紧张关系，还引起了白人贸易中黑人水手数量的减少。

大西洋贸易为欧洲人和非洲人都提供了际遇。它创造了一些新的工人群体，它们与生活在非洲的欧洲人都有着直接关联，比如作为中介，为父系和母系双方人员进行服务的混血种人。此类新工人群体和独木舟船工的活动，意味着大西洋非洲的沿海地区——在欧洲人到来之前是一个偏远和无关重要的区域——变得富裕起来，具有了国际化特点。非洲人控制着这些沿海地区，就像欧洲人所哀叹的"精神独立"那样。一位 18 世纪的英国观察家认为，在与欧洲人打交道时，非洲人具有"自由的精神"，并将他们与"伦敦街头最卑下的可怜虫相提并论，因为在所有国家，这种自由主要存在于最低阶层的人中间"。

肖恩·霍金斯（Sean Hawkins）和菲利普·摩根观察到，非洲人及其后代"背井离乡、翻山跨海，没有人比他们走过（大英）帝国更多的地方，也没有人比他们更能深味颠沛流离，他们身负着更多的跨帝国文化元素"。[10] 这种说法只部分适用于留在非洲的非洲人。这些人促进了此类变革性的交流，但他们在生活中却抵制这种变革。在大西洋沿岸，一小部分非洲人作为商人、统治者和工人，与大西洋世界有着密切的联系。然而，即便是这些人，也不需要彻底改变他们的生活来适应大西洋的节奏。

奴隶制和奴隶贸易

非洲的大西洋时代受时间性的限制，可以分成 3 个不同的时间段。15 世纪中叶到 17 世纪中叶是第一个阶段，大西洋沿岸的许多非洲人发家致富，他们生活的港口繁荣兴旺。大西洋贸易在非洲大西洋海岸的出现，使这些沿海地区成为非洲最具活力的区域，并将它们与撒哈拉商路十字路口附近的内陆城市连接起来。通过大西洋贸易，苏丹地带的商人能够为他们的商品找到新的销路。大西洋时代的到来加速了苏丹地带西部的中世纪帝国时代的终结，因为对任何一个将财富和权力集于一身的政治组织来说，更加多样化的产品和更多的商业生产中心必然削弱它的实力。这造成了帝国的衰落和许多中等王国的崛起。

17 世纪中叶到 19 世纪初，是非洲大西洋时代的第二阶段。在这一时期，大西洋奴隶贸易支配着所有其他的贸易。此时非洲的一些新国家，如达荷美和奥约（Oyo）之所以崛起，是因为它们作为掠夺性的政权，在发动战争、俘获土著以运往美洲的过程中不断增强了自身的力量。1800 年之后是第三个阶段。该时期欧洲兴起了废奴主义，而非洲内部的奴隶制却急剧扩张。商人和统治者不得不寻找其他商品，来填补他们进口货物生产能力的差距。奴隶价格的下降使非洲人更易购得奴隶。同时，对西非商品生产进一步投入，创造了旺盛的劳动力需求，而只有奴隶才能填补这一需求。19 世纪非洲大西洋时代的一个莫大讽刺是，非洲之外奴隶贸易的废除却导致非洲内部奴隶制的扩张。该时期苏丹地带的伊斯兰世界也面临着一场危机。从塞内冈比亚到乍得湖（Lake Chad），圣战使得神职人员取代了原来的世俗精英，在该地区进行着统治。这些神职人员坚定地认为必须停止奴役穆斯林，从而导致了在大西洋非洲，受奴役的非穆斯林人数比以往任何时候都要多。这无疑又是一巨大的讽刺。

在大西洋时代的第二个阶段，即奴隶贸易占主导地位时期所发生的事情，引发了激烈的史学论争。论争主要围绕 3 个问题：奴隶制一直是西非文化的一部分，还是从 1700 年左右才显著加强？从 18 世纪起，大西洋奴隶贸易是否造成了非洲的欠发达状况，并带来了持续至今的影响？非洲国家竞相捕掠奴隶运往美洲而加剧了它们战争的广度和强度，那么奴隶贸易是否破坏了西非的稳定？

非洲奴隶制一直存在。它起步早、结束晚，在全球现代性发展中发挥着关键作用。非洲内部的奴隶贸易总额最大，在 1401—1900 年之间为 1852.2 万人次，而大西洋奴隶贸易则为 12521336 人次。直到 18 世纪，649.5 万名非洲人跨越大西洋，大西洋奴隶贸易才接近非洲内部奴隶贸易的数量。不过就在同一时期，非洲内部奴隶贸易的数量依然更大，达到了 781 万人次。大西洋贸易在非洲对外奴隶贸易中占主导地位，占其总额的 68%。因此，非洲是全球劳动力的净出口地。它之所以扮演这个角色，可能与非洲人既有能力也愿意把同胞贩卖给陌生人有关，而由于各种原因，在东亚和西欧从未发展到如此程度。

但目前尚不清楚，在17世纪中叶大西洋奴隶贸易的重要性凸显之前，奴隶制是否为非洲社会和经济结构的核心。约翰·桑顿（John Thornton）认为，1450年之前，奴隶制在西非普遍存在，主要原因是土地公共所有权的缺失，使奴隶成为非洲法律唯一认可的一种私有的、能创收的财产形式。[11] 因为7、8世纪对非伊斯兰人民的征服产生了大量的奴隶，所以奴隶制在伊斯兰非洲很常见，尽管这种奴隶制往往局限于苏丹地带。伊斯兰世界的奴隶制不仅存在，它的种族思想还特别令人关注，因为这最终成为欧洲人为奴隶制辩护的理由之一。在伊斯兰世界，所谓"含的诅咒"受到很多人的信服，并发展成一种把黑色皮肤与奴隶制关联起来的意识形态（在一定程度上，也把白色皮肤和奴隶制联系在一起——撒哈拉以南的非洲人和北欧人都被认为是天生的劣等民族，因为他们没有生活在理想的气候中，即地中海和北非区域）。早在大西洋奴隶制成为基于种族的制度之前，黑皮肤的非洲人在伊斯兰世界就构成了奴隶的大多数，并且数量越来越多。

其他一些历史学家则认为，除了极其重要的黄金海岸之外，在伊斯兰教势力范围以外的西非地区，奴隶制不太可能普遍存在。他们认为，在非伊斯兰的西非大多数市场中，奴隶生产的商品数量少、产值低，无法支撑广泛的奴隶制度，特别是人们购买或保有奴隶，主要是用来显示主人的社会地位，以及展示他们赚钱的潜在实力。保罗·洛夫乔伊（Paul Lovejoy）对西非奴隶制进行了最全面、最权威的研究，他将该地区奴隶制的扩展与海外贸易的发展直接联系起来。他认为，仅海外贸易就为奴隶制的广泛流行提供的经济基础。

因此，他强调，虽然奴隶制在各处都很常见，但是直到 17 世纪中期才成为一个重要的制度，当时对奴隶出口的需求使西非各地都接受了奴隶制度。[12]

黄金海岸则有所不同，因为在早期近代，包括大西洋奴隶贸易完全确立之前的 200 年间，它就广泛存在着奴隶制。黄金海岸有着活跃的市场经济，可以销售奴隶生产的商品。黄金海岸身处西非，不属于伊斯兰世界，从来不只是一个奴隶输出地，它还从其他地区进口奴隶，以供奴隶主驱使，为他们工作。在评价西非奴隶制的长期延续时，黄金海岸早期的奴隶制是一个需要纳入考量的因素，因为它是欧洲参与非洲事务的主要区域之一。不过，黄金海岸奴隶制的存在需要与奴隶制发展更普遍的趋势相权衡，主要是欧洲人在此创造了一个之前跨大西洋奴隶制和地方性奴隶制都不存在的市场。比如，值得注意的是，在大西洋奴隶贸易中，富有的西非商人成为西非最大的奴隶主。在大西洋奴隶贸易的全盛时期，奴隶制采取了很多欧洲人到来之前所没有的方式，在经济上的盈利让人瞠目结舌。

一个更有争议的问题是，奴隶贸易是否导致了非洲持久的欠发达状况。在 50 年前一系列论战性质的作品中，沃尔特·罗德尼[①]（Walter Rodney）提出了这个强有力的观点。他认为，正是大西洋奴隶贸易使非洲陷入了长期的贫困。[13] 这个观点的新颖之处在于，它将非洲 20 世纪落后于世界经济的缘由从通常所认为的 19 世纪殖民化，上溯到几个世纪前发生的事件。一些历史学者虽然赞同沃尔特·罗德尼的分析，但是把奴隶贸易使非洲欠发达的影响时期限制在 17—

[①]沃尔特·罗德尼(1942—1980)，著名的非洲史学家，泛非主义者，生于圭亚那工人家庭，1966 年于伦敦大学东方与非洲研究学院获非洲史博士学位，研究方向为上几内亚奴隶贸易，曾任教于达累斯萨拉姆大学（1966—1967、1969—1974）和西印度群岛大学（1967—1969），著有《欧洲如何使非洲欠发达》。他将学术与行动结合在一起，对加勒比海和北美黑人民权运动影响颇深。

18世纪（非洲大西洋时代的中间阶段）。在17、18世纪，非洲对美洲的奴隶贸易使其他所有出口业务相形见绌。约瑟夫·伊尼科里认为，奴隶贸易对西非产生了深远的不利影响，它阻碍了在此之前导致经济多样化的那些市场的繁荣发展，而恰恰是那些市场的繁荣和活力在16世纪为非洲融入大西洋和全球经济提供了一种途径。与奴隶不同的是，黄金对国内经济能产生连锁效应，就如雷·基亚（Ray Kea）所示，黄金甚至有助于工业化萌芽的发展。[14]

约瑟夫·伊尼科里认为，17世纪中叶之后，奴隶贸易使非洲正处发展中的商业化经济夭折，而非洲人醉心于捕获俘虏，贩卖给欧洲人从中赚取利润。非洲制造业被外围化，非洲开始从欧洲进口大多数制造品，而不是发展自己的产业。此外，搜捕俘虏导致购买火器的数量大幅增加，黄金海岸、贝宁湾和比夫拉湾的军阀们进行了长时期和大规模的内斗。有奴隶贸易业务的非洲港口繁荣起来，其他地方却都衰落了，而受压迫的普通人也在被俘为奴的恐惧中汲汲自危、艰难度日。[15]这是一个强有力的论点，但我们需要意识到一个可能存在的事实来对此观点加以折中，即相对于非洲内部经济来说，海外贸易的规模其实可能非常小，并不能发挥像沃尔特·罗德尼和约瑟夫·伊尼科里所认为的那样巨大的作用。约翰·桑顿认为，奴隶贸易对非洲经济并没有那么重要，"如果与前工业时期的欧洲相竞争，非洲的制造业并不会像通常所认为的那样落于下风。"[16]1975年，菲利普·科汀①（Philip Curtin）提到，塞内冈比亚的奴隶出口贸易并不比该地区其他经济和非经济的活动更为重要。事实上，他认为，塞内冈比亚地区诸国家出产奴隶更多是出于政治原因而非

---

① 菲利普·科汀，也译为柯廷或柯丁等，美国著名历史学家，致力于倡导全球史的教学与研究，在奴隶贸易研究中影响巨大，著有《跨大西洋奴隶贸易：一项统计》《种植园经济的兴起和衰落：大西洋历史论文集》《世界历史上的跨文化贸易》。

经济原因，这意味着对该地区的精英阶层来说，大西洋奴隶贸易的出现并不像"世界体系"理论的追随者所主张的那样，是与过去的决裂。[17]

非洲的奴隶制可能与大西洋奴隶贸易有关，但它在性质上却与美洲奴隶制有很大不同。最大的区别是，非洲的奴隶身份既不是永久的，也不世袭遗传。在一篇经典论文中，伊戈尔·科普托夫（Igor Kopytoff）和苏珊娜·迈尔斯（Suzanne Miers）将非洲奴隶制称为纳入外来者的一种机制，而这种机制在那些需要融入亲属体系中的女性外来者身上，表现得尤为明显。[18]然而，这种社会融合的理想模式有着局限性。奴隶很少能够达到与自由民同样平等的那种程度，而且有一个奴隶身份的祖先，是一件极为不利且不光彩的事情，是奴隶后裔成为政治领袖的羁绊。

早期近代非洲奴隶制的另一个显著特征是，奴隶在商业贸易和河道海滨的工作中极其重要，导致他们在这些活动中很大程度上无人监督（黄金海岸再次成为例外），这一点在农业工作中表现得尚不明显。男性奴隶尤其如此，而按照西非习俗，女性奴隶从事碾磨玉米等农业活动。性别在形塑奴隶结构中至关重要。在大多数地方，妇女通常比男子更受欢迎。妇女提供了重要的家庭服务，也是理想的婚姻伴侣，与女奴结婚使男子既能榨取她的劳动，又能不受阻碍地控制其共同养育的子女。女奴无权离婚，从而避免了将妻子的财产归还给母系家族的风险。桑德拉·格林（Sandra Greene）在论述上几内亚海岸的性别角色时指出，那里实行一夫多妻制，自由女性在为丈夫纳妾时，通常将女奴作为首选，因为这些女奴可以在家庭中劳动，从而减轻自己的负担。[19]

与其他地方一样，非洲奴隶的待遇堪称恶劣，其情状可能比美洲种植园奴隶稍好。因为在非洲，奴隶和主人被捆绑在复杂的义务网络中，偶尔能受到法律的强制保障，这给受奴役者提供了些许的保护。伊戈尔·科普托夫和苏珊娜·迈尔斯认为，在非洲变为奴隶通常意味着痛苦地丧失了自己的身份地位，他们感受到一种在社会上受到贬低的耻辱。在以耻辱与荣誉精神为基础的社会中，这种情感是发自内心的。历史学家已修正了伊戈尔·科普托夫和苏珊娜·迈尔斯的观点，认为奴隶并没有像他们两人所示的那样从文明社会中除名，亦没有被他人如无视蝼蚁般嫌恶。比如，西非的奴隶们有着活跃的宗教生活，他们与自由人之间的很多亲缘关系并不会在其沦为奴隶时就彻底终结。总之，与东南亚和美洲的"封闭"体系相比，非洲的奴隶生活在相对"开放"的体系中。正如当人们因谋杀、通奸、盗窃或行巫术要被处决时，可以用成为奴隶这种替代性选择作为赎罪方式；同样，如果奴隶做出社会认同的义举，譬如杀敌，他们也可能因此被释放。黄金海岸的情况又是一个例外。比如，此地的女性奴隶不如男性奴隶受欢迎，女奴更多地被输送到大西洋奴隶贸易中，这意味着当地经济更需要男性奴隶，这种情况仅存在于黄金海岸和 18 世纪中叶之前的比夫拉湾。

在非洲大西洋时代的中期，战争与奴役相伴相随。比如，在安哥拉西部的本格拉（Benguela），发生于 17 世纪 80 年代至 18 世纪 20 年代之间的军事行动，为商人提供了贩往巴西的奴隶。但这些军事行动只是偶尔成功，袭击者遇到了不想被奴役的个人和社区的激烈抵抗，这意味着被带往海岸装进运奴船的俘虏不足以满足巴西的需求。尽管如此，奴隶贩子仍然在内陆到处煽风点火，挑起非洲人的内斗，以获得足够的俘虏来助长跨大西洋奴隶贸易。除了战争，绑架也是非洲普通人的一个重要威胁。玛丽安娜·坎迪多（Mariana Candido）讲述了多娜·莱昂诺（Dona Leonor）的故事：多娜是一名自由的黑白混血妇女，也是一位葡萄牙商人的遗孀，1811 年当她在本格拉高地的姆巴伦杜（Mbailundu）进行商务旅行时，被该国统治者下令充为奴隶，并被出售，然后运往罗安达。她向葡萄牙总督提出释放自己的请求，因为她属于混血儿，也是葡萄牙王室的臣民和葡萄牙公民的遗孀，最终总督同意了申诉。很幸运，她被释放，因为和其他欧洲帝国不同，葡萄牙人认可的某些属性即代表着自由，比如肤色和臣民身份。正如玛丽安娜·坎迪多所说，"同样的法律体系，对一些非洲人是暴力相向和施加奴役，却为那些被视为内部人士的人员提供了一个重获自由的法律空间"。尽管多娜的苦难历程有一个圆满的结局，但是也显示了自由黑人在 19 世纪初是多么容易受到伤害和虐待。[20]

19 世纪的转变

奴隶制在非洲并没有很快结束。奴隶的数量在 19 世纪或许还有所增加，直到 20 世纪才慢慢下降。这充满了讽刺意味。例如，塞拉利昂就是英国海军为获释奴隶设立的一个避难所，但是当大英帝国废除奴隶制后，塞拉利昂却仍然存续着奴隶制。塞拉利昂被认为是一个"受保护领地"而非殖民地。法律上的奴役身份直到 1896 年才结束，这意味着奴隶主不能再追捕逃亡奴隶。直到 1928 年，奴隶制才最终被禁绝。尽管如此，塞拉利昂经历了一些很有意思的经济发展，因为废奴主义者对它极为关注，他们试图把塞拉利昂作为实验场所，为奴隶制寻找到替代制度。塞拉利昂公司成立丁 1787 年，旨在解决英国的自由黑人人口所产生的问题。该公司 1791 年进行了改革，利用从加拿大和西印度群岛返回的自由黑人劳动力来发展商业化农业。尽管结果不尽如人意，但其他经济改革措施取得了成功，比如种植棕榈树以提取棕榈油。这一产品最终成为西非经济的核心。从塞拉利昂到安哥拉，整个西非沿岸森林地区种满了棕榈树。另一种作物花生也成为非洲国际贸易的重要组成部分。

西非的主要贸易从奴隶向棕榈油转变的结果之一，是该区域将跨大西洋贸易的方向从美洲转向欧洲。到 19 世纪 40 年代，棕榈油农业贸易在规模和盈利能力上首次超过大西洋奴隶贸易。虽然这种贸易的初衷是要通过小农生产的农产品贸易来取代奴隶制，但事实上，奴隶制已成为棕榈油生产不可分割的组成部分，因为大多数棕榈都是由大型种植园里的奴隶种植出产的。虽然非洲对世界的贸易在 19 世纪有所增长，但其增长速度却只有世界贸易增速的一半，这意味着随着大西洋时代的结束，非洲在世界体系中日益外围化。它从 19 世纪中叶开始进入一个依附时期，这在非洲大陆上还是首次出现。1850 年之后，欧洲各国加紧对非洲的殖民化步伐，并在 19 世纪 80 年代瓜分非洲过程中逐步白热化。[21] 因此，随着非洲历史上大西洋时代的结束，以及欧洲的影响力和政治势力的逐步加强，非洲人对西非政治和经济的掌控结束了，其影响力逐步下降。从许多方面来说，非洲历史上的大西洋时代可能是最后一次由少数非洲人掌控自己的命运，尽管是以许多同胞做出巨大牺牲，在新世界遭到欧洲人和美国人的奴役、蹂躏、控制为代价的。

注释

1 Hugh Trevor-Roper, 'The Rise of Christian Europe,' *The Listener* 70: 1809 (28 November 1963), 871–75.

2 David Eltis, 'Africa, Slavery, and the Slave Trade, Mid-Seventeenth to Mid-Eighteenth Centuries,' in Nicholas Canny and Philip Morgan, eds., *Oxford Handbook of Atlantic History* (Oxford: Oxford University Press), 271–72. See also Joseph E. Inikori, *Africans and the Industrial Revolution in England: A Study in International Trade and Economic Development* (Cambridge: Cambridge University Press, 2002) and G. Ugo Nwokeji, *The Slave Trade and Culture in the Bight of Biafra: An African Society in the Atlantic World* (Cambridge: Cambridge University Press, 2010).

3 Ray Kea, 'Africa in World History, 1400 to 1800,' in Jerry H. Bentley et al.,

eds., *The Cambridge World History* vol. VI, part 1 (Cambridge: Cambridge University Press, 2015), 244.

4   T.J. Desch-Obi, *Fighting for Honor: The History of African Martial Art Traditions in the Muslim World* (Columbia: University of South Carolina Press, 2008).

5   Philip D. Morgan, 'Africa and the Atlantic, *c.* 1450 to *c.* 1820,' in Jack P. Greene and Morgan, eds., *Atlantic History: A Critical Appraisal* (New York: Oxford University Press, 2009), 241.

6   James H. Sweet, *Recreating African Culture, Kinship, and Religion in the African-Portuguese World, 1441–1770* (Chapel Hill: University of North Carolina Press, 2005).

7   Ira Berlin, 'From Creole to African: Atlantic Creoles and the Origins of African-American Society in Mainland North America,' *William and Mary Quarterly* 3d ser. 53 (1996), 252–88.

8   Simon Newman, *A New World of Labour: The Development of Plantation Slavery in the British Atlantic* (Philadelphia: University of Pennsylvania Press, 2013), 164–65.

9   Ibid., 176.

10   Sean Hawkins and Philip D. Morgan, 'Introduction,' in idem, eds., *Black Experience and the Empire* (Oxford: Oxford University press, 2004), 1.

11   John Thornton, *Africa and Africans in the Making of the Atlantic World, 1400–1680* (New York: Cambridge University Press, 1992).

12   Paul E. Lovejoy, *Transformations in Slavery: A History of Slavery in Africa*, 3rd ed. (Cambridge: Cambridge University Press, 2011).

13   Walter Rodney, *A History of the Upper Guinea Coast, 1545–1800* (Oxford: Oxford University Press, 1970).

14   Ray A. Kea, *Settlements, Trade, and Politics in the Seventeenth-Century Gold Coast* (Baltimore: Johns Hopkins University Press, 1982).

15   Joseph E. Inikori, 'Transatlantic Slavery and Economic Development in the Atlantic World: West Africa, 1450–1850,' in David Eltis and Stanley L. Engerman, eds., *The Cambridge World History of Slavery* vol. 3 *AD 1420– AD 1804* (Cambridge: Cambridge University Press, 2011), 667–72.

16   Thornton, *Africa and Africans in the Making of the Atlantic World*, 44, 125.

17   Philip D. Curtin, *Economic Change in Precolonial Africa: Senegambia in the Era of the Slave Trade* (Madison, WI: University of Wisconsin Press, 1975).

18   Igor Kopytoff and Suzanne Miers, 'Slavery as an Institution of Marginality,' in Miers and Kopytoff, eds., *Slavery in Africa: Historical and Anthropological Perspectives* (Madison, WI: University of Wisconsin Press, 1977), 3–81.

19   Sandra Greene, *Gender, Ethnicity, and Social Change on the Upper Slave Coast* (Portsmouth, NH: Heinemann, 1997).

20   Mariana Candido, 'African Freedom Suits and Portuguese Vassal Status: Legal Mechanisms for fighting enslavement in Benguela, Angola, 1800–1830,' *Slavery & Abolition* 32 (2011), 447–59.

21   Robin Law and Kristin Mann, 'West Africa in the Atlantic Community: The Case of the Slave Coast,' *William and Mary Quarterly* 56 (1999), 307–34.

参考书目

Oxford Online Bibliographies – Africa and the Atlantic World; African Ports;
    African Religion and Culture; Benguela; Bight of Biafra; Creolization; Europe
    and Africa; Portugal and Africa; Sierra Leone; Slavery in Africa; the Atlantic
    Slave Trade.

Ralph Austen, *Trans-Saharan Africa in World History* (Oxford: Oxford University
    Press, 2010).

Mariana Candido, *An African Slaving Port and the Atlantic World: Benguela and
    Its Hinterland* (New York: Cambridge University Press, 2013).

Walter Hawthorne, *Planting Rice and Harvesting Slaves: Transformations along
    the Guinea-Bissau Coast, 1400–1900* (Portsmouth, NH: Heinemann, 2003).

Linda Heywood and John Thornton, *Central Africans, Atlantic Creoles and the
    Foundations of the Americas, 1585–1660* (Cambridge: Cambridge University
    Press, 2007).

John Illiffe, *Africans: The History of a Continent* (Cambridge: Cambridge
    University Press, 2007).

Joseph Inikori, 'Africa and the Globalization Process: Western Africa, 1450–1850,'
    Journal of Global History 2 (2007), 63–86.

Robin Law, *The Slave Coast of West Africa, 1550–1750: The Impact of the
    Atlantic Slave Trade on African Society* (Oxford: Oxford University Press,
    1991).

Paul E. Lovejoy, 'Islam, Slavery, and Political Transformations in West Africa:
    Constraints on the Trans-Atlantic Slave Trade,' *Revue d'Histoire Outre-Mer*
    336–37 (2002), 247–82.

James C. McCann, *Maize and Grace: Africa's Encounter with a New World Crop*
    (Cambridge, MA: Harvard University Press, 2007).

David Northrup, *Trade without Rulers: Pre-Colonial Economic Development in
    South-Eastern Nigeria* (Oxford: Oxford University Press, 2008).

G. Ugo Nwokeji, *The Slave Trade and Culture in the Bight of Biafra: An African
    Society in the Atlantic World* (Cambridge: Cambridge University Press, 2010).

Olivier Pétré-Grenoulleau, *Les traits négrières d'histoire globale* (Paris: Gallimard,
    2004).

Matteo Salvadore, 'The Ethiopian Age of Exploration: Prester John's Discovery of
    Europe, 1306–1458,' *Journal of World History* 21 (2011), 593–627.

第九章
西欧

从地中海到大西洋

就像在书写非洲历史的时候一样，倘若撇开大西洋，那么撰写欧洲的历史要容易得多。事实上，人们经常这样做。文艺复兴、宗教改革、17 世纪普遍危机[①]和启蒙运动等欧洲的宏大历史主题，时常被当作纯粹的欧洲内部事务来加以概述。地中海是关注的焦点和行动的中心，而大西洋则不然。从地中海的有利位置——自古以来就是世界历史的十字路口之一——来看欧洲，是完全合理的。该研究领域最伟大的历史学家费尔南·布罗代尔坚持认为，地中海不仅是欧洲历史的中心，还具有一种超越了政治和文化界限的根本的整体性。研究这种整体性是考察欧洲历史的重要切入点。

1492 年以后，大西洋在欧洲人观念中的兴起，挑战了地中海作为欧洲历史塑造者的主导地位。传统观点认为，哥伦布的地理发现和几乎在同一时间的达·伽马绕过非洲到达印度的航行，是欧洲历史上具有象征意义的一个转折点。地中海世界在 1500 年左右面临着

---

① "普遍危机"这一概念最早是休·特雷弗－罗珀于 1959 年在《过去与现在》中提出的。最初的含义在于解释 17 世纪前后时欧洲产生了迥异于中古时期的巨大变化，包含地理大发现、宗教改革、科学革命等。这些变化冲击一般人民的世界观与思想体系，使得一般人民产生巨大的信仰危机和心灵空洞。表面上看起来 17 世纪的欧洲处于科学技术突飞猛进之时代，但隐流中亦包含了巨大的失落感。

一个双重挑战：东面是敌对势力奥斯曼的崛起，西方则是欧洲发现了一个新世界。这种对正常欧洲秩序的双重挑战表明，欧洲文明的摇篮正变得越来越无关紧要，因为以前在欧洲内部处于外围地位的西北欧国家（至少与意大利和神圣罗马帝国相比）即将主宰世界，他们开辟的跨大西洋新航路使地中海这个古老海洋的文化和贸易模式黯然失色。

当然，这样的说法有些夸张。直到18世纪后期俄罗斯帝国崛起，以及拿破仑入侵意大利导致拥有千年历史的威尼斯共和国在1797年坍塌，地中海相对于大西洋的优势地位才真正受到了挑战。虽然地中海地区发生了危机，但是到濒临生死关头显然还有相当长一段时间。传统的观点认为，欧洲跨越大西洋和印度洋的扩张，把地中海从欧洲经济的中心推向了外围。这种观点现在被认为带有明显的欧洲中心主义色彩。我们不应该把早期近代的转变看作是单向的西向迁移，而应该注意1492年之后，大西洋的崛起是如何与活力犹存的地中海以及奥斯曼帝国在16世纪的扩张这几个因素结合起来，凸显了16、17世纪地球上各个地区之间日益紧密的互动联系。

然而，欧洲人对大西洋的开发利用为遥远的各区域之间的互动创造了新机会，所涉及的范围和规模是前所未有的。比如，热那亚（Genoa）不仅为伊比利亚人提供了哥伦布，还资助了西班牙到新世界的探险，并参与了它的利润分红。事实上，欧洲向大西洋的转移也可能加剧了与不断扩张的奥斯曼帝国的紧张关系。奥斯曼土耳其在原材料和粮食方面基本上自给自足，但对美洲的珍贵矿物非常感兴趣。16世纪后期，地中海和北欧之间的贸易也得到加强。大西洋的崛起并没有使地中海地方化，而是把地中海和整个欧洲变成了更加全球化互动的地区。在1400—1800年间，欧洲形塑了一个新的全球经济和文化框架，来自不同地域的人彼此定期接触。正如菲利波·德·维奥（Filippo de Vivo）所说："旧世界到新世界的制成品出口塑造了美洲的消费习惯，而地中海消费革命的关键是把异国的奢侈品变成大众消费品。"[1]

欧洲人为何进入大西洋世界

在1800年，倘若拿起一张世界地图，你会发现，海外帝国的最大份额属于约翰·艾略特所说的中世纪晚期或16世纪欧洲的3个"征服社会"：葡萄牙、西班牙和英格兰。[2]葡萄牙和西班牙的民族国家形成于早期近代，在它们与伊斯兰教长期的中世纪战争中得到锤炼。收复失地运动把两个伊比利亚王国变成了好战的十字军国家，其意识形态无疑是由"他们在打一场始于半岛并将扩及全球的圣战"的思想所构成的。他们对新世界的入侵是收复失地运动历史的合理延伸。英格兰也是一个积极对外扩张的国家，即使在都铎王朝早期，在亨利八世（1491—1547）那已经收缩了领土扩张的触角、堪称灾难性的统治时期，对外拓殖也未停止。到了16世纪，英格兰对法国的长期干预和侵略以令人沮丧的失败而告终。但在不列颠群岛，它仍然是一个殖民大国。英格兰在12世纪和13世纪征服了威尔士，亨利七世（1457—1509）更是让威尔士永远地并入英帝国内，随后它确立了对爱尔兰的宗主权，由此爱尔兰成为英格兰第一块殖民地。

直到18世纪中叶，随着欧洲的海外扩张开始具有世界历史上的意义，欧洲学界才开始对欧洲渴望大西洋帝国的原因进行理论化的梳理。其中，最重要的理论家是苏格兰哲学家和政治经济学家亚当·斯密（1723—1790）。他指出，"在美国和西印度群岛建立欧洲殖民地是没有必要的"。他直白的论断是18世纪关于帝国效用论争中的一种观点。亚当·斯密比之前批判欧洲殖民美洲的人（比如修道院长雷纳尔）向前更进了一步，他开始质疑帝国存在的经济价值。他认为，如果欧洲人抵制住了海外征服的诱惑，坚持发展国内商业，那么他们在物质上也许更加富足。当然，每当国内出现问题，欧洲或美洲帝国存在的目的就会再次成为争论的焦点，一直持续到今天。中国就是从世界舞台中心主动退出的一个帝国，在15世纪中期，它并不认为海上扩张是一个良好的地缘政治战略。

亚当·斯密还对"商业项目"（他错误地认为这是英国参与海外活动的特点）和"征服项目"（他正确地归因于伊比利亚半岛国家的拓殖努力）进行了明晰的对比。我们往往倾向于淡化欧洲人海外活动的两个不同因素之间的差异，将两者并入一个称为"帝国主义"的单一进程。事实上，我们最好将这二者分开，正如我们将在考察荷兰参与大西洋世界的活动中看到的那样。亚当·斯密的另一个论点是，至少在18世纪70年代早期他自己撰写该文之前，欧洲人不需要迁居到新世界来避免马尔萨斯所称的人口过剩和资源不足的危机。欧洲人一批一批地前往美洲是自愿行为，正如约翰·艾略特所说，"拓殖疆土是由各种复杂的动机造成的，一部分源于在中世纪欧洲，尤其是地中海地区发展起来的雄心抱负和禀赋素养，一部分源于海外领土的自身条件"。[3]

西班牙和葡萄牙也开始入侵大西洋，因为它们是竞争激烈的欧洲国家体系的一部分。新世界白银等意外之财对欧洲势力均衡产生了直接影响，至少在欧洲的君主们眼中是这样的。在当时，一国有所得，在某种程度上意味着他国之所失。费迪南（1452—1516）和伊莎贝拉（1451—1504）自掏腰包赞助了哥伦布的航行，作为葡萄牙君主曼努埃尔一世（Manuel I，1469—1521）在非洲取得海外成功之后的应对之策。葡萄牙则通过巩固对巴西的控制来回应西班牙的成功，葡萄牙和西班牙在美洲的扩张，反过来又促使法国的弗朗索瓦一世（Francis I，1494—1547）拒绝接受教皇在西班牙和葡萄牙之间分割大西洋世界的决定,他的应对是基于高度敏锐的领土意识。尽管有些姗姗来迟,英国在 16 世纪下半叶也开始采取应对措施,它意识到如果英国自绝于大西洋世界之外,或者在大西洋贸易中只占有少量份额,那么它在欧洲的地位将岌岌可危。因此,1587 年北卡罗来纳州探险失败之后,英国开始长期地参与大西洋拓殖。与法国相比,英国是一个意志更为坚定的帝国主义国家,也比欧洲最富有的国家在 17 世纪建立海外帝国的努力更为成功。这很可能归功于英国自古以来一直是一个"征服社会",它从 12—16 世纪对爱尔兰天主教徒漫长而暴力的镇压过程中学习和借鉴了很多东西。

英国在新大陆的殖民活动尽管起步较晚,但目标鲜明。殖民和定居未受西班牙人重视,但却是英国的首要目标。自 1607 年在詹姆斯敦(Jamestown)定居后,英国人对它不离不弃,将其打造成一个坚实的基地,从这里出发,最终将领土扩展至新殖民地弗吉尼亚。总之,英国人没有像西班牙人那样,在大肆掠夺后遗弃被蹂躏的土地,而是留下来,尽最大努力将其变成与英国故土相似的景观。英国人迅速为殖民活动构建了意识形态的支撑,并将其成功植入这片虽然地处热带,但他们情愿相信与英国乡村颇为类似的土地上。其殖民意识形态的主要特征是"改善",这是一种 17 世纪的学说,它将土地所有权授予那些把土地改良成既定类型的人。改善后的土地像极了英格兰的农业景观,并建有代表"文明"在新大陆立足的城镇。因此,英国殖民进程与农村的资本主义转型同步进行,进行"改善"的地主们获得了土地(这些土地以前是每个人都可使用的共同财产),并将土地转化为带来利润的单位。这些单位可以按照资本主义个体农民的需要进行购买、出售或使用。

正如本书反复强调的那样,欧洲获取大西洋土地并将其转化为欧洲财产的梦想总是面临挑战,美洲原住民就是成功的挑战者。欧洲人甚至没有尝试殖民西非，这很明智，因为直到 19 世纪，在没有非洲人援助的情况下（他们很少能够获得援助），欧洲人的殖民行动取得成功的可能性微乎其微。为什么欧洲人能像他们在美洲一样成功？正如本书第三章所示，疾病是最重要的帮手，但与美洲原住民相比，他们拥有便利征服的技术优势，载枪帆船的技术发展十分重要。西班牙人带着人员和补给横渡了原本认为根本不可跨越的大洋，摧毁了阿塔瓦尔帕（1502—1533）的印加帝国。枪支在陆地上也大有用武之地，特别是在与马的使用相结合时。骑兵是西班牙人拥有的主要战力，而美洲原住民最初并不具备。马背上的战争使欧洲人有能力迅速改变战术，迅捷有效地扩大战争范围。

但征服并不是决心从大西洋扩张中敛财的欧洲人的唯一选择。17 世纪最成功的欧洲国家是荷兰。至少在 1654 年失去巴西和 1660 年丢失新尼德兰（被英国人变成了纽约）之后，荷兰参与大西洋开发的活动与葡萄牙、西班牙和英格兰的模式完全不同。荷兰参与大西洋事务的特点，导致本杰明·施密特（Benjamin Schmidt）和皮特·埃默（Pieter Emmer）等历史学家错误地声称，到 18 世纪早期没有形成一个所谓的"荷兰大西洋"（Dutch Atlantic）。他们认为，荷兰人以超越国家和全球性的方式与大西洋打交道，而其他帝国更多的是殖民和定居。[4] 然而，荷兰参与大西洋活动的独特性，在于其商业性远大于征服性。他们主要通过由国家赞助的贸易公司在大西洋和亚洲开展业务，通过这些公司将自己纳入现有的贸易关系，利润是其首要目标，而不是殖民。当然，商业与征服常不容分离，或者至少与战争是不可分的。正如简·皮特斯佐恩[①]（Jan Pieterszoon）在

---

① 简·皮特斯佐恩（1587—1629），17 世纪荷兰东印度公司在印尼的总督，于 1619—1623 年及 1627—1629 年间两度担任总督。虽被荷兰人视为英雄，但在荷兰殖民地区的亚非国家却不受欢迎，在近现代他更被视为致使种族灭绝的典型人物。

1614年所说，"没有战争，贸易就无法维持，也不存在无贸易的战争"。

约翰·艾略特爵士的文章对欧洲人走向海外扩张的原因做了总结，值得我们详加引述，因为它恰如其分地表明了欧洲海外活动的确不是出于必要，但是具有很强的目的性。亚当·斯密正确地指出了这一点。欧洲人急切地想在更广阔的世界中攫取利益，不管在这一过程中对相遇之民族将带来多大的戕害。对19世纪欧洲帝国主义的一种著名诠释是：它几乎是偶然产生的。该观点认为，欧洲人不想拥有殖民地，至少不是定居型殖民地，但他们不得不攫取领土并对该领土行使政治控制，因为当欧洲的海外贸易受到当地政治势力干扰时，他们被迫要对其他民族的事务进行干预。[5]早期近代的欧洲在大西洋建立的帝国并不是如此这般偶然出现，欧洲人在海外的行动是深思熟虑的结果，其获取殖民地的方式也不是充满随意性，而是一般欧洲模式的一部分。正如艾略特所说，早期近代时期的欧洲帝国主义者本身就"潜藏在将其输送到海外的前提条件中"。

他的结论是："受到利益嗜求所驱动，被强烈地拓展领土的紧迫感所推动，这使得帝国和主权的概念对他们来说是自然而然的事情，不管是他们与非欧洲人、新欧洲人打交道，还是与自己同胞打交道时都同样如此。对于世界上非基督徒的民族，他们愈发傲慢而自负。他们无法领悟，也无法保持对寻求贸易关系和权力行使之间的区分。"他最后的评论："倘或他们被吸进泥潭时睁一只眼闭一只眼，那么他们就是故意要进入泥潭。"[6]

17世纪危机

一些学者认为，从16世纪中叶大西洋历史开始时的相对贫困上升到19世纪早期"大分流"完成后无可争议的全球经济霸主地位，西欧的兴起是一个顺利的和不间断的过程。然而，在从哥伦布到"大

分流"的 300 多年里，欧洲面临着重大问题。"大分流"是由著名
史学家彭慕兰创造的一个术语，用来描述西方首次在财富和地缘政
治的重要性上超过了东方。杰克·戈德斯通（Jack Goldstone）认为，
对欧洲来说，16 世纪大体上是一个相对美好的时期。之前的 15 世纪，
世界各地均出现了暴力和混乱。同时，16 世纪也是继 14 和 15 世纪
的"小冰河期"之后一个相对温暖的间歇期；这一时期，哥伦比亚
大交换给欧洲带来了新的农作物，扩充了食物营养。戈德斯通的分
析对亚洲和欧洲可能是正确的，因为向商人提供安全保障的中央集
权的加强，使得贸易自有文字书写的历史以来，比任何时候都更加
繁荣。但这是一种植根于经济而不是文化的阐释，比如，它忽视了
宗教改革引发的混乱，这导致基督教分裂成新教和天主教两个交战
的宗教阵营。而且，杰克·戈德斯通的观点也饱含欧洲中心主义论调：
正如第三章所概述的，15 世纪见证了人类历史上最大的悲剧，即欧
洲人到来后，降临到美洲原住民人口身上的灾厄。[7]

　　然而，无论 16 世纪是一个相对繁荣抑或灾难频频的时期，可以
清晰而见的是，17 世纪对于欧洲大多数地区来说都是一个更具挑战
性的时期，似乎天启四骑士同时降临到这片大陆。大约在 17 世纪中
叶，战争、动乱、死亡和饥荒达到了顶峰，这让很多欧洲人相信，
灾难是与人类唇齿相依的最自然不过的现象。1651 年，英国政治思
想家托马斯·霍布斯完成《利维坦》的写作，这是一篇精彩且具有
持久影响力的杰出论著，认为人们为了保护自身必须服从公共权威。
该著撰写于英国内战和灾难性的三十年战争之后。在这场战争中，
神圣罗马帝国大约有 35%—40% 的生命因死亡或疾病而凋零。他说：
"现在，产业崩塌……艺术消弭，信件皆无，社会消亡。最糟糕的是，
人们不断处于暴力死亡的恐惧和危险中，人的一生，孤独、贫穷、
卑污、残忍而短寿。"1649 年，英国人处决了国王，震惊了全世界，

这被当时一些人认为是违反自然法和宗教法的行动，比如威尔士历史学家詹姆斯·豪威尔（James Howell）事后不久就曾经哀叹，"全能的上帝最近与全人类发生了龃龉，把驾驭地球的缰绳交给了恶灵"，这与霍布斯的观点不谋而合。

1954 年，艾瑞克·霍布斯鲍姆明确地使用了马克思主义的历史理论，特别是辩证法，论证了 17 世纪欧洲的种种灾厄并非偶然，而是他称之为"17 世纪普遍危机"（General Crisis of the Seventeenth Century）模式的一部分。牛津大学历史学家休·特雷弗－罗珀质疑霍布斯鲍姆的主要社会学和经济学方法，认为这场危机更多地涉及政治精英的地位，而非经济灾难。他提供了一种非马克思主义的阐释，不过同时，他同意霍布斯鲍姆的观点，即认为在 17 世纪中期，确实存在普遍的危机。令人惊讶的是，在霍布斯鲍姆发起辩论近 70 年之后，"普遍危机"的概念仍然作为一个历史辩论问题而存在。从某种意义上说，这场辩论转了一圈，又回到它的原点。霍布斯鲍姆将欧洲危机的解决与早熟的殖民化联系起来，他认为，"17 世纪危机的主要成就是创造了一种新形式的殖民化"，即大西洋美洲的种植园经济，它给欧洲带来了"经济扩张的辉煌而珍贵的几十年，从中获得了不可估量的利益"。晚近的辩论重新强调了跨越大西洋以及在亚洲的殖民冒险对解决危机的重要性。例如，彭慕兰认为，殖民主义与"欧洲内部的市场、家庭制度或其他机构所产生的任何有利因素相比较，它更能将西欧和其他旧世界核心国家拉开距离"。欧洲有海外殖民地，而中国则没有。欧洲在全球的侵略扩张可能使它比中国或奥斯曼帝国更容易走出危机。[8]

17 世纪欧洲的普遍危机是切实存在的。大约在 1640 年到 1680 年间，欧洲发生了一次根本性的巨变。它比欧洲宗教改革初期以来所发生的任何事情都更具变革性。后来发生的法国大革命才能与其相提并论。对于这场危机的特征，最普遍的描述是：从14世纪黑死病消匿而开始的一个漫长的经济扩张时代结束了，取而代之的是经济萧条或经济停滞。这一时期还伴随着人口的下降，1600—1650年期间，西班牙（主要是卡斯蒂利亚）的人口减少了14%，而意大利的人口减幅还要更严重，欧洲总人口下降约5%，只有英格兰和荷兰除外。然而，在1660年之后的50年里，英国的人口也下降了大约5%。欧洲人口下降的主要原因似乎是死亡率的急剧攀升，这可能意味着发生了一个马尔萨斯所说的人口重新调整过程，以适应不断减少的农业资源。杰弗里·帕克[①]（Geoffrey Parker）假定是"小冰河期"加剧了这场危机，这一时期气温较冷，连年歉收。气温下降的原因不是人为的，而是由于太阳黑子频率、火山爆发以及由此产生的火山灰，也很可能是持久的厄尔尼诺效应。帕克坚持认为，"任何令人信服的对普遍危机的论述，都无法避开在这个可怕的世纪长期存在的独特气候条件的影响"。[9]

在西班牙，危机的影响最为明显，法国也好不到哪儿去。1621年之前，西班牙与新世界的贸易在衰减，而持续和靡费的战争也使问题更加复杂。目前对这种衰减的解释是，新大陆的经济趋向自给自足，对西班牙财政紧缩政策更有抵制能力，这导致贸易量由17世纪最初10年的3万吨运输能力，下降到17世纪40年代的1.3万吨，政府的关税收入也遭受重锤。人口下降，与新大陆贸易的衰减，再加上财政压力上升，损害了农业生产，从而导致经济萧条。德意志的情况更为糟糕，它与大西洋经济的联系非常微弱，而且作为三十年战争的主要战场，所受破坏也最为严重。政治加剧了经济问题，

---

①杰弗里·帕克，历史学家，美国俄亥俄州立大学历史学教授，著有《全球危机：十七世纪的战争、气候变化与大灾难》。

反之，经济问题也助长了意识形态和宗教上的代价高昂的战争。人们把不幸归咎于魔鬼，德意志和苏格兰的巫术迫害急剧增长。在干旱肆虐、战火纷飞、饥荒不断的 1649—1650 年，以行巫罪名而在苏格兰被处决的人数比以往更多。

法国的情况稍好于西班牙，但在 1625—1650 年间，其农业部门也经历了生产力急剧下降的危机，社会动荡也明显加剧。例如，阿基坦和普罗旺斯的民众起义从 1590—1634 年的 155 次增加到 1635—1660 年之间的 438 次（从每年的 3.4 次增加到 12.6 次）。由于法国是欧洲最为富庶和人烟阜盛的国家，危机带来的影响尤为巨大。普遍危机极有可能是它采取被称为重商主义的保护主义政策的一个动因，在法国大革命之前，该政策基本上没有改变。整体而言，在法国和欧洲，危机导致了农业停滞、城市工业崩溃和金融机构混乱。

荷兰时刻

似乎荷兰是从其他地方的经济转变中受益的一个欧洲地区。这一转变具有决定性作用，将欧洲金融生活的中心从地中海转移到了北大西洋。阿姆斯特丹（Amsterdam）成为欧洲的主要货币中心，直到 1750 年左右被伦敦取代。经济转变首先体现在人口上。17 世纪上半叶，西北欧的人口从相当于地中海人口的一半增加到其 3/4。重要的是，这一时期也是西北欧国家纷纷涌向大西洋扩张势力的时代。伦敦和阿姆斯特丹等西北欧城市规模扩大，财富增加，人口增幅超过欧洲人口的平均增长水平，这意味着大西洋城市首次接近或超过地中海城市的规模和人口。

经济学家达龙·阿西莫格鲁（Daron Acemoglu）、西蒙·约翰逊（Simon Johnson）和詹姆斯·罗宾逊（James Robinson）认为，"普

遍危机"促成了一个以大西洋为核心、崭新且充满活力的资本主义经济。他们认为,大西洋贸易的兴起加强了欧洲大西洋沿岸港口城市中商人团体的力量,城市中心更有能力与领土国家讨价还价,来规划自己的体制需求,由此产生了对国家权力进行有效宪政约束的国家。他们觉得,这促使有利于经济增长的政府创立。[10]正如简·德·弗里斯(Jan de Vries)所解释的那样,"其理论模式假定大西洋贸易本身规模就足够大,可以支撑欧洲经济的长期增长,但这些贸易机会也发挥了杠杆作用,促进一些国家的政治机构发展壮大,这些政治机构除了享受高效经济机构带来的一般利益之外,还享受洲际贸易带来的巨大利益。"[11]这种模式存在争议,但确实为大西洋经济是西北欧政治和经济不断变化的动力的观点,提供了一个令人信服的理由。1660年后,英国成为新的大西洋经济的最大受益者。早在1683年,英国37%的商船参与了大西洋贸易,在18世纪,这一比例一直在上升。

雅各布·索尔(Jacob Soll)表明,17世纪早期阿姆斯特丹的金融进步便利了大西洋贸易。荷兰商业帝国的扩张,将美洲和亚洲的奢侈品囊括入内,其商人的金融知识也渐趋成熟和完善。此外,它还充当了信息交换站的作用,便利了对世界商品进行评估、出售和处置。荷兰人是伟大的会计和最重要的商业信息的收集和传播者。简·德·弗里斯和阿德·范(Ad van der)在更广泛的欧洲背景下将之称为"荷兰奇迹"。他们认为,普遍危机的结果之一是荷兰永久地改变了欧洲经济生活的规则。危机造成的混乱促使国家进行卓有成效的经济变革,最终,凭借市场驱动的劳动力和财政资源雄厚的国家支持,18世纪的西北欧国家在大西洋世界的竞争对手中占据了优势。他们认为,17世纪让"劳动力、食品、原材料和资本"从当地经济中"解放"出来,用于"大规模的区域性和国际性经济"。简言之,危机使欧洲的社会结构重组,从而形成大西洋经济,荷兰因此成为第一个现代经济体。荷兰在 17 世纪并没有工业化，但开发了新的生产工艺，提高了生产率，斥巨资投入人力资源建设，并鼓励创新。这些进步使荷兰在一个经济普遍停滞的时代，创造了经济强劲增长的良绩。[12]

17 世纪中叶是荷兰领导的属于欧洲人的政治经济时代。英国是荷兰最好的学生，塞缪尔·佩皮斯（Samuel Pepys，1633—1701）是一名日记员和海军管理员，他采用荷兰的方法，帮助英国在 17 世纪60 年代的英荷战争中打击荷兰军队。爱尔兰人威廉·配第（William Petty，1623—1687）是英国政治经济学的创始人和杰出的数学家，他复制并扩展了荷兰模式，发明了衡量国民收入和税收的模板。其主要贡献是发明了成本会计的模式，其中包括制定预算和确定项目后续管理的运营和土地持有成本。随着光荣革命后英国开始的金融创新，这种准确预测经济项目未来收益的能力，对英国和欧洲有效地开发大西洋资源产生很大助益。

乔纳森·伊斯雷尔[①]（Jonathan Israel）审视了荷兰在 17 世纪晚期的早期启蒙运动的经历，认为该世纪的普遍危机是历史上的一个关键转折点。他认为，这比文艺复兴和宗教改革更具变革性，后者"实际上只是对本质上仍然是靠神学构建和规范的地区性社会所进行的调整和修改。这种社会仍旧基于等级制度和教会权威，而不是普世性和平等"。他的论点深具启发性，它假定在尼德兰发生的事情是直接在斯宾诺莎哲学的引导下而发生，因此从某种程度来说，也是一种目的论。斯宾诺莎是理性主义哲学的领军人物，对从新的角度来理解"自我"这一概念做出了重大贡献。伊斯雷尔认为，这些对"自

---

①乔纳森·伊斯雷尔，普林斯顿高等研究院现代欧洲史名誉教授，著名启蒙运动历史学家，著有《法国大革命思想史》《荷兰共和国：崛起、兴盛和衰落（1477—1806）》等。

我"的新理解引发了激进和理性的启蒙。批评者认为，他将17世纪晚期的早期启蒙运动与全球现代性的诞生直接联系起来过于鲁莽。但他的论点确实提供了一种有用的方法，来理解欧洲是如何利用17世纪的危机，孕育新的自我观念、更平等的政治、更随意的社会互动，甚至对一成不变的父权制和君主制权力进行的挑战。看来，正是17世纪，把欧洲在早期大西洋世界的遭遇与我们过去常说的"西方崛起"（现在的术语是"大分流"）之间提供了必要的联结。

大西洋世界中的苏格兰

西欧不同地区从参与大西洋活动中受益的程度是不均衡的。比如在法国，大西洋港口城市南特、波尔多和拉罗谢尔因参与大西洋贸易而繁荣起来，18世纪毅然加入有利可图的大西洋商业的英国城市布里斯托尔和利物浦亦是如此。18世纪末和19世纪初棉花生产的增长将曼彻斯特新城与美国南部奴隶制的棉花产区缔结成了长期的跨大西洋联系。伦敦作为英国的首都和商业中心，在17世纪末利用其政治和商业实力创造了一个凝聚性的大西洋体系，这使它在促进海外扩张和构建制度框架用以酬报其强大的商人阶层方面发挥了主要作用。故而，伦敦比欧洲其他地方从18世纪的大西洋商业贸易中获益更多。

但是，如果要选取一个特别成功地与大西洋世界联系在一起的国家进行个案研究，那么苏格兰最为理想。与大西洋世界（大约在1720年前后）发生关联后，它的命运发生了显著变化，从欧洲最贫穷的地区之一成长为英国蓬勃发展的工业区，其务实的教育体系也成为工业革命许多重要发明家的摇篮。然而，在16世纪和17世纪，苏格兰是一个贫穷的国家，其北部高地地区尤其蒙昧。当时苏格兰以落后和不开化而臭名远播。16世纪游访美洲的约翰·怀特（John

White）在 1587 年描绘了北卡罗来纳的美洲原住民，他还颇为鄙弃地提及古代皮克特人，将"野蛮的"美洲原住民和苏格兰高地人做了详尽对比，而后者更令他嫌恶。

17 世纪，虽然苏格兰王室在 1603 年君临英格兰和威尔士，但是苏格兰的贫穷、宗教极端主义（它是严格的加尔文主义）以及苦难重重依旧引人瞩目。17 世纪 40 年代，在不列颠群岛爆发的"三个王国的战争"（War of the Three Kingdoms）中，苏格兰惨败，战争使得大批民众丧命，并引发了大规模的宗教异见和经济衰退。至于大西洋活动，苏格兰几乎是个局外人。在 1640 年之前，或许有不超过 200 名苏格兰人到往英格兰殖民地定居，极个别人去了新法兰西和新尼德兰。苏格兰更热衷于同北欧和中欧国家发展商贸关系，并同后者保持了长期的联系。此外，说到移徙，他们更喜欢去北爱尔兰的阿尔斯特。到 17 世纪 30 年代，有 1.6 万名苏格兰人迁徙至此，使这块英属种植园殖民地的种族和宗教混合大为复杂化。

苏格兰是受 17 世纪普遍危机严重影响之国家的典型代表，同时，倘若要淋漓尽致地体现气候对于这场危机是如何起到推波助澜的作用，苏格兰再合适不过。1637 年，内战爆发了，这也是 20 年中最干旱的一年，粮食变得非常匮乏。10 多年来，每逢夏季必然如约而至的阴冷和潮湿，毁掉了一个又一个丰收的希望，这解释了为什么苏格兰在 17 世纪 40 年代如此热衷于入侵英格兰而窃取资源。苏格兰害怕饥饿，因此它选择了革命。

苏格兰在大西洋的活动始于 1660 年。起初，它的活动十分有限，由私人利益集团主导，缺乏国家的支持。在商业活动增加的背景下，1692 年，苏格兰发起了中美洲巴拿马地峡的达连湾殖民计划，但是彻底失败，甚至堪称苏格兰历史上最大的灾难之一。该计划的主要推动者威廉·帕特森（William Paterson，1658—1719）是英格兰银行的创始人，也是优秀的金融家和老练的政客，他说服苏格兰政府将很大一部分财富投入雄心勃勃的殖民远征计划。帕特森非常熟悉加勒比海和中美洲。该计划旨在利用西班牙帝国的弱点，来使苏格兰打入利润丰厚的西班牙美洲贸易网络。在达连湾建立贸易站的计划，源于苏格兰17世纪80年代打算在南卡罗来纳和新泽西东部殖民的企图。正如道格拉斯·瓦特（Douglas Watt）所说，由于管理不力、西班牙的敌意和英国的漠不关心，该行动以失败告终，而前往达连湾的苏格兰移民几乎全部死于疾病。[13]失败给民族带来了耻辱，再加上17世纪90年代歉收导致的饥荒，苏格兰濒临破产。达连计划的失败，迫使苏格兰不得不与英格兰和威尔士组成大不列颠联合王国。

成为大不列颠的一部分，最终证明对苏格兰非常有利。然而，最初的情况并非如此。18世纪上半叶，苏格兰是英国最烫手的山芋，其高地地带非常贫困，且时常在强大的部族领袖带领下发动公开叛乱，那里是詹姆斯二世党人反对英国汉诺威王朝的中心，公开支持詹姆斯二世（1633—1701）信奉天主教的儿子和孙子作为英国王位的合法继承人。1716年和1745年苏格兰高地发生叛乱。在1745—1746年卡洛登战役（Battle of Culloden）大屠杀之后，叛乱被坎伯兰公爵（Duke of Cumberland，1721—1765）无情地镇压。

然而，在下一个百年里，苏格兰发生了巨变，从内部叛乱频仍变成了帝国事业热情的支持者和伙伴，积极进军大西洋世界。正如安德鲁·汤普森（Andrew Thompson）所指出的："在大不列颠联合王国众多民族中，苏格兰人对大英帝国的贡献尤其引人注目。他们是不列颠群岛第一批接受帝国心态的民族，也可能是抱持该观念最久的民族。在教育、工程、探险、医学、商业、航运等领域，苏格兰人为帝国添砖筑瓦，声望隆隆。"[14]汤普森还提及他们在亚洲缔造的苏格兰帝国，但直到19世纪，其对更广阔世界开发的主要着眼点在大西洋。

苏格兰人参与大西洋世界的活动主要集中在两个领域：商业和军事。18世纪，在与切萨皮克的烟草贸易中，格拉斯哥的商人地位日益凸显。1773年，烟草占苏格兰进出口贸易总额的40%，其中大部分出口到欧洲大陆。1725—1750年，烟草贸易额增幅最为引人注目，进口额增加了9倍，达到每年4500万磅。

苏格兰人还参与了糖的进口和奴隶贸易，这类活动在1750年之后的英属加勒比海地区大量存在。牙买加历史学家爱德华·朗（Edward Long）认为，牙买加"从北部不列颠得益匪浅，因为其1/3的居民要么是当地人，要么是当地人的后代"。对于1774年牙买加的历史，爱德华·朗高估了苏格兰的人口规模。19世纪初，在牙买加和英属圭亚那的新甘蔗种植园地区的白人居民中，苏格兰人占30%—40%，他们往往是这些殖民地最豪富的人群之一。英国政治家威廉·格莱斯顿（William Gladstone）的父亲约翰·格莱斯顿爵士（Sir John Gladstone），是以种植园主发迹的苏格兰商人的典型代表，他利用波罗的海贸易赚取的利润大量投资于圭亚那德梅拉拉（Demerara）的甘蔗种植园。在那里，他拥有超过1000名奴隶，并据此在大英帝国1834年废除奴隶制时赚了一大笔钱。他用这笔钱赞助印度的契约劳工前来英属圭亚那，以维持他的种植园营生。T. M. 迪维斯（T. M. Device）认为，"因此，与加勒比海地区的联系，可以被视为苏格兰18世纪'大跃进'的一个因素。这些岛屿为这个国家蓬勃发展的纺织业提供了市场，而那些携带财富回乡的旅居者把大部分资本投入苏格兰的工业和地产"。[15]

苏格兰人是商人、医生，在苏格兰启蒙运动的鼎盛时期，他们拥有大西洋世界一流的知识分子，最著名的是大卫·休谟、威廉·罗伯逊和亚当·斯密。苏格兰人也是战士。曾经是不列颠坚定的反对者的高地人，在1745年冲突结束后很快成为英国军队的主要支持者，这是大西洋历史上不时出现的极具反讽意味的事件之一。在七年战争、美国革命、法国大革命和拿破仑战争中，大批的苏格兰士兵被招募进北美殖民地部队。部族关系的消亡，使得在18世纪下半叶，苏格兰高地比1745年以前更加军事化。18世纪90年代，苏格兰高地大约有25万—30万人口，其中3.7万—4.8万人身着戎装。苏格兰士兵大多是普通的募兵，但其中不乏一些高级军官。一个极端的例子是卢登伯爵约翰·坎贝尔（Earl of Loudoun, John Campbell），尽管没有明显的军事天赋，但他在七年战争期间擢升为英国驻北美部队的总司令，直到后来卸去指挥权后，其平庸才显露无遗。

这些高地人军团的建立，标志着高地历史上一个深刻的变革时期，也表明了参与大西洋世界的活动有时会给欧洲某些区域和人民带来巨大的福祉，这弥补了不利的社会变化给普通高地人带来的民生艰辛。1745年后，传统的部族社会瓦解，取而代之的是地主所有制、攀升的地租、债务和清洗，所有这些都被18世纪的术语"改善"所合理化。正如马修·德齐尼克（Matthew Dziennik）所说，"高地长时期的政府集权、整合、国家的资助扶持和社会变革，至少可以追溯至苏格兰国王詹姆斯六世（即英格兰国王詹姆斯一世）统治时期，它们在1756年后致力于帝国事业的时期又被显著地强化了"。[16]

高地人踊跃赴北美参军并非毫无缘由。他们被许诺，一旦完成兵役，就会得到免费的土地，许多高地人因此自由拥有了土地。这些土地是他们在殖民战争中夺取的美洲原住民的土地。士兵们对这笔交易非常满意，他们对纽约等地的殖民机会充满热情，在18世纪60年代末、70年代初，超过1万名苏格兰人满怀欣悦前往北美。马修·德齐尼克认为，苏格兰盖尔人在1745年后开始真正相信帝国主义具有道德和政治上的必要性，他们甚至认同了其剥削的一面。无论其先辈的哲人智者持何观点，他们根本不愿意正视自己和美洲原住民之间具有的共性。杰弗里·普兰克（Geoffrey Plank）指出："在七年战争期间大量操盖尔语的人们进入北美遥远的、有争议的地带之后……高地人想要证明自己，改变世人对他们的看法。"[17]

国家对兵力的需求决定了18世纪晚期高地人在英国的地位，它向乡村高地人提供了他们这辈子从未见过的大额资金。事实上，高地招募而来的士兵是"不列颠国家形成过程中，区域性对策的重要工具，英国成为盖尔语世界的主导力量"。与本书中的主题一致，1745年之后，在受大西洋世界影响而改变高地世界的重塑过程中，英国再次成为大赢家。

注释

1　Filippo de Vivo, 'Crossroads Region: The Mediterranean,' in Jerry H. Bentley et al., eds., *The Cambridge World History* vol. 6, part 1, *The Construction of a Global World, 1400–1800 CE* (Cambridge: Cambridge University Press, 2015), 431.

2　J.H. Elliott, *Spain, Europe and the Wider World, 1500–1800* (New Haven: Yale University Press, 2009), ch. 6. This section is very indebted to Elliott's interpretation of European empire in the New World.

3　Ibid., 112.

4　Benjamin Schmidt, 'The Dutch Atlantic: From Provincialism to Globalism,' in Jack P. Greene and Philip D. Morgan, eds., *Atlantic History: A Critical Appraisal* (New York: Oxford University Press, 2009), 180; Pieter Emmer and Wim Klooster, 'The Dutch Atlantic, 1600–1800: Expansion without Empire,' *Itinerario* 23 (1999), 48–69. Klooster has stepped back from the most strident expression of this argument. See Klooster, *The Dutch Moment: War, Trade, and Settlement in the Seventeenth-Century Atlantic World* (Ithaca: Cornell University Press, 2016).

5　John Gallagher and Ronald Robinson, 'The Imperialism of Free Trade,' *Economic History Review* 6 (1953), 1–15.

6　Elliott, *Spain, Europe and the Wider World*, 130.

7　Jack A. Goldstone, 'The Problem of the "Early Modern" World,' *Journal of the Economic and Social History of the Orient* 41 (1998), 249–84.

8　Eric Hobsbawm, 'The General Crisis of the European Economy in the Seventeenth Century,' *Past & Present* 5 (1954), 33–53; 6 (1954), 44–65; Hugh

Trevor-Roper, 'The General Crisis of the Seventeenth-Century,' *Past & Present* 16 (1959), 31–64.

9 Geoffrey Parker, 'Crisis and Catastrophe: The Global Crisis of the Seventeenth Century Reconsidered,' *American Historical Review* 113 (2008), 1077.

10 Daron Acemoglu, Simon Johnson and James Robinson, 'The Rise of Europe: Atlantic Trade, Institutional Change, and Economic Growth,' *American Economic Review* 95 (2005), 546–79.

11 Jan De Vries, 'The Economic Crisis of the Seventeenth Century after Fifty Years,' *Journal of Interdisciplinary History* 40 (2009), 181.

12 Jan De Vries and Ad van der Woude, *The First Modern Economy: Success, Failure and Perseverance in the Dutch Economy, 1500–1815* (New York: Cambridge University Press, 1997).

13 Douglas Watt, *The Price of Scotland: Darien, Union and the Wealth of Nations* (Edinburgh: Luath Press, 2007).

14 Andrew Thompson, 'Empire and the British State,' in Sarah Stockwell, ed., *The British Empire: Themes and Perspectives* (Oxford: Oxford University Press, 2008), ch.4.

15 T.M. Devine and Philipp R. Rossner, 'Scots in the Atlantic Economy, 1600–1800,' in John M. Mackenzie and T.M. Devine, eds., *Scotland and the British Empire* (Oxford: Oxford University Press, 2016), 52–53.

16 Matthew P. Dziennik, *The Fatal Land: War, Empire, and the Highland Soldier in British America* (New Haven: Yale University Press, 2015), 5.

17 Ibid., 17–18; Geoffrey Plank, *Rebellion and Savagery: The Jacobite Rising of 1745 and the British Empire* (Philadelphia: University of Pennsylvania Press, 2006), 146.

18 Dziennik, *Fatal Land*, 223.

参考书目

Oxford Online Bibliographies – Atlantic Trade and the European Economy; Early Modern Portugal; Early Modern Spain; France and Empire; Hanoverian Britain; London; Northern Europe and the Atlantic World; Scotland and the Atlantic World; The Atlantic and the Mediterranean; Western Europe and the Atlantic World.

David Abulafia, *The Great Sea: A Human History of the Mediterranean* (London: Penguin, 2011).

Pierre Boule, *Race et esclavage dans la France de l'ancien Régime* (Paris: Perrin, 2002).

J.H. Elliott, *Spain, Europe and the Wider World, 1500–1800* (New Haven: Yale University Press, 2009).

Jack A. Goldstone, 'Efflorescences and Economic Growth in World History: Rethinking the "Rise of the West" and the British Industrial Revolution,' *Journal of World History* 13 (2002), 323–89.

Serge Gruzinski, *Les quatre parties du monde: histoire d'une mondialisation* (Paris: Martiniére, 2004).

Wim Klooster, *The Dutch Moment: War, Trade, and Settlement in the Seventeenth-Century Atlantic World* (Ithaca: Cornell University Press, 2016).

Geoffrey Parker, *Global Crisis: War, Climate Change, and Catastrophe in the Seventeenth Century* (New Haven: Yale University Press, 2013).

Kenneth Pomeranz, *The Great Divergence: China, Europe, and the Making of the Modern World Economy* (Princeton: Princeton University Press, 2005).

Nuala Zahedieh, *The Capital and the Colonies: London and the Atlantic Economy 1660–1700* (Cambridge: Cambridge University Press, 2010).

第十章

南美洲和加勒比海地区

环境

在大西洋美洲，加勒比海地区是首个为外界所接触的区域，接着是中美洲、南美洲。在这些地区，非洲人、美洲原住民和欧洲人之间有着重要的联系，并且在北美存在类似接触之前就已经存在。我们如何在这么长的历史时段中，来理解这片广阔的区域？切入点之一是通过探索非人类行为者，特别是昆虫——它们在形塑这片空间的人类互动上，发挥着令人惊叹的重要作用。在塑造历史学家称之为"新非洲"广阔区域的历史模式时，昆虫起着最重要的作用。该区域涵盖了巴伊亚和切萨皮克之间的巨大空间，并不特别适合人类居住。人类在该地区所经历的是人口的衰减，而非人口增长。这是一个热带和半热带地区，奴隶制很早就建立起来，且对该地区社会的政治和经济运行发挥着至关重要的作用。为维持奴隶制而来往频繁的贩奴船带来了埃及伊蚊。它是黄热病病毒的主要媒介和恶性疟原虫的携带者。正如约翰·麦克尼尔[①]（John McNeill）所展示的

---

① 约翰·麦克尼尔，著名环境史学者，全球史学家。他与其父威廉·麦克尼尔合著全球史经典佳作《人类之网》，引发巨大关注。约翰·麦克尼尔主要著有《太阳底下的新鲜事》《蚊子帝国》，并主编《全球环境史指南》。威廉·麦克尼尔（1917—2016）是美国著名世界史学者，对世界史的研究具有重要的推动作用，著有《西方的兴起：人类共同体史》《瘟疫与人》《世界史》。

那样，蚊子深刻地影响了"新非洲"的定居方式，因为对人们，特别是从未接触过这些病毒的欧洲人来说，蚊子给美洲所带来的东西是非常致命的。[1]

在西非，长期以来，大流行的疫疾主要是黄热病和疟疾。因此，所有安全度过幼儿期而存活下来的人，都能完全免疫黄热病，并最大限度地抵抗疟疾。美洲原住民和欧洲人都没有这种免疫力，他们在黄热病暴发时不堪一击，横尸遍野，就像 17 世纪 90 年代加勒比海地区发生的那样。1763—1764 年法属圭亚那库鲁发生的真实事件，揭示了黄热病的破坏力之大，以及死亡率是如何形塑了定居模式。正如艾玛·罗斯柴尔德所详述的，法国曾经雄心勃勃地计划在南美洲北部建立一个欧洲人繁衍生息的殖民地，专门耕种土地，来为繁荣的圣多明各殖民地提供食物供应，就像新英格兰①作为牙买加的供应基地一样。然而，该计划演变成一场"可怕的悲剧"，就像苏格兰 1697—1698 年在巴拿马殖民达连湾发生的惨剧一样，几乎所有欧洲移民都死于黄热病。[2]

黄热病使战争变得不稳定，因为战争必须赶在无免疫力的士兵死于疾病的蹂躏之前，速战速决。1762 年，英国在哈瓦那进行了一次快速的征服战，但 1741 年，英国对卡塔赫纳的围困则效果不佳，至于 1795—1804 年间的海地革命，简直堪称法国人最大的灾难。[3]正是让欧洲士兵闻风丧胆的黄热病，使 1655 年之后西班牙帝国在美洲仍旧稳如泰山，尽管在这期间，敌人们数次蠢蠢欲动，坚决地要发起对西班牙及其热带帝国的战争。黄热病还帮助牙买加在 1782 年避免了法国和西班牙的入侵。驻扎在圣多明各太子港的一支 2.5 万

---

① 新英格兰，现在美国东北濒临大西洋、靠近加拿大的区域，包括缅因州、新罕布什尔州、佛蒙特州、马萨诸塞州、罗得岛州和康涅狄格州。

人的庞大入侵部队被疾病摧毁，7000名士兵在短短几周内丧命，其死亡率之高使得这一流产的入侵行动成为整个美国革命时期最致命的一次冲突。

在新非洲，还有一种更为平淡无奇的渺小昆虫能够造成巨大破坏，它就是糖蚁。糖蚁是甘蔗的克星，而甘蔗是加勒比海地区和巴西东北部经济的基础。当时的人比我们更警惕蚂蚁和其他昆虫，在18世纪的大西洋，昆虫学或昆虫研究引起了人们极大的兴趣。通常情况下，昆虫无足挂齿，但是有时候，它们能够造成灾难性的破坏。马修·穆卡希（Matthew Mulcahy）和斯图尔特·施瓦茨描述了1657年昆虫是如何在瓜德罗普岛（Guadeloupe）造成巨大的破坏（由于毛虫的侵扰），从而导致了饥荒。在大安的列斯群岛，昆虫引起了种植园主形象地称之为"炸毁"的灾害，也使他们在可可树下建立与之共生的种植园经济的希望化为泡影。昆虫也使圣多明各（今天的多米尼加共和国）的种植园农业几乎陷于停滞，并促使牙买加人在种植园经济向成熟期过渡的重要关头，集中种植甘蔗，而不是可可树。[4]

蚁害在发达的种植园经济中特别棘手，特别是在18世纪70年代，蚂蚁可能摧毁农作物，使种植园主破产。马提尼克和格林纳达的许多种植园主深受糖蚁困扰，以至于他们利用西班牙政府的资助，带着奴隶去了尚未开发的特立尼达。从太平洋引进的新品种甘蔗很容易受到蚂蚁的侵蚀，尽管它们是带来高产的理想品种。欧洲国家拿出巨额赏金，奖励能够解决蚁害问题的人，但许多尝试均以失败告终。而种植园的另一种环境威胁则成了解决蚁害问题最有力的工具，1780年在巴巴多斯和牙买加发生的一场大飓风似乎带来了一个积极影响，即摧毁了蚁群。

在欧洲人试图解决如何阻止昆虫威胁加勒比海地区经济繁荣的

过程中，昆虫学成为愈发受欢迎，也更具有科学性的学科。当然，种植园本身是引起昆虫侵扰的重要因素。为了种植单一农作物甘蔗，他们清除森林，阻止植被再生，减少了植物多样性，并创造出有利于害虫蓬勃繁衍的新生态平衡和新地貌。英国博物学家亨利·斯密斯曼（1742—1786）最有效地研究种植园带来的环境变化，及其对昆虫侵扰提供的便利。他在非洲和西印度群岛的职业生涯已经被迪尔德雷·科尔曼全面地挖掘。斯密斯曼对蚂蚁的研究虽然对如何解决种植园的蚁害没有给出答案，但他提出了一种别出心裁的理论，即殖民地定居者之间的分工合作可以借鉴蚁丘内部的结构、秩序和流水作业模式，用以"改善"热带地区。斯密斯曼还注意到另一个"外来"物种——非洲奴隶，并断定其是种植园体系的恶性后果。从对蚂蚁的研究推断，再到对英属加勒比海地区奴隶制现实的考察，斯密斯曼成为一名早期的废奴主义者。[5] 正是在加勒比海地区的这个"新非洲"，最早发生了禁止奴隶贸易的各种活动，而奴隶制也改变了大西洋世界这片广阔区域的诸多关系。

西属美洲

在经历了征服时期的动荡之后，西属美洲的局势稳定下来，并度过了相对和平的 17、18 世纪。和葡萄牙一样，西班牙这一时期也经历了许多困难，但这些困难并没有波及美洲殖民地，那里的经济多样性不断增强。在欧洲帝国中，西班牙在美洲长期处于主导地位，直到 19 世纪初才面临重大挑战。到 1750 年，西班牙在美洲的领地面积远远超过其他欧洲帝国，这里还拥有其他地方没有的东西，比如令人过目不忘的城市、大学和大教堂。

人口的增长引人注目。这一时期，美洲原住民的人口重新开始增长，不过新西班牙北部等边疆地区除外，这些地区经历了征服时期与其他地方大体相当的高死亡率。原住民人口总数从 1650 年的 150 万激增到一个世纪后的 300 万，然后在 1810 年增长到 600 万。这样一来，西属美洲的人口增长赶上了英属北美人口的惊人增长。人口增长最强劲的两个重要总督区是新西班牙和秘鲁，但其他地方的人口增长产生了一个新的总督区，即为了在秘鲁北面拓殖疆土而缔造的新格拉纳达。新格拉纳达最初创建于 1718—1719 年，其存续仅仅维持了 4 年，但在 1739 年得到重建。1776 年，秘鲁南部新拓殖的拉普拉塔总督区也成为西班牙领地。

墨顿·麦克劳德（Murdo MacLeod）提出了一个重要观点，即当我们在考量该时期的西属美洲时，需要区分"近"大西洋和"远"大西洋。[6] "近"大西洋包括加勒比海地区和沿海的委内瑞拉，这些地方有良好的港口，靠近欧洲，因此与大西洋商业紧密关联。"远"大西洋包括墨西哥、秘鲁和新格拉纳达，其经济以矿物开采为基础，内部经济发展可能比与大西洋的联系更重要。墨西哥中部介于"近"大西洋和"远"大西洋之间。然而，这些区域内有足够的多样性，因此我们可以看到，所有地区既需要发达的区域经济，又有必要参与跨大西洋贸易。

委内瑞拉是"近"大西洋的一部分，它典型地体现了"近"大西洋和"远"大西洋是如何相互关联的。它既参与了殖民地间的贸易，又参与了跨大西洋贸易。在 16 世纪末专门生产烟草和可可之前，委内瑞拉先是向加勒比岛屿提供小麦和面粉，可可的利润诱惑带来了大量的西班牙移民，带动了加拉加斯①（Caracas）这

---

① 加拉加斯，又译"卡拉卡斯"，初建于 1567 年，1577 年成为委内瑞拉省首府，1830 年定为委内瑞拉共和国首都。位于加勒比海之滨的加拉加斯谷地，中北部阿维拉山南麓。

个重要城市的发展。18世纪初的大部分时间里，委内瑞拉的经济和社会都在蓬勃发展，它非常依赖英国，因为后者既是殖民地奴隶的主要供应者，又可以确保它生产的可可豆在墨西哥卖到一个好价钱。1739年，与英国联系的中断，给委内瑞拉带来的是经济萧条和民众不满。从库拉索岛和博内尔岛的荷兰商栈的走私活动大大增加，委内瑞拉内部的商业活动迅速减少。其结果导致了1749年的叛乱，如下文所述，它很快被扑灭，但据此开创了西班牙王国对委内瑞拉的政治和商业进行审查的传统。王室商业垄断和广泛的行政改革结束了哈布斯堡王朝时期的地方利益协商共识，从而使委内瑞拉进入了波旁改革的时代。从1750年起，来自帝国的控制比以前更强大，这些变化是西班牙政府对殖民地已经发生的事态进行应对的结果。比如，18世纪初，委内瑞拉与墨西哥建立了成功的可可贸易关系，因此西班牙王室便顺势成立了一家特许商业公司，来规范这一贸易。如下文所述，这一改革方案表明，在何塞·德·加尔维斯（José de Gálvez）等西班牙重要政治人物的操作下，西班牙比想象中更接近启蒙运动的精神——就这一方案体现的贸易自由而言。该改革的目标，是通过在西属美洲开放更多的贸易，来刺激西班牙裔美洲人与欧洲帝国发展商贸关系，从而满足王国政府增加税收的需求，因为西属美洲的人口和领土正大幅度增长，随之产生了新的、昂贵的防御需求，这就像英国王室在1763年后的北美所做的那样。

走私

贸易有时会造成冲突，尤其是当国家试图打击走私贸易时。国家有时候会将违禁贸易视为对帝国规则的触犯，而殖民者对此则不以为然。在后者看来，走私恰恰是那些被忽视的地区，如18世纪位于西班牙帝国外围的委内瑞拉，用以维持生存的机制。随着西班牙合法的跨大西洋航运不断绕过委内瑞拉海岸，前往西部更有利可图的地区，委内瑞拉人将希望的目光投向荷兰、英国和法属加勒比群岛那些诱人的市场。正如杰西·克伦威尔（Jesse Cromwell）所指出的那样，"委内瑞拉沿海地区的臣民及其非西班牙伙伴从（与其他殖民帝国）商业互动中产生了一种无国籍意识，在他们的生活中，西班牙的存在感相对薄弱"。[7]

1749 年初，当西班牙政府不明智地决定强制执行合法贸易和惩戒走私活动时，大约 500 人的军队在可可种植园主和低级官员胡安·弗朗西斯·德·利昂（Juan Francisco de León）的领导下聚集在加拉加斯中部，他们的抗议受到了普通卡拉奎诺人的热情欢迎，但王室官员并不买账。但到了 8 月，利昂拥有一支 4000—7000 人的军队，在 19 世纪 20 年代独立战争之前，这是西班牙裔美洲人最重要的克里奥尔人起义。起义的原因、过程和后果比较复杂，但它揭示了 18 世纪中期西班牙帝国的三个主要特征。首先，它表明，西属美洲社区，特别是外围地带的社区，人们并不认为走私是非法的，而是视为他们权利的一部分。简而言之，关于什么商业行为是公平的，什么是不公平的，他们有自己的经济道德观，而走私，在他们的观念中是公平的。其次，在第一点的基础上，臣民和官员达成了共识，他们认可可接受的、低限度的犯罪和腐败，在政府没有对非法交易进行正式管制的情况下，经济道德观作为概念化的商业法发挥了作用。在现实中，非法盈利，如果不伤及他人，就像凯瑟琳·布朗（Katherine Browne）谈及 20 世纪法国加勒比海地区时所说的"足智多谋"，则是一种社会可接受的生活方式，譬如说，通过避税或销毁账簿，在不违反文化传统和可接受的道德范畴内，延伸了法律的界限。[8] 最后，西班牙在大西洋世界因非法贸易而起的冲突，非但没有损害反而有利于帝国建设。商业是一个互动的过程——正如利昂军队坚持的那样，西班牙帝国政府需要容纳一定数量的走私，而当地人则必须接受对其经济自治的一些限制，这些限制措施在委内瑞拉波旁王朝早期加强政府监督的改革中，已经施行。西班牙政府试图把利昂叛乱描绘成一场突如其来的非法暴力，但他们亦承认，人们参与叛乱，是因为被政府夺走了谋生的饭碗，迫不得已才铤而走险。

但政府的观点是不正确的。利昂叛乱的参与者普遍认为，关于可可如何被送到市场并流入合法贸易轨道的新法律，会使可可种植者陷入贫困，并显示出与控制可可合法贸易的巴斯克商人有联系的官员的偏见和腐败。利昂及其追随者的抗议是对垄断和腐败的控诉，也是试图保留走私贸易的尝试。据说利昂一方迫使加拉加斯总督弃城而逃，从而加剧了争端，也使得这个城市暴露于奴隶叛乱的危险之下。帝国政府颇费周折地扑灭了起义，逮捕了利昂和他的儿子们，并将其送到西班牙。不久，利昂离开人世，其子与其他 28 个人被判处长期监禁。

对政府这一高压行动的不满持续了几十年，委内瑞拉人把加拉加斯公司的政府垄断视为对当地事务的侵扰，是对贫穷居民和他们的外国贸易伙伴的不公正迫害，因为它关闭了他们进入可可贸易的大门，迫使其加入走私贸易行列。最终，始于 1765 年并扩展于 1778 年的商业自由法令实现了西班牙贸易自由，打破了加拉加斯公司的垄断，并宣告了它的寿终正寝。利昂起义揭示了走私在当地克里奥尔人的身份认同的逐渐演变中的重要性。委内瑞拉对加拉加斯公司的反抗，促使起义者思考如何定义自己的身份，以及其身份是如何与他们商业自治的信仰联系起来的。

将利昂起义看作是一场失败的独立运动或拉丁美洲起义的前兆

有点言过其实了。但这一事件确实表明了在大西洋外围地带，在国家越来越多地干预和控制既定的商业模式的变动环境中，走私是如何影响着克里奥尔人的经济道德、自主商业贸易和身份认同之建构的。杰西·克伦威尔认为，走私是"缓解帝国各种关系间张力的安全阀。那些试图禁止走私贸易的人势必要冒着推翻或颠覆这些关系的危险。"[9]

西班牙人和美洲原住民

在不断扩张的西属美洲，稳定的美洲原住民人口，以及西班牙人和美洲原住民社区在双方相处问题上的暂时妥协，是维持其稳定的因素。然而，二者的联盟并不稳定，因为双方仍存在根本利益上的对立。近几十年来，有关后征服时代美洲原住民的历史资料大大增多，这一领域的史学研究有了复兴势头。大多数对早期近代西属美洲原住民的研究，都集中在人口稠密的墨西哥中部地区。在大西洋史领域，上一代学者取得的最重要史学进展之一，是重新发现了丰富的、用纳瓦特尔语（Nahuatl）写作的纳瓦人文献。研究这些文献的学者认为，传统的一些观点，比如居住在中美洲的原住民基本上已经消失，或因欧洲帝国的扩张被摧毁了土著文化而变得失去话语，这些原有的结论都严重偏离了事实。加勒比海地区的原住民文明确实湮灭了，但这种情况在墨西哥中部和安第斯山脉的原住民主要聚居中心却没有发生。

詹姆斯·洛克哈特（James Lockhart）率先翻译了数百种纳瓦人文献。他认为，虽然美洲土著社区受到殖民主义的重压，但直到18世纪，纳瓦人仍然是一支至关重要的力量，并且保留着很强的适应力和独立且连贯的文化，从而得以继续存在，并保持了语言的繁荣。

卡米拉·汤森[①]（Camilla Townsend）最近撰写的关于纳瓦人文献的文章引起了关注，她扩展了洛克哈特的研究，探讨了纳瓦人在后征服时代的文化和语言上的活力所达到的程度。她认为，这些文本的核心在本土社区，纳瓦人以本土归属感来自我定义，抗拒被裹挟进国家和全球的大趋势中。大多数文本是由小城镇的知识分子和本地有头有脸的人士撰写，他们渴望促进当地社区的发展。卡米拉·汤森提到，他们在文献中写下了这样的字句："保护他们的社区及生活方式，反对所有的外来者，随时代的变化而变化，但永远不要屈服。"[10] 他们的故事展示了美洲原住民有时候不得不使用相互矛盾的策略来对付西班牙人，与后者的关系时敌时友。关于缔结友谊的一个生动的例子，发生在特克马可罗地区（Tecamachallo，现今墨西哥城郊），双方是纳瓦人贵族和擅长于休泼阿利（xiuhpoualli）体裁的文人，最好的纳瓦特尔语文本就是用这种体裁书写的。他们是唐·梅托·桑切斯（don Mateo Sánchez）和方济各会修士弗朗西斯科·德·托拉尔（Francisco de Toral）。二人的通信揭示了一种复杂而强烈的关系，这是典型的同阶层之友谊，比殖民者和一个受拉拢的被征服者的精英分子之间的关系更为微妙。这是两个有着相似情怀的男人之间的友谊,他们在彼此的抱负和追求中找到了相同点，即二人都致力于增进社区福祉，保护社区免受外部威胁，无论这些威胁来自纳瓦人还是西班牙人。

这部以美洲原住民语言写就的作品，主要是关于墨西哥定居者和城市居民，而不是游民和农村居民。不过，以新西班牙北部边疆

---

① 卡米拉·汤森，美国罗格斯大学历史学教授，著名历史学家，著有《马林津的选择：征服墨西哥的印第安女人》《波卡洪塔斯与波瓦坦的困境》《美洲原住民年鉴：墨西哥殖民地的纳瓦人如何保存他们的历史》《第五太阳：阿兹特克人的新历史》。

地区的干旱地带（今天的墨西哥北部、加利福尼亚和亚利桑那）的美洲原住民为对象，一些有趣的研究也正在进行。边疆地区具有重要的历史意义，这是一个饱含争议的空间，不同的文化传统和民族在此相遇和碰撞。西班牙垂涎其丰富的矿藏，也因其固有的问题丛生而感到力不从心。这片土地属于美洲原住民，他们依赖西班牙人，也对其充满汹汹敌意，他们很难被控制或屈服。这里的部落依河谷而居，地理塑造了人类在这个边疆空间中的互动。而这个边疆实际上并不是"边疆"，只是我们习惯上称 19 世纪的美国西部为边疆。新西班牙北部殖民边疆，是一片未受同化的美洲原住民控制的广阔地带，这里散落着他们的定居点。西班牙人更需要和依赖于美洲原住民，反之则不然。他们需要美洲原住民的劳动力来开采矿山，同时这里的环境并不十分适合农业耕作，他们需要美洲原住民提供的食物来维持生存。

西班牙人对美洲原住民的依赖，并没有使其减轻对后者的蔑视。在西班牙的暴力欺凌下，原住民口迅速凋零。新西班牙北部的锡那罗亚、奥斯蒂米尼和索诺拉的人口从 1530 年的 40.8 万下降到 1790 年的 4.43 万。西班牙人尤为喜好在对方发生旱灾或流行病肆虐期间乘人之危，使出暴力的撒手铜。就这样，美洲原住民愈益衰落，西班牙人愈益强大，仿佛你退我进，步伐整齐、节奏契合，双方在小冲突中反复试探对方，最终塑造了独特的双边关系和行为。这一进程一般分三个阶段：首先，来自不同河谷的美洲原住民联合起来，侦查城镇和西班牙士兵，并将这些陌生的闯入者的信息传递给后方。这一阶段的美洲原住民在一定程度上抛开了地方差异，齐心协力，一致对外。在第二阶段，西班牙人试图通过他们的领袖，或曰酋长，与美洲原住民打交道。为了通过耶稣会士来吸纳新的基督教皈依者，为了找回来自采矿营地和农业庄园的逃匿者，为了镇压叛乱，他们积极寻求原住民盟友，试图离间各个部落，用衣物、工具，特别是马匹作为礼物来收买盟友。第三阶段，在原住民因干旱或洪水肆虐而命悬一线时，西班牙人趁机浑水摸鱼，迫使酋长让出土地和劳动力，作为提供帮助的条件。这一多阶段进程在新西班牙北部持续了两个多世纪，以不时发生的恐怖暴力为标志，西班牙人和美洲原住民共同创建了一个相互依赖、互相竞争的波动而混杂的边疆空间。

西班牙的殖民统治总是脆弱的。他们无法强迫美洲原住民遵从己方意志，除非在罕见的紧急情况下，但总是不得不通过谈判达成。在18世纪之前，西班牙在谈判桌上通常不占优势。到18世纪，力量的天平有了逆转，西班牙当局成功地将自己的意志强加给原住民的事情越来越多地出现。只有当美洲原住民领袖、军官和教会官员、殖民定居者之间实现短暂联盟，自由人和强迫劳动实现整合，双方才能达成共识。到18世纪初，西班牙成功地把控了这些地区的主权，而困扰美洲原住民的疫疾成了其主要帮手，耶稣会士也提供了很大助力，后者将原住民同化进西班牙习俗中，并帮助采矿工厂和农场主吸纳原住民劳工。虽然采矿业、耶稣会、劳动力迁移以及美洲原住民的奴隶化使西班牙和美洲原住民社会产生了交织和重叠，对美洲原住民非常不利，但是美洲原住民牧场或社区仍然保持了领土和族裔的完整。双方维持着来之不易的合作关系，美洲原住民能够维持自身的完整，而不是像在加拿大和美国西进运动中的原住民那样，被冲击得七零八落，其原因之一是西班牙殖民者对美洲原住民劳动力比本土劳动力更感兴趣。此外，这片土地固有的原始和荒芜的地貌，也意味着即使在被西班牙掌控之后，美洲土著社区尽管有所减少，但依旧存在。[11]

葡属美洲

1650 年至 1750 年期间，葡萄牙的大西洋帝国在巴西也实现了稳定。1654 年，荷兰人从巴西东北部的定居点被逐出，也丧失了非洲的安哥拉和近邻非洲的大西洋岛屿圣多美。到了 1660 年，葡萄牙在巴西已经稳如磐石。从此，葡萄牙以早期的亚洲殖民地从未出现过的、更多样化的方式，在大西洋根深蒂固地盘踞下来。我们可以看到，从 17 世纪末开始，葡萄牙高速发展的造船业对大西洋贸易的贡献。巴西亦在贡献之列，到 18 世纪末，巴西的重要性甚至超过了葡萄牙母国。葡萄牙帝国是唯一一个君主制没有受到削弱而是得到加强的大西洋帝国，比如在革命年代，帝国伴随着其君主的权力轨迹，从 1808 年开始从葡萄牙转移到巴西。其殖民地从来没有像其他殖民地一样服从于这个帝国的母国，这使葡萄牙大西洋帝国具有独一无二的特质。到 18 世纪中叶，巴西显然比葡萄牙在经济和政治上更强大。具有讽刺意味的是，葡萄牙长期以来一直致力于大西洋的扩张，这并没有给母国带来财富和强大的地缘政治影响力。1755 年，葡萄牙里斯本发生了一场毁灭性的地震。这一年，葡萄牙在欧洲的地位比 1450 年还要弱得多。走私和公开违反葡萄牙贸易规则的积弊使得无论重商主义还是贸易保护主义，都无法保护巴西的利益。这些政策不过是脱离现实的自欺欺人。甚至在 17、18 世纪最令人印象深刻和最有活力的国王若昂五世（Dom João V，1706—1750 在位）统治期间，情况亦无好转。

巴西的财富，不仅仅表现在制糖业。18 世纪初，米纳斯吉拉斯发现黄金后迅速发展的采矿业，吸引了众多葡萄牙移民，其中大部分是单身男性，非洲人也被大批输入进来。在 1700—1820 年间，共有 10.5 万人来自葡萄牙，153.5 万人来自非洲。在此期间，只有英国向美洲移民的人数超过了葡萄牙。在巴西，欧洲人和非洲人之间的比例超过了其他欧洲帝国，不过法国和荷兰的帝国除外，因为事实上，在18世纪，几乎没有法国人或荷兰人穿越大西洋。为了适应这种移徙和日益增长的种植园和采矿部门，葡萄牙人无情地攫取了美洲原住民的土地，践踏其主权。巴西的人口结构与英属北美相似，它的黑人人口占多数，白人是少数却居重要地位，但混血人口是一个重要的例外，巴西的混血人群比其他地方要多。巴西的种族混合是独特的，17世纪东北部的马龙人独立社区，大部分未开发的腹地的美洲原住民，萨尔瓦多奴隶和穆斯林飞地的自由人，众多的民族在葡萄牙的"官方"框架内，窘迫不安地共存。葡萄牙语、葡萄牙行为模式和天主教是公认的标准。在葡萄牙控制的主要核心地区之外，例如萨尔瓦多、里约热内卢和圣保罗，葡萄牙文化则多被忽视或调和。这些社区是多种文化交流和互动的缩影，在多元文化的混合中，不同文化的各个方面融合在一起，创造了一种独特的巴西克里奥尔文化。在巴西东北部和里约热内卢发展起来的狂欢节的悠久传统，是这种充满活力的克里奥尔文化的持久表现。

在此期间，巴西的主要趋势是，该国日益一体化，它不再是以欧洲为风向标的一个个分散的定居点。萨尔瓦多和里约热内卢仍然是核心地区，但马托格罗索的发展使得圣保罗西北方向的新内陆地区崛起，以及北部和南部之间的联系日益密切。东北部仍然是单一文化经济区，但在18世纪的其他地方，经济呈现多样化发展。随着城市的发展壮大和矿业的扩张，在米纳斯吉拉斯开辟了新的定居地区，这里奴隶的解放率高于任何其他地方，自由的有色人种逐渐成为社会和政治上越来越重要的群体。然而，奴隶制对巴西至关重要，进入18世纪后它变得更加重要。在巴西，从第一个欧洲定居点的建立，直到1888年奴隶制结束，奴隶制和天主教会是仅有的、从一开始就持续存在的机构。巴西的财富对葡萄牙来说变得越来越重要：巴西的黄金在 17 世纪 90 年代和 1740 年的经济灾难中拯救了它，巴西的钻石在 18 世纪 20 年代也扮演了同样的角色。然而，巴西的基础设施落后，制造业匮乏，这意味着它必须越来越多地依赖英国来获得粮食、食品和工业制成品等基础物质，也产生了严重的国际收支问题。通过允许英国更多地进入巴西市场，这一问题得到了部分缓解。到 1800 年，巴西对英国的依赖程度几乎达到它对葡萄牙的附属程度。

从葡萄牙到英国的转移的一个迹象是，1763 年，巴西首都从萨尔瓦多迁到里约热内卢。里约热内卢是大西洋贸易的中心，是大西洋最大的商人团体的故乡，也是奴隶贸易的中心。1750 年若泽一世（Dom José I）登上葡萄牙王位后，旨在增加国家收入，拓宽巴西与母国贸易渠道的重商主义政策重新抬头，就像西属美洲波旁王朝在改革中所做的那样。这一举措背后的主要推手是庞巴尔侯爵（marquis of Pombal，1699—1782），他致力于启蒙运动，在葡萄牙推行世俗化政策，用杰出商人群体取代了葡萄牙政府中的世袭贵族，制定一系列旨在将巴西北部更充分地融入大西洋商业主流的法律法规。庞巴尔正是那种拯救葡萄牙于萎靡不振所亟需的政治家，但是在试图强制实施国家垄断和重商主义方面，没有人比同样充满活力的若昂五世更为成功。事实上，将商人提升至权威地位似乎搬起石头砸了自己的脚，因为他们只是一些唯利是图之人，显然不会将庞巴尔追求的民族利益放在首位。其结果是弱化了重商主义政策的执行力度，增加了商业自治行为，特别是在巴西，殖民者更加得心应手地逃避对王室的传统商业义务，尤其是奴隶贩子，他们有足够的资金独立于国家控制和母国财政之外。因此，逃税成了 18 世纪晚期巴西的特色，而商业是逃税的重灾区。

加勒比海地区

巴里·希格曼在其著述中谈及 17 世纪加勒比海地区的种植园居民时，以一篇引人注目的声明起笔："到 17 世纪初，欧洲的殖民活动已经把加勒比岛屿变成一幅空白的画布。事实上，与其说是一幅空白的画布，不如说是一幅由无数只手厚重涂抹过的画布，经历冲刷，刮除，再用血淋淋的粗布涂抹上新的内容，然后被再次擦除，代之以另一种景观。前哥伦布时代大安的列斯群岛世代繁衍生息的人民及其璀璨的文明被全部抹杀。但它们没有被任何新的群落或任何新形式的文明所取代。"[12] 相反，阿兰·卡洛斯认为，后哥伦布时代的加勒比海地区是现代世界历史的熔炉，是"几个世纪后世界将会出现的历史性发展的先驱。如殖民、全球移徙、奴隶制、开采、经济转型和一体化，以及'非常简短的'革命和国家建设"。[13] 他认为，加勒比海地区奴隶制在助推欧洲经济发展方面发挥了重要作用。因为它为欧洲人节约了劳动力成本，使其可以将节省的资金用于糖的加工或其他经济活动。

二人的观点并非无法调和。在大安地列斯群岛地区，哥伦布所引发的灾难性后果使加勒比海地区出现了一种基于糖和奴隶制的新型经济体制，即种植园综合体。这一致命经济体将在本章其他小节详述。它主要存在于 1790 年以前的法国和英国的殖民地。西班牙并没有将注意力集中于加勒比海地区，直到圣多明各颓败，古巴第一次成为糖的主要来源地之后。在此之前，西班牙的目标仅仅是保有它在加勒比海地区的领地。

加勒比海地区的另一显著特点是殖民主义，与大西洋世界其他地方相比，该地区殖民主义开始得早、结束得晚。除了海地以外，革命时代并未带来解放或独立。政府仍然位于欧洲，富有的白人男性奴隶主紧紧地控制着政局，政治自治非常有限。唯一的例外是牙买加和苏里南的马龙人社区，那里的黑人控制着他们生活的各个方面。令人惊讶的是，18世纪该地区战争连绵，几乎从未间断，但殖民地很少在帝国之间易手。例如，在1655年征服牙买加之后，没有一个大岛屿在欧洲帝国之间易手。种植园主和商人对他们的宗主国感到满意，直到18世纪90年代，革命和废奴主义的双重力量使白人精英意识到，一个没有奴隶制和没有种植园统治的世界是完全可能的。然而到了这个时候，已经太晚了，白人已经完全嵌入了欧洲安全的整体架构，这使得他们无法摆脱帝国的控制。比如，牙买加最富有的种植园主西蒙·泰勒（Simon Taylor）可能会在18世纪90年代末大声谴责："当皮特和威尔伯福斯鼓动结束奴隶贸易时，没有任何一个岛屿是和平且安全的。"而且，这样做会"不断地在黑人中吹响叛乱的号角"，他们认为种植园主正面临严峻的不公，但是除了愤怒外，他们无能为力，其财富、所在岛屿的财富与英国殖民当局紧密交织，除了私下抱怨外，他们无法采取任何实际行动。[14]

18世纪加勒比海地区的典型奴隶社会是大安的列斯群岛的牙买加和圣多明各殖民地。这两个殖民地能产生高额利润，但在社会上却是畸形的，这个野兽般的社会是培育出完善的经济组织形式——在全球范围内运作的"种植园机器"——的温床（采用了启蒙思想偏爱的机械隐喻）。这台机器是一个创造财富的原始工业体制，它缔造了一种独特的社会结构，无论是在农村，那里有"田间工厂"，还是在法兰西角和金斯敦等充满活力的城镇。随着奴隶贸易大口吞吐着金钱和劳动力，商人变得富有和强大起来。这些殖民地是现代社会，其白人居民醉心于资本积累，也是异常残酷之地。这两个地方的精神是自由主义和威权主义的独特结合，其中主人对奴隶的权威往往大于帝国统治及其法律机构的权威。主奴间处处弥漫着紧张气氛，偶尔爆发成公开的暴力抵抗，如 1760 年在牙买加的塔基起义（Tacky's Revolt）和 1791 年海地革命。

这是当代人难以理解的复杂社会。文森特·布朗（Vincent Brown）称，死亡比其他任何事物更能定义这些殖民地的文化氛围。似乎每个人都受到死神青睐——白人死于疾病，黑人死于过度劳累。[15] 这里也是极度不平等的地方，奴隶的生活水准处于 18 世纪 70 年代人类社会的最底层。在 18 世纪 80 年代末，亚历山大 – 斯坦尼斯拉斯·德温普芬（Alexandre-Stanislas de Wimpffen）来到了激起他欲望和厌恶的圣多明各，绮丽的风景和美丽的"混血儿"迷住了他，它"把硝石的爆炸性和旺盛的欲望结合起来，居高临下地睥睨所有人，驱使他们去追求、攫取、寻欢作乐"。然而，揭开它美丽的面纱，他看到的是一个颠倒的乾坤，这里道德缺失，一切都围绕着追逐利润，而不是宗教美德、社会凝聚力或帝国忠诚："置身圣多明各，内心升腾的是暴力而非原则，除了爱情的幻想、快乐的梦想和穷奢极欲之外，这里的人们内心空无一物。"[16]

这些殖民地并不全是自由白人或黑奴。在 18 世纪下半叶，出现了一大批自由的有色人种，其中女性多于男性，在城镇多于在乡村。其数量不像巴西那么多，但在圣多明各的殖民政治中越发凸显重要性。与牙买加不同的是，圣多明各的自由的有色人种往往积累了大量的财富。具有 1/4 黑人血统的文森特·奥格（Vincent Ogé）是海地革命早期的领导人，1791 年 2 月被车轮刑处决时，他的身家可能是 35 万利弗（相当于 18 世纪 80 年代早期的 1.5 万英镑），丝毫不输于当时的巴黎商人。

18 世纪下半叶，这些殖民地进入了黄金时代，成为文化上生机勃勃、充满活力而经济上极具价值的帝国财产。这些殖民地的奴隶为了对抗欧洲文化，创造并发展了自己的文化，其文化可以不受奴隶主阻碍地自由发展，并完整地继承了许多非洲文化遗产，特别是在宗教实践和家庭关系中。种植园主唯利是图，对他们所生活的社会漠不关心——他们"只是旅客"，从未想过要在加勒比海地区建立自己的家园，相反，他们要尽其所能地将财富转移到位于母国的老巢。故而，他们不关心被奴役人民的精神生活，只将其视为能为自己创造财富的劳动单位。不无讽刺的是，种植园主对奴隶的漠视，反而给后者提供了创造自身文化模式的自由空间。

西敏司认为，非洲人受到奴役和从非洲转移在加勒比海地区的过程，使他们的观念和个性发生了根本性的变化。他简称这一过程为"克里奥尔化"。他认为，克里奥尔化是"人们对被奴役下极端不自由的状态和由此产生的种族混乱的应对"，是受害者试图对自身状况创造性地做出的反应。此外，在这种创造性的文化建设中，奴隶需要在奴隶制框架内构建集体的社会机制，正如他所指出的，"需要将个人记忆收集汇总，转化成集体记忆，以建立共同的社会实践。这种赋予了日常生活以新的意义的重建过程，就是经验的现代化"。最后，因迁徙而产生的文化置换程度如此之大，以至于"随后的克里奥尔化过程对理解任何一种人类文化理论，都堪称极有价值的丰富资源，虽然这一点尚未被认可。"[17]

正如西敏司提醒的那样，从克里奥尔化衍生出奴隶文化，有其必然性。奴隶遭受了恶毒的虐待，然而问题既然已经产生，就必须立即解决，至少应该寻获几分活下去的支撑。肉体的流离失所和心灵的千疮百孔已经使奴隶和祖先的文化脱节。他们先是失去，然后重建，最后用重建完全取代了所失，只有记忆依然存留，包括语言、运动习惯和可以铭刻的文化，如宗教信仰、音乐或舞蹈。西敏司指出，"记忆、创造和集体努力使非洲裔美洲人生活方式的重新制度化成为可能"。他们不能使昨日重现，而是通过克里奥尔化创造了新的文化实践，西敏司认为，这一过程就是现代化。他的结论是："通过被奴役，被强塞进多种族混合的人群中明码标价地贩卖，通过在有时间观念的企业中劳作，通过性别角色的改组，通过持续不断地压迫，通过在压力下重建自己的新文化，加勒比人民被裹挟进现代化大潮。他们从另一个世界来，却被推入了时代最典型的工业洪流中，与烟囱、磨坊和熊熊燃烧的火焰为伴。最后，他们被施加于人身的暴力控制，并学会了如何在持续压迫下生存。"[18]

奴隶制的废除

牙买加和圣多明各的奴隶主坚信，他们建立的种植园社会是宗主国不可或缺的摇钱树，而且在不确定的未来，还会继续得到欧洲帝国的支持。18世纪90年代，当圣多明各陷入奴隶叛乱时，投资者涌入牙买加，以高价购买土地和种植园。更常见的是，人们纷纷前往英国，从法国、西班牙和荷兰手中夺取那些殖民地，如特立尼达、伯比斯（Berbice）和德梅拉拉。他们这样做并非毫无理由。当时的主流观点认为奴隶制前景辉煌，在奴隶制崩塌之前，这是一种坚如磐石的普遍信念。亚当·斯密在18世纪70年代告诫他的学生，奴隶制将持续几个世纪。尽管从经济上来说，他根本就不赞成奴隶制，更不用说道德伦理方面了。约翰·格莱斯顿爵士从1812年起斥巨资投入德梅拉拉，并在废奴运动发生后，他继续投资于种植园经济，并在奴隶解放期间顽固地相信，通过组织运送亚洲契约劳工，残存的种植园体系仍然可以带来利润。1863年颁布美国《解放奴隶宣言》（Emancipation Proclamation）的亚伯拉罕·林肯（Abraham Lincoln），曾在1858年提出，奴隶制可能到1958年才能结束。

奴隶制被视为大西洋繁荣的关键，几乎从未有人设想过它的终结。然而，在英国，只通过不到一代人的努力，奴隶制便很快土崩瓦解，在法国和荷兰也只用了两到三代人的时间。人们对此感到不解，争议一直存在，本书亦只能对此做简单探讨。学者基于英国奴隶制废除的史实，对其消亡做出三种历史性阐释。围绕这一事件引发的史学论争有可能是最激昂、最令人印象深刻的争论。废奴运动的起始点非常明确，它发生在七年战争期间，贵格会是废奴运动早期最著名的吹鼓手。他们这样做表面上是出于宗教原因，起初与他们长期坚持的和平主义有关，但很快就与关于违背奴隶的意志剥夺其自由是否合乎道德的哲学争论，以及在英国政治中是否削减奴隶主权力的政治争议交织在一起。在 18 世纪中叶之前，人们对奴隶制关注非常有限，遑论废奴的行动。16 世纪的巴托洛梅·拉斯·卡萨斯反对施加于美洲原住民的暴行和奴役（他的关注点在于暴力的不道德性，而不在于奴隶制是否合法）。17 世纪一些激进的宗教改革者指出奴隶制是不道德的，然而在英国内战中，当人们决心为自由而战时，这些思想家又开始感到焦虑和困惑，担心支持自由会诱导抨击奴隶制行为的出现，尽管这些争论显得非同寻常，且属于纯粹的假说，但还是能看出它们完全仅限于智识的范畴，不含任何实际行动上的暗示。[19]

19 世纪和 20 世纪初，英国历史学家倾向于接受废奴主义者本人关于废奴运动原因和后果的解释，即人们对被定性为罪恶和邪恶的活动产生的道德愤慨在日积月累后自然而然地爆发，废奴的最终原因是人们对奴隶贩子、奴隶制度、奴隶主，以及对他们违背上帝待人如待己准则的行径之嫌恶。英国人援引基督教待人如待己的"金科玉律"，首先成功地反对了奴隶贸易，然后是奴隶制度。一个世纪以前，人们将这视为神圣天意发挥作用的一个罕见事例，故而亦成为英国在 19 世纪帝国主义全盛时期对其他地区进行干预的道德合理化工具。

1944 年，后来曾任特立尼达—多巴哥总理的艾里克·威廉斯[①]（Eric Williams）改变了争论的方向，他把奴隶贸易以及随后奴隶制的废除归结于经济学上的原因。他认为，奴隶贸易和奴隶制度恰好在工业革命完成时走向了终结。工业革命的成功，主要是由于兰开夏郡（Lancashire）的奴隶贩子将利润的大部分投入工业领域，对奴隶制的投资则退居其次。此外，对英国来说，保护西印度群岛并维持其在出售朗姆酒和制糖方面享有商业优势，成本过于高昂。因此，英国为了自身的经济利益废除了奴隶贸易和奴隶制。这对于加勒比海地区的种植园体系不失为釜底抽薪之举。罗杰·安斯蒂（Roger Anstey）在 20 世纪 70 年代重申了废奴主义的宗教因素。他认为，废奴出现于新教福音派发生的变化，该派坚持基督徒应当在世界上积极地发挥作用，并通过攻击恶行来证明他们的虔诚信仰。此外，正如约翰·奥尔德菲尔德（John Oldfield）所表明的那样，这些福音派保守分子在动员公众舆论反对奴隶制方面非常老练，他们使用了后来大多数欧美国家的民众在社会抗议中频繁采用的大众抗议工具，尤其是议会请愿和出于道德原因的战略抵制。大卫·布里昂·戴维斯（David Brion Davis）将宗教和经济动因结合在一起，认为英国的废奴是英国新中产阶级的一场意识形态运动，源于日益增长的工业化中产生的新观念和新态度。这一群体相信自由市场原则以及自由市场之下的工业活动灌输给工人、业主和消费者的市场规则。他们一方面非常乐于接受英国工人阶级在棉纺织业血汗工厂面临的恶

---

①埃里克·威廉斯，求学于英国，1944 年出版的《资本主义与奴隶制度》，是从资本主义起源角度研究加勒比海地区奴隶制的遗珠之作，也可视为"大西洋史"的先驱。本书出版后，曾在美国学界引发了强烈震荡，催生了一种多边视角的美国早期史叙事。虽然现在美国史学界多认为杰克·格林等人在 20 世纪 60 年代末到 70 年代创造了"大西洋史"这个流派，但埃里克·威廉斯这本书对英—法—美—西印度群岛之间贸易关系及其政治经济后果的分析已经涉足这一领域。

劣环境，一方面坚称奴隶制是错误的，因为它剥夺了奴隶选择如何工作和生活的自主权。[20]

英国废除奴隶贸易的引人注目之处，在于它迅速演变成一场大众运动，以及废奴主义者成功地用来攻击该制度的方法。在 18 世纪 80 年代之前，这场运动只吸引了一些宗教狂热分子和一些自由黑人，比如作家和卫理公会教徒奥兰达·厄奎亚诺；在 18 世纪 80 年代中期，一群有影响力的反奴隶制主义者如詹姆斯·拉姆齐（James Ramsay）和托马斯·克拉克森（Thomas Clarkson）发起了接二连三的辩论；1783 年"宗"号商船保险赔偿案①（the *Zong* case of 1783）引起了轩然大波，在该案中，船长故意谋杀奴隶并骗取保险金；1787 年，一个反奴隶制组织成立，他们的持久抗争引发了大规模的民众动员，这使得奴隶制从边缘问题变成社会焦点。在英国，废除奴隶贸易从思想萌芽演变为民众运动，只用了两年时间（1787—1788）。1791 年，废奴主义者在议会的游说已经接近成功，但保守派担忧在法国革命的危险年代任何改革都可能带来风险，这意味着废奴主义者渴盼的结果不得不推迟到了 1806 年。由于法国失去圣多明各（1804 年），并在特拉法加战役（1805 年）中失去海上主导权，地缘政治发生了有利于废奴的巨大变化。废奴运动的一个重要特点是，它为妇女参政提供了空间，人们愈发意识到妇女是身怀多种美德的宝藏，她们最适合在道德运动中发挥作用。在一场开创性的抵制糖的消费者运动中，妇女发挥了尤其重要的作用。

---

① 1781 年，装载了 440 个奴隶的"宗"号英国商船由于顶风和迷失航向延长了航行时间，船上疾病蔓延。船长想起了骗保险的损招，把 133 个忠病奴隶扔进大海。回国后，船长以航程过长、饮用水耗尽为由要求赔偿，被拒绝。官司打到法院，133 条人命的"民事"保险赔偿案以船长胜诉告终。船长的罪恶被揭露后引起极大的社会愤慨，这件事成为废奴运动走向成功的一个里程碑。

废奴运动遭到奴隶主的强烈反对，此外，1800—1820年英国在加勒比海地区新近获取的疆土，几乎都是非常适合奴隶制发展的区域。拿破仑在1794年法国大革命激进阶段废除奴隶制后，又将其恢复，这也使废奴运动遭受挫折。但是，19世纪的前30年，在大西洋部分地区，奴隶制已经江河日下（当它在美国、巴西和古巴大规模扩展，并获得"奴隶制第二阶段"称谓时）。到1825年，西属美洲的大多数国家都废除了奴隶贸易，解放了老年奴隶，并颁布了逐步解放奴隶的法律，奴隶的子女也获得了生而自由的权利。在这些事件的鼓舞下，废奴主义者首先在英国随后在法国重整旗鼓，摈弃了改良的想法（奴隶制可以继续存在，但必须更加人道主义），转而提倡立即废奴。

在大英帝国，立即废奴的观念由于奴隶自身加入行动的行列而变得更加强大。比如在1823年的德梅拉拉和1831—1832年的牙买加，奴隶受宗教信仰的激发，掀起了大规模的起义，奴隶主和殖民当局的血腥镇压，使得英国支持奴隶制的少数奴隶主更加不得人心。最终，1833年一场大规模请愿运动成功地使当局废除了奴隶制，尽管学徒制度（apprenticeship system）的施行削弱了废奴的激进影响。根据这一制度，获释奴隶直到1838年才能完全自由，并通过一项补偿计划，向奴隶主提供了2000万英镑，以补偿他们财产的"损失"，而奴隶则分文不得。

法国废奴主义者受英国同道的启发，于1834年成立了法国废除奴隶制协会。这是一个保守组织，它坚决与海地革命的奴隶起义保持距离，且不愿采纳在英国大获成功的大规模民众动员的方式。1794年和1848年法国两次解放奴隶，要么是当局迫于大众压力采取自上而下的形式，要么是受压迫奴隶起而抗争的结果。西班牙和葡萄牙都没有效仿英法，反奴隶制运动也未取得任何实质性成果，其奴隶贸易真正受挫的原因来自英国海军的压制。19 世纪上半叶，英国海军有力阻止了外国船只将黑奴运往美洲。被解放的奴隶被送回非洲，通常返回了利比里亚，那里的殖民地存在大量从美国和西印度群岛解放的奴隶。

解放奴隶

然而，奴隶制的真正消亡耗时弥久。经历了 1861—1865 年间一场极其血腥的内战，美国的奴隶制才结束。在葡属和西属美洲，其消亡甚至更晚。实际上，发生在其他地方的事件使得 19 世纪巴西和古巴的奴隶制比以前更强大。正如埃达·费雷尔（Ada Ferrer）所解释的那样，"在基本层面上，圣多明各奴隶的解放反而有助于巩固巴西的奴隶制。当奴隶制和殖民主义在法国的殖民地崩塌时，西属岛国经历的转变几乎堪称海地的镜像。圣多明各不再提供糖，现在由古巴来生产……海地独立 20 年之后，古巴成为世界上最大的糖产地、世界上最大的黑奴输入地。"[21] 到 1841 年，古巴的奴隶人数达到顶峰，即 43.6 万人，占当地总人口的 43.3%，达到加勒比海地区有史以来奴隶人口之最，尽管远少于同时代美国的奴隶。

直到 19 世纪中叶，巴西和古巴的种植园社会才面临废奴的挑战。我们在第七章中探讨了古巴的废奴主义和古巴独立。在巴西，奴隶制残存的时间更久，于 1888 年 5 月 13 日废除，而这一天，我们可以将它视为某种大西洋历史的结束。与古巴相比，巴西奴隶制的废除也是长期的一系列立法进程的结果，但是这一过程没有伴随着战争，它更多来自民众的斗争。奴隶和获释奴隶也积极地为寻求自我解放而不懈奋斗。巴西废奴运动的显著特点是，恰恰在奴隶主力量最强大的地区，废奴运动产生了萌芽，并成为最重要的基地，来自奴隶阶层的斗争对废奴运动的推力非常之大，而在英属加勒比海地区，以及美国南部的奴隶制社会却未出现过类似情况。巴西的奴隶主强烈反对废除奴隶制，不过从 19 世纪 70 年代开始，随着奴隶解放比率的飙升，奴隶制已经日落西山，奴隶主们大势已去。随后，如何阻挠黑人参与政治，成了种植园主最关心的事情。在这一点上，他们取得了极大成功，巴西在西半球拥有人口最多的非洲裔人，然而，到目前为止，尚未出现过黑人总统。

奴隶解放的影响如何？结果显然好坏参半。1804 年，海地革命解放了 1/3 的加勒比奴隶，但他们很少有人过上了好日子。此外，对于其他地方的奴隶主来说，海地成了无政府状态的代名词。西蒙·玻利瓦尔和托马斯·杰斐逊是视恐怖为海地特点的白人代表。然而，海地依然激发了其他地方的奴隶反抗。其中，最引人注目的是 1812 年哈瓦那的自由黑人木工乔斯·安东尼·阿庞特（Jose Antonia Aponte，约 1760—1812）组织的暴动。阿庞特绘制肖像画，赞颂海地的黑人英雄，并向他的追随者承诺，"海地国"国王亨利·克里斯托夫①（Henri Christophe）将为其提供帮助——事实证明，这只是一个虚幻的承诺。[22]

在加勒比其他地区，获释奴隶从解放中获益，即使他们所属的种植园经济遭受了普遍衰退或彻底崩溃。工人拒绝再忍受奴隶制度下的工作方式，种植园主不得不在工资、伙食和房屋所有权方面做出让步。其中，最大的改善也许就是家庭关系。男性和女性都坚持认为，奴隶制下的性别角色，即妇女在田间工作，即使孕

---

① 亨利·克里斯托夫（1767—1820），海地革命将领，曾任海地共和国总统、"海地国"国王。德萨林遭暗杀后，他被军事委员会任命为临时国家元首。1806 年 12 月 18 日召开制宪会议。他的竞争对手亚历山大·佩蒂翁被任命为宪法起草委员会主席，宪法制定后，克里斯托夫几乎成为傀儡。为了进行报复，克里斯托夫率兵反对亚历山大·佩蒂翁，但在 1807 年 1 月 6 日被击败，撤到北部后建立自己的王国，称"海地国"。

期仍不得停工的状况必须改变，她们需要休息时间来抚养孩子和照顾家庭。

在分析解放奴隶带来的转变方面，西敏司是一位特别有影响力的学者。他认为，在牙买加、海地和波多黎各，获释奴隶最渴求的是土地和不受白人压迫的自治，而土地是确保自治的重要途径。他们原本只在种植园体系内工作，但根据他们自己的主张，或出于特别的原因，例如，从耕耘的农产品中获得了维持生计之外的盈余，总之，正如西敏司所说，他们从无产阶级变成了农民。然而，并非所有奴隶都能成功地转变为农民。对种植园主来说，奴隶解放的结果何其令人失望。因种族主义偏见，他们无法客观地认知加勒比海地区非洲裔奴隶的精神和道德能力，这使他们有着一种不攻自破的错误想法，即获释奴隶永远不会主动工作，除非用鞭子抽打着。

怀疑主义蔓延到了法国和英国。在英国，为废奴事业而奋斗并最终成功地在英国拔除奴隶制的毒瘤的那代精英人物已经作古。后来者对于黑人对自由的渴望，已经不如先辈那么深怀同情之心。受目睹到的现象的影响，他们视解放黑人为失败之举，并将这归因于黑人品行的缺陷，而不是在黑人解放过程中，国家管理所存在的问题（真正的原因）。黑人越来越多地被描述为害怕工作、性痴迷、精神失常和不可教化的。这群新一代的科学种族主义者，由托马斯·卡莱尔（Thomas Carlyle）、小说家安东尼·特罗洛普（Anthony Trollope）和历史学家詹姆斯·弗劳德（James Froude）之流领军，他们宣称，在黑人解放后的 5 年中，海地、路易斯安那、巴西东北部和苏里南的糖产量急剧下降（不过他们很少提到古巴，那里的糖产量在解放后的头 5 年增加了 25%）。与美国不同的是，后解放时代统治者的幻灭感，并没有导致对被统治者的隔离，但非正式的隔离和歧视却是长达几个世纪的奴隶制的卑劣遗产。

注释

1   John R. McNeill, *Mosquito Empires: Ecology and War in the Greater Caribbean, 1620–1914* (New York: Cambridge University Press, 2010).
2   Emma Rothschild, 'A Horrible Tragedy in the French Atlantic,' *Past & Present* 192 (2006), 67–108.
3   Elena Schneider, *The Occupation of Havana: War, Trade, and Slavery in the Atlantic World* (Chapel Hill: University of North Carolina Press, 2018).
4   Matthew Mulcahy and Stuart Schwartz, 'Nature's Battalions: Insects as Agricultural Pests in the Early Modern Caribbean,' *William and Mary Quarterly* 75 (2018), 433–64.
5   Deirdre Coleman, *Henry Smeathman, Flycatcher: Natural History, Slavery, and Empire in the Late Eighteenth Century* (Liverpool: Liverpool University Press, 2018).
6   Murdo MacLeod, *Spanish Central America: A Socioeconomic History, 1520–1720* (Austin: University of Texas Press, 2008), 199.
7   Jesse Cromwell, *The Smugglers' World: Illicit Trade and Atlantic Communities in Eighteenth-Century Venezuela* (Chapel Hill: University of North Carolina Press, 2018), 12.
8   Katherine Browne, *Creole Economies: Caribbean Cunning under the French Flag* (Austin: University of Texas Press, 2004), 11.
9   Cromwell, *Smugglers' World*, 307.
10 James Lockhart, *The Nahuas after the Conquest* (Stanford: Stanford University Press, 1992); Camilla Townsend, *Annals of Native America: How the Nations of Colonial Mexico Kept Their History Alive* (New York: Oxford University Press, 2016), 1.
11 Cynthia Radding, *Wandering Peoples: Colonialism, Ethnic Spaces and Ecological Frontiers in North-Western Mexico, 1700–1850* (Durham: Duke University Press, 1997).
12 B.W. Higman, *A Concise History of the Caribbean* (New York: Cambridge University Press, 2011), 97.
13 Alan Karras, 'The Caribbean Region: Crucible for Modern World History,' in Jerry H. Bentley et al., eds., *The Cambridge World History* vol. VI, part 1 (Cambridge: Cambridge University Press, 2015), 393.
14 Christer Petley, *White Fury: A Jamaican Slaveholder and the Age of Revolution* (Oxford: Oxford University Press, 2018), 177.
15 Vincent Brown, *The Reaper's Garden: Death and Power in the World of Atlantic Slavery* (Cambridge, MA: Harvard University Press, 2008).
16 Trevor Burnard and John Garrigus, *The Plantation Machine; British Jamaica and French Saint-Domingue and Atlantic Capitalism* (Philadelphia: University of Pennsylvania Press, 2016), 26.
17 Sidney W. Mintz, *Three Ancient Colonies: Caribbean Themes and Variations* (Cambridge, MA: Harvard University Press, 2010), 197–98.
18 Ibid., 204–05.
19 John Donoghue, '"Out of the Land of Bondage": The English Revolution and the Atlantic Origins of Abolition,' *American Historical Review* 115 (2010), 943–74.

20 Robert Forbes, '"Truth Systematised": The Changed Debate over Slavery and Abolition, 1761–1916,' in Timothy Patrick McCarthy and John Stauffer, eds., *Prophets of Protest: Reconsidering the History of American Abolitionism* (New York: New Press, 2006), 3–22. Christer Petley, *White Fury: A Jamaican Slaveholder and the Age of Revolution* (Oxford: Oxford University Press, 2018); Christopher Leslie Brown, 'Abolition of the Atlantic Slave Trade,' in Gad Heuman and Trevor Burnard, eds., *The Routledge History of Slavery* (London: Routledge, 2011), 281–97.
21 Ada Ferrer, *Freedom's Mirror: Cuba and Haiti in the Age of Revolution* (New York: Cambridge University Press, 2014), 10.
22 Matt D. Childs, *The 1812 Aponte Rebellion in Cuba* (Chapel Hill: University of North Carolina Press).
23 Sidney Mintz, 'Slavery and the Rise of Peasantry,' *Historical Reflections* 6 (1979), 215–42.
24 The decline in sugar production was respectively 98.3, 75.2, 32.8 and 38.2 per cent. Christopher Schmidt-Nowara, 'The Transition from Slavery to Freedom in the Americas after 1804,' in David Eltis et al., eds., *The Cambridge World History of Slavery* vol. 4 (Cambridge: Cambridge University Press, 2017), 481.

参考书目

Oxford Online Bibliographies – Abolition of Slavery; Abolitionism and Africa; Brazil; Colonial Governance in Spanish America; Creolization; Cuba; Iberian Port Cities; Mexico; Spanish Frontiers; The Caribbean.

Christopher Leslie Brown, *Moral Capital: Foundations of British Abolitionism* (Chapel Hill: University of North Carolina Press, 2006).

Trevor Burnard and John Garrigus, *The Plantation Machine; British Jamaica and French Saint-Domingue and Atlantic Capitalism* (Philadelphia: University of Pennsylvania Press, 2016).

Celso Thomas Castilho, *Slave Emancipation and Transformation in Brazilian Political Citizenship* (Pittsburgh: University of Pittsburgh Press, 2016).

Camillia Cowling, *Conceiving Freedom: Women of Color, Gender, and the Abolition of Slavery in Havana and Rio de Janeiro* (Chapel Hill: University of North Carolina Press, 2013).

Seymour Drescher, *Capitalism and Slavery: British Mobilization in Comparative Perspective* (New York: Oxford University Press, 1986).

Ada Ferrer, *Freedom's Mirror: Cuba and Haiti in the Age of Revolution* (New York: Cambridge University Press, 2014).

Adrian Masters, '"A Thousand Invisible Architects": Vassals, the Petition and Response System and the Creation of Spanish Caste Legislation,' *Hispanic American Historical Review* 98 (2018), 377–406.

Enrique López Mesa, *Tabaco, mito, y esclaves: Apuntes Cubanos de historia agraria* (Havana: Ciencia Sociales, 2015).

Joseph C. Miller, *Way of Death: Merchant Capitalism and the Angolan Slave Trade, 1730–1830* (Madison, WI: University of Wisconsin, 1988).

Matthew Mulcahy, *Hubs of Empire: The Southeastern Lowcountry and British Caribbean* (Baltimore: Johns Hopkins University Press, 2014).

Gabriel Paquette, *Imperial Portugal in the Age of Atlantic Revolutions: The Luso-Brazilian World, c.1770–1850* (New York: Cambridge University Press, 2014).

Jeremy Popkin, '*You Are All Free': The Haitian Revolution and the Abolition of Slavery* (New York: Cambridge University Press, 2010).

Christopher Schmidt-Nowara, *Empire and Antislavery: Spain, Cuba and Puerto Rico* (Pittsburgh: University of Pittsburgh Press, 1999).

Bartolomé Yun-, as noteCasalilla, *Iberian World Empires and the Globalization of the World, 1415–1668* (Basingstoke: Palgrave Macmillan, 2018).

262

第十一章
北美洲

早期的移民

英格兰和威尔士（1707 年与苏格兰合并后成为联合王国）是移民拓殖美洲的后来者。亨利七世热切地想开发大西洋（Western Ocean），15 世纪 80 年代，他开始关注克里斯托弗·哥伦布，但是无法说服英格兰商人进行像布里斯托尔商人在 1480—1481 年进入北大西洋那样的开拓性航海活动。在其子亨利八世堪称灾难的统治时期，英国伸向大西洋的触角又缩了回来。直到 16 世纪下半叶，英格兰才对大西洋产生些许的兴趣。苏格兰坚定不移地将对外政策的中心放在欧洲，避免在政府层面参与大西洋世界的活动。直到 17 世纪 90 年代，英格兰银行的创建者威廉·帕特森领导一群苏格兰商人和投机者，试图在巴拿马地峡的达连湾建立一块殖民地，然而后果是灾难性的。达连计划最终在财政上拖垮了苏格兰王国，并为与英格兰和威尔士合并铺平了道路。亨利八世的女儿伊丽莎白一世去世后，苏格兰国王詹姆斯六世南下继任为英格兰国王詹姆斯一世。在他统治时期，英国在美洲的第一块永久性定居点诞生了。1607 年，英国在切萨皮克湾建立起第一块殖民地——命运多舛的詹姆斯敦（致敬詹姆斯一世），英国的殖民进程自此开始。它位于殖民地弗吉尼亚（致敬处女女王伊丽莎白一世）。詹姆斯敦的殖民建设遭遇巨大挫折，它差一点被美洲原住民彻底摧毁，而且很快混乱失序，陷于无政府状态，随后则进入军事独裁时期。但是它存留了下来，这主要归因于当时极为畅销的经济作物烟草的成功种植，从而也开启了延续半个世纪之久的私人利益集团推进的殖民进程。到 1655 年，随着奥利弗·克伦威尔（Oliver Cromwell）的西进计划，英国人逐步侵占西班牙在西印度群岛的领地，由此美洲大陆上的第一英帝国①（first English Empire）初具雏形。[1]

然而，在 1607 年之前，英国参与大西洋世界的拓殖活动屈指可数。唯一值得关注的事情是，寻找想象中的经加拿大北部和北极到达亚洲的一条西北航道，进而极大地缩短英格兰到香料和纺织品原产地的海路和陆路距离。除此之外，英国把大西洋留给伊比利亚人。尽管有理查德·哈克路特（Richard Hakluyt）等吹鼓手的敦促和力劝，大力倡导英国应当推进殖民和帝国进程，以对抗西班牙在欧洲的支配地位，但是在伊丽莎白一世统治期间，英国人并不愿意参与北美或西印度群岛的殖民计划。他们在这一地区的活动仅限于由来自英格兰西南部，诸如弗朗西斯·德雷克②（Francis Drake）、约翰·霍金斯（John Hawkins），尤其是沃特·罗利等著名"海狗"（sea-dogs）所领导的私掠性航海冒险活动。这些活动常常能够有效地打击西班牙，而英国政府对此也会暗中鼓励。然而，伊丽莎白一世不愿意投资昂贵的大西洋航海活动。她的政府对私掠行径持默认态度，然而并不进行金钱上的支持。[2]

---

① 17—18 世纪在美洲的扩张时期的英国一般称为"第一英帝国"，特点是经济上偏向重商主义，政治上偏向有形控制。而 17 世纪，英国开始在亚洲和非洲扩张，则被称为"第二英帝国"，经济上侧重自由主义，政治上侧重无形控制。
② 弗朗西斯·德雷克（1540—1596），英国著名探险家、航海家、私掠船长。他在 1580 年率领舰船完成了麦哲伦航行之后的第一次环球航行。他后来成为英国海军将领，参与了 1588 年击败西班牙"无敌舰队"的海战。伊丽莎白一世曾召见德雷克等海盗，称他们为"海狗"。

17世纪晚期之前，政府支持殖民活动的缺位，意味着该世纪英国的殖民活动具有不同于伊比利亚半岛国家的独特风格。弗吉尼亚公司建立首块殖民地之后，政府很少再参与大部分殖民活动。弗吉尼亚公司是王室特许的合股公司，伦敦投资者为了期望中的高额回报（不幸的是，17世纪，大部分为寻求财富而由私人组织的美洲殖民项目都让投资者们大失所望）而分担殖民活动的风险。在16世纪的殖民活动中，政府的支持完全缺失。其结果就是，至1600年，英国的殖民活动充其量只有因追逐北大西洋季节性捕捉鳕鱼的利润而在纽芬兰建立的暂时居住地，以及1587年在加利福尼亚北部的罗阿诺克（Roanoke）建立殖民地的失败尝试。后者的失败可能是注定的，因为英国殖民者遭到原住民的袭击，他们中的一些人被迫逃走，一些人被原住民家庭同化，大部分人逃不过被杀害的命运。

美洲原住民和欧洲人的交往

罗阿诺克殖民者的命运让英国人意识到，他们并不是来到了无人之境。哥伦布征服时代，在今天属于美国的区域之内生活着大约500万—800万美洲原住民，如果加上后来发现的加拿大原住民，人数则超过1000万。原住民人口组成形形色色，除了阿萨巴斯卡（Athapaskan）语系族群和阿留申－爱斯基摩（Aleut-Induit）语系族群（这两种语系族群非常独特，且和其他语系族群大体上处于隔绝状态），还有10种不同语系的族群。其结果就是在北美洲有上百种不同的印第安语。和南美洲不同，北美洲原住民语言的多样性并没有相应的社会—经济组织的多样性相匹配。大部分北美洲印第安人聚集成小群落共同生活，以狩猎和采集维持生存（且确实有兴旺之态），性别角色有严格区分，且和一个外人难以理解、具有神圣图腾和仪式的世界紧密相连。

这些仪式构建了原住民身份认同以及他们对土地归属感的基本要素。其狩猎—采集的生活方式被欧洲人误解为对土地缺乏依恋和归属感，因为他们不像欧洲人那样在定居的土地上世代耕耘。然而，美洲原住民和占据的生存空间具有紧密的联系，面对欧洲人的领土入侵，他们的抵抗非常激烈而且往往能够取得成功。这些围绕土地、定居和文化而进行的斗争组成了大西洋历史时期尤其是 17 世纪欧洲人拓殖的时代背景。当时，英国殖民地正在建立，原住民几乎在北美洲所有地方均处于支配地位，除了弗吉尼亚沿海和新英格兰。[3]

在 17 世纪的弗吉尼亚和新英格兰，移民与原住民之间的对立情绪，在大西洋历史上诸如此类的激烈对抗中堪称之最，可以和 16 世纪早期海地岛原住民的遭遇相比。一些学者认为英国殖民者和原住民的关系，用自然界中的"种族灭绝"来形容也不为过。这似乎有些一概而论。理查德·怀特（Richard White）对中间地带[①]（the Middle Ground）——原住民和欧洲人在此相遇——的前沿性研究表明，在 18 世纪早期北美的五大湖区，双方谨慎地秉持着平等主义，通过艰难却必要的文化和外交上的互相商议才能达成协议，而原住民和欧洲人的关系包含方方面面，不仅仅是一阵阵突如其来的极端暴力行为。[4]

种族灭绝的传统定义是，一方故意想要"毁灭"或"根除"某一种族上或伦理上界定的人群。在北美洲，这种动机很少见。或许的确存在，例如在 1622—1632 年的弗吉尼亚殖民地早期，波瓦坦人（Powhatan）酋长欧佩琴卡诺（Opechanough）掀起的叛乱几乎

---

①理查德·怀特在《中间地带：大湖区的印第安人、帝国和共和国》一书中抵制了传统的欧洲中心视角，突出了欧洲外来者和原住民人之间的相互博弈与（试图）理解对方，甚至同盟，由此创造出一个中间地带：既是实际地理范围上的大湖地区，也是比喻意义上的两种文化之间冲突、交融的地带。中间地带最典型地体现在性和暴力两个方面。

摧毁了新建立的殖民地。5 在之后的若干年中，官方有意地推行种族灭绝政策，原住民和欧洲人的关系变得极端仇视而凶暴。相似的种族灭绝政策在新英格兰也施行过。1637年，在残酷的佩科特战争（Pequot War）中，早期的清教徒移民领袖威廉·布拉福德①（William Bradford）对土著村庄大肆烧杀，屠戮男人、女人和儿童，兴高采烈地庆祝死亡。在菲利普国王战争（King Philip's War）中的1676年，种族灭绝以更加惨烈的方式出现。万帕诺亚格人（Wampanoag）酋长梅塔科姆（Metacom，被白人称为菲利普）成功地将几个独立的原住民部落联合起来，试图阻击欧洲殖民者对原住民领土的进犯，然而最终以失败告终。这场战争以极其野蛮残暴而著称，新英格兰的拓殖者和原住民都极尽血腥之能事，这也使得一小部分清教徒猜测和质疑马萨诸塞（Massachusetts）新英格兰居民的使命——他们是否真正地依照上帝的旨意而行。

但是我们不应当相信，美洲原住民的历史及北美洲的暴力，始于英国人来到加利福尼亚北部的罗阿诺克。原住民的历史并不是静止的和停滞的。正如在美洲中部和南部一样，在哥伦布到来之前，一些北美原住民群落具有悠久而复杂的历史。这些群落的历史不是在互相隔绝和孤立中单独发展，而是处于持续的对话中。在欧洲人到来之前的几个世纪，地理距离和语言障碍都未能阻止物品、人员、信仰和技术的传播。有时候，原住民甚至从狩猎—采集中发展出令人瞩目的文明。在16世纪晚期和17世纪欧洲人（先是西班牙人，然后是英国人和法国人）到来之前，它们自有其兴衰更替的发展轨迹。举例来说，正如本书第一章所提及的，阿纳萨齐人（Anasazi）

---

① 威廉·布拉福德（1590—1657），是1620年乘坐"五月花"号来到北美的清教徒移民之一，参与《五月花号公约》的签署，后来曾担任过普利茅斯殖民地的总督。

部落当时曾在现位于科罗拉多州的查科峡谷创造了一个彼此紧密相连、生气勃勃的村庄网络，将大约1.5万人连接在密集的贸易网络中。这一体系于10世纪兴起，大约持续300年，后来因久旱引发的种种困境而崩塌，因为旱灾削弱了精英阶层对生产的控制和贸易的规范。16世纪，西班牙人遇到了规模更小的普韦布洛（即村庄），他们以为普韦布洛应该是阿纳萨齐人自古以来社会组织的基石，而事实上，它的起源并没有想象的那么遥远。

与此相似，在北美洲东部的林地，从密西西比峡谷到大西洋沿岸，就是原住民和欧洲人最初相遇，同时也是接触最为深入的地方，我们可以明显察觉到，因受益于食物丰富易得、经济繁荣，人烟逐渐阜盛，社会和经济组织相对也比较多样化，即便是在农业成为食材来源的主要方式之前，也是如此。这种多样化随着向农业社会的转型而发生了改变。东部一些原住民社会在逐渐变得集权化之后，非常类似阿纳萨齐人。正如在查科峡谷，这些社会保持繁荣达几个世纪之久以后，由于村落组织变得过于庞大，等级分化较为严重，许多社会成员和上层分子向外围分散，并重新自我安置在更小规模的村庄里。此外，疫疾对这里的人口影响巨大，欧洲的疫疾先于欧洲人到达这里。故而，欧洲人虽然不是来到了无人之境，但却是一片残破的"寡妇地"。在这里，美洲原住民人口有时候会忽然锐减，这也使得由大规模社会向小规模社会转型这一趋势更加突出，其结果就是美洲原住民不同的社会之数目繁多，这些社会各自具有清晰且迥异的特点，但彼此并不是老死不相往来，而是经常通过贸易互通有无。这种互动常常导致战争，北美的欧洲人恰好利用了原住民社会团体之间此前就存在的龃龉，挑拨离间，坐收渔翁之利，就像西班牙人在墨西哥和秘鲁使用的策略一样。

他们对抗美洲原住民最终取得的胜利，既不是天注定的，也不是唾手可得。17世纪的北美洲充斥着持续的暴力和流血。英国和原本是敌人的西班牙都被征服带来的荣耀感而俘获，陷入为了征服而去征服的怪圈。从拓殖的初始，我们就能看到这种态度的表达。鉴于这种态度，当美洲原住民胆敢阻挡他们的殖民梦想时，英国移民的反应如此凶暴，就不足为怪了。例如，清教牧师科顿·马瑟（Cotton Mather）在1676年至17世纪90年代新英格兰的流血战争之后，情绪激动地大谈他对原住民的看法。他怒斥道："这些魔鬼的化身，将他们的俘虏绑到树上，先割去他们的耳朵，然后用小火慢慢烹煮他们的肉体，同时在一旁手舞足蹈，最后一块一块挖出尸体上的肉。"

据苏珊·贾思特（Susan Juster）观察，英国拓殖者用来形容美洲原住民与生俱来的野蛮和残暴的极端词语，是从清教徒约翰·福克斯（John Foxe）记录天主教暴行的著述《殉道者书》（*The Book of Martyrs*，1563）中所表达的反天主教的修辞中复制而来。她认为："通过对印第安人的人格之侮辱而表达的愤怒，就像侮辱天主教教堂一样，源于精神深处的焦虑和敌意，前者的根源在于目下美洲动荡不安的现状，后者的根源在于欧洲血淋淋的历史。"[6] 欧洲人不仅错误地将美洲原住民冠以"印第安人"，将其与南亚人混淆，还在宗教改革时期的混乱这一框架内狭隘地去理解原住民的宗教和抵抗。我们很难得知美洲原住民是怎样看待欧洲人的，因为历史的特点之一就是它从来都是由一方书写，但是已知的事实表明，就像他们与其他美洲原住民在多年的接触中形塑的关系一样，他们也是在冲突和合作这一认知体系中去看待欧洲人的。

最终，美洲原住民的土地变成了英格兰人、不列颠人或法国人的土地，这是北美拓殖的主旋律。这一过程在大西洋沿岸的滨海地区至少经历了一个世纪的演变和发展，在其他地区则耗时更久。对原住民土地的侵夺过程充满血腥、竞逐和挫折。然而，到了18世纪中叶，东部林地和后来的美国、加拿大所在区域的大西洋沿岸地区，已经牢牢地攥在欧洲移民手中。欧洲的胜利主要源于人口学上的原因，即原住民人口的持续减少，这一过程一直持续到英属北美殖民地时代结束后成为一个民族国家。到1900年，美国的原住民人口已经减少到23.7万人，比之前哥伦布时代减少了95%。然而，美洲土著遭遇的最大灾难，还在此后。在17、18世纪，一些美洲原住民不仅生存了下来，还发展出了自己的帝国形式，阻止了欧洲人对领土的入侵，兼并了衰败族群的土地。

在与欧洲帝国的交互融合中崛起的美洲原住民帝国中，最著名的是得克萨斯西南部和新墨西哥的科曼奇帝国，这一历程由佩卡·哈马莱宁（Pekka Hämäläinen）载入编年史。科曼奇人是形形色色的美洲原住民中孔武有力的一支，生活在南部平原，他们决意使用欧洲舶来品——马匹、枪支——专门用来对敌人发动战争，比如我们所知的阿帕奇族。到1800年，当他们开始衰落时，科曼奇人口大约有2万人，是这一地区其他土著人口的2倍，也多于西班牙移民。这一地区表面上属于西班牙帝国，后来则成为美国的一部分，实际上却是扩张中的科曼奇王国的地盘，这一兴起的王国是名副其实的"帝国"。科曼奇人善于管理生态环境，从而达到人与生存空间融合而互利的平衡，这也是它崛起的原因之一。比如对美洲土生的动物如野牛的驯养，以及外来物种如马匹的引进，科曼奇人通过发动战争来虏获马匹、女人和孩童，获取完美的狩猎区域和更多的火枪。科曼奇帝国最终崩塌了，主要原因是他们被欧洲人用来对付原住民的主要武器（疫疾）打败了。但是，科曼奇帝国能够屹立百年之久，说明了对于美洲原住民来说，与欧洲人接触带来了危机和机遇，使用创造性的应对手段化解危机，并将之转化为机遇，并非不可能。[7]

美洲原住民的持久力量

我们常常认为，欧洲在美洲的殖民是一个单向过程。将欧洲的力量和欧洲的征服直接画上等号，一部分源于我们使用的文献资源大部分由欧洲人编撰，而不是美洲原住民，就像我们前面提及的；一部分源于我们传统上对美洲原住民的力量的表现形式，尤其是其领土形式的本土性的忽视。美洲原住民和欧洲人对领土和主权有不同的概念，但是他们精确地知道自己的势力范围起于何方止于何地。他们的界限是由行为和传统来界定，而不是契约和国籍，然而这并不代表他们的界限是抽象和模糊的。正如佩卡·哈马莱宁指出的，"从一个到另一个据点，横贯整个北美洲，欧洲人自我标榜的帝国，在本土性领土面前，被击得粉碎"。[8] 于是，在新墨西哥和得克萨斯，西班牙殖民者面对印第安力量的现实时，改变了自己的意图。当法国人查看17、18世纪路易斯安那的地图时，它看似无限，但现实是，法国人被强大的土著联盟围于一隅。鉴于蒙特利尔（Montreal）以西延伸到五大湖区的高地地区的现状，法国在美洲的行动受到了很大的限制。

在欧洲人殖民美洲时期，原住民一直保持着他们的领土权力。这意味着欧洲的移民社会被限制在主要位于大西洋沿岸的一个个狭小的定居点，但是其殖民力量施加的影响却深入美洲腹地。在认可殖民时期美洲原住民的力量的同时，我们不应当错误地低估在欧洲人尚未出现的美洲内陆腹地，欧洲力量对传统力量关系所带来挑战的严峻性。但是，内陆腹地的大部分地区依旧保持着对欧洲定居者关闭的状态，一直到美国革命之后。18世纪开始之后的很长一段时期，英国移民依然挤在大西洋沿岸。随着时间的推移，他们不断向西进发，在阿巴拉契亚山脉附近，从宾夕法尼亚到佐治亚的所谓"穷乡僻壤"定居点，形成了一个文化上和空间上与沿海社会不同的区域。此地的欧洲人同原住民的关系尤其紧张。18世纪，西班牙在北美的殖民势力有所扩张，从佛罗里达、得克萨斯、新墨西哥扩张到了下密西西比山谷和加利福尼亚，但是和法国定居点一样，并未越出圣劳伦斯河和密西西比山谷。美洲原住民给两个定居点画上了空间上的界线。正如佩卡·哈马莱宁总结的："殖民扩张的锐气大减，矛头转变成了防御性的种族飞地，帝国边疆延伸的触角回缩，成为双方的边境。在这里，本土形式的社会控制不仅取得了优势，而且处于支配地位。"[9]

欧洲定居者发现很难在原住民控制的区域打开缺口。原因之一是美洲原住民和欧洲人一样，是可畏的武士，其社会也是以军事为导向。欧洲人倾向于用非常消极的方式诠释这一尚武特质，即宣称原住民由于缺乏文明，无宗教信仰而生性残暴。但事实上，他们也承认美洲原住民非常重视军事技能，其青年人相信征途中的英勇是民族威望的决定因素。纽约的政客卡德瓦拉德·科尔登（Cadwallader Colden）说："他们不是为了献祭的礼物而发动战争，而是为了民族荣耀的观念，后者深深刻印在他们的心灵中。"简言之，如果一个人想在美洲原住民社会中出人头地，他必须首先是一名成功的勇士。

在美洲原住民文化中，战争不仅意味着荣光，它还有别的功能，比如得到俘虏借以维持或增加人口。但是他们对战争的看法和欧洲人不同，他们珍视胜利，却并不认为战死沙场是件光荣之事。在本杰明·韦斯特（Benjamin West）的描述中，一个备受尊重的易洛魁人（Iroquois）酋长在1759年将詹姆斯·沃尔夫将军（General James Wolfe，1727—1759）之死视为英雄行为，并对其进行深切哀悼，这纯属主观臆测。欧洲人对易洛魁人在战场上的某些行为百思不得其解，比如他们一旦遭遇少量人员伤亡，便迅即撤退，即使已经处于

272

胜利的边缘。正如丹尼尔·里克特指出的，对于易洛魁人来说，"战场上的人员伤亡会消弭其用战争作为增加人口之手段的意义"。[10] 美洲原住民和欧洲人对战死沙场的不同态度，会使后者视前者为懦夫，这纯粹是误解。欧洲人常常发现，当遇到身经百战、攻击性强的原住民联盟（如易洛魁人和切诺基人）的扩张时，欧洲人的暴力被加倍奉还，比如易洛魁人，他们是精于兵器的可畏武士，坚韧不拔地保卫着家园。

欧洲人也没有意识到在美洲原住民的地缘政治中，自己常常不是后者关注的主要对象。欧洲殖民化开始之后，原住民此前连贯的历史进程并未停止。当然，欧洲人带来的疾病、火药武器和动物，比如马匹，加剧了美洲原住民在贸易上的冲突，尤其是 17 世纪末、18 世纪初"河狸战争"（beaver wars），使得经济动因首次成为美洲原住民之间冲突的核心因素。但是很多原住民战争发生在原住民不同的民族之间。例如在 17 世纪，莫霍克人（Mohawks）、塞内卡斯人（Senecas）、奥内达加人（Onondagas）与英属纽约、法属加拿大地区的休伦人（Huron）之间经常发生战争。对峙的原因除了此前的文化动机，还加入了经济因素。在此之前，战争的目的是获得俘虏，用以哀悼战死者（折磨和处决战俘以减轻哀悼者的悲伤），填补战争伤亡造成的人口缺口。随着殖民化的加深，疾病对美洲原住民人口的影响更加深刻，夺取人口变得更加紧迫与势在必行。在这一地区，直到 17 世纪 70 年代中期，战争依旧是易洛魁人的有效工具，直到战争的焦点从美洲原住民之间的冲突决定性地转变为其与欧洲人之间的冲突和对立。

这一决定性转变的原因，是北美洲大部分地区的力量关系的变化。18 世纪早期，在马里兰以北以及美洲南部，通过自然地繁衍生息，移民人口剧增，皮毛贸易成为移民经济更重要的组成部分。欧洲人对美洲原住民经济施加的压力增加,使得双方的联盟更不稳定,通常是欧洲人更容易违约。对易洛魁人来说,转折点出现在 1700 年左右。这时候,盎格鲁—法国人对北美腹地的控制切断了皮毛贸易,对当地的原住民经济造成了极大的损害,而欧洲人的劫掠团伙毁坏了重要的农作物和村庄。但是,正如丹尼尔·里克特指出的,在面对来自欧洲国家前所未有的猛烈打击时,美洲原住民并非孤立无助。他们调整了战争模式,减少了内部派系冲突,用外交方式代替了武力对抗(其结果是易洛魁人和法国在 1701 年达成停战协议,即 1701 年"大和解")。丹尼尔·里克特认为,"到 18 世纪上半叶大部分时间,(易洛魁人领袖)用一种双方都很难理解的圆滑手腕周旋于英法两个帝国之间,奉行中立政策"。[11]

美洲东北部所发生的情况,是大西洋模式的局部改变。詹姆斯·迈乐(James Merrell)的研究显示了北卡罗来纳山区一个小型的卡托巴人(Catawbas)部族是如何能够对抗欧洲人——他们称其为"微不足道的人"(nothings)——而保持自己领土疆域的完整性,一直持续到美国革命结束(或许到 19 世纪早期),从而给英国向内陆关键区域的扩张立起一道壁垒。卡托巴人更加担心的是北方数百英里之外易洛魁人的威胁,而不是欧洲人对其领土的侵犯。易洛魁人在 18 世纪早期成为具有侵略性的帝国主义力量。对其他原住民部落来说,与欧洲人零星的袭击相比,易洛魁人对原住民同胞的敌对行为才让他们更加忧心。在卡托巴人看来,一直到 18 世纪晚期,击退侵袭的欧洲人是相对容易的。[12] 在切诺基人(Cherokee)、克里克人(Creeks)、乔克托人(Choctaws)和奇卡索人(Chickasaws)组成的势力更强的南部联盟看来,较小的卡托巴人族群而非欧洲人,才是他们地缘政治野心的真正威胁。直到 19 世纪早期棉花种植区域扩展之前,这些南部族群居住在远离美国人扩张的地带,其关注焦点是互相阻止对方对北美东南部的掌控。在 17 世纪和 18 世纪早期的大部分时间,每一个族群的统治野心都被南部其他部族的力量牵制,其结果就是每一个南部族群都为了无法实现的霸权目标,进行了显著的低水平暴力的相互征战。然而,到 18 世纪中期,克里克人跃居其他部族之上,成为更加具有支配权的部族,并吸引了其他更小的原住民部落,比如塞米诺尔人(Seminole)和阿拉巴马人(Alabama)前来依附,寻求庇护。作为应对,该区域另一较大族群切诺基人在 18 世纪四十五年代与克里克人签订了和平协议,给该地区带来了前所未有的、一定程度上的和平,一直持续到美国革命时期。然而,这些可怕的族群引起了易洛魁人的注意,也同样威胁了五大湖区的原住民部落。易洛魁人调整了进攻方向,将劫掠俘虏的矛头对准了东南部地区。正如佩卡·哈马莱宁所指出的,在 18 世纪前半叶,北美东南部是一个"部落地带",成为一种军事化景观。在这里,致命的微生物、杀戮的新技术与相互冲突的殖民者势力,为地方性的战事添薪加火。但是,东南部的印第安人持续地互相残杀,不仅因为他们易受外部力量的攻击,还因为他们仍然如此强大。[13]

环境条件

欧洲人在北美的移民拓殖受到该大陆生态环境的制约,而随时间的推移,移民拓殖自身也形成了显著的生态环境变迁。除最北部北极圈附近和西南部沙漠地带之外,北美洲的人部分地区特别适合农业耕作。如若要对 17 世纪、18 世纪大西洋殖民时期的移民活动做一个限定,我们可以将北美洲划分为三个大的区域。第一个区域在格陵兰和纽芬兰大浅滩(Great Banks of Newfoundland)之间极北的地方,也是面积最小、最不重要,但却是 16 世纪作为殖民活动的发轫地非常关键的一个区域。这里盛产海鱼,但过度的捕捞导致

19世纪鳕鱼储量大幅度减少。第二个区域是从魁北克（Quebec）到巴尔的摩（Baltimore）的温带地区，面积较大，也更加适合农耕。在这一地区，欧洲殖民者发展出了以航海和半自给自足农业为基础的不太大的经济体，用以供养迅速增加的殖民地人口。该地区的经济主要是自给自足的经济，他们的食物主要是自用，很少对外输出。然而，这却是一个与大西洋世界有密切关联的地区，其居民受惠于从奴隶制到捕鲸业的大西洋贸易的方方面面。这些活动主要集中在生机勃勃的大西洋港口，如波士顿、纽约和费城。这里的跨洋贸易商人与西印度群岛，以及英国的贸易来往十分广泛。这些港口对北美历史进程中最主要的发展和进步，即1800年之后的工业化时代的到来，起到了关键作用。这使得到19世纪中期（本书所述故事结束时），北美洲东北部成为世界上最富有的地区。

对白人移民来说，该地区也是世界上尤为适合他们繁衍的兴旺之地。尽管与英属美洲的其他地区相比，新英格兰和中部殖民地（从纽约到特拉华）吸引的移民相对较少，但其人口在18世纪迎来了大增长。到美国革命时期，该地区拥有110万名白人定居者和数量相对较少的非洲人（主要是奴隶以及一些获释奴隶）。本杰明·富兰克林对该地区的人口增长表达了欣悦之情，他是一位科学家，也是殖民地时期美国在乔治·华盛顿之前无可争议的最著名的人物。他在七年战争期间的1760年撰写了《关于人口增加的考察》（*Observations Concerning the Increase of Mankind*），对殖民地欧洲人口的剧增为帝国带来的利益大唱赞歌。他自鸣得意地指出，迅速增加的人口意味着"到下个世纪，北美的人口将会超过英国本土，人数最多的英国人将会出现在大洋的彼岸！这对大英帝国的海陆力量产生的助益何其之大！贸易和航海何其之盛！来往船只和水手何其之多！"

最后一个区域从马里兰延伸到南美洲的东北部，是地理面积最大、最繁荣的区域，致力于发展以奴隶生产为基础的种植园农业。鉴于对奴隶制的依赖，以及对欧洲帝国所具有的商业价值，这一区域在大西洋世界中占有十分重要的地位，本书将会另启一章单独着墨。它在英属北美洲重要地位的首次凸显是在弗吉尼亚拓殖时期。17 世纪最初 10 年，殖民者意识到这块土地适宜种植在欧洲有很大需求的烟草。1619 年，弗吉尼亚接收了或许是第一艘来自非洲的满载黑奴的船只，到 17 世纪 50 年代，它加入了巴巴多斯岛的行列，后者虽只是弹丸之地，但是历史意义非常之大。弗吉尼亚从一个主要是白人种植园主，英国和爱尔兰契约仆的社会转变成种族分化的社会，在这里，白人收割种植园农业的收益（切萨皮克的烟草，卡罗来纳的大米和靛蓝，西印度群岛则主要提供糖和朗姆酒，也提供可可、棉花和生姜），而输入的非洲奴隶则子孙百代终身禁锢在种植园，折筋断骨地劳动。到 1770 年，切萨皮克和深南部的人口是100 万，其中只有 40 多万是黑人，而 1763 年路易斯安那只有 1 万人，其中就有 6000 人是黑人。

英国人和法国人在这些地区的拓殖，发生在一个全球生态环境出现重大危机的时代，即"小冰川期"。包括北美洲，全世界经历了最寒冷的天气，其中最显著的是在 1590—1610 年的 20 年，以及17 世纪 40 年代和 90 年代，而这三个时期同时也是整个大西洋世界出现诸多政治对抗的时期。这三个时期并非巧合，分别导致了：北美拓殖历程的开启；政治暴乱，由是英国忙于应付内乱，北美殖民地得以在宗主国的有效监管之外独立发展；英国在 1688 年光荣革命之后，再次强调了帝国的强权。然而，总体而言，17 世纪英国的殖民扩张避免了大不列群岛出现马尔萨斯危机（1798 年，托马斯·马尔萨斯预言欧洲人口的增加会导致饥荒，因为人口是按几何级数增加，而生活资料则是按算术级数增长）。北美和加勒比海地区为母国提供了"鬼田"，由此欧洲农业生产所需的土地资源投入得以减少。来自北美的鱼、粮食和木材，以及甘蔗和大米等富含卡路里的种植园农产品，使得欧洲的人口增长可以突破自然限制，这在当时世界上其他所有地方都是不可能出现的。

正如约翰·麦克尼尔强调的，拓殖北美意味着大西洋欧洲通过使用来自美洲的"附加能量"，"回避了前工业时代有机能量体制的约束"，从而躲过了马尔萨斯预测的饥荒和匮乏。他得出结论："1600 年之后，大西洋美洲的生态系统弥补了不堪重负的大西洋欧洲生态系统，进而避免了停滞的出现，可持续的经济增长使得欧洲西北部一些极小的社会成为世界上最有活力，随后也是最强大的国家。"[14] 这种生态效应，最显著地体现在英国。英国从奴隶劳动的种植园经济中获取利润和产品，并在其北部地区拥有一个日益增长和富足的消费者市场，而消费者们渴望购买 18 世纪的英国制成品。然而，欧洲的幸福大部分是建立在美洲原住民和非洲人的痛苦之上。原住民的土地为农业的扩展、北美人口的增加提供了可能，美洲南部和西印度群岛地区非洲奴隶的劳动，也给为欧洲带来巨大利益的美洲种植园地区生态革命的发生提供了可能。

英国和法国早期殖民扩张的特点

17 世纪上半叶移居北美的英国殖民者并不是来自母国社会的各个阶层。起初，女性移民很少，在弗吉尼亚和巴巴多斯等较大移民区，男性移民和女性移民的比例可能是 9：1。只有在 17 世纪 20 年代晚期和 30 年代早期英国清教徒向马萨诸塞的"大移民"这种特殊背景下，女性移民数目才可能较多。她们来到马萨诸塞或出于宗教信仰，或是为了支持丈夫和孩子，在新英格兰相对不适宜居住的环境中追寻建立新锡安（new Zion）的梦想。她们的健康身影出现在新英格兰疾病肆虐之地，意味着在小规模的移民地区依然可以产生持续的人口增长。其他地区的女性人数则较少。对于移民北美洲对女性吸引力较小的原因，鲜有人探究，也许是推力因素（母国拥有完善的服务，比弗吉尼亚能提供更好的机会）和拉力因素（女性预料到在殖民地，她们需从事繁重的田间劳作，且要在资源较少的情况下操持家务以维持家人的生存，同时，在一个男性过剩以及缺乏保护贫苦女人的法律机制的社会，她们遭受性剥削的可能性更大）共同起作用的结果。17 世纪切萨皮克和加勒比海地区白人殖民者的严峻的人口状况，的确给一些女性提供了"结婚，埋葬，再次结婚，变得富有"的机会（一些观察家冷酷无情地如此评论），而丹尼尔·笛福也把这作为描写摩尔·弗兰德斯（Moll Flanders）———一个沦落的女人在弗吉尼亚变得富裕满足——故事的核心。然而，对于大多数女性而言，在一个儿童经常夭折的地方，独自抚养家庭而缺乏男性保护者等社会现实，让移民美洲毫无吸引力，尤其是性别规范使得女性比男性更难发财和回归故乡。[15]

来自欧洲的女性较少，自愿移民北美洲的女性更少，这意味着来自大西洋其他地区的多数女性都是被迫的——要么是作为契约仆，要么更常见的是女性奴隶。事实上，非洲比夫拉湾一个年轻女孩作为奴隶被送到美国深南部，可以当作女性来到北美的典型模式。大西洋奴隶贸易中的男女性别差异比欧洲移民中的性别差异要小得多，18 世纪来到切萨皮克和卡罗来纳的奴隶中，大约 36% 是女性（包括女孩）。比之欧洲移民潮，来自非洲的移民潮性别更加平衡，这意味着在 1700 年左右奴隶输入增加的同时，其人口也出现了朝本土出生白种人转型的态势，这样一来，17 世纪北美洲最具男性统治色彩的切萨皮克地区，到 1720 年，其性别平衡已经达到和英法在北美洲北部的殖民地不相上下的水平。

　　17世纪来到北美洲的欧洲拓殖先锋不仅是男性，还是周游世界的杰出冒险家，他们怀揣着英国在其他地方，主要是在爱尔兰（17世纪20万英格兰和苏格兰人移民至此）的殖民经验来到这里。以及参与英国在地中海的贸易，偶尔也加入印度洋世界的商业冒险的一些人。这些拓殖的环球旅行者，正如埃里森·盖姆斯描述的那样，成为外部因素，和英国在北美殖民据点的内部居民一样，在形塑宗教、贸易、劳动和文化方面起到了一定作用。他们中最著名的是约翰·史密斯^①（John Smith）——一个拥有最普通的姓名和最与众不同的人生的男人。他是1607年詹姆斯敦最早的拓殖者之一，于17世纪20年代来到新英格兰。在此之前，史密斯是欧洲的军事冒险家，在奥斯曼帝国被俘为奴。欧洲和爱尔兰的经验使他能够在塑造早期弗吉尼亚的发展时游刃有余。弗吉尼亚第一个专制统治者托马斯·戴尔（Thomas Dale）也是如此，他早年在欧洲是对财富孜孜以求的雇佣兵，曾经有几年受雇于荷兰；离开弗吉尼亚之后，他加入东印度公司，后来死于印度。表面上看，他的兴趣从通过在切萨皮克地区建立一个英国殖民地来阻截伊比利亚半岛国家的霸权，转移到挫败英国在印度洋地区的其他竞争对手的贸易公司。然而，这一大背景的转换并未改变他人性深处的潜在追求，毕竟，在新世界建立殖民地的收益比不上大西洋贸易机会带来的财富。

　　在经历了多次政策转变和若干年的发展之后，英属北美殖民地最终才成了能为国王带来些许价值的殖民地，比如畅销品出口带来的税收收入。在早期，英国殖民地带有很大程度的私人开发色彩，政府的干预微乎其微。1607年到达弗吉尼亚的早期英国拓殖者的

---

① 约翰·史密斯（1580—1631），英国军人、探险家，詹姆斯敦的建立者。

目标，是建立一种类似西班牙在加勒比海地区的殖民模式，即拓殖者从与美洲原住民的关系中榨取利益，找到可以用来和其他欧洲国家进行贸易的白银。他们从来没有把弗吉尼亚视为一处可以永久居住的地方。在最初的几年里，装备奇差的英国人来到这里，期望他们的居住地可以变成一个贸易据点，就像 17 世纪早期欧洲人在印度尼西亚、日本和印度已经建立（也更加成功）的那样，也和英国人在非洲西部的做法类似。当时的弗吉尼亚更像是一个贸易据点，而不是殖民地，这可以用来帮助理解早期其与美洲原住民的文化互动的特点。正如在非洲一样，英国殖民者为了使贸易变得更加顺遂，试图了解当地的语言和文化，他们甚至寻求和美洲原住民发展两性关系，这种行为在西非的欧洲商人和奴隶贩子中间十分普遍，部分原因是开发当地的人脉资源，同时也是为了在一个白人女性稀缺以及性道德松弛的地方寻求异性陪伴。约翰·罗尔夫（John Rolfe）想当然会认为，他和一个关系亲密的土著女孩的婚姻，会给他在弗吉尼亚发展和与当地人的商业关系带来很大帮助。[16]

这种类型的殖民（由环球旅行家开创，为私人公司服务，而不是为王权服务）的一个后果就是英国的拓殖，尤其是在新英格兰（与切萨皮克地区相比，这里的拓殖有更加明显的宗教动因）之外的地方，比之西班牙和葡萄牙在美洲的拓殖，要更加艰难。伴随葡萄牙和西班牙第一批殖民者而来的，是从市议会到法律系统的一系列机构，这些很快成为伊比利亚半岛国家殖民生活架构的基本特色。相反，在英属美洲，王室则通过合股公司这种间接的方式追寻帝国利益。投资者通常来自伦敦，承担所有风险并宣称是所有殖民利润的受益人。除了关键物质的王室垄断，英国商业公司在海外拥有很大的自由来构建自己的世界，他们在北美进行了一系列令人瞠目结舌的殖民和商业试验。尽管在 1660 年英格兰和苏格兰专制君主复辟后，政府采取了许多强硬措施，试图用一系列行政命令，给殖民地这匹烈马加上辔头，但是这些试验并没有完全消失。与西属美洲的殖民地不同，英国殖民地为挫败帝国政府的驯服计划展开了不屈不挠的斗争，故而在行为和特点上展示出了更多的可能性。

伊比利亚半岛国家发现，在大西洋世界，英国和法国殖民地非常具有威胁性。英国殖民地不仅表现出迥异于西班牙的特点，而且还是对西班牙势力范围的一种危险侵犯。于是，西班牙选择积极应对，而不是坐以待毙。比如，1565年，佩德罗·梅嫩德斯·德·阿维莱斯（Pedro Menéndez de Avilés）在佛罗里达对法国的一块殖民地进行了残忍的灭绝式大屠杀。这一事件在新教的欧洲激起了广泛而强烈的反响，它使新教殖民者如英国人视西班牙专制君主菲利普二世为恶魔化身，故而退避三舍，到远离西班牙殖民地的北部地区定居。

英国殖民者开始进行一系列引人注目的、鼓吹殖民美德的宣传，颂扬私人商业行为的宗教性和爱国性。于是，人们追求利润的行成为反西班牙的民族性事业，既可以传播新教福音，加强英国财富和权力，又可以通过种植盈利空间大且畅销的作物，比如烟草，来改善大西洋美洲土地多被荒废这一状况。到1624年，在英国人即将要迈出主要的一步，即进入新英格兰和加勒比海地区之前，英国和（稍逊一筹的）法国已经打破了伊比利亚半岛国家对新大陆的垄断，创造出一片广阔而神奇的新世界，将大西洋世界的四个大洲连接了起来。在这里，英国人不仅发展出了经济基础设施和初步的文明社会，还将十分珍贵的品质植入英国人的内心——在政治自由的、扩张中的英国人世界建立一种代议制的政府体系。17世纪英国殖民地的大部分居民，无论白人还是黑人，都不是自由的，但是他们建立的殖民地为维护英国人的自由权利和自由观念进行了不懈的奋斗。

到达北美洲的第一批非洲人也是四海为家者，他们和1675—
1700年种植园体系完全建立后到达这里的大部分非洲人不是一个类
型，二者产生的影响也不同。非洲人首次航海到达弗吉尼亚可能在
1619年，到17世纪60年代之前只有一小部分后来者到达切萨皮克。
第一批非洲裔到达者大部分由荷兰人运送，每次不超过20名，像涓
涓细流，一点一滴汇入切萨皮克河。这些非洲人各色各样，只有一
小部分直接来自非洲。大部分人已经在新大陆生活过一段时间，通
常是在西属美洲，熟悉天主教（有时候他们本人就是基督徒，这使
那些想基于宗教而不是种族原因来鼓吹非洲奴隶制合法性的英国殖
民者感到棘手）和欧洲其他文化规范，通常也精通多国语言。在殖
民地的前50年初建时期，这些四海为家的黑人作为烟草工人和白人
劳动者并肩工作，在17世纪60年代奴隶地位被法定化之前，除了
成为奴隶，他们在社会地位上拥有多种可能性。虽人数不多，但这
些奴隶的影响不可小觑，其多样化的来源和经历，使得白人和黑人
之间最早的种族互动开启了克里奥尔化的普遍进程。他们承袭的多
样化的非洲传统与新世界的经历交织在一起，创造出一种独特的、
纯正的美洲奴隶文化。

在1721年的詹姆斯敦，安东尼·约翰逊（Anthony Johnson）的
故事为英国人所熟知，这也是大西洋克里奥尔人的一个典型故事。
起初，他和白人契约仆一起在一个烟草种植园劳动，1622年美洲原
住民的袭击几乎摧毁了整个殖民地，但是他存活了下来，成为一个
备受尊重的仆人，被主人特别准允单独耕作，并和一个奴隶结婚，
孩子受洗，最终他为自己和孩子赢得了自由。他融入新兴的切萨皮
克社会的一个迹象，是其名字从安东尼奥改为英国化的安东尼。
1651年，他因赞助仆役进入马里兰的东岸而赢得了一块250英亩的
合法赐予的土地。1653年，他的种植园在一场大火中毁于一旦，当

局批准了他的请求，给予重大税收减免。1670年辞世之前，他子孙满堂，内心充溢着独立和人生圆满之感。当一名当地种植园主的精英挑衅地指摘他怠惰时，约翰逊回敬道："我了解我的土地。我想工作时就工作，想休息时就休息。"

然而，类似的现象很快就消失了。到17世纪末，大西洋克里奥尔人的时代结束了，大部分非洲裔后代被剥夺了自由，他们中的幸运者至多也只能成为没有任何权利可言的二等附庸。早年在非洲生活的经验之多样性在北美洲不复存在，黑人经验变得十分狭隘，更像是加勒比海地区和南美洲的纯粹的奴隶生活经验。比如，1680年到达卡罗来纳的非洲人，发现自己进入了一个和牙买加、巴巴多斯十分相似的社会。正如伊拉·柏林描述的，"对奴隶的需求越大，奴隶输入的规模越大，黑人生活处境的恶化就愈加迅速和严重"。比之往昔，1700年之后，他们在卡罗来纳和切萨皮克的生活陷于莫大的绝望，比安东尼·约翰逊所处的时代面临着更多的暴力威胁。柏林进一步指出，"与之前相比，枷刑、鞭刑和绞刑在切萨皮克的奴隶中更加频繁地施行，受刑者人数越来越多"。这些处罚方式残忍、构思奇特、极具侮辱性。弗吉尼亚大种植园主威廉·伯德（William Byrd）曾经强迫一名尿床的奴隶喝掉"一品脱尿液"。[17]

尽管如此，与大西洋世界其他地方的同类人相比，北美的非洲奴隶在一个非常重要的方面展现出独特性，那就是作为大西洋世界唯一一个主要的奴隶聚集区，北美的奴隶经历了人口学上的成功。到美国革命前夕，北美的大部分奴隶出生于美洲，而不是非洲。此外，切萨皮克和卡罗来纳的种植园已经可以完全摆脱对大西洋奴隶贸易的依赖，仅仅依靠奴隶的自然繁衍和国内愈加繁荣的奴隶贸易，就可以维持所需的奴隶人口。这种人口学上的变迁非同寻常，它的一个主要结果，就是更大范围的克里奥尔化，以及向主流的欧洲——

非洲文化靠拢。许多奴隶不再排斥欧洲文化，并将其与自己的传统进行融合，进而发展出独特的非洲—美洲文化。在不同的地区，这一群体的具体人数不等。在北部殖民地，黑人是独特的少数，他们分散在广大区域，与白人的联系相对密切。他们内部进行自我调适、向欧洲文化范式靠拢的人数，要多于非洲人和非洲—美洲人占多数的低洼海岸区域。1700 年左右，切萨皮克的非洲人融合的主要方式是和土生土长的奴隶接触，而不是白人，这加速了该地区克里奥尔文化的形成。相比之下，1750—1776 年，更多的非洲人被输入卡罗来纳，这些非洲人潮水般涌入美洲北部，这似乎导致北部的黑人开始意识到自己的非洲根源。我们或可揣测，在美国独立战争前夕，这些地区的非洲—美洲文化更加具有非洲色彩。克里奥尔化的进程在不同的地区步伐不一，步骤也不尽相同。然而，在所有地方，非洲人及其后裔都不得不重塑非洲的观念和实践，以迎合北美洲当地生活的需要。正如柏林指出的："对大部分非洲人而言，和同时代的白人一样，身份是一件可披挂亦可抛弃的外衣。出身、强加、选择，决定了新来者可以成为什么人。简言之，非洲奴隶的身份塑造，既不是天然的，也不是草率的，既非整齐划一，也不是直线发展的。"[18]

殖民地的整合

英属北美洲早期拓殖模式的多样性并未被抹杀殆尽，也没有丧失因 17 世纪 40 年代英国内战对帝国中心造成的内爆使殖民地不得不自我保卫，从而获得的广泛的政治自主权。17 世纪 60 年之后，查理二世试图对殖民地强加更多的规范，他的弟弟，即无能的独裁者詹姆斯二世也是如此。他们都失败了。正如斯蒂芬·桑德斯·韦伯（Stephen Saunders Webb）指出的，英国 1688 年光荣革命显示了行政的中央集权化是无用且危险的。18 世纪早期北美殖民地基于奴隶劳动的经济开始走上高盈利模式，这使得大西洋经济围绕奴隶制和奴隶种植的经济作物整合到了一起，北美殖民地焕发出引人注目的活力。这证实了强大的殖民地精英与王权周旋而达成一系列协议的做法是多么智慧，正是这些约定和协议，使它成为半自治实体。到18世纪60年代，许多拥护独立的殖民地人民因此拥护一种消极自由的理念，即"摆脱很多政治和社会的罪恶，比如专横的政府权力，而获得的自由"，他们倾向于视政府为"邪恶的"。

故而，在18世纪60年代之前，帝国与北美的接触只停留在表面。大英帝国对殖民地大体上是放任的，在斯图亚特王朝后期，它试图将殖民地牢牢地控制在中央权力之下，但只停留在理论层面。在此期间，北美殖民地发展壮大，取得了持续的经济增长和令人瞩目的政治稳定。鉴于北美的富庶以及欧洲人拓殖模式的多样性、人种的多样性，其政治稳定显得尤为不易，故而更加引人注目。在许多殖民地，尤其是中部的纽约、新泽西和宾夕法尼亚，来自欧陆国家的数以千计的移民改变了人口的结构，故而呈现出可观的宗教和民族的多样性。18世纪，在英属北美的所有地方，强大的本地克里奥尔人精英建立并控制着有力的代议制机构，这些机构复制了英国的模式，尤其是议会，借此昭示对英国自由精神的承袭和忠诚。他们认为，这些自由因在光荣革命后被写进了宪法，从而得到巩固和加强。

与此同时，他们也热切地表达了对汉诺威王朝的忠心，这实质上是举起了新教最高权威的政治旗帜，也是他们抵抗天主教专制的恶劣影响的主要体现。天主教专制集中体现在法国的路易十四及其专制君主的继承者统治期间。在始于17世纪90年代并在七年战争达到高潮的一系列反对法国的战争中，美洲殖民地是英国的忠实支持者。1756—1763年的七年战争主战场在北美，战争的结果是英国在美洲建立了霸权。然而，在此之前，美洲殖民地就已经参与了英国对西班牙和法国的殖民争霸战争。正如 1741 年进攻卡塔赫纳、1762 年围攻哈瓦那中表现的那样，来自新英格兰数以千计的战士因感染瘟疫而将生命献给了大英帝国的殖民事业。

18 世纪殖民地居民之间，贫富差距十分明显。不断增加的富豪精英和越来越多的贫困者之间存在日益扩大的鸿沟。在美国独立战争前夕，多数富裕的白人享有地球上最高的生活水准，而黑人则在贫苦和疾病中苦苦挣扎。宗教也是造成差异的因素，它能够为殖民地居民提供生存的精神支撑，会让他们产生一种认为自己是不同于欧洲祖先的美洲人的身份认同。在新教教派内部兴起了福音派宗教复兴运动（大觉醒运动），它由英格兰著名的传教士乔治·怀特菲尔德（George Whitefield）等领导，他们在 18 世纪二三十年代的北美吸引了大批的信徒，不仅改变了北美宗教的特点，使之变得更具有情感色彩，更加个人化，可能还产生了与平等主义民主政治连接的预兆，同时也造成了福音派和更加传统的圣公会的决裂，这在北美南部表现得更为明显。在圣公会看来，福音派的情感化色彩会干扰和妨碍以文雅、自我克制、在教会及政治上遵从现有权威、遵循世袭的社会等级制度为基础的社会秩序。

但是，在 18 世纪前半叶所有领域均取得引人注目且持续的发展中，这些多样化的英裔美国人社会沿着相似的发展轨迹，围绕与英国社会和政治价值共同的关联性而进行的文化整合，达到了令人讶异的程度，这一点最令人印象深刻。这种整合是通过商品在全世界范围的扩散，以及大规模从英国进口消费品而造就的风格统一的英式美洲商业文化。克里奥尔精英在政界的崛起同样重要，到了该世纪中叶，他们不仅掌握了政治权力，也成为社会风尚的决定者。这种社会风尚就是英国的绅士风度。对于殖民地精英来说，首要的是步入上流社会，具有英国风范。绅士风度，改良和英国化被视若圭臬，因为借此可以让他们和英国的精英联结起来，这也使得各个殖民地变得愈发彼此相似。不无讽刺的是，正是这种围绕着坚守英国范式和行为而进行的整合使得殊异的殖民地之间具有了趋同性，从而使他们对 18 世纪 60 年代英国的帝国政策发生的变化产生了共同的愤怒情绪，这是 1776 年美国革命的一个重要前提条件。

奴隶制度和对美洲原住民的压迫是殖民地成功背后涌动的黑色暗流。直到 18 世纪中叶，美洲的白色人种几乎无一例外地仇视原住民，边疆地区的殖民者公开宣称美洲原住民是未开化的野蛮人，提倡使用种族屠杀政策将其从殖民者垂涎的土地上移除。七年战争加剧了这一倾向，双方爆发了严重的边境暴力冲突，例如 1763 年俄亥俄山谷的庞蒂亚克战争。美洲原住民在反抗殖民者的入侵和种族屠杀政策时，受到宗教先知的启发。后者从 18 世纪 40 年代开始在布道中号召把欧洲人从大西洋世界驱逐出去。千禧年信仰的热潮激发出让人震惊的暴力。举例来说，在 1763 年的庞蒂亚克战争中，美洲原住民摧毁了阿巴拉契亚山以西的大部分英国军事驻地，杀害、俘获、驱逐他们视为非法盘踞在自己土地上的人。美洲腹地的殖民者发誓要为此复仇，他们认为英国发布《1763 公告》（*Proclamation of 1763*）是背叛之举，该宣言试图禁止西部的拓殖定居活动，拒绝惩罚对殖民者施加暴力的美洲原住民，这在他们眼中就是对庞蒂亚克及其联盟的野蛮行径之肯定。1774 年《魁北克法案》（*Quebec Act of 1774*）在他们看来同样无法容忍，因为它鼓励天主教徒在新法兰西定居，而且将该省的疆域向南推进到俄亥俄河，这就堵住了投机者攫取印第安人土地——最重要的是弗吉尼亚、乔治华盛顿——的通道。该法案被视为剥夺拓殖者财产而遭到狠狠抨击，因为在他们看来，这是他们的正当权利，因为他们在七年战争中取得了军事胜利。魁北克方案成为引发美国革命的主要导火索。

奴隶制凸显出英属北美的繁荣。殖民者精英分子的高贵地位直接产生于南部，而间接产生于北部，来自对奴隶劳工愈发高效和残酷的剥削。不可否认，白人和黑人的关系的确是建立在互相协商基础之上的密切联接，但是这种协商显然是不平衡的，它允许一个野蛮的主子剥削精神备受创伤的、弱势的、孤立的、营养匮乏的非洲人。北美的奴隶制要优于加勒比海地区的奴隶制度，主要是因为在北美，少有奴隶在甘蔗种植园工作，本土的奴隶社会可以塑造一种文化纽带，这可以使他们比生活在西印度群岛奴隶主鞭子下的奴隶具有更多的独立性，但也只是在很小的程度上而言，众所周知，北美的奴隶生活十分悲惨。

种植园主非常成功地创造出了一个充满仇恨的种植园体系，他们对强制性武器的垄断意味着奴隶反抗通常是徒劳的、奴隶暴动很少发生且较易镇压。但是奴隶暴力反抗的威胁是持续存在的，恐惧的气氛主宰着奴隶主和奴隶之间的关系，也渗透进所有的社会互动和接触，不仅包括黑人白人之间的互动，甚至还包括黑人之间或者白人之间的关系。白人依靠奴隶制来达到殖民地标榜的改良和高尚存在着很大问题。须记得美利坚合众国立国的主要文献，即1776年《独立宣言》的起草者托马斯·杰弗逊宣称就像追求幸福是美国人与生俱来的权利一样，他们也有权利寻求使自己的主张被欧洲国家所接受。然而杰弗逊始于1743年、卒于1826年的全部人生，是依赖他所拥有的奴隶的劳动，他从孩童时期便由他们照料，一直到去世，安息在他们砌筑的坟墓中。

法国人的殖民开拓

当然，在北美，英国化永远不可能完成，因为直到19世纪，该地区一直是欧洲帝国的逐鹿场，美洲原住民这支力量也持续存在。

在北美，除英国之外，最重要的欧洲帝国是法国。法国人同样是拓殖美洲的后来者，比英国人更少参与殖民活动，他们在北美主要的拓殖点在魁北克和路易斯安那，较多参与北美腹地的皮毛贸易。英法殖民活动一个最重要的不同之处，是自愿移民美洲的法国人较少。纵观大西洋历史，法国是活动在这一舞台的最大的西欧民族，然而，甘愿冒风险横渡大西洋而来的居民比例却是最小的。17世纪只有4.5万法国人移居美洲，而英国人则接近40万。如此小规模的移民意味着法属美洲并未形成英国式的定居殖民地，虽然魁北克人口增加几乎同新英格兰一样显著，在1759—1760年法国统治的末期，该地讲法语的白人人口只有7万人。

相比英属美洲，法属美洲地理上的完整性较小。在北美，由自由的欧洲人以及与之互动的美洲原住民组成的乡村社会占主导地位，由于长期匮乏资金和定居者，对母国的价值并不大。加拿大不能给法国提供重要的剩余农产品，也无法为法国主要的殖民地提供足够的粮食。位于加勒比海地区的大安的列斯群岛，主要是以奴隶劳动为基础的充满活力的种植园经济。路易斯安娜从地理上说是北美的一部分，但在文化上和经济上却是加勒比体系的延伸。与此相反，加拿大大体上是自给自足的，故而从法国地缘政治的诸多方面而言，它不甚重要。1763年，加拿大丧失以后，法国认为路易斯安那也失去了价值，便将它割让给西班牙。这片大陆的未来非常清晰：它将以英语为主要语言，以英国为导向，最终发展成独立的民族，即美利坚合众国和英国的殖民地加拿大。

注释

1   Carla Pestana, *The English Conquest of Jamaica: Oliver Cromwell's Bid for Empire* (Cambridge, MA: Harvard University Press, 2017).
2   Peter C. Mancall, *Hakluyt's Promise: An Elizabethan's Obsession with America* (New Haven: Yale University Press, 2007).
3   James H. Merrell, *The Indians' New World: Catawba and Their Neighbors from European Contact through the Era of Removal* (Chapel Hill: University of North Carolina Press, 1989).
4   Susan Sleeper-Smith, ed. 'Forum: The Middle Ground Revisited,' *William and Mary Quarterly* 63 (2006), 3–96.
5   Bernard Sheehan, *Savages and Civility: Indians and Englishmen in Colonial Virginia* (Cambridge: Cambridge University Press, 1980).
6   Susan Juster, *Sacred Violence in Early America* (Philadelphia: University of Pennsylvania Press, 2016).
7   Pekka Hämäläinen, *The Comanche Empire* (New Haven: Yale University Press, 2009).
8   Pekka Hämäläinen, 'The Shapes of Power: Indians, Europeans, and North American Worlds from the Seventeenth to the Nineteenth Century,' in Juliana Barr and Edward Countryman, eds., *Contested Spaces of Early America* (Philadelphia: University of Pennsylvania Press, 2014), 31–68.
9   Ibid., 37.
10 Daniel K. Richter, *Trade, Land, Power: The Struggle for Eastern North America* (Philadelphia: University of Pennsylvania, 2013), 75.
11 Ibid., 90.
12 James H. Merrell, 'Indians' New World: The Catawba Experience,' *William and Mary Quarterly* 3d ser. 41 (1984), 539–49.
13 Hämäläinen, 'Shapes of Power,' 65.
14 J.R. McNeill, 'The Ecological Atlantic,' in Nicholas Canny and Philip Morgan, eds., *The Oxford Handbook of Atlantic History* (Oxford: Oxford University Press, 2013), 302–03.
15 Trevor Burnard and Ann Little, 'Where the Boy's Aren't: Women as Reluctant Migrants but Rational Actors in Early America,' in Jay Kleinberg, ed., *Revisioning Women's History* (New Brunswick, New Jersey: Rutgers University Press, 2007), 12–29.
16 Alison Games, 'Beyond the Atlantic: English Globetrotters and Transoceanic Connections,' *William and Mary Quarterly* 63 (2006), 675–92.
17 Ira Berlin, *Many Thousands Gone: The First Two Centuries of Slavery in North America* (Cambridge. MA: Harvard University Press, 1998).
18 Ibid., 103–05.
19 Stephen Saunders Webb, 'William Blathwayt, Imperial Fixer,' *William and Mary Quarterly* 3d ser. 25 (1968), 3–21.

参考书目

Oxford Online Bibliographies entries – British Atlantic World; Colonization of English America; Settlement and Region in British America, 1607–1763; Britain and Empire, 1685–1730; The Economy of British America; French Atlantic; New France and Louisiana; The Acadian Diaspora.

David Armitage and Michael Braddick, eds., *The British Atlantic World, 1500–1800* (New York: Palgrave Macmillan, 2002).

Joyce E. Chaplin, 'Expansion and Exceptionalism in Early American History,' *Journal of American History* 89 (2003), 1431–55.

Edward Countryman, 'Indians, the Colonial Order, and the Social Significance of the American Revolution,' *William and Mary Quarterly* 3d ser. 53 (1996), 342–62.

David Eltis, *The Rise of Atlantic Slavery in the Americas* (New York: Cambridge University Press, 2000).

Alison F. Games, *The Web of Empire: English Cosmopolitans in an Age of Expansion, 1560–1660* (New York: Oxford University Press, 2008).

Gilles Havard, *Empire et métissages. Indiens at Français dans le Pays d'en Haut, 1660–1715* (Sillery, Quebec: Septentrion, 2003).

Eric Hinderaker and Rebecca Horn, 'Territorial Crossings: Histories and Historiographies of the Early Americas,' *William and Mar Quarterly* 3d ser. 67 (2010), 395–432.

Paul W. Mapp, *The Elusive West and the Contest for Empire, 1713–1763* (Chapel Hill: University of North Carolina Press, 2011).

Daniel Richter, *Facing East from Indian Country: A Native History* (Cambridge: Cambridge University Press, 2001).

Lorena S. Walsh, 'Slavery in the North American Mainland Colonies,' in David Eltis and Stanley L. Engerman, eds., *The Cambridge World History of Slavery* vol. 3 *AD 1420–AD 1804* (Cambridge: Cambridge University Press, 2011), 407–30.

Michael Witgen, *An Infinity of Nations: How the Native New World Shaped Early America* (Philadelphia: University of Pennsylvania Press, 2012).

第十二章
种植园

一种全球性的体系

种植园综合体（plantation complex）是一种全球性的体系。它发轫于欧洲，在美洲的热带和半热带地区成为现实。亚洲作为一种资金和劳动力的来源卷入其中，非洲则是焦点，它提供了种植园所需的大部分劳动力，在 19 世纪它最终延伸到太平洋和澳大利亚。卡尔·马克思将种植园描述成一种固有的倒退，它是从封建主义到资本主义进程中的一站。一些具有浪漫主义情怀的捍卫者认为，正如 20 世纪 30 年代的电影《乱世佳人》（*Gone with the Wind*）展示的那样，种植园是封建庄园，拥有风景如画的农奴茅舍，磨坊则作为充满活力地互相合作的中心，由严苛（然而仁善）的主人监管。这种观点是对种植园的曲解。它是一种其所有特点都打上了暴力烙印的现代体系，暴力不是返祖，而是起着重要作用，专门用来辅助复杂而成熟的生产链条。

它是大西洋奴隶贸易背后的重要推手，从非洲带来了 1250 万名俘虏，其中 1050 万人抵达美洲。他们的劳动区域跨越了广阔的地理区域，从巴西南部的南里奥格兰德州（Rio Grande do Sul）延伸到美国宾夕法尼亚南部的梅森－迪克森线[①]（Mason-Dixon line）。它于人

[①] 美国马里兰州与宾夕法尼亚州之间的分界线。

类进程而言是否增添了些许意义？大卫·艾提斯认为答案是否定的，他不无嘲弄地宣称种植园的整个历史对欧洲人的嗜甜之欲贡献良多，而对欧洲和北美的经济则无甚作用。[1] 正如第八章所讨论的，非洲的历史学家倾向于认为种植园制度不仅对非洲的发展毫无作用，还腐化了非洲的政治，损害了经济发展。但是这种观点低估了种植园对欧洲资本主义发展的作用。其一，它改变了消费模式，推动了工业革命。从这一意义上来说，简·德·弗里斯将其视为工业革命的先驱。其二，它使美洲变成一个有利可图的可开发之地，正如芭芭拉·索洛指出的，"正是奴隶制度使得西半球荒芜的土地变成了有价值的商品产出之地，也变成了欧洲和北美的重要市场"。[2] 大卫·艾提斯、弗兰克·L. 刘易斯（Frank L. Lewis）和大卫·理查森称，种植园是1800 年之前新大陆经济中最具活力的一个单元，其经济增长率几乎可以和工业革命中的英国以及美国相较，它具有强大的生产效率，尤其是在 18 世纪后半叶。[3]

作为使用来自欧洲的契约仆来种植热带农作物的一种替代，种植园制度的出现对美洲动产奴隶制度的形成具有重要作用。一开始，种族偏见使种植园主不愿意购买非洲奴隶，但是种植园农业需要更多的工人，而白人劳动力越来越匮乏，或因为潜在的移民了解到种植园的工作环境之恶劣，或因为在欧洲有了更好的工作机会。在弗吉尼亚，从 17 世纪 50 年代开始，契约劳工的供应减少，到该世纪60 年代，皇家非洲公司的成立使得在奴隶贸易中非洲人的价格降低，供应增加，其结果就是种植园主迅速全心全意地转向购买非洲人并役其为奴。非洲人提供了远非欧洲契约仆可比的源源不断的农业劳动力，在整个大西洋世界，种植园主从其他种植园体系学到了如何使奴隶制成为新的、更加残暴的劳动管理体制的核心特点。在这一过程中，性别至关重要。在欧洲，女性通常不从事农业劳动。而在非洲以及美洲却不同。欧洲人越来越多地对非洲女性的身体持有一种贬低性观念，这种观念亦是为粉饰奴役非洲人的制度。他们争辩说，非洲妇女的工作既不会因分娩也不会因艰苦劳动而中断。她们甚至可以在照顾婴儿的时候工作，因为她们的乳房是如此下垂，这恰恰方便了婴儿的吸吮。这些关于妇女分娩时没有疼痛和几乎不需要时间从分娩中恢复的形象塑造背后的最终主张表明，她们是最理想的劳动力，虽然是人类，但她们的人性是奇怪和畸形的。这也推动了 17 世纪中期巴巴多斯、弗吉尼亚、马提尼克岛在早期立法中确认了黑人女性生产的所有孩子自动成为奴隶，即使这些孩子的父亲有可能是自由人或白人。经济效用胜过父系权力。

显著的特点

菲利普·科汀概述了成熟的种植园制度的 6 个特点。其中，最重要的特点是使用非洲裔奴隶劳动力。这一部分人口通常无法自我维持（18 世纪中期的美国除外），只能依赖奴隶贸易来补充。种植园是资本主义性质的经济，虽然它们保留了一部分封建主义的元素，特别是在巴西，那里的种植园是围绕着制糖厂发展起来的。种植甘蔗的小农户把甘蔗带到糖厂，而制糖厂的主人负责榨汁制作。这些资本主义企业是为遥远的欧洲市场而生产，因此依赖于变幻莫测的长途贸易。最后，种植园社会是殖民地社会，其政治控制来自欧洲人。因此，种植园社会与欧洲帝国联系在一起，并通过这个国家与欧洲国家制度联系在一起。

在主要的制糖区，有两种种植园模式（虽然种植园农业并不局限于制糖，因为种植者生产烟草、水稻、可可和棉花等经济作物）。这是一种随时间变迁而演变的体系，从其发轫地大西洋的加那利群岛，到巴西，再到巴巴多斯，随后风靡加勒比海地区和北美。巴西人在美洲首次发展起种植园体系，但是由于种种原因，这一种植园体系并不健全。其一是缺乏资金，而且他们发明出的种植园体系并未从规模经济中受益，这种系统由于不得不将糖从种植园主拥有的田地转移到独立的私人制糖厂而变得复杂。随着17世纪20年代糖价暴跌，以及荷兰对葡萄牙的袭扰，奴隶反抗一度十分普遍，巴西制糖业陷入了长达一个半世纪的低利润的衰退时期。巴西作为种植园体系的领先地位被英法取代。后者比葡萄牙更好地融入北大西洋商业圈中。

在17世纪中期种植园制度的改革中，小岛巴巴多斯扮演至关重要的角色。17世纪早期，糖已经成为英国的畅销品，从一种奢侈品转变成每个人都能消费和购买的普通商品。巴巴多斯是成熟种植园体系孵化的坩埚。其种植园主的关键创新在于，他们摒弃了巴西常见的分散的体系，而将甘蔗的种植、加工整合在一起。他们的体系是一个大的、整合的种植园体系，由愿意将严苛的纪律施加于奴隶的欧洲人任职，其黑奴通常至少达百人，甚至更多。规模经济随之产生了，关键的创新之处不是奴隶制，而是采用了一种劳动力组织形式——奴隶们在随意挥舞的鞭子下实行步伐一致的联合劳动，这可以产生足够的糖，带来足够可观的财富，以进行大规模的再投资。这一体系非常成功，它迅速蔓延到了整个英属和法属美洲。它的成功归因于奴隶的密集型劳动，在18世纪晚期的牙买加，奴隶每年劳动时间达到3288小时，这远远超过欧洲农业劳动力的平均劳动时间。

非洲人对整合后的种植园和联合劳动提出了异议。奴隶痛恨联合劳动，厌恶联合劳动强加在他们身上的严密控制。巴巴多斯的一个反抗奴隶在被处决时宣称："英国人体内住着魔鬼，他可以驱使一切，他让黑人工作，让马工作，让木头工作，让水工作，让风工作。"种植园主通过无情的残暴达到了目的。这种压迫大体上是奏效的。种植园的奴隶反抗通常维持在低水平状态，很少发展成暴力。一旦它以暴力出现，比如 1760 年发生在牙买加的一次大型奴隶暴动，叛乱分子会受到种植园主精心策划的残虐对待，这种方式甚至让欧洲观察者感到畏缩，他们的内心浮起了疑问：这些种植园主是否还配得上英国人、法国人或荷兰人的称号？

"杀人机器"

在种植园体系最高效运转之地，主人对使种植园运转起来的奴隶拥有既不受道德制约也不受外部压力影响的权力，比如 18 世纪的大安的列斯群岛，这些地方也就成为备受死神青睐之地。统计数字是对这种制度的一种无声谴责。马库斯·雷迪克[①]（Marcus Rediker）描述了死亡是如何跟随着大西洋奴隶贸易的，这是一种提供劳动力以促进种植园对劳动力的无尽渴望的机制。通过折筋断骨的劳动和糟糕匮乏的物质条件，种植园吞噬了卷入其中的不幸之人的生命。他得出让人心生寒战的结论："据估计，从 1400 万受奴役者中仅仅'产出了'900 万侥幸存活的大西洋劳工，这为我们了解人口损耗提供了另一种直观的参考。"[4]

从大多数角度来说，甘蔗种植园是种植园综合体的巅峰，虽然糖作为一个关键因素在现代经济增长中发挥了巨大作用，但是从种植园和死亡之间多方面的关系来说，它是一种实至名归的"杀人机器"。种植园综合体的暴力和摧毁性并不会使人联想起往昔的经济

[①]马库斯·雷迪克，美国匹兹堡大学历史系教授，研究方向集中于社会史、劳工史和海洋史，著有《在恶魔与深蓝大海之间》《各国恶棍：黄金时代的大西洋海盗》《奴隶船：一部人类历史》等。

制度。种植园体系和封建制度以及希腊或者罗马的奴隶制毫无相似之处,虽然种植园主人喜欢附庸风雅,给奴隶们起个英雄主义的希腊名字,这样便可以在他们对奴隶日复一日的虐待中加入一丝调味,产生嘲弄他人的居高临下的优越感。

事实上,种植园体系提前几个世纪预显出了工业革命中劳动的特点,即一种完全不同的压迫。事实上,这是一个非常现代的制度。西敏司认为这些种植园是"早熟的现代性"的象征。他认为种植园通过将来自不同文化背景的人强行拉到一起,并无情地迫使他们工作,那些人在恶劣的环境中创造出了全新的文化模式,种植园主阶级将奴隶转化成了全新的、本质上是现代的人。西敏司还注意到,这种劳动制度使奴隶成为"不具姓名的劳动单元——异化的、可牺牲的、可互换的,好像他们不具有个体特征或者不存在任何过往"。他们成为文化上的无历史之人:"在几乎完全丧失了历史连续性之后,他们带着与众不同的、新的个性重生了。"[5]

在文化上如此,在经济方面也是同样的情况。保罗·切尼(Paul Cheney)对 1791—1804 年海地革命前,即 18 世纪 80 年代种植园经济繁盛时代的圣多明各进行了考察。这一时代可能是世界历史上种植园制度最纯粹的体现,揭示了种植园综合体是早期近代资本原始积累的特殊表现。他认为,安的列斯群岛种植园体系"是 18 世纪欧洲北部国家所经历的商业革命的一个核心组成部分"。他借用机械的隐喻(启蒙思想家常常这样做)来描述种植园体系,将圣多明各的种植园综合体比作一个在危险和恶劣条件中运行的、巨大的、复杂的机器。18 世纪中期安提瓜岛的种植园主塞缪尔·马丁(Samuel Martin)也表达了相似的观点,他认为,"种植园应该成为一台组织良好的机器,由各种各样的齿轮组成,每一个齿轮都可以朝不同方向灵活转动,然而它们都朝着一个指定的大方向努力,如果其中一个部分运转太快或者太慢，主要目标就会失败"。[6]

为什么甘蔗种植园对工作和成长来说是如此可怕的地方？巴里·希格曼认为，原因在于种植园主人使用了将奴隶的劳动力剥削到极限的方式。种植和收获同时进行，工厂或作坊都在一年中的大部分时间昼夜不停地运转，甘蔗种植园工人要完成非常艰巨和危险的劳动任务。他们在田地里联合劳动，被监工的鞭子驱使着，努力跟上快速的劳动节奏。联合劳动的性质也很独特，因为它由女性主导。大多数种植园的妇女都是田间劳动者，只有少数妇女成为"特权"奴隶，比如家仆（这项工作常常意味着接受性剥削作为工作的另外形式）。男人比女人更有可能成为"特权"奴隶，从单调的田间劳动中得到一些喘息。对于育龄妇女来说，甘蔗种植园的繁重体力劳动使她很难安然度过孕期，婴儿也很难存活下来。此外，至少在大安地列斯群岛，种植园主期望奴隶能在有限的工作之余耕种他们自己的口粮，其结果就是奴隶群体严重的营养不良，而周期性的环境灾害，比如飓风，以及人为的灾难，如战争，则加剧了这一状况。种植园非常倚重食物的进口，即使在天时地利的时候，他们在粮食上也无法实现完全的自给自足。[7]

当种植园体系的外部环境恶化时，比如在美国革命时期的英属西印度群岛，以及七年战争时期的法属加勒比，饥馑横行，饿殍遍地。在欧洲废奴主义者的施压下，19世纪早期甘蔗种植园主开始采取一些改善措施，力图使种植园生活变得不那么艰难，并通过一些奖赏怀孕的措施来提高生育率。但是奴隶福祉的诉求在种植园时代来得终究太晚了。当大西洋奴隶贸易繁盛时期，种植园主人更加乐于驱使奴隶毫不惜力地干活，直至他们油尽灯枯，然后通过从非洲购入新的劳动力来弥补人口的耗损。这导致奴隶价格上涨——大多数种植园主都不介意，因为这使他们的奴隶财产越来越有价值。

种植园文化

种植园首先在沿海岛屿扩散开来。牙买加和圣多明各是这种发展的典型代表。直到英法在内陆移民拓殖50—80年之后,种植园才蔓延到多山的腹地。奴隶制并不总是未充分发展的经济制度。以巴巴多斯的种植园为例,起初,其劳动力的主导因素是契约仆。但是奴隶制很快就占据主导。它由无处不在的暴力来维持,而暴力对种植园体系来说至关重要。种植园社会在经济上和社会上是分裂的,这让它本质上不同于欧洲、非洲以及亚洲的社会。它在智识上也具有倒退性,几乎在所有方面都存在不足,除了它所创造的财富。当从切萨皮克北部的北外围线向南行进时,你会看到,财富在不断增加,在加勒比海地区达到顶峰,到达巴西中部和南部时,才慢慢下降。

种植园综合体创造了两种持久的社会类型:种植园主和奴隶。当然,它们都不等同于种植园。奴隶从远古时代起就在大多数社会中都存在着,在17世纪中期之前也很少在种植园社会中工作。另外,奴隶也极有可能是白人,在英语中,"slave"一词是"slav"(斯拉夫)的派生,这显示了奴隶在西方社会更倾向于被定义成俄罗斯人,而不是非洲人。在早期近代,越来越多的非洲人成为奴隶,当然,他们大多数是黑人。"种族"是社会结构中的一个更复杂的因素。美洲土地上出现了大量的非洲人,意味着外表的差异和身份以及他拥有的财富与权力的多寡联系了起来,这种差异不利于认同感的产生。事实上,根据白人和黑人对种族的认知方式,白人社会和黑人社会之间存在巨大鸿沟,与此同时,二者内部则以种族为基础拥有巨大凝聚力。种植园所有者和种植园工人之间的种族分裂延续和加强了一些有害的种族主义形式,使白人成为社会认可的典型,黑人则成为备受社会嘲弄的类别,伴随着多种法律上可执行的种族歧视形式,它们在奴隶制结束后很长一段时间，甚至许多非洲裔美洲人已经不再是种植园工人之后仍然存在。

金钱在塑造主奴关系方面几乎同样重要。种植园主人都很富有，至少比那些极度穷苦的奴隶要富有得多。后者在从 17 世纪直到 19 世纪晚期的美洲，也许是该地区最大的赤贫人口。种植园主依靠奴隶的劳动赚取财富，因而他们时刻留意着，确保奴隶劳动达到最大负重。他们期望奴隶们顺从，并在国家支持的暴力行为之外设计了各种手段来从根本上维护其权威，使奴隶们相信他们是无助的、毫无价值的，并依赖于种植园主的善意。这种善意往往是缺乏的，因为种植园主时常对奴隶大加鞭笞，进行性剥削，尽管他们还要仰赖后者的劳动过活。

所有地方的奴隶都受到心理伤害。他们偶尔会反抗，但这一行为带来了巨大的风险。除了在海地，叛乱最终成功地推翻了白人的统治，但却牺牲了大约 10 万奴隶的生命。大多数叛乱总是失败。种植园主对待敢于挑战其权威的反叛奴隶极其野蛮且毫不妥协。例如，1823 年德梅拉拉奴隶起义的后果是许多奴隶被处决，他们的脑袋悬挂在绞刑架上，向那些回到种植园的奴隶警示种植园主人可畏的权力。文森特·布朗口中的这种"视觉恐怖"在种植园生活中时不时地出现。[8]

种植园制度是一种复杂的社会秩序，其中暴力一直存在，但个人互动在塑造权力关系中非常重要。种植园奴隶制是两个群体之间的一种协商关系，奴隶主（通常是种植园主）掌控大部分权力，但并不总是能够自行其是，另一群体（奴隶）无法独立于种植园主的控制来构建自己的生活。然而，奴隶们总是有一些他们可以部署的武器——弱者的武器。在一个社会体系中，无权无势的小人物总是拥有自己的手段，试图为自己获得小小的利益。而奴隶则会与历史上的其他次级群体，如农民和土匪结合起来。奴隶们特别利用了工作实践中所涉及的时间性，尤其是在甘蔗种植园，这意味着行动迅捷通常是关键，例如在收获季节。但是他们发现想要构建一种奴隶可以隐匿行动的方式非常困难，只要种植园主还控制着政治进程。奴隶制在美洲南部和巴西之所以能长期存在，一个原因是种植园主大体上不受干扰地在奴隶中充当种植园正义的仲裁者和伸张者，即使他们使用了过度的暴力来强迫奴隶顺从自己的意志。种植园主拥有可观的政治权力，他们使用这种权力来保护种植园体系，维护自己的社会地位。美国内战之前大部分总统都出身于种植园主，他们致力于维护和扩展支撑起财富和地位的奴隶制。

正是在建立这种互动关系的过程中，主人命令和奴隶服从的种植园理论在实践上是相互矛盾的。主人本应掌控一切，但事实上，他们非常依赖奴隶创造的物质享受，这就为奴隶们打开了一个尝试改变奴役条件的空间。在这方面，奴隶的反抗非常注重策略和战术，其目的不是为了推翻奴役，而是为了改善自身生活条件。奴隶们还试图在种植园系统之外重塑自己的生活，在美洲重新创造远在非洲故乡曾经拥有的社会、政治和宗教生活。在这一方面，他们取得了令人惊讶的成功，比如圣多明各的伏都教宗教生活，牙买加的奥比巫术，以及巴西的非洲—天主教融合体。尽管有官方的劝阻，但这些宗教在奴隶中生根开花。然而，所有地方的奴隶都在苦苦挣扎，他们营养不良、睡眠不足，经常遭到殴打，并最终学会了在这些条件下生存。在任何地方，奴隶都在与生活和工作安排中的异化、不确定性和不稳定做斗争，他们发现，在宗教、家庭和文化生活中保持自己的传统比任何其他种植园工人都难。但这些传统确实保存了下来，并激发了克里奥尔人社会发展的活力。成熟的美洲种植园制度的主要后果之一，是将非洲文化引入这一地区。种植园奴隶发展的文化形式以戏剧性的方式持久地塑造了美洲的社会，例如宗教习俗和音乐表达，它们的根源就在种植园制度中受奴役的人们中间。

经济表现

在18世纪70年代，种植园综合体在前工业化时代臻于鼎盛。它的经济表现非常出色。种植园产品约占环大西洋贸易的40%。正是奴隶生产的商品整合了大西洋体系，使它在18世纪焕发出非凡的活力。即使那些既无奴隶也无种植园的地区，也参与到提供支撑种植园经济的商品和服务之中。1774年，殖民地的年出口产值大部分来自种植园。其中，英属美洲560万英镑，法属美洲520万英镑，巴西180万英镑。

从种植园中获得的财富使一些人非常富有，但几乎总是白人。最富有的种植园主，如西蒙·泰勒（1740—1813），位列大英帝国最富有的人物之榜。泰勒去世时身家超过100万英镑，其中包括1000多名奴隶。法国种植园系统比英国系统更有利可图。到18世纪下半叶，法国人在种植园体系的表现开始优于英国人，其成功归因于更多的国家支持、更好的资源和更有效地利用基础设施改进，特别是在灌溉方面。到18世纪80年代，圣多明各已经成为世界上最富庶之地。但这种财富分配非常不平等。种植园主的财富建立在黑人毁灭的基础之上。在牙买加种植园制度最有利可图的时候，奴隶们几乎没有赖以维持生存的足够口粮（其中大部分粮食必须自己耕种）、药物和衣服。当海外供给受阻时，就像在美国革命期间一样，连勉强维持生存都成了奢侈，剩下的只是饥荒和赤贫。

简而言之，种植园主的财富来自被奴役人民的苦难。殖民帝国对劳工的系统剥削和奴役，使得当代加勒比海政府要求奴隶制补偿的请求具有了紧迫性和合法性。补偿金额不难计算；每个牙买加奴隶每年为他或她的主人赚取大约18英镑利润，但只得到4—5英镑的商品和服务的回报。我们假设公平的工资是10英镑，此数额即允许种植园主获得合理的利润，也可以给奴隶们带来一些安慰，那么，奴隶们实际收到的工资和公平工资之间的总额差给出了一些精确的货币数字，可以作为目前赔偿费用的参考。

种植园制度有何经济表现？种植园财富在哪些方面促进了资本主义和工业化的发展？从奴隶制中获取的种植园利润与奴隶贸易之间的联系可能是有限的，因为种植园主往往不把利润投资于工业，而是投资于炫耀性消费、奢侈的国内房产，以及一些金融机构。但正如第七章所详述的"鬼田"那样，新大陆的种植园能够让欧洲人更多地关注制造业。种植园对欧洲财富创造的最重要贡献，可能是因长途贸易的复杂性引发的金融和保险领域的技术创新。

另一个问题是种植园体系在18世纪末是否处于衰退之中。一种观点是它具有固有的弱点，这意味着种植园体系本身潜藏着自我毁灭的种子。现在很少有历史学家坚持这一观点，因为在对19世纪的巴西、美国，特别是古巴，关于所谓的"奴隶制第二阶段"的研究表明，种植园主和种植园经济具有非常强大的自我调适能力，以适应新的环境。18世纪末西欧、美国北部和加拿大工业经济的崛起表明，工业化以历史标准创造了巨大的利润和非凡的经济增长。到了19世纪，相对来说，种植园社会并不像18世纪初那样具有活力，但按照大多数标准来说它们运转良好，并且变得对欧洲经济更加重要。1800年，英国种植园经济体、奴隶制和奴隶贸易的经济活动对国家国内生产总值的贡献约为10%，可能是1725—1750年的2倍。英国在1807年废除奴隶贸易的举动，并不是在从一个衰退且亏损中的经济体系中抽身止损。他们决定废除这个蒸蒸日上的工业，是因为它在道德上给英国经济造成了严重损害，对种植园农业占主导的西印度群岛经济更是带来了巨大的损害。对于所有废除奴隶贸易和奴隶制的欧洲帝国来说，这一缘由都是成立的。对于美国来说，当它在1861年对一个持有奴隶的分离主义邦联发动战争时，更是如此。正如在古巴一样，它在19世纪发展了一种工业形式的奴隶制，这种奴隶制利润丰厚，适应性很强。当美国南方的种植园体系受到攻击时，它正处于生产力水平的顶峰时期。19世纪50年代美国南方种植园体系的活力看起来如此强大，它对英国世界霸主地位的经济贡献至关重要，诸如此类的论调在种植园主中间甚嚣尘上，以至于没有人敢干涉他们，甚至其反对者也有同样的想法。从1861年开始，一场灾难性的内战以超过60万人的生命为代价摧毁了这一制度。即便如此，鉴于此前支持奴隶制的宪法的存在，奴隶制的最终废除也是通过一项可能是非法的总统命令而完成的，且只是作为一种特殊的战时措施付诸实施的。

注释

1　David Eltis, *The Rise of African Slavery in the Americas* (Cambridge: Cambridge University Press, 2000).

2　Barbara L. Solow, *Slavery and the Rise of the Atlantic System* (Cambridge: Cambridge University Press, 1991), 1.

3　David Eltis, Frank L. Lewis and David Richardson, 'Slave Prices, the African Slave Trade and Productivity in the Caribbean,' *Economic History Review* 58 (2005), 673–74.

4　Marcus Rediker, *The Slave Ship: A Human History* (London: Penguin, 2007), 5.

5　Sidney Mintz, *Three Ancient Cultures: Caribbean Themes and Variations* (Cambridge, MA: Harvard University Press, 2013), 10–11.

6　Paul Cheney, *Cul de Sac: Patrimony, Capitalism and Slavery in French Saint Domingue* (Chicago: University of Chicago Press, 2017).

7　B.W. Higman, 'Demographic Trends', in David Eltis et al., eds., *The Cambridge World History of Slavery* vol. 4, *AD 1804–AD 2016* (Cambridge: Cambridge University Press, 2017), 5.

8　Vincent Brown, *The Reaper's Garden: Death and Power in the World of Atlantic Slavery* (Cambridge, MA: Harvard University Press, 2008).

参考书目

Oxford Online Bibliographies – Atlantic Slavery, Church and Slavery, Cotton, Domestic Slave Trades; Law and Slavery; Material Cultures of Slavery; Plantations; Slave Rebellions; Slavery and Gender; Slavery in British America; Slavery in Danish America; Slavery in Dutch America; Slavery in French America; Slavery in Spanish America.

B.J. Barickman, *A Bahian Counterpoint: Sugar, Tobacco, Cassava, and Slavery in the Recôncavo, 1780–1860* (Stanford: Stanford University Press, 1998).

Robin Blackburn, *The American Crucible: Slavery, Emancipation and Human Rights* (London: Verso, 2011).

Trevor Burnard, *Planters, Merchants and Slaves: Plantation Societies in British America, 1750–1820* (Chicago: University of Chicago Press, 2015).

Philip D. Curtin, *The Rise and Fall of the Plantation Complex: Essays in Atlantic History* (New York: Cambridge University Press, 1990).

Gabriel Debien, *Les esclaves aux Antilles françaises XVIIe au XVIIIe siècles* (Basse Terre, France: Sociéte d'histoire de la Guadeloupe, 1974).

Max Edelson, *Plantation Enterprise in Colonial South Carolina* (Cambridge, MA: Harvard University Press, 2006).

David Eltis and Stanley L. Engerman, eds., *The Cambridge World History of Slavery* vol. 3, *AD 1400–AD 1804* (Cambridge: Cambridge University Press, 2011).

David Eltis, Stanley L. Engerman, Seymour Drescher, and David Richardson, eds., *The Cambridge World History of Slavery* vol. 4, *AD 1804–AD 2016* (Cambridge: Cambridge University Press, 2017).

Sandra Graham, *Caetana Says No: Women's Stories from a Brazilian Slave Society* (Cambridge: Cambridge University Press, 2002).

Sidney Mintz, *Sweetness and Power: The Place of Sugar in Modern History* (New York: Vikig, 1985).

Stuart B. Schwartz, *Tropical Babylons: Sugar and the Making of the Atlantic World, 1450–1650* (Chapel Hill: University of North Carolina Press, 2004).

Lorena S. Walsh, *Motives of Honor, Pleasure and Profit: Plantation Management in the Colonial Chesapeake, 1607–1763* (Chapel Hill: University of North Carolina Press, 2010).

[第四部分]

大西洋史的主题

第十三章
战争与暴力

暴力的世界

大西洋世界兴起的时候，世界各地暴力频发。不过愈演愈烈的暴力只是偶尔和大西洋世界有关联。例如，16、17世纪横扫欧洲的宗教战争，其起因、进程、影响都与大西洋关联甚微。然而，这些冲突有时候却会受后者影响。例如，埃尔南·科尔特斯1519年摧毁了阿兹特克之后，他运用从墨西哥所获得的经验，在1541年重创了阿尔及尔（Algiers）。很有可能的是，当具有大西洋经验的人利用他们对待美洲原住民近乎灭绝的行径，来指导在欧洲和非洲环境中实施比以往更加残忍的战争，暴力的门槛降低了。就像让-弗雷德里克·绍布（Jean-Frédéric Schaub）所述，"在印刷术出现后的两个世纪里，有关暴行的记叙和描述残虐行为的木版画特别流行"。这些涉关美洲的征服、欧洲的宗教战争，以及非洲和其他地区的掳掠的文本和图画素材表达了一个统一的意象。[1]

大西洋联结的兴起赋予了暴力新的、不同的内涵，它向那个时代的人表明，暴力有助于把之前相互孤立的地区连接起来。对当时的欧洲人来说，一个根本的不同之处是，世界正在西欧的主导下走向一体化进程，并伴随着暴力的普遍化。这种认识在欧洲人将其意志强加于美洲原住民的过程中起重要作用。美洲和非洲的原住民很难想到这一点，他们只是将欧洲人对施加于己的暴力以及欧洲人的互相残杀，视为人之邪恶本性之外的某些因素所致。他们转向武力自卫实质上是一种应对，且深深地植根于当地环境。在这种暴力冲突中，欧洲人无疑占有优势，他们具有主动权，能够控制局势，这是美洲和非洲原住民很难做到的。欧洲人的暴力作为将世界连接成一个整体的一种方式，具有全球性的、更大的影响。

暴力的主战场转向欧洲，随后转移到美洲。此前，暴力是日常冲突的一部分，或是一种有限的军事行动。此时，它明显地变得更加意识形态化，包括对那些被视为不适合占据生存空间的人群的大规模屠杀。简言之，暴力从常规的暴行和屠杀演变成了更加蓄意的灭绝人类族群的企图。西班牙和英国都采用了大规模屠杀政策。在1482—1492年的收复失地运动期间，穆斯林被驱逐出格拉纳达，以及1500—1506年期间，红衣主教弗朗西斯科·西斯内罗斯（Francisco Cisneros，1436—1517）强迫穆斯林和犹太人改宗，这是不断试图迫害那些抵抗或恢复其祖先信仰的个人的时代背景。在1568—1570年，格拉纳达爆发了抵制这种行径的内战，而西班牙人的处理方式极其粗暴残忍：摧毁镇压了摩尔人社群，对可疑的基督徒和非基督徒进行迅速和高效的种族清洗。英国在16世纪90年代以及1641年对反抗的爱尔兰天主教徒实施的暴力镇压同样残暴无情，同样是基于灭绝政策，而不仅仅是军事打击。这种欧洲内部的大规模屠杀事件迅速蔓延到大西洋世界。葡萄牙试图摧毁加那利群岛的原住民，取得了一定的成功；西班牙人在瘟疫的助力下，成功清空了伊斯帕尼奥拉岛上的所有原住民。

从某种程度而言，欧洲人在大西洋世界的暴力仅仅是欧洲普遍暴力的一种延伸，即使在非洲和美洲，这种暴力也是很常见的。大西洋世界的每个社会都是暴力的社会。在非洲和美洲，一些最著名的社会很容易与欧洲的暴力行为相匹配。例如，阿兹特克帝国就是建立在以人祭祀的大厦之上，这让目睹的西班牙殖民者感到震撼。以奴隶贸易起家的达荷美同样也用人类献祭，有关欧洲殖民者见证了当时公开祭礼的描述不在少数。其中包括大规模的枭首，意在展示王室威仪，震慑国王的臣民。然而，从某种程度而言，大西洋世界的暴力也是新奇的，有关它的描述满足了欧洲人永不歇止的对残虐和血腥逸事的猎奇心理。大西洋世界的残暴被撰写入书，最著名的当属巴托洛梅·拉斯·卡萨斯对 16 世纪中期西班牙殖民者之残暴的描述。书中配以图画，记载了西班牙殖民者在加勒比海地区对原住民的种族灭绝政策。1598 年，收入西奥多·德·布里（Theodore de Bry）的版画以后，该书的插图版本更具有视觉冲击力，畅销一时。这个版本赞同当时正在形成的一种观点，即西班牙是超乎寻常之残暴的一个民族，同时也激发了欧洲人的想象力，他们将大西洋视为极限暴力之地。16 世纪拉斯·卡萨斯书写方式的成功被亚历山大·杰特梅林（Alexander Exquemelin）的《美国海盗》（*The Buccaneer of America*，1678）和查尔斯·约翰逊（Charles Johnson）的《海盗通史》（*The General History of the Pyrate*，1724）所效仿，这两本书也大为畅销，后者可能是丹尼尔·笛福的笔名。这些书中有关海盗行径的恐怖故事弥漫着暴力，使敏锐的广大读者意识到，大西洋世界的生活已经超出文明世界的常规。

宗教和暴力

宗教并不总是一种善的力量，它往往充当了罪恶的急先锋，这是大西洋史一个让人唏嘘的悲哀事实。例如，基督教的传教士，不仅寻找非信徒进行传教，而且他们本身就是相关宗教暴力的拥护者和制定者。他们是如何运用暴力作为工具，来强迫人们皈依？最明显的一个例子就是，把为了推广正统宗教而在欧洲建立的宗教机构，即天主教的宗教裁判所，移植到美洲。西班牙神职人员，尤其是修士团体的成员，如方济各会（the Franciscans）、多明我会（the Dominicans）、耶稣会（the Jesuits）的成员，在美洲建立了一种军事化的天主教体系，要求信众严格地遵从既定的教义。

在这种体制下，美洲原住民和可怜的西班牙殖民者根本无法理解哪些行为是被允许做的，一切都由罗马教廷来决定。天主教会需要极其严酷的纪律，因为拉丁美洲的早期教会实行家长式统治。传教士认为他们给孩子般的原住民带来了福音。在他们看来，美洲原住民是个矛盾体，他们既充满原罪，必须予以祛除，必要的话可以使用武力，同时，他们又天真无辜，是地球上离圣经中伊甸园的极乐幸福最近的人。新教传福音者和天主教传教士都认为，有必要使美洲原住民改宗基督教，因为在欧洲人发动的侵略美洲的战争中，改宗后的原住民成为对抗非基督教原住民的盟友。虽然这一假设运用到现实中并不总是奏效，但是获得盟友的期望，常常充当了传教行为的幕后推手。并不能简单地看待传教行为，因为时人常常把"基督徒"和"文明开化"画等号。成为基督徒并非仅仅是接受基督教义，它意味着采纳欧洲生活方式，接受欧洲文化观念，包括婚姻和性行为等美洲原住民认为怪异且不必要的一些观念。当美洲原住民或美洲黑人成为基督徒却拒绝抛弃基督教义禁止的性行为，例如婚外通奸、鸡奸、一夫多妻关系等，宗教裁判所就会采取暴力措施。

16 世纪欧洲的宗教战争加剧了宗教暴力的可能性，因为它促进了一种末世论观念的兴起，即认为末日将到，反基督者即将到来，这已经在圣经中预言。通过长时期对美洲及其原住民的宗教文本进行鉴别，传教士认为原住民和魔鬼密切相连。魔鬼不仅存在于美洲非基督徒的心中，也长期寄居于这片土地，这鼓励殖民者对美洲原住民和部分非洲奴隶使用武力。如果一个人认为天启时代即将到来，因此他在美洲参与的是"宇宙决战"（cosmic war）的第一阶段，是在为基督教对抗魔鬼而殉道，那么试图通过武力手段来执行基督教正统观念似乎就顺理成章了。基督教教义鼓励欧洲人夺取原住民的土地，为主而战，并使他们深信，自己的行为是一种强有力的、具有吸引力的宗教符号，象征着牺牲和殉道。就像布莱恩·桑德伯格（Brian Sandberg）阐释的那样："欧洲殖民者的个人宗教情怀和信仰与他们的暴力行为是紧紧缠绕的，前者为早期近代世界的殖民战争提供了宗教上的合理性，他们甚至将其看成是圣战。"[2]

当然，美洲原住民也有自己的宗教信仰，其虔诚并不逊于欧洲人，只是他们倾向于将其暴力限制在宗教框架内。H. E. 马特尔（H.E. Martel）展示的巴西图皮南巴人（Tupinamba）的事例广为人知。在欧洲人眼中，他们是恐怖的食人族，利用自身的恐怖形象来操纵欧洲人的宗教情感，以利于自身。德国人汉斯·斯塔登（Hans Staden）1552年被图皮南巴人俘获羁押达10个月。[3]他记叙了被俘期间的见闻。他坚称，图皮南巴人是食人的生番。对于情况是否属实，学者们观点不一。我认为这应该属实。然而，可以肯定的是，图皮南巴人利用这个可怕谣传，满足了欧洲人对可怕的食人现象之好奇与痴迷之心，为其赢得了尊重。因为在殖民话语中，食人现象是极为可怖的。此外，在相关的欧洲语境中，新教攻击天主教对圣餐的解释是一种食人的象征。简言之，图皮南巴人利用欧洲探险者害怕被吃掉的心理，"扮演"了食人形象，达到了自己的目的，取得了主动权，就像尼尔·怀特黑德（Neil Whitehead）阐释的那样，"食人的标志，很大程度上是当地居民面对欧洲人对殖民地的痴迷而操纵的把戏"。[4]由此看来，利用对方对暴力的恐惧，亦可以作为抵抗暴力的有效手段。

大西洋历史上的战争的一个特点，是缺乏欧洲通行的战争规则的约束，而且双方都经常使用过度暴力。美洲原住民惯常诉诸残虐，正如本书之前提及的，他们通常将俘虏用以宗教仪式的种种血腥祭礼。在欧洲战争中，缺乏克制也是显而易见的，即使不经常发生，也不可避免地与意识形态性质的战争联系在一起，而意识形态性质的战争是在 16 世纪和 17 世纪的大西洋战争中，常涉及一个宗教角度。在欧洲和美洲，最暴虐的情况通常发生在士兵参加宗教战争时，正如 1618—1648 年发生的三十年战争，他们将打击意识形态上的敌人的宗教热情发挥得淋漓尽致。欧洲人在非洲的暴力没有引起战争和战争罪行，其中一个原因就是在非洲的冲突缺乏宗教因素。而美洲则不同。如果你是一个等待天启的基督教徒，对美洲原住民发动战争意味着参与打击反基督的行动中，且不可能有一丝一毫的宽容和仁慈。尼古拉斯·坎尼指出，在爱尔兰和弗吉尼亚，英国果断而成功地采取了种族灭绝和近乎种族灭绝的清洗政策。

不列颠群岛的士兵在 17 世纪 40 年代参与了英国内战的暴行，对在美洲发动无节制的战争，他们也跃跃欲试。就像 1675 年发生在新英格兰的菲利普国王战争那样，整个新英格兰一片焦土，战争双方都毫无怜悯之心，常规的军事交战惯例被抛到九霄云外，其残暴程度让清教徒的神甫感到震惊，因为他们声称新英格兰是神圣的，是上帝选中之地，其特殊使命是以圣经中的原则为基础在新世界建立一个新社会，而这场喋血之战，无疑是对他们宣称的理念的质疑。那些参加过 17 世纪中期欧洲和美洲众多战争的士兵，见证了基督徒之间战争的约定俗成的界限如何一步步被打破，不同信仰者之间仇恨的鸿沟愈来愈大，宗教和种族的暴力越来越多。此外，英国人的殖民过程也是不列颠群岛宗教冲突的过程，天主教的爱尔兰、加尔文教的苏格兰与英格兰之间冲突不断，英格兰内部的宗教分裂和纷争也持续不断。欧洲的战争暴行转移到了新大陆，坎尼指出，英国殖民者"在对印第安人的种族灭绝中，使用了同样的托词"，就像他们在 16 世纪中期"对爱尔兰人的大规模屠杀"时所做的那样。[5]

军事革命

发生在欧洲和大西洋世界的战争是怎样被历史学家口中的军事革命影响的？"军事革命"一词，1955 年由迈克尔·罗伯茨（Michael Roberts）首次提出，后被克利福德·罗杰斯（Clifford Rogers）和杰弗里·帕克详加阐释为一种描述军事创新的快速爆发，然后是长时间的增量变化的方法。罗杰斯将这一过程描述为一种"间断平衡的进化（punctuated equilibrium evolution）"。在这种进化中，首先步兵取代了骑兵；然后有效地使用火药武器；随之在 17 世纪后期，英国和法国等欧洲主要国家建立了永久常备军，军队和海军成为官僚化的国家和具有扩张性的帝国的神经中枢。[6] 军事革命是发生在欧洲的革新，它增强了欧洲打击非西方的部落、国家和帝国的力量，使得欧洲的扩张如虎添翼。战争变得更加具有致命性，也更加靡费，更倾向于向欧洲以外的地区输出。随着军队的扩大、海军的强大，以及战舰配备了更加高效杀敌的枪支，战争对生命和财产的毁灭性也更大。

因此，欧洲的战争与 17 世纪后期大西洋世界其他地区的战争有本质的不同。例如，在西非，非洲的战争技术与欧洲人无法匹敌。非洲还依赖手工制作的武器，例如弓箭和刀剑，而防御主要依赖堡垒。从很多方面来说，他们没有必要调整军事方式，因为在 19 世纪中期以前，欧洲并没有挑战非洲人的统治，除了一些偶发的冲突。非洲虽然战争不断，但是战争的影响类似于中世纪欧洲的战争，人们倾向于将战争的影响控制在　定范围内，对战争充满敬畏和尊重，发动战争是为了自利，通常不会杀害俘虏。大规模的战役很少发生，小规模战斗、伏击、袭击等冲突增加了，因为大西洋的奴隶贸易导致对俘虏的需求增加。军事革命大大提升了欧洲对其他民族的掌控能力。16、17世纪欧洲战争致死率的增加促使各个国家斥巨资改进军事装备，围绕军事需求的政府部门也大为扩展——历史学家称之为"财政军事国家"。就像本章其他部分提及的，非洲人和美洲原住民很快学会了使用欧洲的武器，仍不失为欧洲侵略者的可畏对手。但是，正如伊拉·格鲁伯（Ira Gruber）所指出的那样，"他们采用新式武器局限于战术上的意义，他们几乎都缺乏相应的经济、政治和文化资源，所以不能像欧洲人那样，利用武器革新来加强力量，保障国家安全，建立全球性帝国"。[7]

军事革命的特点是军队规模的扩大、军事预算的增加、新军事战术的出现。伴随着军事革命，武器技术出现了变化。最主要的变化发生在17世纪90年代和18世纪初英国对法国和西班牙的战争期间。火枪和长矛结合的方式已被摒弃。以前，携带火枪的战士必须与携带长矛的战士组合，而现在，只需在枪支上安装刺刀，每一个战士都可以兼备两种武器，并以严格的队形行进。同时，枪支的发火装置由火绳式转变为转轮式，这使得枪支变得更加安全可靠，射程更远。步兵成为欧洲军队最重要的兵种，其抵抗骑兵袭击的能力越来越强。在极端严苛的纪律下，步兵日夜操练，甚至比种植园们中的奴隶所必须忍受的还要残酷，而且对军官的服从是严格、残酷和强制的。普通士兵不仅装备精良，而且能够更容易坚守岗位，从而提高了他们对抗其他类型兵种的效率。18世纪英国和法国的军队是任何敌手不敢小觑的，他们面对非常规军队，在战场上很少吃败仗。18世纪，英国和法国在海外扩张中取得的卓著成就，是以其强大的军事力量为基石的。即使在拿破仑时代，英国军队较之法国也更胜一筹，这就是1815年之后，英国成为世界上最强大的国家、建立了最强大帝国的主要原因，而工业革命创造的巨大财富尚在其次。

一般认为，军事革命发生在 16 世纪 60 年代至 17 世纪 60 年代之间，但是 18 世纪同样非常重要，因为在这一时期，军事组织和效率开始发生变化。海军成为主角，英国海军学会了远距离耀武扬威，冲突向全球维度发展。早在西班牙王位继承战争（War of Spanish Succession，1702—1713）时期，英国在 18 世纪对海洋的掌控力就已经显露无遗，并在 1689—1815 年英法持续不断战争中不断增强。1747 年，英国在西班牙加利西亚（Galicia）西海岸菲尼斯特雷角（Cape Finisterre）两次海战的胜绩具有重要意义，它表明英国不仅拥有欧洲最强大的海军力量，还在技术和管理方面具有很大优势，即使是法国人（18 世纪中期对海军投入大量资金）也无法媲美。

　　英国海军为何能够称雄海上如此之久？优势在于它比法国拥有更多的海军船舰，也在于其所建造和装备的船舰的机动性和高性能。英国的管理体制非常健全和高效，有强大的财政做后盾，海军领导体制良好。英国海军相对而言比较精英化（在这一点上，不仅英国的其他军队比不上，法国海军更难以望其项背），在军衔的晋升上，普通阶层的人向上流动的可能性比较大，虽然高级军衔仍然倾向于具有贵族背景的男性。英国海军的两位英雄，参加过美国革命和拿破仑战争的罗德尼勋爵（George, Lord Rodney，1718—1792）和纳尔逊勋爵（Horatio, Lord Nelson，1758—1805），他们都来自中产阶级家庭而非上流社会。此外，英国对海上战争的资金投入要多于法国。法国更倾向于支持陆上战争。英国对海上战争的重视或许反映了其海上帝国的定位，也折射出大西洋商业在 18 世纪英国国民经济中的重要性。英国利用海军破坏其他国家的殖民地贸易，比如 18 世纪 50 年代末，英国海军成功封锁了圣多明各，并在七年战争接近尾声时的 1762 年，占领了看似坚不可摧的哈瓦那堡垒。

海盗行为

　　军事秩序日益优化，在民族国家形成的过程中所起的作用更加直接。与此并行不悖的是，大西洋世界是一处无政府状态的开放之地，这是大西洋世界冲突的肇因之一。那些松散地依附于欧洲国家的个人在此，同样拥有无限机遇。大西洋海盗肆虐。海盗在大西洋世界的创建中非常重要，并间接地与扩张主义的国家构建联系在一起，这有助于18世纪初大西洋世界的整合。不无讽刺的是，海盗是一群乌合之众，一旦目的达到，立即作鸟兽散。好莱坞和流行文化所塑造的海盗的黄金时代，大约在1713年到1730年。在这一时期，欧洲各个国家意见一致，都将海盗定为死罪，而不是像前两个世纪那样，把海盗作为加强国家力量的手段。

　　欧洲一个国家的海盗袭击另一个国家的海盗，成为早期大西洋世界海上战争模式的核心。有时候，他们相互勾结，攻击最富有的国家（主要是西班牙）。在某些情况下，海盗得到本国政府的法律许可，比如伊丽莎白时代号称"海狗"的弗朗西斯·德雷克爵士、约翰·霍金斯、沃尔特·罗利。在这种情况下，他们持有政府颁发的进行捕拿、报复性劫掠的特许状，对敌人的船只进行攻击。这些持有执照的武装船只称为私掠船，被本国政府视为英雄，受到颂扬；倘若他们没有执照，则被视为海盗，遭到逮捕，被残忍地处以极刑。

　　海盗行为可以定义为公海（high-seas）上的抢劫。海盗即便没有真的实施暴力，至少也会使用暴力胁迫，这在16、17世纪的加勒比海尤为普遍。海盗的出现对西班牙来说是一个大麻烦。不过正如阿兰·卡洛斯指出的，"然而，非西班牙的海盗为人类定居西半球，起到了极大的推动作用。海盗突袭和掠夺的基地最终成为永久性定居点（后来成为佛罗里达和卡罗来纳等非西班牙的殖民地），而且海盗行为也导致了新大陆财富的部分再分配，从西班牙流向与之进行商业竞争的更富强的欧洲国家。"[8]

对海盗行为的法律定位充满了矛盾之处。17世纪,"海盗"一词用来指称许多事情,包括兵变、船上犯罪,以及未经政府允许的劫掠。有时候,海盗袭击是合法行为,有时候则不然。水手们开始习惯于娴熟地游走在法律的边缘,他们也非常警醒,一旦越过界限,便有可能身陷囹圄。劳伦·本顿指出,那些担忧自己被当成海盗的水手"经常采取合法性姿态……而且他们知晓一些有效的辩护词,即使他们远离家乡,也经常思考合法性存在的策略"。[9]

海盗们常用的一个借口是,他们受到欺骗或者胁迫,被强拉入伙,当海盗并不是自己的意愿。事实上,在日益盛行的颂扬海盗事迹和累累恶行的文学作品中,用被胁迫当托词成了文学手法:好人们乘船出海,却落入恶棍们的魔掌中。然而,此类辩护基本上是保守分子对控告海盗行为的一种反应,表明他们支持船长的权威和船上纪律的合法性。那些被指控犯有海盗罪行的人普遍接受一种盛行的观点,即海盗行为(与特许的私掠活动不同)确实是一种重罪——很少有海盗为自己辩护,声称海盗行为是有意义和正当的生活方式。水手和海盗们很明白,在大西洋上,他们与国籍的关系是应该详加说明的重点,同时也是一个难题。对于被控在公海上犯有海盗罪行的男人和(不多的)女人来说,如何解释他们的国籍问题将关系到他们的生死存亡。不过被控为海盗的那些人的证词,对法律构成了重要影响,改变了欧洲法律对"公海"的定位,并与国际法的发展有着重要的联系。例如,在如何界定海盗行为和如何使海洋法与陆地法相协调方面,国际法的开创者、法学家雨果·格劳秀斯[①](Hugo

---

① 雨果·格劳秀斯,荷兰政治思想家,自然法学派创始人之一,近代国际法理论的奠基者,著有《捕获法》和《战争与和平法》(1625)。他对国际法、国际政治和国际关系影响深远,主张公海是可以自由航行的,为当时荷兰突破西班牙和英国对海洋的垄断提供了理论基础。

Grotius，1583—1645）介入其中，做了若干重要论述。由此，"公海"和大西洋、印度洋被认为是国家主权正常边界之外的一个法律区域，也成为第一批真正的国际空间，它们适用多种管辖权的法律。

与海盗行为相关的术语名称，揭示了海盗在欧洲法律中的模糊定位。"pirate"（私掠/海盗）这个称谓，是专门用来谴责公海上的强盗。更常用和更为大家接受的术语是"corsairs""privateers"和"buccaneers"，这些人被认为是在法律范围内工作，而不是在法律之外抢夺。很多国家非常擅长公海的海盗掠夺。1560年之前，袭击西班牙人的海盗主要是法国人，后来英国人取而代之，成为西班牙的心腹大患，直到1603年他们的庇护者伊丽莎白一世去世。到约1640年，荷兰人取代英国人，成为劫掠的主导角色。

17世纪下半叶是大西洋海盗活动最重要的时期，而且这一时期的海盗活动塑造了世人心目中的海盗形象，当时没有正当职业的"各国恶棍们"成为海盗，在加勒比海地区横行霸道。他们严重扰乱了西班牙人的贸易往来，并威胁着该区域西班牙的权力。海盗们通过抢掠财物可以聚敛所谓的"启动资金"，用来建立种植园和购买奴隶，比如亨利·摩根（Henry Morgan）在海盗们的首都——牙买加罗亚尔港①（Port Royal），由海盗最后成为种植园主。海盗侵袭在17世纪60年代变得更加胆大妄为，并在1671年亨利·摩根摧毁巴拿马城的时候达到顶峰，大量的金银从西属加勒比流向羽翼未丰的英国殖民地。

---

① 罗亚尔港，也译为皇家港、罗耶尔港，是17世纪后半叶加勒比海地区的航运中心。罗亚尔港当时是劫掠者和海盗青睐的避难所，被认为是世界上"最富有和最邪恶的"城市。1692年，罗亚尔港遭遇一场毁灭性的地震，城市面积2/3的区域沉入加勒比海。灾难过后，在罗亚尔港的基础上建立了金斯敦，即今日牙买加的首都。

最终，欧洲国家厌倦了海盗活动带来的混乱失序，开始认真对待西班牙人对私掠行为的种种抱怨，尤其是西班牙人不再进行所谓的外交抗议，而是在17世纪90年代实施了报复性袭击。到1713年西班牙王位继承战争结束时，没有欧洲国家愿意在大西洋继续私掠袭击，因为这种传统似乎对国际友好关系造成了严重威胁，更重要的是以掠夺获得"启动资金"的需求逐渐消失。然而，这场战争结束后，很多航海技术娴熟的海军退伍老兵留在了大西洋，他们的就业机会却非常有限。其中一些人到了种植园工作，而某些人则成为海盗。最著名的英国海盗就是在这一时期显露头角的，比如黑胡子爱德华·蒂奇（Edward 'Blackbeard' Teach）、查理·拉克姆（Charles Rackham）、威廉·基德（William Kidd）和女海盗安妮·邦尼（Anne Bonny）、玛丽·里德（Mary Read）。然而为了确保对公海的控制，英国人决意用更强大的海军来根除海盗行为，逮捕和处死海盗们。有名气的海盗的一生大多快乐却短暂，要么被击毙，要么被绞死（通常用铁链，他们的尸体公开示众，以这种恐怖的例子来警告那些海盗）。

什么样的人会成为海盗呢？当时的人试图说明，他们是人类的敌人（hostis humani generis），"不是一个民族或者一类人的敌人，而是全人类的敌人"。因此，他们被归类为叛徒，就像英国法官利奥兰·詹金斯爵士（Sir Leoline Jenkins）1688年所说的那样，"每个人都应该被任命和武装起来对付他们，就像对付叛逆者和叛徒一样，要镇压和铲除他们"。不过最近的研究认为，海盗并不都是铁石心肠、罪行累累的劫掠者，当然其中部分人的确丧心病狂，如果他们没有陆地上的支持者，那么在海上将陷入孤独和孤立。他们与陆地上提供支持的社区保持着联系，尽管这种支持是有选择性的，有时还是武断的，有可能在情况发生变化时被撤回。威廉·基德（1645—1701）是纽约当地的英雄，也是在印度洋和大西洋战果累累的海盗，最后明白了陆地上的支持是多么反复无常。他在海上没有察觉到政治环境已经发生变化，陆地上给予的支持消失不见，他也从当地人心目中的英雄沦落到被逮捕和处决。

通过评估海盗在17世纪英帝国的地位，我们可以看出海盗对陆地上的社区（在他们失去效用之前）的贡献是多么重要。在17世纪上半叶，掠夺而来的收益对英国启动爱尔兰和美洲的殖民活动是至关重要的，这些意外之财有助于支付移民定居的费用。这类海盗中最突出的人物之一是威廉·菲普斯爵士（Sir William Phips，1651—1695），他从默默无闻到显赫一时、迅速崛起的传奇经历表明，海盗是少有的能够跨越社会等级制度的一批人。他和亨利·摩根等同行们的财富和声望使他们鹤立鸡群，成了当时的名人。威廉·菲普斯出生在新英格兰北部（今缅因州）一个贫苦家庭，后来幸运地发现了西班牙的沉船宝藏，从此富甲一方，并繁荣了新英格兰的经济。他成为当地的英雄和王室任命的总督，并在17世纪90年代领导士兵对新法兰西进行了一次不太成功的袭击。

在17世纪六七十年代，牙买加既是海盗们的天堂，也是一个种植园社会。不过到17世纪80年代，罗亚尔港，这个海盗们曾经的巢穴，开始强烈反对海盗活动，因而英国劫掠者向北航行，停靠在英属北美的纽波特（Newport）和查尔斯顿（Charleston）等地。这些社区不仅窝藏海盗，在1688年之后还资助海盗冒险，表面上是英法战争中英国战略的一部分。然而到1696年后，在英国政府的压力之下，这些社区也不再欢迎海盗了。他们之所以这样做，是因为海上各种合法和利润可观的活动变得更加普遍，海上暴力开始成为亟待解决的问题，同时无政府主义的种植园主不再符合社区对自身未来的定位，这些社区想把移民社会发展成为受尊敬的地方。此外，英国皇家非洲公司自1708年丧失了独占奴隶贸易的特权，这让海盗变为多余的存在，也成了一个社会问题。17世纪90年代是英格兰创建一个统一和整合的海洋帝国的关键时期，而海盗不再是必要之物。一旦海盗与陆地上的社区失去联系，他们很难获得补给，也不可能享受到社交生活和性的快乐。毫不奇怪，他们很快找到了维持生计的方法，开始劫掠以前支持他们的那些社区。当海盗变为一种特殊的社会学类型（说着他们自己的语言，具有独特的服装和一种与众不同的文化的一类人）的时候，他们作为边缘化和用后可抛弃的局外人的命运很快注定了。

英国、法国和七年战争

18世纪，欧洲社会军事化最重要的后果是英法之间的第二次百年战争。两国这一时期进行着军备竞赛。英国集中力量加强其海军，到18世纪50年代在英属美洲殖民地拥有了一支超过300艘军舰的舰队和强大的海军基地。法国和西班牙认为英国对它们在欧洲的地位构成了威胁，从而做出了强烈反应，扩充了他们的海军力量。到1760年，这3个欧洲帝国已拥有世界上2/3的战斗舰队。到17世纪90年代，路易十四（1638—1715）建立了一支34万人的常备军。与海上军事力量一样，其他国家做出了应对，到1710年左右，西欧军队已有100万人。这一时期大西洋的战争多数发生在欧洲，不过在18世纪，爆发于美洲的战争越来越多，而且往往是殖民者进行了人多数的战斗。只是在七年战争期间，欧洲才向美洲派遣了大量军队。1713—1739年长时间的和平之后，英国、法国和西班牙在1739—1748年进行了一系列战争。这些战争并非无关紧要——它们不仅仅是小冲突，但是领导者的目标通常是有限的。无论是法国还是英国都没有试图占领对方的领地，更多的是摧毁种植园，扰乱贸易活动，强化它们在大西洋贸易体系中的作用。当时此类商业活动越来越重要，因而这些战争很大程度上是一种军事手段，为了在大西洋世界获取更多的商业优势地位。

1754年俄亥俄山谷燃起的战火有所不同，它由一名年轻的英国军官乔治·华盛顿（1732—1799）挑起。1756年，当战争正式开始后，它演变为第一次全球性战争（尽管该观点与某种大西洋中心主义相悖，因为全球其他重要地区如东非、中国、奥斯曼帝国，并未因欧洲帝国在美洲、欧洲、西非和南亚地区的冲突和争夺而受到很大影响），这场战争直接导致了美国革命。后人倾向于视其为帝国冲突，这是一种曲解，就像丹尼尔·鲍（Daniel Baugh）所指出的那样，"伦敦政客终极目的是维持并增强安全保障、力量和在欧洲的影响力"。这也是巴黎当局的目标。英国是欧洲国家，其外交和军事的首要着眼点便是维持它在欧洲的地位。

首相威廉·皮特（William Pitt, 1708—1778）是领导英国走向胜利的功臣。有时候，人们将他视为英国第一个伟大的帝国政治家。然而，他也毫不例外地痴迷于提高英国在欧洲的地位。对于皮特及其法国对手舒瓦瑟尔公爵（Duc de Choiseul, 1719—1785）来说，殖民地是确保欧洲安全和影响力的手段。英国决意不让法国支配欧洲并建立绝对君主制的政治体制，因为在英国人看来，这样将摧毁欧洲的自由主义。法国则忌惮英国的全球扩张和殖民地的快速发展，这些能够刺激英国制造业的发展，充实国库，使其可以支付昂贵的战事开销，进而篡夺法国在欧洲的地位。这两个国家把他们对竞争对手获得欧洲霸权的担忧与美国殖民地在发展欧洲贸易网络中渐增的重要性联系起来。因此，在18世纪50年代，法国和英国之间的任何战争都很可能会在欧洲以外的地方爆发。比如，倘若我们按照美洲史学者的视角，从完整的美洲战争（法国和印第安战争）的宏观角度，而不是从对欧洲所造成后果的角度来看待，那么俄亥俄山谷偏远地区的一场地方冲突，它远远没有最初那般让人惊讶。七年战争起源于美国的边境地区，这表明了大西洋世界到18世纪中期已经成为一个一体化的空间单元。

英国是七年战争的最大赢家。然而，英国的胜利却包含着得不偿失的一面。在1756—1763年，胜利来得出乎所有人意料。这归功于皮特英明的战略指导，以及英国统治集团根据形势的发展积极灵活应对，逐一击破问题的方针非常奏效。战争分两个阶段进行：1756—1758年，英国表现平平；从1759年的"奇迹之年"开始，英国在战场上取得了一个接一个的胜利，在皮特英明领导下，英国将征服的触角伸向世界各地。有利的时局对英国的胜利至关重要。其中最重要的三次胜利是：詹姆斯·沃尔夫将军在魁北克的亚伯拉罕平原战役，该战役使法国丧失了它在北美洲的大部分殖民地；罗伯特·克莱夫（Robert Clive，1725—1774）在印度的普拉西（Plassey）战役，将印度大部分地区置于东印度公司控制之下；1762年对古巴哈瓦那的征服，动摇了西班牙在美洲的利益。

这三次胜利的问题在于，它激发了英国政界的狂妄自大之风。他们不理会皮特的谏言，开始相信自己是战无不胜的，不需要欧洲盟友。如此一来，18世纪六七十年代，英国在欧洲没有正式盟友。法国和西班牙为1759—1762年所受之辱，伺机报复英国。美国革命期间，他们的机会来了。追溯起来，七年战争的结果清楚地表明，英国的全球霸权依赖于英国所拥有的欧洲盟友。但欧洲人这时认为英国及其在1763年后日益增长的全球霸权是对他们自身地位的致命威胁。此外，战争耗资靡费，即使像英国这样在大西洋拥有丰富资源的国家，虽不至于因战争破产，却依然捉襟见肘，这意味着英国为维护大英帝国的地位，开始将战争耗费转嫁到美洲殖民地，这直接导致了1765年殖民地人民的起义。此外，战争的结果导致了英国

与印第安人盟友的疏远，这些盟友觉得被七年战争结束后的 1763 年
《巴黎和约》背叛了。

美洲原住民的反抗

18 世纪英法战争的一个重要特点，是双方都将原住民卷入其中。
不无讽刺的是，在 1689—1763 年，当英法角逐霸权时，美洲原住民
的军事援助显得愈发重要。与此同时，英法却将后者视为不可开化
之徒。1763 年法国战败，英国遂不再重视他们的美洲原住民盟友，
甚至定居者增加了对原住民的暴力袭扰。然而，事实上，在 18 世纪
的帝国战争期间，美洲原住民对双方来说都是不可或缺的。譬如，
他们提供信息情报，使欧洲人能获悉敌军动向。起初，英国在美洲
原住民中少有盟友，因此在宾夕法尼亚腹地被打得很惨。然而，从
1759 年英国成功地进行海上封锁后，美洲原住民改变了阵营。由于
封锁，法国无法再与土著保持贸易往来，原住民转而投奔英国人，
其中最重要的两支是莫霍克人和切诺基人。

战争结束后，英国人过河拆桥的行为令美洲原住民非常失望。
1760 年后，英国失去与后者的外交联系，也未能约束殖民地居民对
原住民的暴力行径。这导致了 1763 年多部落联合反抗英国的庞蒂亚
克战争。1759—1761 年，在南卡罗来纳发生了类似的反抗。1763 年
协议只是解决了部分争端。该宣言划定阿巴拉契亚山脉以西为原住
民居住地，就像按葫芦起瓢，它引发了另一个问题，即它挫败了白
人定居者获得西部土地的野心，使他们对统一的、中央集权的帝国
权威产生了不满之心，这成了美国革命的原因之一。

北美洲原住民研究领域所取得的最新成果，提醒我们不能单从
欧洲人的视角来看待 18 世纪大西洋世界的战争。最终，七年战争之
后，五大湖区和俄亥俄山谷地区参加庞蒂亚克战争以及其他冲突的

美洲原住民，把土地输给了美国。1783 年，在美国革命之后，当这些美洲原住民被他们的英国盟友抛弃时，土地的丧失就发生了。英国罔顾居住在此地的原住民，将俄亥俄移交给美国。但在 18 世纪中期，美洲原住民仍然在该地区保留了很多权力。1763 年，英国占据了从圣劳伦斯河到密西西比河的法国殖民地，但这个地区的美洲原住民向英国人明确表示："虽然你已经征服了法国人，但你却没有征服我们。"

在 18 世纪大英帝国形成的过程中，美国原住民是一支足以影响全局的力量。正如柯林·卡洛威（Colin Calloway）所指出的那样："1755 年，俄亥俄谷地的印第安人摧毁了英国派往北美的最强大的一支军队；1791 年，他们消灭了美国所拥有的唯一的一支军队。"1755年，爱德华·布拉多克将军（General Edward Bradddock）在莫农加希拉（Monongahela）战役中被美洲原住民击败。训练不足的英军遇到了法裔加拿大军官，后者在领导北美原住民的战争中身经百战、经验丰富。约翰·福布斯将军（General John Forbes）一改布拉多克的做法，成功地与当地原住民达成和解，将后者推出战争泥潭。于是，法军在最重要的杜根堡（Fort Duquesne）很快遭遇溃败。

但这并不意味着俄亥俄谷地原住民会将自己的家园拱手相让。阿瑟·圣克莱尔将军（General Arthur St. Clair）无视约翰·福布斯将军离世前留下的忠告，拒绝与美原住民对话，抛弃了双方互赠礼物的习俗传统。结果，俄亥俄谷地的土著几乎将阿巴拉契亚山脉以西的大英帝国从地图上抹去。就像卡洛威指出的那样，"他们还确保英国人要了解这次冲突的起因"。塞内卡人的武士在杀死一名英国指挥官之前，"他们迫使他笔录下他们的不满和苦衷的清单：缺乏贸易、价格昂贵、英国人的扩张"。[12] 这片土地是印第安人的土地，无论《巴黎和约》中怎样书写，俄亥俄谷地的原住民不会放弃这片家园。

在《巴黎和约》签署且被英国人背叛之后，俄亥俄谷地的原住民仍然顽强地抗击美国的西进运动。1791年，击败阿瑟·圣克莱尔将军指挥的军队，杀死630名美军士兵，后者是一支拥有周密且多方合作的作战计划的军事力量。圣克莱尔的败绩甚至一度威胁到了新生的美利坚合众国，因为它恰好发生在西部的分离主义分子活动频仍，并欲与西班牙联合的时期，而此时在加拿大的英国人也虎视眈眈，寻觅时机，试图打回俄亥俄西北部。美洲原住民不无自鸣得意地宣称，对付美国人简直易如反掌，这不过是夸夸其谈。1794年，安东尼·韦恩将军（General Anthony Wayne）在"伐木之战"（Battle of Fallen Timbers）中，率领美国人击败了虚弱地印第安西部联盟。在这场战役中，英国人违背诺言，拒绝给予原住民援助。1795年，美洲土著将俄亥俄州大部分割让给美国。然而，他们在"伐木之战"中的败绩，不应使我们一叶障目而不见全貌。事实上，原住民通常成功地保有着自己的土地，要比我们想象的时间更长。

的确，一些美洲原住民帝国使用暴力和战争抵制殖民扩张，维持自己的统治长达数百年之久，如东北部的易洛魁人、达科他州的拉科塔人（Lakotas）以及北美西南部的科曼奇人。正如佩卡·哈马莱宁指出的那样，在18世纪晚期、19世纪早期，科曼奇人通过三个不可或缺的因素——贸易网、有助于快速劫掠的经济腹地（大大增加了科曼奇人的马匹，对于以骑兵为主的科曼奇军队来说，这一点尤为重要），灵活的边疆政策（兼并毗邻部族），将军事和经济发展结合起来，铸就了一个帝国。西班牙殖民者无法抵挡科曼奇人在政治经济和军事力量上的影响。在科曼奇人控制的区域，欧洲人的殖民活动多年以来停滞不前。事实上，科曼奇人一直在美洲西南部拥有强大的力量，直到19世纪60年代，当时的人口损失以及不利的自然环境削弱了他们的力量。[13] 由此，我们可以得知，在征服美洲原住民的过程中，欧洲人并不总是如愿以偿，而在欧洲人逐渐增强的经济力量面前，战争是美洲原住民维持自身不受侵犯的主要手段。

注释

1　Jean-Frédéric Schaub, 'Violence in the Atlantic: Sixteenth and Seventeenth Centuries,' in Nicholas Canny and Philip D. Morgan, eds., *The Oxford Handbook of the Atlantic World 1450–1850* (Oxford: Oxford University Press, 2011), 114.

2　Bryan Sandberg, 'Beyond Encounters; Religion, Ethnicity, and Violence in the Early Modern World, 1492–1700,' *Journal of World History* 17 (2006), 15.

3　H.E. Martel, 'Hans Staden's Captive Soul: Identity, Imperialism and Rumors of Cannibalism in Sixteenth-Century Brazil,' *Journal of World History* 17 (2006), 51–69.

4　Neil Whitehead, 'Hans Staden and the Cultural Politics of Cannibalism,' *Hispanic American Historical Review* 80 (2000), 750.

5　Nicholas P. Canny, 'The Ideology of English Colonization: From Ireland to America,' *William and Mary Quarterly* 3d ser. 30 (1973), 596–97.

6　Clifford Rogers, ed. *The Military Revolution Debate: Readings in the Military Transformation of Early Modern Europe* (Boulder: University of Colorado Press, 1995).

7　Ira Gruber, 'Atlantic Warfare,' in Nicholas Canny and Philip D. Morgan, eds., *The Oxford Handbook of the Atlantic World 1450–1850* (Oxford: Oxford University Press, 2011), 427.

8　Alan L. Karras, *Smuggling: Contraband and Corruption in World History* (Lanham, MD: Rowman and Littlefield, 2010), 23.

9　Lauren Benton, 'Legal Spaces of Empire: Piracy and the Origins of Ocean Regionalism,' *Comparative Studies in Society and History* 47 (2005), 707.

10　Daniel Baugh, *The Global Seven Years' War, 1754 to 1763* (London: Longman, 2011), 1.

11　Colin Calloway, 'Red Power and Homeland Security: Native Nations and the Limits of Empire in the Ohio Country,' in Michael A. McDonald and Kate Fullager, eds., *Facing Empire: Indigenous Experiences in a Revolutionary Age* (Baltimore: Johns Hopkins University Press, 2018), 145.

12　Ibid., 151–2.

13　Pekka Hämäläinen, 'The Politics of Grass: European Expansion, Ecological Change, and Indigenous Power in the Southwest Borderlands,' *William and Mary Quarterly* 3d ser. 67 (2010), 173–208.

参考书目

Oxford Online Bibliography – Arsenals; Fiscal-Military State; Medicine and Warfare; Piracy; Sailors; Soldiers; Violence; War and Trade; Warfare; Warfare in 17th-century North America.

Fred Anderson, *The Crucible of War: The Seven Years' War and the Fate of Empire in British North America, 1754–1764* (New York: Alfred A. Knopf, 2000).

Jeremy Black, *Beyond the Military Revolution: War in the Seventeenth-Century World* (Basingstoke: Macmillan, 2011).

Colin Calloway, *The Victory with No Name: The Native American Defeat of the First American Army* (New York: Oxford University Press, 2015).

Guy Chet, *The Ocean Is a Wilderness: Atlantic Piracy and the Limits of State Authority, 1688–1756* (Amherst: University of Massachusetts Press, 2014).

Barbara Donegan, 'Atrocity, War Crime, and Treason in the English Civil War,' *American Historical Review* 99 (1994), 1137–64.

Gregory Dowd, *War under Heaven: Pontiac, the Indian Nations and the British Empire* (Baltimore: Johns Hopkins University Press, 2002).

Jan Glete, *War and the State in Early Modern Europe* (London: Routledge, 2001).

Mark Hanna, *Pirate Nests and the Rise of the British Empire, 1570–1640* (Chapel Hill: University of North Carolina Press, 2015).

Michael A. McDonnell, *Masters of Empire: Great Lake Indians and the Making of America* (New York: Hill and Wang, 2015).

Geoffrey Parker, *The Military Revolution: Military Innovation and the Rise of the West, 1500–1800* (Cambridge: Cambridge University Press, 1988).

James Sharpe, *A Fiery and Furious People: A History of Violence in England* (London: Penguin, 2016).

John Thornton, *Warfare in Atlantic Africa, 1500–1800* (London: Routledge, 1999).

第十四章
物品的流动

商人

在大西洋舞台上活动的特殊角色（水手、奴隶、海盗等）中，商人尤为特殊。大西洋给欧洲投资者提供了巨大的机会，并给那些参与欧洲贸易的少数幸运的非洲人带来了意外之财。总的来说，商人抓住了机遇。此外，从大西洋贸易中获利最多的是一些原本边缘化的商贩。因为15世纪的欧洲与非洲主流商人更倾向于和地中海地区、奥斯曼帝国、黎凡特地区的人们建立更牢固的贸易关系。约瑟夫·熊彼特（Joseph Schumpeter）的创新理论认为，创新从来不会来自老式工业，而是源于新的创造，它与现有的商业一起成长，然后取代既得利益。大西洋世界正是对这一理论的典型诠释。投资新世界的商人，无论是来自16世纪的热那亚、17世纪的阿姆斯特丹，还是18世纪的南特或波尔多，往往是处于社会边缘的小人物，他们比生活无虞的人士愿意冒更大的风险。大西洋贸易一个引人注目的特点，就是旧的有产阶级和贵族很少投资于新世界。英格兰贵族的领军人物，包括卡文迪什家族（Cavendishes）、罗素家族（Russells）、斯坦利家族（Stanlys）很少投资大西洋。英国和英国王室的参与，除了詹姆斯二世个人参与以他的名字命名的纽约政府，以及他非常感兴趣的皇家非洲公司之外，都属于零星且分散的偶发行为，且鲜有人响应。

他们似乎有充足的理由不参与大西洋商贸：船舶横渡大西洋风险大，高利润也伴随着血本无归的风险，沉船，不受惩罚的欺诈行为，有关赔偿的法律体系的缺失，以及当大西洋贸易变得危险时（如战争发生时），银行和保险公司近乎敲诈的高利率。西奥多·拉布（Theodore Rabb）1974 年在其著名的论文中论述道："承担着巨大风险、在夹缝中图存，以弱胜强是早期近代商人的一个基本特征。这完全符合他们的世界观，即应该抱着不顾一切的心态踏足海上贸易。"[1]

荷兰的商人倾向于继续与波罗的海或斯堪的纳维亚的商人保持现有的欧洲贸易关系。老牌商人世家出身的一小部分人士，愿意冒险加入大西洋贸易，组成特许公司。荷兰南部的一些商人以及西班牙的犹太人也加入他们的行列。这些人都是新型企业家，渴望创新，甘愿为之冒巨大的风险。犹太人和葡萄牙商人联系密切，他们利用这些联系组建了相当复杂的信息网络。他们中的大部分人或缺乏资金，或无法取得信贷行业的支持，这是资金密集型商贸一个很大的问题。17 世纪，他们通过组建股份公司解决了这一问题，从而分散了风险，并获得了足够的资本来支付沉重的启动成本。这些公司 17 世纪后期逐渐衰落，因为无法迅速地回报债权人，也就是说，投入的资金通常被套牢，无法有效地实现增值。于是，为了解决信贷问题，汇票这一新的信用工具出现了。其中，负债的种植园主将生产的美国商品交付给欧洲商人，获得汇票，然后拿汇票支付从欧洲运到种植园的商品。大西洋贸易的融资从欧洲商人转移到美国的种植园主那里，这使得 18 世纪大西洋的私人贸易得以大幅扩张并不断更新流入重要的新产业，广泛的趋势是欧洲资本进入美洲产业。

随时间推移的大西洋贸易

大西洋世界有三种贸易模式：西班牙式、荷兰式、英法式。西班牙从一开始就采用了始于 1503 年的帝国模式，在管理西班牙到新世界贸易往来的商控局^①（La Casa Contratación）控制下，大西洋贸易受到垄断性规则的支配。这些垄断很难控制，但西班牙和葡萄牙的意图在一定程度上是明确的。正如大卫·汉考克所说，"西班牙王室垄断了商业，并创建了一个组织来管理它，建立了海军舰队来保护它，给予塞利维亚商人公会来自剥削性贸易的费用和利润"。[2] 总体思路是"重商主义"，即国家实行高度保护性措施，有组织地保护海外贸易，促进国内市场的自给自足。然而，西班牙发现很难执行如此严格的国家控制，藐视规则钻空子的行为越来越多，走私活动在整个西属美洲帝国非常兴盛，且随着时间的推移不断增加。西班牙也无法发展自己的奴隶贸易，不得不将这种贸易分包给"奴隶专卖许可证"体系下的众多欧洲国家。

和西班牙、葡萄牙一样，荷兰模式一开始也是帝国模式，但是很快转变为类似于其他国家的中介角色。例如，直到 17 世纪 30 年代，他们一直为巴西和苏里南的葡萄牙种植园主提供奴隶和必需品。法国和英国则实施了不同的模式。17 世纪，他们在重商主义的框架内以成立垄断公司的形式来组织了贸易，这一框架在政府制定规范（英国 1651 年的《航海条例》[Navigation Acts]，法国的《排他法令》[codified in l'exclusif]）的监管之下，允许有一定程度的私人贸易，这种框架在 17 世纪后半叶的英国和法国运行良好。但是从 17 世纪

---

① 商控局，也译为贸易所，由西班牙君主 1503 年在塞维利亚建立，管理与新世界殖民地贸易，处理贸易相关法律纠纷。"Casa"意为房子。据说，哥伦布在这里觐见了费迪南国王和伊莎贝拉女王，随后开始了他的第二次航行。

90 年代开始，随着大西洋成为英国海外殖民帝国的枢纽，随着爱尔兰和法国在比斯开湾和布列塔尼发展捕鳕鱼业，并在法国、纽芬兰和伊比利亚之间形成了有利可图的三角鱼贸易，该框架承受了越来越大的压力。此时，特许公司已经无法满足需求，到 18 世纪早期，两国的私人贸易取代了国家扶持的商业公司。

在 1700—1775 年间，英国和法国在大西洋的贸易都显著增长。英国的大西洋进口贸易增加了 6 倍之多，出口贸易增长了 6%—10%。这一时期，越来越多的英国海外贸易转向美洲，到 1775 年，美洲贸易已占贸易总额的 1/3。同时，法国的大西洋贸易呈现指数级增长，而不同于英国的是，法国大西洋贸易增长在 18 世纪 90 年代出现断崖式下降。海地革命摧毁了法国与生产率最高的殖民地圣多明各的商贸关系。此外，法国丧失了加勒比海地区的瓜德罗普岛和马提尼克岛，虽然 1814 年之后重新占有两岛，但是其面积已经大为缩减。18 世纪，充当中间商的荷兰的大西洋贸易也蓬勃发展。到 1750 年，荷兰大西洋贸易总值已经是 1636 年时期的 2 倍。

伊比利亚半岛国家在大西洋的贸易非常不稳定。西班牙政府在 18 世纪早期效率低下，直到 1763 年七年战争败北之后，政府才对其帝国组织形式，尤其是大西洋贸易领域陈旧过时的体制努力进行了一些协同改革。西班牙的目标是重建帝国，使私人利润增加，国家财政收入足够庞大，以便仿效英国的财政政策。西班牙需要的是一个"积极的"帝国模式，来取代"消极的"模式，用商业殖民的体系来替代穷兵黩武的攻城略地，变为一个更加去中心化的、具有更好侵略性的商业帝国。政府的中央集权减少，与西属美洲的贸易增加。改革的一个重要结果，是它与西属美洲和巴西的奴隶贸易剧增。海地革命以及 1807 年大英帝国废除奴隶贸易，并未使大西洋奴隶贸易减少，只是使捕获到的非洲人从大西洋的一个地方转移到了另一个地方。

西班牙所面临的问题是，西班牙能提供美洲的商品和美洲供给西班牙的商品之间存在着不平衡。在 1778—1796 年期间，西班牙出口美洲货物增加了 4 倍，但是从美洲进口的贸易增加了 10 倍。西班牙只有持续不断地进口贵金属，才能支付进口英国和法国工业制品的费用。1807 年之后，拿破仑对西班牙和葡萄牙的入侵，严重妨害了西班牙与美洲的贸易。与美国的贸易，以及英国商人在拉丁美洲重要城市的定居，最终使新生的拉丁美洲共和国摆脱了经济灾难。尽管如此，19 世纪初的经济困境意味着拉丁美洲的人均相对收入在 1800—1830 年期间大大低于美国，这一财富差距至今没有消除。

19 世纪前半叶，大西洋贸易的最大赢家是英国。英国工业革命的蓬勃发展，使得大量的工业制品从本土运往殖民地和爱尔兰，1790 年之后再输往美国。美国和拉丁美洲各共和国成为英国非正式的殖民地，而这种非正式的帝国在维护成本上花费不多，却购买了大量的英国商品。18 世纪末、19 世纪初，在英国的进口贸易中，亚洲和大西洋大致相当，但是在出口贸易中，亚洲所占份额极小，完全无法和美洲相比。英国从美洲进口的货物可以用工业品支付，而无论是南美洲还是北美洲，都对英国的工业品有永不餍足的需求。英国已经超越了荷兰。虽然在 17 世纪中期，荷兰往欧洲和英格兰出口了大量商品，但到了 18 世纪，荷兰人无法像英国人一样进入伊比利亚市场，也被排除在英属美洲之外。英国从海外贸易中赚取巨大的财富，但是，从奴隶贸易引发的大西洋贸易中获取的利润，和工业革命的发生鲜有联系。英国工业革命的发生，大部分起因于国内经济的发展。然而，美洲人口的增加、财富的增加以及他们模仿欧洲时尚的消费需求，给工业生产带来了巨大的刺激。欧洲工业生产的扩张，大部分来源于 18 世纪末和 19 世纪初大西洋世界巨大需求的刺激。

朗姆酒

　　我们可以通过朗姆酒生产和消费的个案研究，从微观和宏观两个层面上透视大西洋世界贸易的运行。对大西洋贸易量增长的估算给了我们很大启示，然而要理解大西洋贸易商品是怎样改变了人们的日常生活模式，我们需要评估个人商品的影响，以及人们购买商品时的消费体验。让我们来研究一下大西洋世界典型的饮品朗姆酒背后的意义。朗姆酒是糖的派生商品，制造工艺高超，包括混合、蒸馏甘蔗糖蜜。正如理查德·利贡（Richard Ligon）在 17 世纪中期的巴巴多斯所评论的那样，制造它需要"大量的人工劳动"，但也与环境有着密切的联系。

　　要理解商品生产和消费的关系，我们首先要把"人"从这个过程中剥离，思考制造工作的全生态系统（total ecosystem）。加勒比海地区种植园生产的朗姆酒，可以抽象地从能量转换的角度来诠释，也可以从人类的奴隶制这方面来诠释。生产朗姆酒需要的能量转换，从生物学角度可以有三种方式：甘蔗生长的农耕生态过程；人类劳动力管理、收获和糖的加工过程；在酵母的作用下，糖发酵成酒精的微生物学过程。奴隶不仅按惯例工作，他们还被嵌入到多个自然系统中，而这些系统本身确实起作用，例如提供阳光作为能量，使甘蔗能够成长。环境是奴隶的伙伴，同时也是其敌人，以酷暑抑或疾病的方式，折磨着他们。奴隶在烈日下葳蕤的草木中，艰难地跋涉，披荆斩棘，在加勒比的土地里辛勤地耕耘，种植、收获甘蔗。这是一项悲惨的营生。曾经为奴的艾什顿·华纳（Ashton Warner）宣称，成为制糖工人是"最深重的惩罚，毫无尊严……可恶的奴隶制……以万能的主的名义，我宣布，我宁死也不想屈服"。当欧洲人和殖民者喝下朗姆酒时，他们间接地和遥远的加勒比海地区的人们、制造过程以及环境联系了起来。[3]

人类学家西敏司在对造朗姆酒的人和环境的复杂关系的总结中指出，制造朗姆酒的人与消费它的人是相互分离的。他写道：

"从人类出现以来，我们与自然的关系几乎一直存在着一个显著特征：自然物质通过种种化学和机械的转换而服务于人类，而让那些见过它们的人一点也认不出来……但是，使得这一转换得以完成的劳动分工可能对这一技术过程赋予了额外的神秘。当生产的地点和使用的地点在时间和空间上被分离的时候，当制造者和使用者在生产过程和使用过程中都知之甚少的时候，这种神秘感会进一步加深。" ① 4

至于今日，我们很少思考服装是怎样在血汗工厂制造出来的。悠然品尝朗姆酒，和意识到它是在对奴隶的残酷虐待下制造而出之间，存在着巨大的鸿沟。只有极少一些道德洁癖者会拒绝食用糖或者朗姆酒，作为对奴隶制的抵制。

18 世纪的朗姆酒饮用者可能会了解朗姆酒消费隐含的帝国和商业意义，却不会意识到它是由奴隶制造这个事实。饮用朗姆酒风靡大英帝国，到 1748 年，朗姆酒出口的 1/3 从巴巴多斯流向英国，超过一半流向英属北美，剩余的则由加勒比海地区的白人和黑人消费。1768 年，仅巴巴多斯一地，朗姆酒的年产量是 150 万加仑。据粗略估算，在北美，美国革命时代白人每年人均饮用 21 加仑左右的朗姆酒。在英属北美的酒馆客栈里，朗姆酒是主打饮品，通常和水、柠檬汁、大量的糖混合饮用，其主要成分都是跨大西洋贸易的直接产物。

饮用朗姆酒传递着大量的社交信息。朗姆酒通常是在热闹的小

① 本段译文转引自（美）西敏司著，王超、朱健刚译：《甜与权力——糖在近代历史上的地位》，商务印书馆 2010 年版，第 8 页。

酒馆里，与他人一起举杯欢饮，是一种男性面对面的社交活动。如果说 18 世纪的女性酷爱饮茶，男性则喜欢朗姆酒。把盏者很少将杯中之物和制造它们的人联系起来。例如，1778 年末到牙买加游访的德国人菲利普·瓦尔德克（Philip Waldeck），在到达目的地后讲述道："两个满载黑人姑娘的船停靠过来，姑娘们带着各式各样的货品，来船上叫卖。"他买了柠檬，意欲调一杯"在此原产地才能品尝到的原汁原味"的朗姆酒，言语中有毫不掩饰的欢乐："我们调制了地道的古法牙买加朗姆酒，我们称它为世界上最地道的朗姆酒，用生长于此地的新鲜采摘的柠檬……还有这片土地上长出的甘蔗……饮下这杯……我们忘记了所有的不悦、危险，以及所有在海上度过的艰难日子。"尽管瓦尔德克在后来的著作中哀叹甘蔗种植工人的"悲惨处境"，并说"我们并不比他们高贵到哪里，除了我们是白人，他们是黑人"。他没有将自己畅饮朗姆酒的欢乐和牙买加恐怖的奴隶制度联系起来。

然而，也有一些欧洲人将奴隶生产的酒精与奴役制度的罪恶联系起来。新英格兰神职人员科顿·马瑟 1708 年在布道时说，过多饮用朗姆酒就相当于受到奴役。"朗姆酒是黑暗的枷锁"，耽溺于朗姆酒的人如同那些"需要摆脱枷锁的奴隶"一样。1774 年，废奴主义者安东尼·贝内赛特（Anthony Benezet）更直接地将朗姆酒与非洲奴隶制度联系在一起。他认为，将酒精饮品送到非洲，使非洲人如此渴望购买朗姆酒，以至于只好诉诸奴隶贸易，这就好像"那些可怜的对朗姆酒着了魔的黑人，被蛊惑去捕猎那些不幸的同胞，将他们带到欧洲市场"。如同贝内赛特所洞察的那样，彼得·曼考尔也认为，对从未喝过它们的美洲原住民来说，酒精饮品极大地破坏了他们之间的社会和经济关系。[5]

食物的意义

哥伦布大交换为大西洋世界的人们带来了新的食物种类。大体而言，食用新食物带来更多的是挑战，而不是愉悦。这在大西洋历史的早期确实是如此，新的食物可能会扰乱人的健康。因为在欧洲盛行医学的体液论诠释（人体有四种体液，医药的作用是保持这些体液之间的平衡）支撑着人体机能的观点，即认为如果人们食用了不熟悉的食物，会影响身体健康，甚至可能变成经常饮用此类食物的人。简言之，如果你和原住民吃一样的食物，也会成为美洲土著。食物是早期近代关于身体差异的思想的核心——人如其食。早期近代的西班牙人认为，非欧洲的饮食可能会改变人体的欧洲特征，饮食正确对于维持欧洲身份认同具有关键作用，因为饮食和身体都是液体，而不是固定不动的，当迁徙到不同气候的地区（比如从温带到热带）或者饮食改变，身体内部体液平衡就会被打破，身体就会随之发生变化。

西班牙人认为美洲原住民体质平平，比不上更加具有阳刚之气的西班牙人。根据体液理论，美洲原住民是冷静而不易冲动的，更加具有忧郁气质，而西班牙人则比较暴躁。他们认为这些差别一部分归因于新大陆的气候和空气，但是更多的体质差别在于原住民糟糕的饮食。食物被认为对矫正体液平衡起重要作用。如果一个人气质忧郁，"枯燥而冷漠"，那么他应该食用热性的、潮湿的食物，比如糖。秉持这种观点的西班牙人时常警告新大陆的西班牙人，如若食用美洲原住民的饮食，就会染恙。他们认为一些食物天生就是不健康的，比如玉米，即使当玉米成为定居者主食之一，成功移植进地中海食谱之后，他们仍不改其见。食用原住民饮食会让人生病是一种信仰问题。1586年的一份饮食手册声称，"木薯是印第安人用来制作面包的一种植物的根茎，对航海至此的人具有致命的毒性"。

由于这个原因，西班牙人情愿花费巨资转运母国的传统食物，比如伊比利亚半岛典型的三种食物——面包、葡萄酒和橄榄油。前两种食物不仅仅是主食中的重头戏，还是宗教仪式中不可或缺的，作为圣餐礼的一部分。耶稣基督的身体转化成了面包和葡萄酒，滋养着基督徒。这些食物不仅有益于健康，而且在基督教文化中具有特定的象征意义，因此在新大陆和在旧世界一样都是必要的。此外，新大陆种植的欧洲农作物表明，如果植物可以在新大陆茁壮成长，那么欧洲的人也可以在此繁衍生息。作物培育仿佛一种实验，用来测试西班牙人在美洲的适应程度。然而，宣称放弃原住民食物的一个原因，是新大陆的许多农作果实非常之美味可口，例如人见人爱的菠萝，马铃薯和辣椒也广受喜爱。当然，玉米也和马铃薯一起被成功移植到欧洲，改变了欧洲的饮食结构，预防了饥荒。西班牙人承认这些食物口感不错，但是坚持限量食用。例如，制作面包不能使用玉米，而只能用小麦。

　　西班牙人相信，饮食可以塑造人的身体，故而当西班牙人食用原住民食物，就会变成原住民。他们对人类身体的理解是，身体是可变的，而且是透气多孔的，大西洋地区不同种类的人的身体可以互相转换，所以在游历大西洋世界时，一定要小心谨慎，防止受异域文化的污染浸淫。正如丽贝卡·厄尔所指出的，"正是由于这个原因，编年史家和官员非常重视记录美洲旧世界作物的种植情况，这样,征服者的后代可以自豪地说出父辈引进的欧洲农作物的名字，因为这些食物是将殖民者和殖民地人民隔绝的堡垒"。[6]因此，改变美洲，使它们尽可能地类似于被他们抛于身后的旧世界的景观和文化，不仅仅是欧洲殖民者用于标注对美洲的占领的一种方式，也是能为其带来慰藉的文明的装饰。同时，在欧洲人的观念中，这也是用以阻止美洲的退化趋势的一种方式。直到18世纪末，美洲退化论一直在欧洲和美洲非常流行。自然科学的新发现改变了这种论调，比如人们认识到世界上最大的树木在美洲西北部（红木），曾经行走在地球上的最大动物（恐龙）生活在北美。这些发现显示了所有物种，包括人体，在新大陆环境下会退化的观点是错误的。鉴于欧洲来此定居的殖民者在美洲顺利地扎根繁衍、开枝散叶，托马斯·杰弗逊等作者抓住这些自然界的事实，来论证新大陆是为最终取代衰落的旧世界文明而创造的。

欧洲和美洲之间许多最重要的大西洋贸易，都是围绕着哥伦布大交换引进的新食物种类进行的。食品贸易在大西洋商贸中的重要性是不言自明的。在18世纪英国等国家，食品构成了海外贸易价值的大部分。其对税收的贡献帮助维持着财政—军事体制，使大英帝国能够在免于破产的情况下进行全球扩张。比如，在18世纪60年代，仅糖的海关税收便足以资助大英帝国的骄傲——英国海军，使它活动于全世界范围内，并用它向法国和西班牙展示英国的实力。尽管如此，食物拥有比经济和地缘政治更具象征性的其他意义。它是18世纪英国人用以保持对大英帝国的归属和认同的一种媒介，部分原因是食用大西洋世界其他地方的食物比从文字阅读中了解帝国，在生活中更为普遍。人们只是偶尔读书，但几乎天天吃糖、吸烟、喝咖啡。

大西洋食物市场广阔，在18世纪日益重要。从1650年到1800年，英国人均糖消费量增长了25倍。每个人都可以通过国内发达而高效的贸易网络购买到愈来愈多的热带产品。到1750年，杂货店遍布英国，覆盖最偏远的小村庄，出售来自大西洋港口的糖、烟草、咖啡（还有来自中国和印度的茶叶），顾客盈门。在历史学家所谓的"工业革命"中，对消费品的渴望刺激了工业产值的增长。人们为了口腹之欲而心甘情愿地拼命工作。比如，糖可以满足他们嗜糖的胃口，也可以增加生活的仪式感，毕竟庆祝生日怎么能离开生日蛋糕，而蛋糕又怎么能少得了糖？

　　了解消费者在消费大西洋商品时有何感受，和他们在多大程度上将这些产品与他们所在的地方以及生产商品的人联系起来，这很难评估。尽管我们知道广告商利用英国的某些新世界产品与其原产地的联系来销售商品，是一种更为有效的营销策略。广告本身塑造了这些食物所具有的象征意义，从而提高了人们对大西洋世界的认识。第一，热带食物在英国缺乏深厚的历史土壤，这使得刊登广告的人千方百计让它们与大西洋联系起来。比如，烟草广告通常告诉人们烟草生长在弗吉尼亚，并且使用美洲原住民形象（尽管很少用种植烟草的非洲裔美洲奴隶的形象）来展示他们所推销产品的卓越品质。第二，英国依赖全国性的市场销售来鼓励消费者购买这些产品。比如，烟草广告，对于坎布里亚郡和伦敦的消费者来说并无二样，这意味着它是一个民族的共同记忆的一部分，而不具有地方性色彩。第三，经济机制能以惊人的高效率和较低的成本，将此类产品（比如牙买加的糖）送到柴郡的农妇手中，减少了大西洋食物与英国本土文化产生联系的可能性。大西洋食物是创造一种"英国人风格"形象的重要手段。比如，还有什么比一杯加了糖的茶水更有英国格调呢？虽然这杯水的构成原料没有一样是产自不列颠群岛。

　　糖有所不同。因为它隐含的奴隶制意义过于明显，而且它到18世纪已经成为家家户户必备的消费品。很难将糖打上大西洋独有品牌的标签。因为尽管产量有限，但是在英国，早在大西洋世界发现前的几个世纪里，糖就少量存在着。此外，不像烟草和咖啡，糖是如此普及以至于很难将不同种类的糖加以区分，以鼓励消费者选择某种特定品牌的糖，虽然到了19世纪，来自圭亚那的红糖生产商成功地将殖民地的名称附加到了这种糖的进口中。然而，大体而言，没有一种类型的蔗糖被认为在质量上优于其他种类的蔗糖。

英国非常擅长将这些产品吸收进现有的文化，而不是将它们与日常生活剥离。英国布丁几乎与那些糖的产地和生产者完全脱节，虽然糖是使布丁美味可口的必需材料。从 16 世纪的某个时期，体液理论作为医学的根基开始动摇，食用异域食物会变成异域人的观点消失了。英国人开始崇尚来自大西洋世界的异域食物。烹调类书籍里面存在大量传授如何用异国方法烹制美味的食谱，比如"西印度料理海龟""卡罗来纳大米布丁"。但是直到美国革命之后，在大西洋和印度，诸如此类的食物才越来越多地和大英帝国有了直接的联系（比如，咖喱成了典型的英国饮食，尽管它的制作方式对于南亚人来说有些陌生）。它们的出现表明了七年战争早期作为帝国流行观念的分水岭的重要意义。正如特洛伊·比科汉姆（Troy Bickham）指出的，"与帝国相关的食谱的激增，且不断彰显其纯正性，显示了大众对亲身感触海外文化的兴趣广泛存在"。[7] 这种亲身体验可以通过新的公共博物馆实现，比如新的大英图书馆（British Library），它由汉斯·斯隆（Hans Sloane）捐资兴建，其资金来源于牙买加甘蔗种植园的利润。这种体验还可以在主营大西洋食物的餐馆中进行。

棉花

从美洲舶来的两样最重要的商品是棉花和糖。关于棉花的有趣之处在于，它不是大西洋所独有的或者主要的商品。从公元 1000 年开始，它便是世界经济的一部分，但是直到 1300 年之后，其重要性才凸显。此时，印度发展出一整套成熟的地区棉纺织工业，随后传入中国、南亚、东非，并在早期近代传入欧洲。早在美洲开始种植棉花前，印度棉布就已经由欧洲商人传播到非洲和美洲，并走向全球。然而，18 世纪晚期，作为工业革命进程的一部分，英国人首先开始从棉布贸易转为生产棉花，最终，欧洲人用自产棉布代替了印度棉布。

我们需要从贸易和生产两个角度来考察大西洋世界的棉花。棉花是大西洋奴隶贸易以及欧洲和西非的贸易关系的核心。16 世纪 80 年代，葡萄牙人开始将印度棉花转卖到北非和黎凡特，16 世纪早期开始在西非销售低质量的印度纺织品，之后再买入奴隶，从中牟取暴利。在安哥拉购买一个奴隶需要出售的印度布料价值 20 克鲁扎多（cruzados），但是一个奴隶在巴西可以卖到 100 克鲁扎多，在墨西哥或古巴可以卖到 160 克鲁扎多。西非人对纺织品有自己独特的品位，欧洲人迅速摸清了他们的喜好——喜欢色彩鲜亮的、有几何图案的布或者格子布，不喜欢印花平布。商人需要有适应非洲市场不断变化的流行趋势的能力，就像在欧洲和美洲一样。

贸易变得非常重要。它最初通过政府赞助的公司来组织实施，比如荷兰西印度公司。1800 年之后，大部分贸易则由个体商人来完成。1699—1800 年，在英国出口到非洲的货物中，纺织品占 68%，而在荷兰和印度的贸易中，纺织品所占份额更大。18 世纪 40 年代，印度布料在西非最受欢迎，它占从英国出口到非洲的所有纺织品的 60%，而法国每年则向西非运送价值 140 万里弗尔（6 万英镑）的亚洲纺织品。进口的纺织品或许是一种奢侈品。据大卫·艾提斯估计，18 世纪 80 年代，只有一小部分西非人穿进口布料，而在那 10 年，人均进口布匹总量仅 1.2 英尺。[8] 然而，能穿得起进口布料的只有富人以及与大西洋贸易联系紧密之人，这表明了身穿亚洲进口纺织品具有重要的文化意义。

大宗的纺织品运往美洲。直接沿太平洋的马尼拉—阿卡普尔科

（Manila-Acapulco）贸易路线①运来的印度和中国的纺织品，在18世纪西属美洲的贫穷白人中间成为流行时尚。奴隶也爱穿亚洲织物，并且将其加以裁剪，以适合自己的需要。他们在服装样式上表现出的缝纫天赋常常使殖民地当局感到意外。在当时盛行的反映社会等级的绘画中，棉布是常见元素，巧妙地表现了拉丁美洲人多种族混合的社会背景。此外，在美国革命之前，北美迅速赶上拉丁美洲，成为棉花的最大消费地区。T.H. 布林（T.H. Breen）认为，棉纺织品是英裔美国人生活的"商品帝国"的一个重要组成部分。除了棉布，英裔美国人热衷于消费陶器、丝绸、锡镴器皿、枪支（产自英国而出口美洲用来换取农产品的商品），以及一些西班牙和葡萄牙的银器等商品。[9]在拉美和北美，这种消费比其他任何东西更能将他们和魂牵梦萦的故国的流行时尚联系起来。

一个重大转变发生在18世纪中期的英国，尤其是在曼彻斯特。大约自1750年之后，曼彻斯特人口开始急剧膨胀，这一地区的制造商开始在新的棉纺织工厂生产自己的棉布，迈出了以曼彻斯特地区为中心的英国工业革命的关键一步。值得注意的是，英国棉纺织品的增加不仅仅是产量的增加，还与消费模式的变化密切相连。英国开始自己生产服装的一个原因是，印度生产商适应大西洋时尚的速度很慢。印度棉布在英国和大西洋地区的女性中间非常受欢迎，但是随着时间的推移，它的吸引力逐渐下降。为了迎合欧洲女性的喜好，欧洲人模仿印度的款式，并在其中加入欧式元素和装饰，此类纺织品愈发受到欢迎。生产商开始意识到他们可以完全抛弃印度，

---

① 经马尼拉到墨西哥阿卡普尔科的往返路线即是"马尼拉大帆船贸易"（The Manila Galleon）所运行的路线，是16—19世纪初西班牙殖民者在其殖民地与本土之间进行的商贸活动中的重要一环。

在欧洲生产已经"欧洲化"的服装。至于今日，人们很少关注服装产地，而更在意其时尚性。首先从印度舶来，而后由曼彻斯特生产的颜色多样的印染棉布，迅速在民众之间风靡，其畅销程度是昂贵的奢侈面料（如丝绸）无法达到的。这些彩色棉布模仿丝绸的设计和视觉效果，价格却更大众化。

此外，欧洲人对寻找新的、充足的原棉供应非常感兴趣，他们意欲摆脱对亚洲贸易网络的依赖，免于受到利润上的盘剥。在早期近代，欧洲人一直深受棉花供求问题的困扰。无论 14 世纪的地中海地区或者 15 世纪佛得角（Cabo Verde）、圣地亚哥岛（Sao Taigo）和福戈岛（Fogo）等大西洋岛屿，这些地区种植的棉花都无法满足需求。直到 16 世纪，美洲才开始种植棉花。美洲的种植园主为什么迟迟不愿意种植棉花？因为与迅速虏获欧洲消费者喜爱的糖和烟草相比，棉花的需求并不高，而直到 18 世纪，欧洲人尤其是女人发现了棉料服装的优越性。

种植园奴隶制度的发展对棉花生产非常有利，因为它提供了必要的廉价劳动力，使棉花种植有利可图。西印度群岛首先开始大规模种植棉花，使英国的棉纺织业迈出关键一步。18 世纪 80 年代，南加勒比海地区的一些小岛，如格林纳达的卡里亚库岛（Carriacou），几乎全部转向棉花种植。棉花种植更适合小型种植园，因为它不像甘蔗种植那样需要大量的原始资本。例如，1783—1797 年，特立尼达的西班牙人引入了数百名法国移民，新建 500 个种植园，其中大部分种植棉花。

西印度群岛为英国工业提供了大量价格合理的棉花，但是原棉产量仍旧受到人工采摘棉花的制约，而技术革新打破了这一瓶颈。1794 年，美国人伊莱·惠特尼（Eli Whitney）发明了轧花机，可以流水线式快速地加工棉花，使棉花低产地区的美国在 19 世纪初成为世界上最大的棉花供应地。新生的美国土地资源丰富，深南部是种植棉花的理想区域。快速推进的西进运动使美国获得了大量原住民的肥沃土地，而美国南部黑奴制度为基础的劳动力体系及棉花种植提供了有利条件。

19 世纪美国棉花生产的独特之处在于，从无足轻重而迅速扩张为世界领头羊。产量不断攀升，从 1820 年的 33.4 万包到 1840 年的 135 万包，再到 1850 年的 240 万包，其中过半的棉花产自新并入的亚拉巴马州、密西西比州和路易斯安那州。棉花产量促使美国内部形成了一种新的、密集的奴隶贸易体系，大约 85 万名奴隶从他们出生地，即奴隶人口居多的上南方区域，被卖到深南部的种植园。这些奴隶从用大西洋标准来说相对温和的奴隶制度中脱离（尽管没有一个地方的奴隶制度可以称得上使人幸福愉悦），来到南部棉花田里更加恶劣的环境中。在这里，富有企业家进取精神的种植园主为了获取更大的利润，驱使奴隶拼命地工作。有时候，奴隶们还要从原始森林中开垦出新的可耕地，这大大加重了其劳动负担。

最终，在 1825—1850 年的新英格兰，美国开辟了自己的棉纺织工业。然而，在 19 世纪前半叶的大部分时期，美国大部分棉花运往英国的兰开夏郡。棉纺织工业呈现出不可思议的地域性集中。1841年，英国的 1105 家工厂中，70% 在兰开夏郡，该地的棉纺工厂拥有工人达 4 万名。1800—1840 年，1/3 的兰开夏郡工人在棉纺织工厂工作。原棉在这一时期保持低价（随时间推移，价格更低），而美国种植园主却不断获取高额利润，这似乎令人不解。事实上，可以通过英国棉纺织工业效率的不断提高和美国奴隶采摘棉花提高了产量来解释。19 世纪 20 年代和 30 年代早期开发培育的棉花新品种，不仅大大地提升了产量，还更易于采摘和加工。运输费用的降低也同样重要。随着蒸汽船代替了帆船，大宗的原棉能够以低廉的成本更为快速地运达英国，从而提高了生产效率。

新生的美利坚合众国能够保持繁荣，棉花起着至关重要的作用。在19世纪50年代，美国出口商品的一半是棉花。但是，棉花在社会和经济转型中发挥着最重要作用的地方，是在英国——一个根本无法种植棉花的地方。通过棉花（和煤炭），面积不大的不列颠岛发展起来超过本国居民所需几倍的经济力量。据道格拉斯·法尼（Douglas Farnie）观察，"棉纺织工业所带来的国际影响比国内影响要更大"。[10] 棉花使英国将法国远远抛在后面，后者未能与美国建立起牢固的商业纽带，尽管在美国革命时期，法国是美国的盟国。到1816年，英国的棉纺织品出口额是法国的3倍。大量棉纺织品从英国运往欧洲、拉丁美洲（它的市场潜能尤其巨大）、非洲。不无讽刺的是，在英国运用帝国政策摧毁印度工业产能之前属于棉花供应地的亚洲，此时也成为英国棉纺织品的销售市场。

根据乔吉奥·列略的观点，在19世纪——"一个真正的棉花世纪"，对于英国全球霸权地位的确立，棉纺织品所起的推动作用是多方面的。他认为：

"技术创新、工业化和生产力的提高所带来的优势，通过商业的形式转化为一种倚重于欧洲的产品、资本和企业家的交易体系的缔造。贸易的重要性，并不仅限于投资的高回报或国家产业结构的扩大：它还在于促进了与一个国家制造业经济其他部分的后向联系，特别是钢铁、煤炭和机械工业；它推动了造船和工程等的国内基础设施的建造，使保险和金融中介机构得以发展。"[1][11]

简言之，英国能够成为世界霸主，领导欧洲在经济上赶超中国

---

① 本段译文转引自（意）乔吉奥·列略著，刘嫩译：《棉的全球史》，上海人民出版社2018年版，第304页。

而形成东西方"大分流"的根源，都和棉花以及它在大西洋经济发展中的地位有很大关系。

物质文化

布料是如何使用的，穿着棉织品对人们意味着什么？服装不仅仅是地方经济、国家经济和国际经济的一部分，也不仅仅可以用来蔽体（赤身裸体本身就是一种穿着形式，正如西班牙征服者在侵占美洲原住民的土地和人口时，为自己行为诡辩时所说的那样，即不穿衣服意味着原住民是野蛮人），它还传达着很多含义，比如个人的风格，对文化表达的渴望，能轻易就吸引住人的信息，以及一目了然体现自身财富和地位的外表。大西洋开放的结果之一，是商人可以将织物和服装输送到更多地区。大西洋世界拥有不同产地、五花八门的服装面料，包括纺织品（羊毛、亚麻、蚕丝、棉）、毛皮、皮革，甚至还有树皮制造的时尚服装。引人注目的是，当旅行者描述他们在游历的地方所遇到的人时，焦点总是围绕当地人的穿衣打扮。欧洲的评论人士不仅对服装评头论足，还试图从中解读隐含的意义和价值观。当然，是以欧洲人的审美和价值观去做饱含偏见的解读，之所以这么做，是因为衣着被认为是文明的最明显标志。

在西欧，人们穿纺织品布料。18 世纪之前通常是羊毛和亚麻织物，随后是棉纺织品。他们喜欢将全身用衣物包裹，包括头部，只露出面部和双手。服装非常之性别化，比如 16 世纪精英阶层的男性流行穿戴遮阴布。服装通常色彩明艳，红色和蓝色备受喜爱。越是富有的人，服装越是鲜艳。然而，在某些环境中，比如在 17 世纪英国的清教徒中，或者 16 世纪虔诚的西班牙人中，人们普遍穿着以黑色为主、色彩暗淡的服装。

女子身着长裙，上身穿带袖的短上衣和紧身胸衣，下面穿长筒袜和鞋子，头戴帽子，天冷外出时加上围巾和斗篷。男性的服装更加多样化，紧身上衣、马裤、短裤或者长筒袜，以及斗篷。有些时期，比如17世纪晚期，男人头戴精致的假发，穿华而不实的服装。穿着不方便劳动的精致服装，成为显示社会地位的一种方式——欧洲人和殖民者用服饰符号来彰显有教养阶层和庸俗平民之间的鸿沟，他们喜欢时尚却不实用的衣服。

非洲人也穿纺织品服饰。当然，前提条件是家境殷实，否则，只能穿一些欧洲人视为怪异且野蛮的衣物。比起欧洲人，非洲人不可能将全部身体遮盖，这不足为奇，因为他们生活在炎热的环境中。因缺乏蔽体之物，他们有时候便在裸露的皮肤上加以修饰，比如精美的人体彩绘。和欧洲一样，许多西非社会制定有限制消费的法律，严格限制着装。身穿超越自身社会地位的服装会被处以罚款。服饰也是欧洲人和非洲人互动的一种手段和方式，少量富有的非洲人穿着欧式的服装，尤其是像刚果那样天主教占据主流的社会。

美洲原住民则不同。一般来说，他们的服装不是纺织品，而是兽皮、皮毛和树皮。他们习惯于裸露大部分肌肤，在某些地区，如巴西的图皮南巴人通常赤身裸体，男性甚至连生殖器都裸露在外。他们经常对皮肤加以装饰，大面积纹身、人体彩绘和一些配饰十分常见。和欧洲人不同，美洲原住民的服饰所透露出的社会地位差异要小得多，尽管酋长和巫师通常也会有一些与众不同的特殊装扮。在仪式中，服饰尤其重要。图皮南巴人在节庆日，会穿上体面的长袍，据称他们最著名的节日仪式上会杀死并吃掉战俘（或许在很大程度上，他们在某些仪式上食人并非传闻，而是事实）。当然，美洲原住民也会根据天气进行穿着，例如北极附近的人们身着皮毛保暖。

大西洋世界在服装领域的互动和交换影响深远。人们的服装随时间不断变化，相互借鉴。大体而言，相比非洲人和美洲原住民，欧洲人不愿为了适应新的环境改变服装。他们认为，采用其他民族的穿着方式，会给自己打上野蛮人的标签。相反，对于美洲原住民而言，穿欧式服装，并不意味着共享欧洲人有关礼节和文明的观念，而是代表着接受欧洲殖民者对他们的支配。每当欧洲人看似"获胜"时，美洲原住民便开始穿着款式、功能和内涵上欧洲化的服装。到18世纪中期，生活在欧洲人中或邻近欧洲社区的美洲原住民，除了某些仪式场合，大部分已经抛弃了传统的服饰，而穿着欧式服装。随着奴隶的克莱奥尔化，他们也越来越多地穿着欧洲化的服装。

　　这并不意味着奴隶和美洲原住民只能被动地接受拥有政治经济支配权的欧洲人传递的着装规范。他们对欧洲服装所做的天才般改造，映射出所属社会的文化内涵。例如，手帕成为头巾，衬衫则改造成上衣。在人类学家归纳为融合（一种文化汲取其他文化形式，有选择性地进行自身调适的实践）过程中，美洲原住民或非洲的文化元素仍旧保留在服装中。大体而言，是欧洲的服饰文化传播到大西洋世界，而不是相反。欧洲人抵制从美洲或非洲汲取服装元素，虽然在17世纪，欧洲人曾经一度酷爱河狸帽，并刺激了加拿大和英属美洲北部边境附近的皮毛工业，但是大西洋世界的鹿皮靴或者兽皮和树皮制作的衣服从来不会真正地流行。服装更轻巧、更柔和，色彩和款式更加丰富，或许是大西洋世界对欧洲和殖民者服饰文化的主要影响。正如罗伯特·杜·普莱斯（Robert Du Plessis）总结的那样，虽然大西洋世界服装生产的多样化促使欧洲的一些制造商做出了改变，"但是总体来说，大西洋世界的需求可以维持那些已经较完善的产业和技术，这一点或许比能够促进新式的、技术革新的工艺流程和产品更为显著"。[12]

　　直到19世纪，西式服装才成为整个大西洋世界的标准着装形式。1780年，世界各地领导人身着各式各样的服装，而到19世纪晚期，越来越多的领导人在公共场合穿着西式服装，西式服装在大西洋世界几乎所有地区开始普及开来。这一趋势在劳动阶层、农民以及社会底层人中并不明显，在女性中更不明显。女性的服装样式多样，且长久地、顽固地保持着原有特征。然而，服饰文化的整体趋势是朝向统一化、符合欧洲惯例和礼仪的标准发展。习惯袒胸露乳的女性奴隶在18世纪开始穿得谨慎而端庄，在南北战争前，当她们在田地里采摘棉花时，常常身着劣质服装。服装样式走向统一化、时尚化，广告业也加入其中。当然，服装的视觉审美全都映射出19世纪欧洲和美国北部在经济和地缘政治上的支配权。尽管如此，无论是欧洲服装还是欧洲食物的传播，它们的过程并不是单向的，不同社会之间建立起多边链接。比如，亚洲的商业和美洲奴隶制种植园是连接在一起的：18世纪加勒比海地区的奴隶以亚洲米饭果腹，身穿印度棉花织物。全球化伴随着西欧的兴起以及确立全球主导地位的过程。

注释

1　Theodore K. Rabb, 'The Expansion of Europe and the Spirit of Capitalism,' *Historical Journal* 17 (1974), 679.

2　David Hancock, 'Atlantic Trade and Commodities, 1402–1815,' in Nicholas Canny and Philip D. Morgan, ed., *The Oxford Handbook of the Atlantic World 1450–1850* (Oxford: Oxford University Press, 2013).

3　Neil Oatsvall and Vaughn Scribner, '"The Devil Was in the Englishman That He Makes Everything Work": Implementing the Concept of "Work" to Reevaluate Sugar Production and Consumption in the Early Modern British Atlantic World,' *Agricultural History* 92 (2018), 461–90.

4　Sidney Mintz, *Sweetness and Power: The Place of Sugar in Modern History* (New York: Penguin, 1985), xxiii.

5　Peter Mancall, *Deadly Medicine: Indians and Alcohol in Early America* (Ithaca: Cornell University Press, 1995).

6　Rebecca Earle, '"If You Eat Their Food …:" Diets and Bodies in Early Colonial Spanish America,' *American Historical Review* 115 (2010), 713.

7　Troy Bickham, 'Eating the Empire: Intersections of Food, Cookery and Imperialism in Eighteenth-Century Britain,' *Past & Present* 198 (2008), 108–09.

8　David Eltis, 'Precolonial Western Africa and the Atlantic Economy,' in Barbara L. Solow, ed., *Slavery and the Rise of the Atlantic System* (Cambridge:

Cambridge University Press, 1991), 107.

9 T.H. Breen, 'An Empire of Goods: Their Anglicisation of Colonial America, 1690–1776,' *Journal of British Studies* 25 (1986), 485–90.
10 Douglas Farnie, 'Cotton Industry,' in Joel Mokyr, ed., *Oxford Encyclopedia of Economic History* II (Oxford: Oxford University Press, 2003), 21.
11 Giorgio Riello, *Cotton: The Fabric That Made the Modern World* (Cambridge: Cambridge University Press, 2013), 267, 271–72.
12 Robert S. Du Plessis, *The Material Atlantic: Clothing, Commerce, and Colonization in the Atlantic World, 1650–1800* (Cambridge: Cambridge University Press, 2016), 242–43.

参考书目

Oxford Online Bibliographies – Atlantic Trade and the European Economy; Clothing; Cotton; Domestic Production and Consumption; Economy and Consumption; Food; Insurance; Material Culture; Merchants; Merchants' Networks; Rum; Sugar; Tobacco; Wine.

Maxine Berg, 'In Pursuit of Luxury: Global History and British Consumer Goods in the Eighteenth Century,' *Past and Present* 132 (2004), 85–142.

Steeve O. Buckridge, *Language of Dress: Resistance and Accommodation in Jamaica, 1760–1890* (Kingston: University of West Indies Press, 2004).

Mariana Candido, *An African Slaving Port and the Atlantic World: Benguela and Its Hinterland* (Cambridge: Cambridge University Press, 2013).

Robert S. Du Plessis, *The Material Atlantic: Clothing, Commerce, and Colonization in the Atlantic World, 1650–1800* (Cambridge: Cambridge University Press, 2016).

Benoit Garnot, *La culture matérielle en France aux XVIe, XVIIe et XVIII siècles* (Paris: Ophrys, 1995).

David Hancock, *Oceans of Wine: Madeira and the Organisation of the Atlantic Market, 1640–1815* (New Haven: Yale University Press, 2009).

B.W. Higman, *Jamaican Food: History, Biology, Culture* (Kingston: University of Qwest Indies Press, 2012).

Sidney Mintz, *Sweetness and Power: The Place of Sugar in Modern History* (New York: Penguin, 1985).

Marcy Norton, *Sacred Gifts, Profane Pleasures: A History of Tobacco and Chocolate in the Atlantic World* (Ithaca: Cornell University Press, 2010).

Giorgio Riello, *Cotton: The Fabric That Made the Modern World* (Cambridge: Cambridge University Press, 2013).

第十五章
全球意识中的大西洋

收藏

前往新世界的旅行者明白，国内的人们对这个只能道听途说而无缘得见的世界是多么好奇。1520 年，埃尔南·科尔特斯回到西班牙，将新世界的物品带回，作为礼物送给哈布斯堡王室的查理五世，包括金银器物（大部分被熔化而充当军费），珍宝和羽毛制作的精美工艺品。这些物品塑造了著名的西班牙"珍奇异物陈列柜/多宝阁"（wunderkammen），并形成了一种机构，即为 19 世纪出现的现代博物馆的滥觞。16—18 世纪出现的收藏热，不仅反映了美洲的"发现"，还受到文艺复兴重新发现古典时代的影响，但是新大陆的发现对收藏热起着关键作用。收藏热不独在欧洲流行，在美洲原住民中也有追随者，而非洲商人和王子们则热衷于收藏印第安服饰和中国瓷器。

收藏与印刷的扩散同步进行，使收藏者的藏品图像能为更广泛的人群所知。收藏有多种形式，可以通过多种媒介来获得。收藏异国物品具有跨媒介的特点，藏品的形象从一种媒介传播到另一种媒介，从旅游书籍到地图册，到装饰艺术，再到博物馆。收藏热从大西洋世界的相遇开始出现，在 17 世纪晚期蓬勃发展，这时，异国物品的输出量迅速增长，尤其是说明性和描述性材料的增加。本杰明·施密特通过考察遮阳伞（parasol）这一物品，探讨了这一趋势。遮阳伞一开始带有东方色彩，到了 17 世纪晚期成为新世界的象征，在印刷品、收藏品、文学作品中经常出现。他认为，遮阳伞最初和大西洋挂钩，是源于一幅地图。在尼古拉斯·维斯切尔（Nicolaes Visscher）的《美洲全图》（*Totius Americae*，1650）中，一把遮阳伞被置于地图的涡卷饰中，旨在展示美洲为世界其他地区提供了财富。遮阳伞由此从一种东方国家权力的象征，成为具有美洲特色的标志。[1]

一旦成为美洲的象征，遮阳伞开始被艺术史学家称为"环行图符"，指代一种经济现象，即某一种图像在带有插图的印刷媒介中循环。[2]1650 年后，遮阳伞的图像作为一种异国风情的象征，无所不在。例如，它出现在一个饰有热带风光的画作的钟表上，这取材于丹尼尔·笛福著名的小说《鲁滨孙漂流记》。鲁滨孙手持遮阳伞，为他的仆人星期五遮阳（这和两人的身份很不相称），而仆人的形象被意味深长地非洲化了。在这里，日常生活中的遮阳伞，就像它指代曾经的无人踏足之地大西洋世界一样，是加勒比海地区无人所知的小岛的能指。在这种情况下，具有异国情调、日常使用的遮阳伞在小说中成为大西洋世界的象征，而故事发生在加勒比海的一个未知的无人岛屿。

当然，哪些物品能够进入收藏之列，并非毫无选择与目的。欧洲人如何看待科尔特斯的宝物？很显然，他给西班牙带回礼物并非没有外部动机。他希望查理五世对于他未经授权擅自征服墨西哥的事实予以承认。此外，他知道对他的指责接连不断，称他对蒙特祖玛犯下了残忍和野蛮的行径。在宫廷，他为自己辩解，并请求国王宽恕他谋杀了与之合作的伙伴君王。最初，他从一个新发现的、潜在的附属王国带回珍奇异宝作为礼物，想让查理五世成为比任何欧洲、非洲和美洲的国王都更加伟大的君主。查理五世则把一些墨西哥珍宝转赠给其兄弟费迪南，以表示感谢。费迪南是代表查理五世统治中欧领地的代理人。1524 年送给他的礼物象征着帝国权威，其中包括 11 件阿兹特克珍宝。

进入收藏之列的并非只有金银珠宝，正如我们看到的那样，欧洲人对美洲原住民的身体发肤也充满了好奇。欧洲的民众急切地想亲眼目睹原住民本尊。他们很快就如愿以偿了。当美洲原住民出现在欧洲宫廷时，引起了不小的轰动。他们像物品一样，被充满好奇的眼睛打量着。哥伦布第一次航海归来，将美洲土著作为奴隶，带回西班牙。塞巴斯蒂安·卡伯特（Sebastian Cabot）1502 年第一次将美洲原住民带回英国。理查德·哈克路特援引 1589 年第一手文献指出，当这些土著到来时，"身着兽皮，茹毛饮血，操着无人能听懂的语言，举止粗鲁如野兽"。但是，两年之后，同一个观察者宣称："我已经无法看出他们与英国人有何不同。"他断言，经过英国风气的熏陶，美洲原住民的身体可以和英国人一样。

至 17 世纪，从巴西到北极的约 1600 名美洲原住民来到了欧洲。艺术家将他们的形象生动刻画到作品中。简言之，有关美洲原住民的收藏，从收藏实实在在的人，转移到收藏视觉形象作品。英格兰刻画美洲原住民形象最著名的作品，当属约翰·怀特的水彩画，后来则是西奥多·德·布里的版画作品。布里等人的作品于 1587 年在北卡罗来纳的罗阿诺克出版，展示了卡罗来纳阿尔冈人（Algonquians）在部族日常生活中的形象。这些作品风格具有英雄主义色彩，同时又流露出艺术家的悲悯之心，这使我们更加坚信，在 1607 年英国人在弗吉尼亚永久定居之前的年代，英国人大多是从积极的一面来看待美洲原住民的。他们将其看作是人类的一个普通的种族，可雕琢，可开化。怀特并未用种族主义的观点将他们描述成"他者"，也未将他们看作是超越人类经验之外的怪物。在殖民早期，英国人对美洲原住民身体的痴迷，以及以各种形式对其形象的收集，似乎给人们一种希望，即殖民早期的英国人与美洲原住民是建立在相互尊重的基础之上。

然而，到了 17 世纪，情况发生了变化，收集和美洲原住民相关物什的热度降到冰点。直到 18 世纪晚期，曾经的收集和分类梳理兴趣才又回返，因为欧洲和美洲的思想家开始将美洲原住民看成"即将灭绝的人种"，并打算在其从地球上消失之前，好好地研究一番。该时期，对美洲原住民所做的最杰出研究，是托马斯·杰弗逊在他作为美国驻巴黎代表期间撰写的《弗吉尼亚州笔记》（*Notes on the State of Virginia*，1787）。该书试图了解其种族起源，并对当时的学术讨论，即在瑞典植物学家卡尔·林奈（Carl Linnaeus，1707—1778）创立的分类法体系之下，如何使用新的人种分类法对美洲原住民进行分类做出了巨大贡献。

与对待非洲裔美洲人不同，托马斯·杰弗逊对美洲原住民的描述，大体上还是颂扬的，仅仅是有些家长式的作风。在研究中，他对自己弗吉尼亚私人庄园附近的一处美洲原住民遗址进行发掘，对埋葬的印第安人骨头进行考古学的研究，并论证了原住民是从西伯利亚跨越白令海峡（Bering Strait）而来。他使用印第安人骨骼研究来论证自己的观点和假设，然而遗憾的是，他并没有对被他扰乱的遗址进行保护的意识。对美洲原住民的尊重，并未延伸到尊重他们对祖先怀有的神圣感情，托马斯·杰弗逊的行为与 19 世纪博物馆的如出一辙。

最后一个收藏的重要时代是在 19 世纪初，当时人类学和考古学有了规范化的研究体系，全世界的物种有了可以研究和归类的参照。欧洲人转而前往拉丁美洲，利用考古发现对自然世界进行系统的梳理，以便采用当时最新流行的林奈分类法建立一个全球分类系统，包括不同的人种。科学机构热切地将博物学家和勘查人员派往各地收集样本。例如，博物学家阿尔希德·德·奥比格尼（Alcide d'Orbigny），1826 年被法国一个博物馆派往南美洲，收集陶瓷。他将大部分陶瓷运回法国，在此基础上，形成一个颇具规模的陶瓷典藏，对研究前哥伦布时期的历史大有裨益。德·奥比格尼利用他从挖掘和陶瓷收购中收集到的信息，重新思考了前哥伦布时期种族隔绝的观点。

宗教

　　人们对大西洋世界的认知，一部分来源于器物，一部分来源于观念。没有比宗教观念更为重要的思想，因为宗教信仰构铸了日常生活方式的轮廓和框架，使早期近代的生活和 21 世纪发达国家的生活有了本质的区别。评估这一时期宗教变化对大西洋的影响的一个困难之处是，大西洋世界部分地区的内部变化非常大，以至于使得跨民族的变化看起来似乎不那么起眼。在欧洲，宗教改革改变了宗教观念。在美洲，人口灾难给困惑的美洲原住民造成了巨大的信仰危机，并极大地便利了欧洲人使美洲原住民皈依基督教的努力。西非的宗教变化同样非常深刻。18 世纪，穆斯林革命遍及非洲西北部并发动圣战，穆斯林神职人员取代现有的社会精英成为统治阶层。1804 年索科托哈里发国（Sokoto Caliphate）的创建，标志着这一时期的圣战运动达到顶峰。这些发展都值得从更为宽广的层面加以思考，因篇幅有限，且欧洲的宗教信仰上的变化具有更大的全球影响，所以在评估大西洋世界的兴起对宗教信仰的影响上，我们将侧重点放在欧洲部分。

　　这些内部变化，都受哥伦布到达加勒比海地区之后文化和文明的交流带来的巨大变化这一宏观背景的影响。欧洲的基督徒不得不重新思考怎样才是膜拜上帝的最佳方式，重新思考上帝的本质以及他对这个世界的规划。在宗教改革之前，欧洲的宗教观念具有多样化特点，但都源于一个共同的根基，即近东的犹太文明。它造就了欧洲和近东的三大宗教：犹太教、基督教、伊斯兰教。哥伦布在美洲的发现具有超越地理学范畴的影响，它让欧洲人认真思考那些已经僵化的毋庸置疑的宗教教条。他们很难将这一全新的、超越此前认知范围的宗教态度与传统的基督教信仰的实践相调和。忽然之间，人们开始用一种客观的眼光，而不是主观的方式来看待宗教信仰。1500 年之后，对于欧洲人来说，将基督教看成是普世的信仰更加艰难。他们更愿意从相对主义的观点来看待宗教信仰，即它是特定社会价值观的表达，而不是上帝对人的指示。这种相对主义的宗教概念在欧洲思想家中间引发了一场智识危机，这在启蒙运动早期的宗教思想中尤为明显。

早期近代和启蒙运动时期欧洲的比较宗教学的新路径表明，所有的宗教都是人类的本质性统一的反映。思想家们纠结于这意味着什么，以及如何使其与世界各地区的人们的文明开化程度相协调，直到大西洋时代结束（从某种程度上来说，直到今日）。比如，16世纪中期巴托洛梅·拉斯·卡萨斯曾说"人类就是偶像崇拜"，如果他此言正确，那么如何在不与"十诫"相悖的情况下定义"偶像崇拜"？就像盖伊·斯特鲁姆萨（Guy Stroumsa）解释的那样：

在早期，宗教一直都是一种二元概念，集中体现在奥古斯丁教义对"真正的崇拜"和"错误的崇拜"的认识。虽然看似矛盾，但是伴随着基督教影响力（直接的和隐含的）削弱，很多种类宗教形式的被发现，使单一的宗教观念得以发展。从那时起，宗教均被视为任何社会的一个核心部分，被不同的社会赋予了不同的功能。宗教成为集体身份认同的一部分，对宗教的研究逐渐被看成满足求知的欲望，而不再是为了挑起争端和仇恨。[3]

然而，在大西洋世界，信仰危机主要归咎于基督教的扩张。非洲的信仰危机局限在小范围内，从中世纪晚期，刚果王国就是天主教国家。美洲的信仰危机范围更广一些。在美洲，基督教扩张有两种模式：西班牙人在西属美洲的殖民征服和英法在北美的殖民定居。在西属美洲和葡萄牙殖民地巴西，基督教主要是被从上而下强加于美洲原住民。作为被征服付出的代价，他们被剥夺了宗教信仰的自由，而宗教裁判所施加宗教迫害，镇压本土宗教和宗教机构。西班牙的强迫皈依战略大体上是成功的，至少在17世纪早期，美洲原住民成了名义上的天主教徒。

在传播福音上，西班牙比欧洲的新教诸帝国投入了更多的资源，而法国传教活动的力度强于新教国家，却逊于西班牙。新教传教人员没有天主教传教士资金充足，因而在美洲传教方面，天主教比新教更具优势。例如，直到1640年，第一份用美洲原住民语言撰写的新教教理问答才出现，由新瑞士（今天的特拉华州）一位路德宗牧师所写。而早在16世纪中叶，拉丁美洲的天主教作家就开始用美洲土著语言撰写教理问答。此外，和新教相比，天主教教士并不注重确保皈依者了解并忠诚于基督教义，即便对方可能与基督教信仰的核心思想差之千里，他们也接受皈依。

新教神职人员尤其不情愿在奴隶中间传教。奴隶主认为如果奴隶皈依基督教，奴隶制的合法性会受到威胁。在18世纪早期之前，英国倾向于赞同伊斯兰教的宗教思想，即不应该奴役教友。在奴隶制度巩固之后，当种族而非宗教成为人们受奴役的主要依据之后，这种观念有了改变。在使用英语的新教国家，在奴隶中传播福音是一个十分缓慢的过程。直到18世纪晚期，英属西印度群岛和美国的奴隶才开始皈依新教。皈依和文明的观念具有密切的纽带关系，皈依基督教的奴隶大部分是克里奥尔人，而不是非洲人，这并不是偶然。[4]然而，19世纪的美国奴隶主开始鼓励奴隶皈依基督教。他们认为这样做会激发奴隶的顺从感，能越来越多地助益奴隶主对奴隶制的父权化演绎。这一想法是，就像基督徒需要顺从上帝，奴隶也应当对奴隶主抱有感激之情和责任，因为后者也应当像仁慈的父亲对待孩子一样对待奴隶。相信基督徒奴隶会满怀在另一个世界得到救赎的希望，来接受现世的奴隶制度，被证明是一种误解。到了19世纪早期，英属加勒比海地区和美国南部的奴隶，开始自己拿起圣经，直接进行溯源性的解读，他们发现福音书传达的信息和主人灌输的观念完全相反，即上帝给予每一位基督徒以人道关怀，使他们在现世和天堂同样享有自由。19世纪的新教世界发生了奴隶起义。在1823年的圭亚那、1831—1832年的牙买加、1832年的弗吉尼亚，所有的起义都有重要的宗教动因，由杰克·格德斯通（Jack Gladstone）、塞缪尔·夏普（Samuel Sharp）和奈特·特纳（Nat Turner）这样的人领导。他们都是狂热的基督徒，相信奴隶起义是圣经赋予的正义之举。

　　大西洋世界的宗教的独特之处在于，它是多种文化进行调适的一个融合的过程，其中，一种宗教系统中的信仰和观念与其他宗教系统中的信仰相互融合，创造出一种新的、融合的宗教文化。从在美洲受到奴役的非裔美洲人宗教的转型，我们可以看到这一宗教融合。无论信仰哪一种宗教，非洲人及其后裔在其宗教实践中保留了继承自非洲宗教的某些方面，比如占卜就是其中之一。詹姆斯·斯威特对多明戈·阿尔瓦里斯（Domingo Álvares）深入的个案研究，展示了占卜是怎样与大主教融合的。阿尔瓦里斯1710年左右出生在贝宁，在非洲时就对宗教非常熟悉，1730年成为奴隶并被送到巴西东北部后，最终变为一名在里约热内卢拥有众多非洲人信众的灵疗者（healer）。他触怒了地方权威，被以巫术罪名送到葡萄牙的宗教裁判所。

他在酷刑折磨下吐露的信息提供了第一手的资料，显示了一个非洲人如何从他们非洲自身信仰（如占卜）中提取资源，然后加以调整，使之适应奴隶们所解释的、不断变化的天主教思想，从而发展出了一种综合了非洲和欧洲信仰的宗教，以满足同胞们的精神需求（这也为阿尔瓦里斯提供了可观的收入）。宗教裁判所的记录显示，他和巴西伏都教等类似信仰（如海地的伏都教，英属加勒比海地区的奥比巫术）有着密切的关系。伏都教是他故乡（贝宁地区）大多数人信仰的宗教。他用药草和植物根茎治愈人们的疾病，也主持伏都教的仪式（正是这些仪式给他带来了牢狱之灾，因为当局指控他使用巫术煽动对白人当局的抵抗）。阿尔瓦里斯是18世纪个人情况为我们所知的少数奴隶之一。有意思的是，他能够轻易地创造并在几个不同的非洲身份——纳戈、科布、米纳和安哥拉——之间游离，利用宗教实践作为一种生存和文化认同的形式。他在不同的宗教习俗中游刃有余地转变，巩固了他在奴隶和自由黑人社区中的地位，逐渐被视为权威的宗教人士，从而能够给奴隶带来精神上的救济，并减轻他们在奴役下的痛苦。詹姆斯·斯威特总结道："文化适应性，是在非洲对受奴役状况的一种必要应对，而随着身份类别的扩展（以满足新的社会现实），这种文化适应性在离散社群中仍然继续发挥着作用。"[5]

关于非洲人的融合宗教观，一个更有说明力的人物是马坎达尔（Makanda）。他是圣多明戈的一个反叛奴隶，1757年被烧死，但是他影响了奴隶主和海地一代代的奴隶，因为在他们眼中，他是可怕的投毒犯，在北部甘蔗种植园地区白人中间引起了骚动。关于他报复性地毒杀了很多白人的说法，其实有点牵强附会。最近的研究表明，与其说他是一个反叛者，不如说是一个萨满。与多明戈·阿尔瓦里斯一样，他是一个宗教专家，作为一个愿意使用宗教力量帮助奴隶摆脱痛苦的灵疗者，在奴隶中赢得了良好的声誉。他与其他灵疗者的区别在于，他给奴隶带来了一种不同的非洲宗教，这是一种奴隶主和奴隶都认同的宗教。他随身携带着装有祥符、粉末、药饮的小包裹，里面通常还有一枚小巧的铅制十字架（据说在圣水里浸泡过）。非洲人和欧洲人的宗教象征相结合而形成了一种受刚果影响的传统，马坎达尔是其中一个有魅力的领袖。他让逮捕他的白人们感到恐慌，因为他受到指控的精神观念中，包含有"他们"的宗教符号，即糅合了非洲含义的基督教图像。他或许更像是一个宗教托钵僧，而不是一个叛逆的投毒者，因此这让他更加具有威胁性。他因巫术罪名被处决，显示了欧洲人认为非洲宗教具有精神和政治的力量，巫师可能成为潜在的、更大规模反叛的重要煽动者。与非洲人可能吸纳基督教的观念和做法一样，殖民者的宗教信仰也容易受到非洲思想的影响。

马坎达尔被殖民者视为恶意的投毒者，利用宗教来煽动叛乱。在早期近代的欧洲，对反抗者投毒行为的恐慌与防备十分普遍，在巫术盛行的地方甚至激起了广泛的社会焦虑。大多数欧洲人认为，巫觋确实存在，他们还会使用黑魔法。直到启蒙运动早期，猎巫行为才被视为有悖于基于理性的哲学而遭到谴责。欧洲人普遍认为"女巫"经常使用毒药。欧洲猎巫浪潮的高峰出现在 16 世纪晚期至 17 世纪中期的新教国家，而到 17 世纪末和 18 世纪初种植园经济繁荣时期，巫术开始不再受到惩处，欧洲制定法律停止了对巫术的迫害。

巫术被文明社会排斥和迫害的过程，并未发生在美洲种植园区域。事实上，巫术被种族化是非洲人所为，欧洲人则不然。具有讽刺意味的是，在非洲，巫术并不是早期近代非洲观念中的一个特别显著之处，而是到19世纪中期殖民化开始之后，巫术才开始盛行。非洲人更倾向于相信个人可以操纵精神力量，达到一系列不可告人的目的。然而，被带到美洲的非洲人和欧洲人一样，认为通过神秘的超自然手段，有时候是研制毒药（虽然大多数对投毒的指控就像早期近代欧洲对女巫的指控一样，是非常不可信的，因为毒药很难成为一种有效武器）可以给他人造成伤害。在加勒比海地区，种植园主害怕奴隶使用超自然武器来反对他们。文森特·布朗指出，在18世纪中期，从欧陆迁徙至牙买加的殖民者，本身是不相信女巫存在的，但是到了加勒比地区，反而开始逐渐相信受压迫的奴隶们的观点，即非洲人会施魔法。他认为："主人和奴隶各取所需，从对方象征手法中获得了社会和精神的力量；强大的文化类型和象征符号并不一定对应着它们在非洲或欧洲的独特和原始的用途，即使它们被黑人和白人置于不同的且不可调和的用途。"[6]

牙买加的种植园主之所以相信巫术真实存在，而非仅仅是欧洲的一种神怪故事，是因为他们在处理奴隶叛乱中的宗教人士——精通奥比巫术的那些人——时得出的经验。1760年，牙买加几个地区的奴隶反抗白人殖民当局。他们几乎成功地颠覆了白人的政权。他们在叛乱中得到了爱德华·朗所称的"一位著名的奥比巫师或牧师"的帮助。爱德华·朗认为这位宗教人士是"主要的煽动者和叛乱者的先知"。和马坎达尔一样，奥比巫师将非洲的宗教仪式和知识，同基督教的象征手法结合，目的是煽动奴隶反叛。牙买加当局反应迅速：通过了一项反奥比巫术的法律，信奉者将被处以死刑。该法律吸收了英国法律中有关巫术的观点，把奥比巫术视为一种具有威胁性的、个性化的集体行为，将它定性为一种犯罪活动。直到21世纪，奥比巫术才最终被非罪化。殖民当局利用信仰奥比巫术或任何怀疑中毒的行为，来作为干涉奴隶宗教仪式的借口。通常，种植园主一般对日常生活的奥比巫术行为视而不见。不过，它被打上犯罪活动的标签，显示了在牙买加白人观念中，宗教和社会控制是连接在一起的。正如戴安娜·佩顿（Diana Paton）所评论的那样，"把奥比巫术确定为犯罪行为……留下了一个法律结构的遗产，即在奴隶制度终结之后，这可以被用来在文化上改变人群"。[7]

从大西洋到世界历史：经济

2020 年，即在柏林墙坍塌、1989—1991 年东欧巨变之后，20多年全球化研究热潮似乎走到了尽头。民粹主义者宣扬全球化产生了不平等现象，并认为移民给民族认同带来了难题，这些都清楚地表明，全球化极可能会遭到强烈抵制。现在的社会环境，让我们这些研究大西洋史的学者驻足不前，因为大西洋史的一个特征，是它认为历史进程朝着全球化而发展。大西洋史的批评者认为，盲目地庆祝世界统一性进程还为时过早，因为人们根本没有意识到，随着世界变得越来越趋同，我们到底丢失了什么。关于如何看待全球化对当代的影响，人们的看法发生了很多改变，这使得对全球化的质疑不仅是不可避免的，也将长期存在。然而，这种怀疑并不意味着历史学家认为现代全球化是前所未有的现象。我们已经知道，就如21 世纪早期一样，早期近代就存在着世界历史。

历史学家们的分歧在于，在我们通常划定的大西洋历史时期，即 15 世纪中期到 19 世纪中期，大西洋世界及其姊妹印度洋世界，是否充分地整合，形成一个完整的世界经济（虽然不是世界文化——幸亏还没有形成，这让多种多样的文化形态能够继续蓬勃发展）。历史学家尤其对这种全球整合何时发生，以及是否发生有着不同的看法。亚当·斯密在《国富论》中认为，人类自耶稣基督去世后的有文字记录的历史中，最重大的两个事件是克里斯托弗·哥伦布1492年"发现"美洲，以及达·伽马1498年开辟了切实可行的到达印度的航线。世界史研究的泰斗威廉·H.麦克尼尔赞同斯密的观点，并指出"1500年标志着世界历史的重要转折……欧洲人开辟新航路使得地球上的海洋成为输送他们商品的高速航道"。[8]

世界史学者倾向于赞同斯密和麦克尼尔的观点，认为世界历史出现于早期近代的大西洋世界。例如，杰里·本特利[①]（Jerry Bentley）认为1500年开启了"世界历史的真正的全球时代"。[9]丹尼斯·弗林[②]（Dennis Flynn）和阿图罗·吉拉尔德茨（Arturo Giráldez）甚至指出了全球化开始的精确时间和地点：1571年的马尼拉。他们认为，"1571年，随着美洲和东亚通过马尼拉—阿卡普尔科贸易建立了直接和永久的联系"，世界历史开始了。[10]

经济史学家并不认为世界历史开始得这么早，而在我看来，他们的论据更充分。他们承认，从1700年左右，大西洋世界即便不是一个经济单元，至少也是一个文化单元，但是这并不意味着在早期近代世界一体化已经出现。多数大西洋史学者认为，大西洋世界的一体化，即它成为一个可定义的实体，是在1700年左右。尼古拉斯·坎尼和菲利普·摩根指出，18世纪，大西洋世界融合成一个整体，诞生了共同的海洋文化，海运货量急剧增长，运输变得更加的可靠

---

①杰里·本特利（1949—2012），曾任美国夏威夷大学教授、《世界历史杂志》主编、美国世界历史学会主席。他对早期近代欧洲文化史等领域有深入研究，在世界历史的研究与教育领域具有重要影响，著有《旧世界的相遇：近代之前的跨文化联系与交流》《新全球史》。
②丹尼斯·弗林，美国太平洋大学讲座教授、世界历史研究所主任，著有《货币价格理论：货币史上不断发展的经验教训》《中国与16世纪全球化的诞生》等。

和可预测，通信系统大为改进。他们认为，"经济交流频繁，其广度和深度使每个'国家的发展'都有助于每个人的富足"。他们还提出，就像帝国主义那样，地理环境促进了一体化，土生土长的美洲人口变得更加复杂，战争经验的整合也促使冲突形式的结合。然而，最重要的一体化体现在经济上。坎尼和摩根认为，这一时期发生的三次革命——糖的革命、消费革命和信息革命（还应该加上财政革命）——表明了，1700年左右发生的变革（尽管是围绕着大西洋世界的整合而非解体）之多，丝毫不亚于后来政治革命时期所发生的那些重大变革。[11]

经济史学家倾向于认为世界历史脱胎于工业革命时期的技术革新。他们的推理很抽象，数理性强，是基于国际价格趋同的经济理论。凯文·奥洛克（Kevin O'Rourke）和杰弗里·威廉姆森宣称，直到19世纪20年代，世界经济才出现，因为只有通过19世纪早期的技术变化，"大宗商品洲际之间的运输成本才能大幅度下降，国内市场价格和资源配置才有可能受国际贸易巨大影响"。他们认为，正是19世纪交通运输革命加速了"商品在全球流通价格的降低"，这是"全球化出现唯一的、无可辩驳的证据"。凯文·奥洛克和杰弗里·威廉姆森承认哥伦布和达伽马的航行很重要，产生了哥伦布大交换，但是他们并不认为这些航行导致了全球化。正如他们所说，"因为要想充分发挥航海发现对经济的深远影响，需要边疆地区布满居民，以及欧洲资金在边疆地区的投资。但更重要的是，它还需要打破控制长途贸易的垄断权，以及一场技术革命"。[12]

如果1820年之前没有全球经济，那么在1800年之前，是否存在一个大西洋体系呢？坎尼和摩根谨慎地认为，1700年之后存在一定程度上的大西洋一体化。皮特·埃默不赞同这种观点。他认为，大西洋世界在1500—1800年存在一定程度的文化统一性，但经济一体化是有限的。欧洲、非洲和新世界的经济基本上互相独立，洲际贸易对国民生产总值的贡献不超过 2%。他得出结论：

"只有当西非沿海的欧洲人贸易站、新大陆的种植园和西欧的某些大西洋港口城市密切相连时，我们才能说奴隶贸易和种植园经济相互依存，一方离开另一方无法存在。这一体系对经济的影响太小，不足以影响大西洋三个大陆的广阔区域，当然，18 世纪下半叶的英国除外。"[13]

事实上，大西洋经济体系可能随着时间的推移而衰落了。大多数国家习惯主要和其毗邻的国家进行贸易，而不是横跨大西洋寻找贸易伙伴。大卫·艾提斯论述道：

"在该世纪大规模转向跨大西洋贸易之后，或者跨大西洋联系首次确立之后，对该区域大多数社会来说，其普遍趋向是长时期重新回归了非洲内部或美洲内部的贸易。也许最重要的是，它们开始重新关注其内部商品需求的渠道和生产要素的供应。从这个意义上来说，大西洋周边的多数经济体变得更加发达，而经济越发达，其国内市场而不是国外市场就越重要。全球化和大西洋史都是杜撰出来的。"[14]

该论断的一个重要含义是，海外投资和贸易对国家整体财富和经济增长起着次要的作用。大西洋史最重要的时期是其早期阶段，其中一个大陆（欧洲）获得了意外而来的横财：第一，它获得大量的美洲白银，用于发展和中国的贸易。此前中国市场对它紧闭大门，它想尽办法而不得入。第二，更重要的是，它从人口急剧减少的美洲原住民那里窃取了大量"鬼田"。一旦美洲重新回到均衡状态，经济一体化就放缓，仅剩奴隶贸易将大西洋世界有限地联系起来。到 1700 年，英国的奴隶制经济、奴隶贸易和美洲种植园（直到1800 年左右，其他贸易产值几乎可以忽略不计）对其国民生产总值贡献达到 6% 左右。可以说，英国是唯一一个存在大西洋经济的国家。对英国来说，这一点虽然非常重要，但并不是关键所在。已有研究没有显示在大西洋贸易中，欧洲所占份额是多少，但无疑较小，据皮特·埃默估算，或许不足 2%。而在非洲，这一数值可能更小。西非从欧洲进口货物所占份额不可能超过非洲国内生产总值的5%，这一数值主要基于两个假设之上，即非洲的生产仅能维持其生存所需，以及该大陆西海岸是非洲经济异常重要的一部分，而这些都是不可能的。[15]

然而，大西洋世界确实拥有一系列价值观念和首创发明，最终导致了现代世界的形成。在 19 世纪中期自由劳动力变得重要之前，强迫劳动在大西洋世界占主导地位。同时，大西洋世界也是激烈角逐"局内人"的广阔舞台。"局内人"拥有属于某一地区、某一民族或帝国的特权。相反，那些"局外人"的权利将不被考虑。但是生活的某些方面，最显著的是两性关系和家庭结构的观念上，被纳入了相似的大西洋规范中。该规范具有特殊的一面：随着这些社会之间的交往越来密切，虽然它们的内部变得越发复杂，社会层级分化更严重，但是它们在很多方面整合在一起，彼此的统一性在 19 世纪更加显著，特别是在 C.A. 贝利所称的"身体实践"方面。

上文已经论及，在大西洋时代末期，这种一致性如何在衣着服饰上表现了出来。在语言领域也是如此。在大西洋世界的融合过程中，最重要的方面出现在传播和意识形态领域。19 世纪是报纸和电报的时代，它们不仅以比过去更快的方式向世界各地发送信息，还以令人难以置信的方式传递思想。19 世纪的人们可能不像今日的人们，可以在全世界快捷旅行，但是他们在智识上已经做好了成为世界公民的准备。当然，对于富人或者说欧洲人、男人而言，这些是事实，而对于穷人或者非西方人、女人，则另当别论。正如本书第一章所指出的，1850 年之后，产生于法国大革命的现代民族主义在全球传播，倡导民族自决权利的观念在大西洋世界蔓延，首先是在美国，其次是西属美洲的非加勒比海地区，最后在该时代将要结束时，传播到巴西和加勒比海地区。民族主义在非洲传播的时间较晚，19 世纪的非洲见证了殖民主义的起步，其不同地区的部落和民族，被欧洲的帝国梦粗暴地裹挟，瓦解崩溃。简而言之，我们不应该把大西洋世界视为全球经济的开端，而是思想观念从大西洋世界一个地区传播到另一地区的一种文化表现。

从大西洋到世界历史：文化融合

让我们以两个例子，说明在大西洋世界的形成过程中，价值观念和文化是如何从一个地区转移到另一地区的：食物和音乐。正如上文所论述的，食物是大西洋一体化的核心，因为欧洲人期望从美洲获得的商品大部分是食材，而且大多数非洲奴隶从事于热带地区奢侈性食材的农业生产。从 17 世纪后期到法国大革命，西欧对亚洲和大西洋的商品——茶叶、咖啡、糖、烟草、瓷器和棉纺织品——的消费急剧增加。18 世纪，人们的品位和消费发生了堪称革命性的转变，从当地农产品和工业品转向进口商品。到 18 世纪中叶，从消费的商品来看，许多欧洲人已经成为大西洋居民。正如安妮·麦克坎特（Anne McCant）指出的，对于 18 世纪中叶的不列颠和荷兰来说，“对殖民地商品的需求足够旺盛，能够将商品价格维持在足以够弥补高运输成本的水平”。因此，安妮·麦克坎特反驳了奥洛克和威廉姆森的观点，即商品需求仅限于富人阶层，因此并不太重要。她认为，劳动者生活水平的提高，他们消费的大西洋食品越来越多，对欧洲的进口需求产生了巨大而非“微不足道”的影响。她的结论是，“尽管由于原始资料的缺乏，关于早期近代对殖民地食品和亚洲制造品需求的规模和范围，历史学家依然很难精确地量化，但是如果我们没有认识到这种需求从根本上改变了欧洲消费模式及其生产过程，那么我们就有可能误解全球化进程中的一个关键时刻"。[17]

我们也可以通过其他的形式来考察大西洋世界的文化融合，比如音乐表达中文化惯语的趋同。劳伦特·杜波依斯（Laurent Dubois）以非洲乐器在美洲变为班卓琴（banjo）为例，来论述跨文化在实践中是如何实现的。他认为班卓琴是交换和相遇的象征，也是"种植园、奴隶制和退化等形象的缩影"。[18]班卓琴是鲁特琴（lute）的一种形式，至少欧洲旅行者是这样描述的。它在非洲很常见，用来与祖先们进行灵魂交流。伴随着第一批贩奴船靠岸，班卓琴也抵达了美洲。法国修士拉巴特（Labat）记述到，在17世纪90年代中期的马提尼克岛和瓜德罗普岛，非洲人在表演"卡伦特"（calenda）舞蹈时会用班卓琴来伴奏。拉巴特发现这种舞蹈具有的情欲色彩令人不安。在该舞蹈中，男人和女人的大腿和腹部挤在一起，这被拉巴特认为是一种充满诱惑的方式。

17世纪晚期，汉斯·斯隆在牙买加也看到过类似的舞蹈。斯隆对非洲奴隶的文化和精神生活很感兴趣，这在热带地区的欧洲人中并不多见。他是新兴起的收藏热的关键人物，他的藏品为大英博物馆的建立奠定了基础。在他捐给博物馆的珍贵藏品中，不仅有300卷装订好的干制植物标本，还有一些专门用于种植园奴隶制的物品——属于牙买加一位自由黑人（逃亡奴隶）的一颗子弹；鞭子、衣服和武器；还有弗吉尼亚一个种植园主"表示友谊和尊重"的礼物，这是"他从一个奴隶女孩的阴道里取出的一些人体组织"。

他是最早记录非洲音乐的作者之一，出版了三首非裔美洲人歌曲的乐谱。唱这些歌曲的非洲人来自于非洲许多区域，因此他们只能采用他们继承的音乐记忆与其他人的此类记忆。理查德·拉斯（Richard Rath）把这一过程描述为一种克里奥尔化，是不同发声方式之间深度协作的一个过程，它发生在背井离乡、严密监管和残酷压迫奴隶制度的冲突等环境中。拉斯的研究表明，斯隆记录的是一个非常特殊的时刻，当时"科罗曼蒂人、帕帕斯人和安哥拉人"在使用"乐器的声音和他们的声音来塑造其作为非洲人的身份"。[19] 通过这一过程，新的和明确的加勒比音乐被创造出来，而其中一个改进后的非洲乐器（班卓琴）被用来创作不同的音乐风格——具有非洲的根源和加勒比海地区的表现手法。

在北美，18世纪90年代和19世纪头10年，纽约市圣灵降临周庆祝仪式中经常使用班卓琴。圣灵降临周是一个源自荷兰人的节日，被非裔美国人所接受和改造。一个非洲出生、被称为"查理国王"（King Charles）的奴隶监督了他们创作的舞蹈和歌曲，"他的权威是绝对的，他的意志就是法律"。查理穿得就像一个古怪的英国将军。纽约成千上万的非裔美国人，不管是自由人还是奴隶(观察人士认为，9/10的黑人参与了该活动)唱着非洲歌曲，弹奏班卓琴，过得很开心。白人看着黑人们的表演，感到可笑、兴奋，有时候还受到了冲击，因为非裔美国人在狂欢节中颠覆了传统的种族秩序，使人联想到了欧洲人中所存在闹婚活动或其他喧闹的庆祝活动。

在荷属苏里南，1774年英国观察家约翰·斯泰德曼（John Stedman）看到一群不久前从安哥拉而来的非洲人在随着班卓琴的音乐跳舞。他写道，该舞蹈令人震惊，"从开始到结束，充斥着肆意的场面和淫荡的姿势，只有丰富的想象力和长时间的联系才能让他们完成整个表演"。奴隶们"变得越来越活跃和积极，直到他们像驿马那样大汗淋漓、气喘吁吁，他们的激情达到了如此的地步，以至于他们克服了天性，准备好陷入痉挛抽搐的状态"。尤其令他不安的是，白人观看这些"不雅的"表演时，丝毫没有矜持的想法。当然，约翰·斯泰德曼不太可能明白奴隶们在这些音乐表演中都表现了什么颠覆性的动作尺度。音乐和舞蹈肯定表现在几个不同的层次上，这取决于他是一个白人或者黑人。在文化的克里奥尔化融合中，音乐是在非洲人之间或白人黑人之间建立联系和相互支持的一种手段。在非洲人适应、吸收和抵抗欧洲文化形态的长期过程中，它们发挥着作用。这意味着18世纪中后期是文化多样性异常丰富的一个时代。班卓琴或许被认为是一种新旧共存的乐器，它保留着传承下来的文化传统，也创造了文化表达的新形式（克里奥尔化的形式）。它既属于非洲人，也属于美国人。它既把很多听众带回到过去，又把听众引入未来。在加勒比海地区以及随后美国的社会环境中，它把很多非洲音乐传统联系在一起。

在18世纪晚期，舞蹈成为奴隶制的捍卫者和反对者之间争论的一个问题。支持奴隶制的作家们声称，受奴役者唱歌和跳舞，是因为他们幸福地生活在"喜庆和欢乐的地方"。大家要为奴隶抛弃了非洲的野蛮粗野而感到高兴。狂热的废奴主义者托马斯·克拉克森则不赞同这种观点。他认为，奴隶们的跳舞，并不是"任何不寻常的幸福"的标志，而体现了"不寻常的精神抑郁"。郁闷的情绪让奴隶们"甚至牺牲了他们的休息时间，只为了片刻的欢愉时光，以暂时忘记他们痛苦"。

其他作家并不太关心奴隶跳舞是因为快乐或者其他，他们更关注奴隶的舞蹈是否名副其实。西印度群岛的种植园主、历史学家布莱恩·爱德华兹（Bryan Edwards）在1793年表示，奴隶的音乐只是一种模仿。他写道，"欧洲盛行一种观点，即他们拥有一些能被音乐学科所采用的特殊乐器。然而，我认为这是一个毫无根据的想法"。在他看来，虽然非洲奴隶是贫穷的歌者，也是对一般乐器相当精通的乐师，但是他从未"见过或者听说过，一个黑人能真正地称得上擅长某一主要乐器的优秀演奏家……总的来说，他们更喜欢响亮而连续的噪音，而不是优美的和声，他们经常整晚用棍子敲木板"，这才是"他们的主要乐器之一"。

但是，布莱恩·爱德华兹无法让白人听众们相信：黑人的音乐是可怕的，他们不应该听它。班卓琴成了美洲各种音乐的核心，无论是白人还是黑人所创造的。它是海地乡村地区流行的游吟音乐的核心，并在伏都教活动仪式上演奏。它也是 19 世纪非常流行的演艺传统的主要元素，这是欧洲人模仿非裔美洲人表演传统而形成的一种歌舞杂耍表演。在当代美国，班卓琴是民间音乐、蓝草音乐（bluegrass music）和出自纳什维尔（Nashville，美国田纳西州首府）的很多乡村音乐的核心元素。晚近最伟大的班卓琴演奏家是彼得·西格（Peter Seeger，1919—2014），他出生于相对富裕的阶层，在哈佛大学受过教育。彼得·西格和伍迪·格思里（Woody Guthrie）使用班卓琴一起创作了经典的抗议歌曲，而这些歌曲在过去半个世纪里定义了美国流行音乐。班卓琴当前有复兴的势头，其中代表性音乐家是"卡罗来纳巧克力豆乐队"（the Carolina Chocolate Drops）中的里亚农·吉登斯（Rhiannon Giddens），她和其他人延续了班卓琴演奏的悠久历史，并将它和奴隶制时代的非洲裔美国人的音乐联系起来。

最后，我用一首典型的美国歌曲来作为本书的结尾。我认为，它在任何一张反映大西洋变动影响的专辑中必定都是主打歌曲。这首歌就是美国最受欢迎的作曲家斯蒂芬·福斯特（Stephen Foster）1847 年创作的《哦！苏珊娜》（*Oh! Susanna*）。它有一句非常有名的副歌："我来自阿拉巴马，带上心爱的班卓琴（五弦琴）；要赶到路易斯安那，为了寻找我爱人。"这个副歌在一个乐句中把非洲

和美国联系在一起。福斯特喜欢非裔美国人的音乐或者如他所说的
"黑人旋律"。他可能是在听到一首奴隶的民谣之后，得到灵感而
创作了这首歌。这是一曲被卷入 19 世纪美国国内奴隶贸易的悲喜
剧，讲述了一个来自阿拉巴马的奴隶的故事。《哦！苏珊娜》成为
美国、欧洲和澳大利亚的黑人剧团演出的主要曲目。虽然这首歌是
模仿的一种形式，但是我们可以把它看作具有某种象征的意义，即
到 19 世纪中叶，大西洋根源的影响是如何之深刻。这首歌由一个
有欧洲血统的人创作，以一个非洲人后裔的口吻，声称要离开一个
地方，而这个地方（阿拉巴马）的名字来自于美洲原住民的语言，
它也是原住民曾经生活繁衍的领地。这首歌在整个大西洋世界都很
受欢迎，可能是 1900 年以前唯一一首经常传唱、人们都知道歌词
的曲子。在整个大西洋世界，物品、思想和（最重要的）人员的运
动所建立的联结始于 15 世纪中期，并在现当代仍然激荡起回响，这
使其成为一个值得研究的主题和历史学分支学科。

注释

1   Benjamin Schmidt, 'Collecting Global Icons: The Case of the Exotic Parasol,'
     in Daniela Bleichmar and Peter C. Mancall, eds., *Collecting across Cultures:
     Material Exchanges in the Early Modern Atlantic World* (Philadelphia:
     University of Pennsylvania Press, 2011), 31–57.
2   Craig Clunas, *Pictures and Visuality in Early Modern China* (London:
     Reaktion, 1997), 46.
3   Guy Stoumsa, 'The Scholarly Discovery of Religion in Early Modern Times,'
     in Jerry H. Bentley et al., eds., *The Cambridge World History* vol. VI, part 2,
     The Construction of a Global World, 1400–1800 CE (Cambridge: Cambridge
     University Press, 2015), 319.
4   Sylvia R. Frey and Betty Wood, *Come Shouting to Zion: African American
     Protestantism in the American South and the British Caribbean to 1830*
     (Chapel Hill: University of North Carolina Press, 1993).
5   James H. Sweet, 'Mistaken Identities? Olaudah Equiano, Domingos Álvares,
     and the Methodological Challenges of Studying the African Diaspora,'
     American Historical Review 114 (2009), 279–306.
6   Vincent Brown, 'Spiritual Terror and Sacred Authority in Jamaican Slave
     Society,' *Slavery & Abolition* 24 (2003), 50.

7 Diana Paton, 'Witchcraft, Poison, Law and Atlantic Slavery,' *William and Mary Quarterly* 69 (2012), 235–64.
8 William H. McNeill, *A World History* 4th ed. (Oxford: Oxford University Press, 1999), 295.
9 Jerry Bentley, 'AHR Forum – Cross-Cultural Interaction and Periodization in World History,' *American Historical Review*, 101 (1996), 768–69.
10 Dennis O. Flynn and Arturo Giraldez, 'Path Dependence: Time Lags and the Birth of Globalisation: A Critique of O'Rourke and Williamson,' *European Review of Economic History* 8 (2004), 99.
11 Nicholas Canny and Philip Morgan, *The Oxford Handbook of the Atlantic World 1450–1850* (Oxford: Oxford University Press, 2013), 11–13.
12 Kevin O'Rourke and Jeffrey Williamson, 'When Did Globalisation Begin?,' *European Review of Economic History* 6 (2002), 45.
13 Pieter Emmer, 'The Myth of Early Globalisation: The Atlantic Economy, 1500–1800,' *European Review* 11 (2003), 38.
14 David Eltis, 'Atlantic History in Global Perspective,' *Itinerario* 23 (1999), 143.
15 Eltis and Lawrence C. Jennings, 'Trade between Western Africa and the Atlantic World in the Pre-Colonial Era,' *American Historical Review* 93 (1988), 953–59.
16 C.A. Bayly, *The Birth of the Modern World 1780–1914* (Oxford: Blackwell, 2004), 12–22.
17 Anne E.C. McCants, 'Exotic Goods, Popular Consumption, and the Standard of Living: Thinking about Globalization in the Early Modern World,' *Journal of World History* 18 (2007), 462.
18 Laurent Dubois, *The Banjo: America's African Instrument* (Cambridge: Harvard University Press, 2016), 5.
19 Richard Cullen Rath, *How Early America Sounded* (Ithaca: Cornell University Press, 2003).

参考书目

Oxford Online Bibliographies – African Religion and Culture; Catholicism; Evangelicalism and Conversion; Global History; History of Science; Jewish Diaspora; Missionaries; Music and Music Making; Native Americans in Europe; Religion; Religious Networks; Witchcraft.
C.A. Bayly, *The Birth of the Modern World 1780–1914* (Oxford: Blackwell, 2004).
Daniela Bleichmar and Peter C. Mancall, eds., *Collecting across Cultures: Material Exchanges in the Early Modern Atlantic World* (Philadelphia: University of Pennsylvania Press, 2011).
James Delbourgo, *Collecting the World: Hans Sloane and the Origins of the British Museum* (Cambridge, MA: Harvard University Press, 2017).
Laurent Dubois, *The Banjo: America's African Instrument* (Cambridge: Harvard University Press, 2016).
Susanne Lachenicht, *Hugenotten in Europa und Nordamerika: Migration und Integration in der Frühen Neuzeit* (Frankfurt and New York: Campus Verlag, 2010).

Anne E.C. McCants, 'Exotic Goods, Popular Consumption, and the Standard of Living: Thinking about Globalization in the Early Modern World,' *Journal of World History* 18 (2007), 433–62.

Sidney Mintz, *Three Ancient Colonies; Caribbean Themes and Variations* (Cambridge, MA: Harvard University Press, 2010).

J.R. Oldfield, *Transatlantic Abolitionism in the Age of Revolution: An International History of Antislavery, c. 1787–1820* (Cambridge: Cambridge University Press, 2013).

Anthony Pagden, *Natural Man: The American Indian and the Origins of Comparative Ethnology* (Cambridge: Cambridge University Press, 1981).

Diana Paton, *The Cultural Politics of Obeah: Religion, Colonialism and Modernity in the Caribbean World* (Cambridge: Cambridge University Press, 2015).

Carole Shammas, *The Pre-Industrial Consumer in England and America* (Oxford: Oxford University Press, 1990).

Guy G. Stroumsa, *A New Science: The Discovery of Religion in the Age of Reason* (Cambridge, MA: Cambridge University Press, 2010).

James H. Sweet, *Recreating African Culture, Kinship, and Religion in the African-Portuguese World, 1441–1770* (Chapel Hill: University of North Carolina Press, 2003).

译后记

　　《法国之魂：巴黎圣母院的前世今生》出版之后，编辑李佳铌女士给我传来《大西洋史》英文版，询问是否有意译介。虽然我本硕博都是世界史专业，已翻译过几本著作，并在高校勉力讲授《西方史学史》课程，但对能否翻译好这部大西洋史的理论著作，心里其实还是没有底气。通读全书后，我受益匪浅，解开了一直以来对大西洋史、海洋史和全球史的很多困惑，同时也坚定了把本书介绍给国内学人的决心。

　　这部译著的完成，有赖于各位师友的帮助。首都师范大学施诚教授慷慨应允作序，并审读了译稿，提出了很多有针对性的修改意见。施诚老师的《方兴未艾的大西洋史》是发表于权威期刊的国内最早专题介绍大西洋史理论的文章。我在翻译过程中，反复研读了施诚老师关于大西洋史和全球史的文章，借鉴了很多内容，在此特向他表示衷心的感谢。

　　本书由我和桂芳芳女士合作完成。桂芳芳女士在百忙中，接下了第九、十、十一、十二、十三、十四和十五章的翻译任务，并按时高质量地完成了译文。我负责翻译其他章节和全书统稿、校对。一直以来，桂芳芳女士都是我译作的第一位读者，我们有时候会因为某句译文争论的面红耳赤。也许正是因为这样，我才能有动力进一步打磨译文，并能够继续接下其他译著的任务。

　　师兄鞠长猛博士（江苏师范大学历史文化学院副教授）和同学李丹博士（扬州大学社会发展学院副教授）、艾仁贵博士（河南大学历史文化学院副教授）等朋友也认真审读了部分章节，提出了意见建议。斯坦威图书的编辑老师认真负责地督促、协调，才能让本书顺利面世。

感谢之情，难以言表。因为时间关系和个人学识有限，我或许未能完全按照他们的意见把本书修改到位，所以错漏之处当然应该全部由我负责。

译事艰辛，特别致谢的是，本人承担的两个课题也为本书的研究和翻译提供了资助和便利条件：河南省教育科学规划课题"大中小学教师海洋教育素养提升路径研究"（项目编号 2022YB0209）和校国家社科类培育项目"全球视野下大西洋史理论研究"。

翻译过程中，我还参考了刘新成先生主编的《全球史评论》和"全球史译丛"、李剑鸣先生等国内权威专家的世界史著作的译法，另外还参阅了近年来翻译过来的世界史、海洋史、非洲史等作品。不过，囿于自身水平，也许未能全部准确地领悟，对某些名词的把握不是很到位，从而影响了我对本书内容更准确的理解，希望各位读者和专家学者能够谅解。作为翻译者，我深切地感受到，译文的修改是永无止境的。有时候对某段文字或者某个专有名词的准确涵义，百般查找而不得其真谛，但是在书出版后，偶然翻到哪本书或论文时，赫然发现自己其实曾看到过这些问题，只是当时记不准确，或者已有学者论及而我不知罢了。虽然有种种问题，本书译文还是要与读者见面的。正是有了大家的指正和反馈，本书才能进一步完善。全书如有疏漏之处，请各位方家不吝赐教，可通过zhanghengjie1986@126.com 与我联系，万分感谢。

张恒杰

2022 年 12 月

于南都小城唐湾博士公寓

图片版权说明

　　本书文前第 1-6 页图片来自网站：https：//www.wikipedia.org，所用图片均已进入公有领域，属于公共版权。其他图片版权均由英国布卢姆斯伯里出版公司（Bloomsbury Publishing Plc）授权使用。